주님 주신 아름다운 세상

Steven Bouma-Prediger

For the Beauty of the Earth

주님 주신 아름다운 세상

스티븐 보우머 프레디거 지음 | 김기철 옮김

복 있는 사람

주님 주신 아름다운 세상

2011년 9월 28일 초판 1쇄 발행
2024년 10월 22일 초판 2쇄 발행
지은이 스티븐 보우머 프레디거
옮긴이 김기철
펴낸이 박종현
(주) 복 있는 사람
서울특별시 마포구 연남동 246-21 (성미산로 23길 26-6)
Tel 723-7183(편집), 723-7734(영업·마케팅) | Fax 723-7184
hismessage@naver.com
영업 마케팅 723-7734
등록 1998년 1월 19일 제1-2280호

ISBN 979-11-7083-204-1

For the Beauty of the Earth
by Steven Bouma-Prediger

Copyright ⓒ 2001, 2010 by Steven Bouma-Prediger
Originally Published in English under the title
For the Beauty of the Earth, 2nd edition by Baker Academic,
A division of Baker Publishing Group
P.O. Box 6287, Grand Rapids, MI 49516, U.S.A.
All rights reserved.

Used and translated by the permission of Baker Publishing Group
through rMaeng2, Seoul, Korea.
Korean Copyright ⓒ 2011 by The Blessed People Publishing Inc.

이 책의 한국어판 저작권은 알맹2 에이전시를 통해 Baker Publishing Group과 독점 계약한 (주) 복 있는 사람이 소유합니다. 저작권법에 의하여 한국 내에서 보호를 받는 저작물이므로 무단 전제와 복제를 금합니다.

벨리즈, 시카고, 홀랜드, 로스앤젤레스, 뉴질랜드, 토론토에 있는 나의 학생들,

내게 스승이기도 했던 그들에게 감사하며,

이 책을 바칩니다.

주님 주신 아름다운 세상

아름다운 세상과
멋진 하늘을 주시고
우리 태어나던 그날부터
사랑으로 덮으시고 감싸셨으니,
만물의 주님, 당신께 우리가 드릴 것,
감사 가득한 찬미의 노래입니다.

낮과 밤 이어지는 순간마다
놀라움으로 채우시고,
구릉과 골짜기, 나무와 꽃,
해와 달과 빛나는 별로 이적을 나타내시니
만물의 주님, 당신께 우리가 드릴 것,
감사 가득한 찬미의 노래입니다.

눈과 귀로 기쁨을 알게 하시고
가슴과 마음에 즐거움을 베푸시며
소리와 빛을 느껴
신비한 조화를 깨닫게 하시니,
만물의 주님, 당신께 우리가 드릴 것,
감사 가득한 찬미의 노래입니다.

형제와 자매, 부모와 자녀로,
애틋한 사랑의 기쁨 알게 하시고
이 땅 위의 벗들과 하늘의 동무들,
친절하고 따뜻한 마음 나누게 하시니
만물의 주님, 당신께 우리가 드릴 것,
감사 가득한 찬미의 노래입니다.

주님의 교회가 언제나
거룩한 손 높이 들어 기도하며
사랑으로 순결한 예물삼아
날마다 주님을 경배하니,
만물의 주님, 당신께 우리가 드릴 것,
감사 가득한 찬미의 노래입니다.

폴리엇 피어포인트(Folliott S. Pierpoint)

* 이 시로 지은 찬송가가 우리말로 '아름다운 하늘과'로 번역되었다—옮긴이.

차례

감사의 글   11

서론
_생태학과 신학의 대화   13

1장. 우리가 있는 곳은 어디인가
_생태학의 눈으로 본 장소   25

2장. 세상이 어떻게 잘못되어 있는가
_신음하는 창조 세계   71

3장. 기독교에 책임이 있는가
_기독교에 대한 생태학적 고발   125

4장. 성경과 생태학을 잇는 고리는 무엇인가
_성경의 지혜와 생태학적 비전   173

5장. 우리는 지구에 대해 어떻게 생각해야 하는가
_지구 돌봄의 신학과 윤리 　　　　　　　　　　231

6장. 우리는 어떤 사람이 되어야 하는가
_지구 돌봄과 성품 　　　　　　　　　　　　　269

7장. 왜 갈라파고스펭귄과 뱅크스소나무를 걱정해야 하는가
_지구 돌봄을 위한 논증들 　　　　　　　　　319

8장. 희망은 어디에 있는가
_이 땅 위에 희망을 다지는 기독교 신앙 　　357

주 　　　　　　　　　　　　　　　　　　　375
참고문헌 　　　　　　　　　　　　　　　 427
찾아보기 　　　　　　　　　　　　　　　 445
옮긴이의 글 　　　　　　　　　　　　　　469

본문에 사용된 도표

도표1. 세계 인구의 증가 _74
도표2. 세계 곡물 생산량, 1950-2007년 _78
도표3. 1인당 세계 곡물 생산량, 1950-2007년 _80
도표4. 천년 단위로 본 1,000종 당 멸종 수치 _83
도표5. 주요 유기체 집단별로 살펴본 위험에 처한 종, 2006년 _84
도표6. 전 세계 삼림 파괴 _87
도표7. 보르네오 숲의 감소 _88
도표8. 전 세계 취수량의 변화, 1900-2000년 _92
도표9. 세계의 사막화 취약 지역 _96-97
도표10. 도시 고형 쓰레기(MSW)의 배출 비율, 1960-2006년 _100
도표11. 전체와 1인당 에너지 소비량, 1995년 _104
도표12. 세계의 에너지 소비 _105
도표13. pH로 나타낸 미국 수소 이온 농도, 2006년 중앙분석실험실에서 작성한 수치 _109
도표14. 전 세계 육지와 바다의 온도 편차 _112
도표15. 지난 천 년 동안 지구 표면 온도의 변동 _113
도표16. 미국 이산화탄소의 월 평균 농도, 2009년 5월(하와이, 마우나로아 관측소) _114
도표17. 2004년 여름 전 세계의 극심한 기상 이변들 _120-121
도표18. 생태학적 덕들 _315

일러두기
본서의 성경 인용은 주로 새번역 성경을 따랐으며, 간혹 옮긴이의 사역(私譯)도 있다.

감사의 글

이 책이 나오기까지 도움을 주신 많은 분들께 진심으로 감사드린다. 그분들의 논평과 질문과 제안 덕분에 이 책의 내용과 모양이 훨씬 더 좋아졌다. 먼저, 호프대학의 종교학부에 있는 나의 동료들이 이 책의 초판과 개정판을 읽고 검토해 주었다. 도움을 준 배리 밴드스트라와 웨인 브루워, 제니 에버츠, 스티브 후거워프, 마크 허스밴즈, 린 재펑거, 필 뮤노아, 라이라 피트스틱, 제프 타일러, 보이드 윌슨에게 깊이 감사를 표한다. 그처럼 능력 있는 사람들과 함께 일한다는 것이 얼마나 큰 특권인지 모른다.

또 학과장이신 빌 레이놀즈, 교무처장이신 제임스 뷜킨스, 학장이신 제임스 벌트만께도 감사드린다. 그분들은 여러 해 동안 한결같이 격려해 주시고 또 때를 따라 재정적으로도 지원해 주셔서 호프대학에서 교육과 학문의 탁월함이 꽃필 수 있는 풍토를 키워 주셨다. 감사하게도 바로 내가 그분들의 지치지 않는 노력의 수혜자가 되었다.

그 외에도 많은 친구와 동료들이 이 개정판과 초판을 읽고 평가해 주었다. 라이언 아트웰과 피터 바켄, 톰 부거트, 켄트 버스맨, 브라이언 월쉬에게 감사드린다. 호프대학 재학 중에 이 개정판에 실을 자료를 조사해 준 졸업생들인 저스틴 포스트, 데이빗 라이, 앨리슨 슈나이더에게도 감사한다. 또 문화 참여(Engaging Culture) 시리즈의 공동 편집자로서 이 책을 쓰도록 이끌어 준 빌 더니스와 랍 존스턴에게도 감사드린다. 그 시리즈에 이 책이 포함된다는 것이 기쁘다.

베이커 아카데믹 출판사의 밥 호삭은 늘 그래 왔듯이 이 책이 완성되기까지 격려를 아끼지 않았다. 또 브라이언 볼거와 그의 직원들은 내 글을 다듬어 쉽게 읽을 수 있도록 도움을 주었다. 작은 부분까지 관심을 두고 꼼꼼하게 살펴 주신 일에 감사드린다.

이전 작업 때도 그랬지만 이번에도 아내와 아이들—셀라인, 안나, 카라, 소피아—에게 참으로 큰 빚을 졌다. 그저 감사하다는 말로는 그들이 참고 기다리면서 관심을 기울여 도와준 일에 대한 내 마음을 다 표현할 수 없을 것 같다.

헌사에서도 밝혔듯이, 내 학생들이 없었다면 이 책을 쓰고 또 개정하지 못했을 것이다. 강의시간에 학생들과 함께 점검하고 다듬어서 결실을 맺은 것이 이 책인 까닭이다. 나에게 가르침의 특권을 허락했던 모든 학생들, 그들에게 진심으로 고마움을 전한다. 나 역시 그들에게서 많은 것을 배웠다. 우리 함께 계속해서, 어떻게 하면 서로를 그리고 우리의 고향 별을 멋지게 돌볼 수 있는지 배워 가기를 소망한다. 하나님의 영광과 주님 주신 아름다운 세상을 위해.

서론

생 태 학 과 신 학 의 대 화

피조물에 관해 범하는 오류는 어느 것이든 하나님에 관한 오류로 이어진다.

_토마스 아퀴나스Thomas Aquinas[1]

캘리포니아에 있는 한 신학교에서 여름학기 과정을 가르칠 때였다. 강의 계획표를 다 살피고 났을 때 앤드류라는 학생이 불쑥 "생태학(ecology)이 신학과 무슨 관계가 있습니까?"라고 물었다. 철학적 신학 과목에서 일반적으로 다루는 주제들, 곧 신 존재 증명, 종교 경험의 본질, 기적에 관한 찬반 증거들, 악과 고난의 문제 등에 덧붙여, 내가 생태학을 그 학기에 다룰 주제로 끼워 넣었던 것이다. 그 학생은(그리고 그 후 마주치게 되는 많은 학생들 역시) 그 주제가 이 수업과 어떤 연관성이 있는지 의아하게 여겼다. 캐나다두루미와 왕연어가 하나님과 어떤 관계가 있는가? 어떻게 생태학이 기독교 신학과 밀접한 연관성을 가질 수 있을까?

대학의 학부생들을 대상으로 '지구와 윤리'라는 과목을 가르쳤었다. 그때 학생들에게, "웬델 베리(Wendell Berry)가 주장하기를 '우리가 자연을 파괴하는 것은 나쁜 청지기직이나 어리석은 경제학, 가족에 대한 책임을 배반하는 일 정도로 끝나는 것이 아니라 가장 심각한 신성모독을 저지르는 일이다"[2]라고 말했는데, 혹시 여러분 가운데 그 말에 동의하는 사람이 있습니까?"라고 묻자, 수잔의 손이 마치 독립기념일에 터지는 불꽃처럼 공중으로 치솟았다. 수잔은 베리가 말한 앞의 세 가지는 옳다고 믿지만 마지막 주장은 그르다고 확신했다. 그녀는 힘주어 주장하기를, 우리가 창조 세계를 파괴한다고 해서 그것이 "가장 심각한 신성모독"은 아니라고 했다. 수잔이 자기 생각을 말하고 나자 다른 학생들이 논쟁에 끼어들어, 황당해 보이는 베리의 주장에 그들 나름대로 반론을 제기했다. 어떻게 베리는 개울물을 오염시키는 것이 다른 사람을 죽이거나 하나님을 저주하는 일보다 더 악하다고 주장할 수 있을까? 신학적으로 말하자면, 생태계 훼손이 어떻기에 그렇게 잘못됐다는 것일까?

어떤 교회의 주일학교 모임에 강사로 초청받아 성인 30명으로 이루어진 청중 앞에 섰을 때 이런 질문을 던졌다. "여러분 가운데 작년에 청지기직에 관한 설교를 들어 본 사람이 얼마나 될까요?" 마음으로는 답이 뻔하다고 생각하면서도 내가 실시한 이 비공식 투표가 어떤 결과로 드러날지 자못 궁금했다. 많은 사람들이 그런 설교를 들었다고 손을 들었는데, 그 구체적인 내용이 무엇인지 확인해 본 결과, 메시지의 내용은 십일조에 관한 것이었고 자연 세계를 돌보는 일과는 아무런 관련이 없었다. 그보다 앞서 나눈 대화를 통해서 나는 이 강연에 참석한 사람들이 대부분 손수 열심히 텃밭을 가꾸고, 할 수 있는 한 걸어 다니려고 애쓰며, 지역 농산물 직거래 시장에서 물건을 구입하는 사람들이라는 사실을 알았다. 그러나 그들이 이런 활동에 열심을 내는 까닭은 확고한 신학적 근거가 있어서가 아니라 다른 이유 때문인 것 같아 보였다. 그들이 드러낸 반응에서 지구를 돌보는 일과 기독교 신앙이 무슨 연관성이 있느냐는 의아심을 느낄 수 있었다. 청지기직이 지구를 보호하는 일과 어떤 관계가 있을까?

이 세 가지 일화를 생각하면 많은 의문이 떠오른다. 그 신학교 학생들은 왜 그렇게도 쉽사리 지구를 돌보는 일이 기독교 신학에 적합한 관심사가 아니라고 생각했을까? 신학생들은 신학에는 깊은 관심을 기울였지만 그들의 신학적인 신념들은 지구와 아무런 연관이 없었다. 또 자연 세계의 파괴가 경제와 생태계, 윤리 면에서 심각한 문제가 된다고 확신했던 대학생들은 왜 자신들의 자연관을 신학과의 연관성 안에서 보지 못한 것일까? 이 대학생들은 생태학적인 인식은 풍부했지만, 그렇게 생태계 문제에 헌신하는 일과 신학적인 범주들 사이의 관계를 전혀 이해하지 못했다. 마지막으로, 주일학교에서 만난 그 사람들은 사실 다양한 형태로 지구의 청지기직을 실천하는 사람들인데도 왜 자신들의 행동을 신앙에 비추어서 설명하지 않은 것일까? 이 지구 지킴이들(earthkeepers)은 자신들의 행동과 자신들의 기본적인 종교적 신념들 사이의 관계를 거의 이해하지 못했다. 한마디로 말해, 왜 많은 사람들이 생태학과 신학의 관계를 거의 이해하지 못하는 것일까?

이 책에서 나는 (넓은 의미의) 현대 생태학과 기독교 신학의 대화를 통해 이러한 문제들을 탐구하려고 한다. 그러나 이 작업은 대화에서 끝나지 않는다. 한 걸음 더 나아가 명제(thesis)를 제시한다. 솔직히 말해서, 내가 하는 일은 고전적인 의미에서 한 편의 수사학이다. 이 책에서 내가 하려는 일은 정보를 제공할 뿐만 아니라 더 나아가 설득하는 것이다. 내 주장의 핵심은 간단하다. 참된 기독교 신앙에는 지구를 돌보는 일이 포함된다는 것이다. 지구를 지키는 일은 기독교 제자도에 필수적인 요소다.

첫머리에 인용한 제사(題辭)가 함축하는 대로, 많은 것들이 문제가 되고 있다. 기독교 전통에서 다른 권위자의 말을 인용하는 것도 가능하겠으나, 특히 토마스 아퀴나스가 그 점을 명쾌하게 말해 준다. "피조물에 관해 범하는 오류는 어느 것이든 하나님에 관한 오류로 이어진다." 만일 우리가 우리의 고향 지구를 올바로 이해하지 못한다면, 우리가 예배하고 섬겨야 할 하나님의 본성과 성품도 제대로 이해할 수 없게 된다. 하나님에 대한 우리의 이해만큼 문제가 되는 것도 없다. 달리 말해, 우리가 다른 수많은 생명체들과 함께 거주하는 이 청록색 행성을 돌보는 데는 내적인 신학 원리가 있다.

그러나 문제가 되는 것이 더 있다. 로마서 8장에 나오는 사도 바울의 은유로 말하면, 지구는 신음하고 있다. 이 책의 2장에서 고통스러울 정도로 상세하게 밝히겠지만, 우리가 사는 세상은 제대로 굴러가고 있지 않다. 세상의 활력 징후(vital signs)는 정상이 아니다. 이러한 형편에는 엄청나게 많은 인간, 곧 굶주리고 병들고 집을 잃은 사람들도 포함된다. 따라서 우리의 비인간(nonhuman) 이웃들과 마찬가지로, 인간의 건강과 번영도 문제가 된다. 만일 우리 인간이 하나님께서 정하신 만물의 틀 안에서 자기 자리와 소명을 올바로 파악하지 못한다면 모든 지구 거주자들의 건강이 문제가 된다. 이 사실에서 또 한 가지 문제가 드러난다. 곧 우리가 누구인지, 또 우리가 해야 할 일은 무엇인지를 어떤 식으로 이해해야 하느냐 하는 점이다. 우리 자신의 개인적이고 집단적인 자기이해, 다시 말해 하나님과 세상과 우리 자신을 어떻게 이해해야 하느냐가 문제가 된다.

이 책에서 다루게 될 대화와 논증은 여덟 장으로 나뉜다. 오늘 이 시대의 불안한 상태가 대부분 우리가 속한 자리를 알지 못한 데서 비롯된 것이라고 믿기에, 1장에서는 우리가 있는 곳은 어디인가라는 물음에 답을 찾는다. 1장의 대화 단계에서는 생태학이 주도권을 쥐고 말하며, 그에 따라 우리는 데이비드 오어(David Orr)가 "생태학적 교양"(ecological literacy)[3]이라고 칭한 것을 늘리고자 애쓴다. 우리는 정말 우리가 사는 장소를 아는 것일까? 또 우리의 집인 지구로부터 무엇을 배울 수 있겠는가? 2장에서는 현재의 지구 상태에 대해 조사하면서 다음과 같은 것을 묻는다. 지구, 공기, 물, 불의 상태는 어떠한가? 또 상태가 그렇게까지는 나쁘지 않다고 말하는 사람들이 주장하는 것은 무엇인가? 혼란스러운 자료들 한 가운데서 진리는 어디에 있는가?

신뢰할 수 있는 많은 지구 감시자들이 내리는 결론은, 지구가 제대로 돌아가고 있지 못하다는 것이다. 피조물이 신음하고 있다는 사실을 지지하는 많은 증거가 있다. 3장에서는 왜 그렇게 되었는지에 대해 살펴본다. 좀 더 구체적으로 들어가, 기독교가 범인이라는 주장, 다시 말해 기독교 전통이 우리가 오늘날 이러한 생태학적인 곤경에 처하게 된 원인이라는 주장에 대해 살펴본다. 제임스 내쉬(James Nash)가 "기독교에 대한 생태학적 고발"[4]이라고 부른 것을 다루면서, 나는 무엇이 옳고 무엇이 그른지를 구분한다. 또 우리를 괴롭히는 이 문제에 대한 대안적인 해명을 (아주 간략하게) 제시한다. 다수의 뛰어난 역사가들이 주장하듯이, 우리 기독교인들이 시인해야 할 잘못도 많기는 하지만, 인류가 저지른 생태학적 죄악의 뿌리가 무엇이냐에 대한 답은 사실 다른 곳에 있다.

기독교인, 그중에서도 특히 복음주의 기독교인들에게는 성경이 신학적인 성찰과 나아가 삶의 모든 일에서 중심적인 역할을 담당한다. 우리는 성경의 사람들이다. 그렇다면 어떤 이들이 주장하는 대로 이 성경이 문제일까? 아니면, 우리가 볼 수 있는 눈이 없어서 그렇지 성경 안에는 생태학적 자료들이 풍성하게 들어 있는가? 예를 들어, 하나님은 누구와 언약을 맺는가?(창 6-9장) 만물의 중심에는 누가 있는가?(욥 38-41장) 하나님의 좋은 미래는 어떤 모습일까?(계 21-22장) 이 질문들을 비롯한 여러 가지 문제들은 4장에서 다룬다. 성경은 바로 이해하기만 하면 문제가 아니라 우리의 고향인 지구와 그 지구를 지키고 집으로 가꿔 가는 인간에 대한 놀라운 지혜와 매력적인 비전을 담고 있다는 것이 내가 주장하는 핵심 내용이다.[5]

그렇다면 우리는 지구에 대해 그리고 지구를 창조하고 구속하시는 하나님에 대해 어떻게 생각해야 할까? 과학에 의해 다듬어지고 성경의 인도를 받는 생태신학의 주요 원리는 무엇일까? 5장에서는 복음주의적인 지구 돌봄의 신학을 제시한다. 생태신학은 단순한 창조신학을 훨씬 뛰어넘는 것으로서, 전통적인 신학의 주제들 전반을 다룬다. 5장에서 나는 또 생태윤리에서 제기된 다양한 견해들을 스펙트럼으로 제시한다. 많은 이론들이 존재하고 또 그것들을 분간하는 것도 쉬운 일이 아니기 때문이다. 또 이러한 견해들 가운데서 어떤 윤리적 관점이 가장 적절한지 그리고 그 이유는 무엇인지를 내 판단을 기준으로 제시한다.

6장에서는 윤리학에 큰 비중을 두고 살펴본다. 6장에서 나는 내 나름의 생태윤리를 전개한다. 현대의 많은 환경윤리와는 달리, 우리가 무엇을 해야 하는가라는 물음보다 더 근원적인 물음은 우리가 어떤 존재가 되어야 하는가라는 것이 나의 확신이다. 좀 더 자세히 말해, 우리가 신실한 지구 지킴이가 되기 위해 어떤 종류의 사람이 되어야 하느냐는 물음이다. 우리 안에 있는 희망을 제대로 증언하기 위해서 우리는 어떠한 덕목들을 실천하고 구현할 필요가 있겠는가? 이런 식으로 물음을 다루다 보면 자연스럽게 나와 다른 사람들이 "생태학적 덕목들"이라고 부르는 것에 이르게 된다. 6장에서는 이 중요한 쟁점을 집중적으로 다룬다.

그건 그렇다 치고, 왜 지구를 돌봐야 하는가? 점박이올빼미와 태평양주목에 관심을 기울여야 하는 이유가 무엇인가? 왜 커틀랜드솔새와 뱅크스소나무 숲에 신경을 써야 하는가? 마멋과 산과 초원에 왜 관심을 기울이는가? 7장에서는 지구 돌봄을 위한 변론을 편다. 좀 더 정확하게 말해, 나는 왜 사람들 특히 기독교인들이 우리의 고향, 곧 지구라고 불리는 이 청록색별을 돌봐야 하는지에 대해 열 가지 논증—이해관계에 근거한 것에서부터 신앙에 근거한 것까지—을 제시한다.

알도 레오폴드(Aldo Leopold)의 날카로운 지적대로, "생태 교육에 따르는 대가 가운데 하나는 상처 입은 세상에서 홀로 살게 되는 것이다."[6] 우리가 홀로 사는 처지에 놓였다는 주장에는 많은 사람들이 이의를 제기할지 모르지만, 오늘날 상처 입은 세상에서 산다는 사실에 대해서는 의문을 제기할 사람이 거의 없을 것이다. 생태학적 교양을 지닌다는 것은 우리 마음을 열어서 이 세상의 상처를 보고 느끼는 것이다. 늙은 참나무의 상실을 애석해 하는 것이다. 훼손된 시냇물을 보고 가슴아파하는 것이다. 산타바바라멧종다리와 탁 트인 들판이 베푸는 위로처럼, 이제는 사라지고 없는 것들을 슬퍼하는 것이다. 이러한 세상에서는 어디서 희망을 찾아야 할까? 만일 당신이 기독교인이라면 누구에게서 희망을 찾고 어디에다 희망을 두겠는가? 이러한 문제들은 이 책의 마지막 장에서 살펴본다.

앞에서 나는 이 책이 명제를 제시하고 논증을 포함한다고 말했다. 그런데 논증들은 비록 중요한 것이라 해도 그 나름의 한계를 안고 있다. 오래 전에 고매한 성 아우구스티누스(Saint Augustinus)가 말한 대로, 잘 산 인생이 최고의 변증이 된다.[7] 아니면 훨씬 최근에 한 신학자가 말했듯이, "신자는 그가 한 말에 의해서가 아니라 그가 어떤 사람이며 어떻게 사느냐에 의해 복음전도자가 된다. 그가 말한 것도 중요하지만 그의 말이 그가 어떤 사람이며 어떤 행동을 하느냐와 일치하지 않는다면, 차라리 침묵하는 것이 낫다."[8] 두 신학자가 똑같이 깨우쳐 주는 것은 신학의 목표는 철저히 실천적이라는 것, 곧 잘 사는 데 필요한 지혜라는 점이다. 나는 그러한 목표가 이 책 전체에 골고루 스며들게 하려고 한다. 내가 이러한 의도를 온전히 이루는지는 독자 여러분이 판단할 몫이다.

용어와 관련해 몇 가지 덧붙인다. 이 책은 "환경"에 관한 책이 아니다. 많은 사람들이 "환경"이라는 말을 선택적인 용어로 여기는데, 이런 생각은 문제가 있다. 초보자들에게 이 용어는 마멋이나 산이나 초원 등 구체적인 것이 아니라 추상적인 것으로 느껴진다. 자신들의 "환경"에 대해 말하면서도 그 말로 자신들이 사는 곳을 가리키는 사람은 거의 없다. 게다가 이 용어는 우리와 뗄 수 없는 부분이 된 거주하는 집을 가리키기보다는 우리가 그 안에 살기는 하나 우리와 분리되어 있는 어떤 것을 의미한다. 달리 말해, 이 용어는 인간과 비인간 사이의 분열을 함축하는데, 이는 만물이 존재하는 방식에 완전히 어긋나는 생각이다. 우리는 "환경"이라 불리는 어떤 것과 맞서서 사는 존재가 아니다. 마지막으로, "환경"이라는 용어는 척박하다. 이 용어는 자연 세계 속에서 역동적으로 상호작용하고 있는 무수한 피조물들을 제대로 담아내지 못한다. 간단히 말해, "환경"이라는 용어는 지나치게 무력하다.

또 이 책은 "자연"에 관한 책도 아니다. 많은 학자들이 지적하고 나 역시 다른 책에서 주장했듯이[9], "자연"이라는 용어가 지나치게 문화나 역사와 대립하는 것으로 통하고 있으며, 그래서 인간은 자연 세계의 일부가 아니며 또 비인간 피조물에게는 역사가 없다는 생각이 퍼져 있다. 달리 말해 우리는 "자연"에서 인간은 제외된다고 생각하는 치명적인 오만에 빠질 때가 많다. 게다가, 많은 사람들에게 "자연"이라는 용어는 하나님 없는 우주, 창조자 없는 세계를 의미한다. 이에 반해 "창조 세계"라는 용어는 창조자를 함축하는 것으로, 기독교 신앙의 핵심을 이루며 기독교인이라면 쉽게 포기할 수 없는 주장을 담고 있다. 요약하면 "자연"이라는 용어는 너무 세속적이다.

마지막으로, 이 책은 "창조"에 관한 책도 아니다. "환경"이나 "자연"이라는 용어에 비해 훨씬 낫기는 해도 "창조"라는 말 역시 여전히 문제가 있다. 크리스토퍼 카이저(Christopher Kaiser)가 제대로 지적하듯이, 성경의 관점에서 "창조"라는 말에는 하나님을 뺀 모든 것, 곧 천사와 사람, 지상과 천상의 모든 피조물이 다 포함된다.[10] 따라서 많은 사람들에게, 피조물을 돌본다는 말은 말 그대로 천사와 달과 밤하늘의 용자리 등 무엇이든 상관없이 관심을 가진다는 것을 뜻한다. 정말 하나님께서는 우리가 우주 안에 멀리 떨어져 있는 것들까지 염려하기를 원하실까? 하나님께서는 우리가 모든 일월성신을 돌보기를 원하실까? 따라서, "창조"라는 용어에는 너무 많은 것이 포함된다. 이 용어가 지상 세계, 곧 바다와 육지와 대기권 하층부, 그리고 그 안의 거주자들을 뜻하는 것으로 한정되지 않는다면(사실 대부분 그렇게 생각한다) 이 말은 너무 방대하고 포괄적인 것이 되어 버린다. 요약하면 "창조"라는 용어는 너무 범위가 넓다.

이 책은 "지구"(the earth)에 관한 책이다. "지구"라는 용어는 추상적이지 않다. 이 용어는 구체적인 것으로, 우리가 살고 있는 이 별과 우리를 구성하는 물질 모두를 가리킨다. "지구"라는 말은 우리가 어떤 식으로든 인간이 아닌 것들과 구별된다거나 그들 위에 군림한다는 의미를 함축하지 않는다(또 우리 인간이 산소와 질소와 칼슘에 불과한 존재라고도 말하지 않는다). 이 용어는 우리를 회전하는 지구의 다른 모든 거주자들과 하나로 묶는다. "지구"라는 용어는 문화를 자연과 대치시키는 건강하지 못한 이원론을 내세우지 않는다. 인간과 비인간 피조물들이 이 하나의 고향별에서 어울려 산다. "지구"라는 말에는 오만한 무신론이 따라붙지 않는다. 지구는 어렵지 않게 하나님께서 손수 지으신 작품으로 파악될 수 있다. "지구"는 천사나 별들이나 맥동성과 연관되지 않는다. 이 용어는 흔히 생물권(biosphere)이라고 불리는 창조의 영역만을 포함한다. "지구"는 결코 척박한 용어가 아니다. 이 책은 지구, 다시 말해 하나님께서 창조하시고 계속해서 사랑으로 지탱하시고 구속하시고 언젠가는 완전하게 만드실 지구에 관한 것이다. 또 이 책은 지구를 돌보도록 우리에게 부여된 책임과 특권에 관한 것이다.

내 학생은 "생태학이 신학과 무슨 관계가 있습니까?"라고 물었다. 오늘날 많은 사람들이 이와 동일한 물음을 이러저러한 형태로 묻는다. 이러한 주제들을 탁월하게 다루고 뛰어난 글을 남긴 사람으로 지금도 인정받고 있는, 선구적인 생태신학자 요셉 지틀러(Joseph Sittler)가 여러 해 전에 이 중요하고 시의적절한 물음에 자신의 답을 주었다. 어렵지만 진지한 그의 말은 이 서론을 끝내기에 적합하고, 또 우리가 1장으로 들어가도록 길을 열어 준다.

우리가 교회의 관심을 기독교인과 자연 세계의 관계를 밝히는 쪽으로 돌린다고 해서 중대하고 고유한 신학적 관념들에서 멀어지는 것은 아니다. 오히려 그 한가운데로 곧바로 발을 내딛는 것이다. 교회에 다니는 많은 사람들이 생태학을 세속적인 일로 여기는 것이 사실이지만, 기독교인들이 하나님의 창조 세계에 관심을 기울여야 할, 뿌리 깊고 참된 동기가 있다. 사람들은 "환경 보전이 예수 그리스도와 교회에 무슨 관계가 있느냐?"고 묻는다. 정말 그릇되고 얄팍한 생각을 지닌 사람들이다.[11]

1장. 우리가 있는 곳은 어디인가

생 태 학 의   눈 으 로   본   장 소

한 개인은 그가 속한 장소와 분리될 수 없다. 그 장소가 바로 그 사람이다.

_가브리엘 마르셀Gabriel Marcel[1]

여러분이 간직하고 있는 어린 시절의 추억 가운데 지구에 관한 것은 어떤 모습으로 남아 있는가? 어른이 되고 나서 자연 세계에 관해 생각할 때면 가장 뚜렷하게 마음에 떠오르는 것은 무엇인가? 어쩌면 집 마당의 꽃밭, 그러니까 수선화와 제라늄, 봉선화, 페튜니아가 어우러진 꽃밭일지도 모르겠다. 아니면 옥수수, 줄기콩, 무, 상추, 대황이 자라는 텃밭일지도 모르고. 혹 개울에서 올챙이를 찾고 도롱뇽을 쫓고 가재를 잡으며 놀던 일은 아닐까. 또는 동네 공원을 걷던 일이나 마을 저편 학교 운동장의 그늘진 나무 아래서 그네를 타던 일일지도 모른다.

생각나는 동물에는 어떤 것들이 있는가? 집에서 아끼던 강아지 피도, 아니면 고양이 플로렌스일까? 아니면 말이나 닭이나 돼지? 거북이, 잉꼬, 뱀? 사슴(혹은 그 똥), 스컹크(혹은 그 냄새), 너구리(혹은 그 무늬)? 또 특별한 나무로는 어떤 것이 떠오르는가? 수액이 풍부한 스트로부스소나무나 비늘 덮인 플라타너스, 껍질이 하얀 자작나무, 윗부분이 봉긋한 솔송나무, 거대한 단풍나무, 떡갈나무, 너도밤나무?

어쩌면 계절이 여러분의 기억에 떠오를지도 모르겠다. 달콤한 향기로 가득한 봄날이 열린다. 숨 쉬는 대지가 이산화탄소를 빨아들이고 산소를 쏟아내는 이른 4월의 싱그러움, 서서히 길어지는 낮 시간, 들판과 오솔길과 영혼을 씻어 가던 밤비. 풍성하고 충만한 여름이 다가온다. 갓 깎아 낸 잔디, 동네 호수나 못이나 웅덩이에서 물놀이하던 일, 러딩턴이나 옐로우스톤에서 그도 아니면 할머니 댁 뒷마당에서 가족과 함께 야영하던 일. 별 기운이 약해지는 가을이 시작된다. 10월의 서늘한 냉기, 말라 버린 잎사귀, 차가운 비, 처음으로 떨어지던 눈송이. 경이로운 겨울이 찾아든다. 짧은 하루 해, 성에 덮인 창문, 하얗게 쌓인 눈 위에 그려진 발자국과 눈사람, 그리고 동물이 다녀간 흔적.

그러나 안타깝게도 위에서 살펴본 것들은 대부분 미국 북부의 중서부 지역에 국한된 기억들이다.

만일 여러분이 북아메리카의 다른 지역에서 성장했다면 마음속으로 태산목을 그려 보거나 미국전나무를 느끼거나, 바닐라와 계피 향이 섞인 폰데로사소나무의 그윽한 냄새를 맡을지도 모른다. 혹 캘리포니아 콘도르를 찾거나 미시시피 메기를 잡거나 미네소타의 주조(州鳥) 대접을 받는 모기와 씨름하던 일이 기억에 떠오를지도 모르겠다. 어쩌면 북해(North Sea)의 파도가 부서지는 소리를 듣거나, 알프스 산맥의 높은 초원에서 졸졸거리며 흐르는 시냇물 소리를 듣거나, 중앙아메리카 벨리즈(Belize)의 후덥지근한 밤에 원숭이들이 울부짖는 소리를 들을 수도 있다. 마음의 나래를 펴고 있는 지금, 여러분의 기억 속에 떠오르는 것은 무엇인가? 여러분은 무엇을 보고 듣고, 냄새 맡고, 맛보고 만지는가?

그런데 지금까지 살펴본 것들은 시골의 야생 장소들을 둘러싼 기억들이다. 오늘날 우리는 대부분 도시에서 자라나고 살아간다. 그렇기에 여러분이 듣게 되는 것도 비둘기가 구구대는 소리거나 나무 꼭대기에서 까마귀가 까악까악 우짖는 소리일 것이다. 눈에 띄는 것도 모이통에 몰려든 큰어치거나 길옆에 죽어 있는 주머니쥐일 것이다. 대도시에서도 스컹크 냄새를 맡거나 고층건물의 꼭대기에 앉아 있는 매를 목격할 수 있을 것이다. 이러한 도시의 기억들도, 사촌뻘인 시골의 추억들처럼 그 나름대로 특정 장소들에 대한 지식과 느낌을 담아낸다. 그리고 이러한 추억들은 우리의 됨됨이와 우리가 세상을 보는 방식이 형성되는 과정에 장소가 미치는 힘이 어떠한지를 보여준다. 스페인 철학자인 호세 오르테가 이 가세트(Jose Ortega y Gasset)는 "당신이 살고 있는 곳의 풍경을 내게 말해 보시오. 그러면 당신이 어떤 사람인지 내가 맞혀 보리다"라는 유명한 말을 남겼다."[2]

이런 생각을 하다 보면 또 다음과 같은 질문들이 떠오른다. 우리는 우리의 장소를 아는 걸까? 우리가 있는 곳이 어디인지 아는가? 이러한 질문이 뜻하는 것이 정확히 무엇일까? 또 장소에 대해 더 많이 아는 것이 우리가 왜 지구를 돌봐야 하고 또 어떻게 돌봐야 하는가의 문제와는 어떤 관계가 있는가? 아니면 다른 말로 해서, 오늘날 빚어지고 있는 생태계 파괴의 원인이 부분적으로는 우리가 우리의 자리, 곧 우리의 고향별에 있는 거주지를 알지 못한 데 있다는 말이 사실일까? 유감스럽게도 우리는 우리가 속한 장소를 너무 모르며, 그러한 무지가 오늘날 우리가 직면한 생태계 파괴를 낳은 한 요인이 되었다는 것이 내 판단이다. 그러한 파괴가 어느 정도인지, 또 그 본질은 무엇인지에 대해서는 다음 장에서 자세히 다루게 된다. 이 장에서 우리는 장소들에 초점을 맞추고, 우리를 둘러싸고 있는 것들에 진지하게 귀를 기울여서 우리 자신과 지구에 관해 배울 수 있는 것들을 집중적으로 살펴본다.

생태학의 눈으로 본 장소

여러분은 자신이 있는 곳이 어디인지 아는가? 여러분은 주저 없이 자신이 있는 곳을 미국이나 영국, 아랍에미리트라고, 오리건 주나 온타리오 주라고, 랜싱이나 링컨, 로스앤젤레스라고, 12번가나 10번가라고 꼭 집어 말할 수 있다. 그러나 생태학적으로 따져서, 여러분은 자신이 있는 곳이 어디인지 아는가? 지정학적인 의미 이상으로, 여러분은 자신이 어디에 있는지 아는가? 장소에 대한 당신의 생태학적 인식은 어떤가? 몇 가지 물음의 도움을 받아 우리가 있는 곳에 대한 우리의 지각을 측정해 볼 수 있겠다.

여러분의 집 주변에 있는 토양은 어떤 종류인가? 고운 모래가 섞인 양질토인가? 양질토가 약간 섞인 모래? 모래가 든 점토? 돌과 자갈이 섞인 땅인가? 습한 땅인가, 마른 땅인가? 오래된 캐나다 순상지 위에 두께가 몇 인치밖에 안되는 귀한 토양인가, 아니면 정원사의 보배로 불리는 비옥하고 기름진 토양이 50센티미터나 덮여 있는가? 여러분이 살고 있는 지역에서 생산되는 다섯 가지 농작물은 무엇인가? 옥수수, 밀, 파, 콩, 사탕수수인가? 아니면 포도나 체리, 오렌지? 농작물의 재배 기간은 얼마나 되는가? 몇 주에 불과한가? 아니면 1년 내내인가? 여러분이 살고 있는 땅에 영향을 미친 지질학적인 사건이나 과정에는 어떤 것이 있는가? 빙하, 화산, 지진? 아니면 융기하는 산인가, 협곡을 깎아 내며 바다까지 이어지는 강인가? 물이나 바람이 합류하는 지점인가?

여러분이 살고 있는 곳에는 어떤 나무들이 자라는가? 시트카가문비나무나 미송, 사이프러스나 향삼나무, 노르웨이단풍나무나 미국밤나무인가? 아니면 서양측백나무나 미국솔송나무, 오하이오마로니에나 캘리포니아참나무, 너도밤나무나 참피나무나 자작나무일까? 사막에서 자라는 메스키트나 물을 좋아하는 미루나무인가? 뒤늦게 등장해 갑자기 번성한 포플러인가 아니면 오랜 역사를 지닌 브리슬콘소나무? 새는 어떤가? 텃새인가 철새인가? 큰아비인가 들종다리인가? 청둥오리인가 비오리인가? 멕시코 양지니인가 오색방울새인가? 떼로 몰려다니는 거위인가 아니면 무리지어 나는 까마귀인가? 노란배수액빨이딱다구리인가 흰볏솔새인가? 파랑지빠귀나 대륙검은지빠귀, 붉은머리딱따구리인가? 물총새나 가마우지, 캐나다두루미인가? 여러분 집 위로 높이 맴도는 맹금에는 어떤 것이 있는가? 물수리인가 아니면 북방개구리매, 붉은꼬리매인가? 밤에는 어떤 올빼미가 먹이를 사냥하는가? 줄무늬올빼미나 가면올빼미, 가시올빼미인가?

여러분이 사는 곳에는 어떤 꽃들이 피는가? 양귀비나 작약? 참나리나 튤립? 데이지나 수선화? 크로커스나 매발톱꽃? 극락조꽃이나 베들레헴별꽃? 여러분의 공간에 함께 사는 동물에는 어떤 것이 있는가? 긴꼬리족제비나 흰꼬리사슴? 회색늑대나 붉은여우? 악어나 아르마딜로? 바다소나 마멋, 말코손바닥사슴? 여러분이 사는 주변에서 멸종한 동물에는 어떤 것이 있는가? 울버린, 회색곰, 나그네비둘기, 프레리도그?

보름달이 뜰 때까지는 며칠이 남았는가? 그리고 오늘은 어떤 달이 뜨는가? 초승달인가 그믐달인가, 상현달인가 하현달인가? 어젯밤에는 별이 떴나? 떴다면 어떤 별자리를 보았나? 비와 눈, 진눈깨비, 우박이 마지막으로 내린 때가 언제인가? 여러분이 이 책을 읽는 곳에서 어느 방향이 북쪽인가? 바람은 보통 어느 쪽에서 불어오는가? 여러분이 쓰는 물은 어디에서 오는가? 여러분이 버린 쓰레기는 어디로 가는가?

위의 질문들은 우리가 속한 장소에 대한 우리의 지식을 판단하는 시금석이 된다. 그런데 솔직히 말하면 이 물음들 앞에서 우리는 생태학적으로 무지하다는 사실을 인정할 수밖에 없다. 이 일련의 질문들 앞에서 우리가 이 세상에 대해 그리고 그것이 어떻게 움직이는지에 대해 아는 지식이 얼마나 보잘것없는가를 여실히 깨닫게 된다. 우리는 우리가 속한 장소를 아는가? 우리 땅의 자연사를 아는가? 그 장소의 동·식물상(相)에 대해 아는가? 또 가장 중요한 것으로, 우리가 행하는 일들이 우리를 둘러싼 세상에 어떤 영향을 미치게 되는지 아는가?

이 물음들에 대한 답이 "아니오"로 나온다면, 우리는 진정 우리가 있는 곳이 어디인지 모르는 것이다. 우리는 교육을 받았음에도 불구하고 생태학적으로 무지한 상태다. 아니 어쩌면 우리가 받은 교육 때문에 세상이 어떻게 움직이는지에 대해 무지하게 되었는지도 모른다. 알도 레오폴드는 이 점을 다음과 같이 날카롭게 지적한다. "땅을 생태학적으로 이해하는 데 필수적인 조건 중 하나가 생태학에 대한 지식이다. 그런데 이 지식은 결코 '교육'과 동일한 것이 아니다. 사실 고등교육일수록 고의적으로 생태학적 개념들을 회피하는 것 같다."[3] 현대 환경운동가이자 문화비평가인 데이비드 오어도 같은 생각이다. 그는 다음과 같이 직설적으로 문제를 제기한다.

지속가능성(sustainability)의 위기, 곧 인간과 그 거주지 사이의 조화를 깨뜨리는 위기는 지구 전역에서 다양한 모습과 규모로 나타나고 있다. 이 위기는 공공 영역에서 빠지지 않는 의제일 뿐만 아니라, 실제적인 면에서도 어디서나 의제가 된다. 정치와 경제와 공공정책의 쟁점들치고 자원과 인구, 기후 변화, 종의 멸종, 산성비, 삼림 파괴, 오존 감소, 토양 유실 등의 위기에 영향을 받지 않는 것이 없다. 지속가능성이란 인간 생존의 조건에 관한 것이다. 그런데도 우리는 여전히 모든 영역에서 마치 그러한 위기는 존재하지 않기라도 하듯 교육하고 있다.[4]

따라서 오어의 주장에 의하면, 우리에게는 생태학적 교양을 늘리는 것이 절실히 필요하다. 계산하는 능력인 산술 능력과 글을 이해하는 능력인 문해력을 키우기 위해 교육하듯이, 우리는 또한 세상이 어떻게 움직이는지를 이해할 수 있는 능력, 곧 유명한 생물학자인 가렛 하딘(Garrett Hardin)이 "생태소양"(ecolacy)이라고 명한 것을 늘리기 위해 교육할 필요가 있다. 오어와 마찬가지로 하딘도, 우리가 책임을 다하며 지혜롭게 살고자 한다면 이러한 정신적 필터, 곧 세상을 이해하는 방식이 꼭 필요하다고 주장한다.[5]

그런데 생태소양이란 정확히 어떤 것인가? 생태학적으로 교양 있다는 것은 무엇을 뜻하는가? 오어는 명료하고 힘 있는 글에서, 생태학적 교양의 본질은 "관련성을 분별해 내는 정신적 특성"이라고 주장한다.[6] 오늘날의 교육에서 일반적인 특징으로 나타나는 편협한 전문화—거의 모든 학문 분야에서 그렇다—와는 대조적으로, 생태학적인 사고방식은 사물들을 통합하고 하나로 묶으며 전체로 이해하고자 애쓴다. 오어의 표현으로 말하면, "생태학적으로 교양 있는 사람은 상호연관성을 파악하는 데 필요한 지식을 소유하고, 돌봄 곧 청지기직의 태도를 지니며", 이에 더해 "지식과 감정이라는 기초 위에서 행동하는 데 필요한 실천적 능력"을 지닌다. 그러므로 "앎과 돌봄과 실천적 능력이 생태학적 교양의 기초를 이룬다."[7] 우리는 알아야 할 뿐만 아니라 돌보아야 한다. 또 돌보는 데서 끝나는 것이 아니라, 그러한 지식과 열정으로 형성된, 책임 있게 행동할 수 있는 수단을 지녀야 한다.

그런데 이 말이 의미하는 것이 구체적으로 어떤 것인가? 우리가 진정 우리의 장소를 알아야 한다면, 배울 필요가 있는 것은 무엇인가? 오어는 사물들을 전체로서 이해하는 데 필요한 다섯 가지 요소를 제시한다. 첫째, 우리에게 필요한 일은 "사람과 사회가 서로 그리고 자연 체계와 어떻게 관계를 맺는지, 또 그 일을 어떻게 지속가능하게 해 나갈 수 있는지를 폭넓게 이해하는" 것이다.[8] 이 일에는 생물물리학적 체계인 세상이 어떻게 작동하는지를 아는 지식, 곧 핵심종(keystone species)과 천이(succession), 엔트로피와 에너지의 흐름, 생태적 지위(niches)와 먹이사슬에 관한 지식이 필요하다. 간단히 말해, 생태학적 교양이란, 크고 작은 모든 피조물이 서로 뗄 수 없게 연결된 관계를 이해하는 것을 뜻한다.[9]

둘째, 우리는 "우리에게 닥친 위기가 어느 정도인지" 알 필요가 있다.[10] 사람들 중에는 "위기"라는 말이 너무 강하다고 주장하는 사람들도 있으나 그 생각이 틀렸다는 것을 보이는 다수의 증거가 있다.[11] 따라서 우리는 우리 고향별의 활력 징후들, 곧 인구 증가와 기후 변화, 토양 유실과 종의 멸종, 삼림 파괴와 사막화, 에너지 사용과 공기오염과 관련된 추세를 알 필요가 있다.[12] 처방은 그보다 앞서 나온 진단이 옳은 한에서만 옳을 수 있다. 그러므로 건강한 상태로 지구를 지키려는 우리의 노력은 지구의 건강에 대한 엄밀하고도 정직한 평가 위에서 이루어져야 한다.

셋째, 오어에 의하면 생태학적 교양에는 "현대 세계의 역학관계에 대한 이해가 필요하다."[13] 달리 말해, 현대 세계를 형성해 온 역사적·정치적·경제적·종교적 힘들에 대해 알아야 한다. 어떤 사회적 압력들이 지금 우리가 있는 이 자리까지 우리를 몰아 왔는가? 어떤 경제적·정치적 체제들이 우리의 일상 삶을 형성하는가? 그리고 너무도 쉽게 간과되는 질문으로, 종교는 우리가 살고 있는 세상을 형성하는 데 어떤 역할을 했나? 더 구체적으로 살펴보면, 1492년 이후 여러 해에 걸쳐 이루어진 "콜럼버스의 교환"(Columbian exchange)*은 구세계와 신세계에 어떤 영향을 미쳤는가?[14] 아메리카의 역사에서 자연의 역할은 어떠했는가? (그리고 지금은 어떤가?)[15] 또 사회들은 정확하게 어떻게 번성과 쇠퇴를 선택하며, 또 사회적인 붕괴나 번영에 미치는 주요한 요인들은 무엇인가?[16] 간단히 말해, 어떤 관념과 힘들이 우리가 살고 있는 이 세상을 형성했는가?

넷째, 생태학적 교양을 쌓기 위해서는 "생태학적 의식에서 이루어진 발전"을 폭넓게 이해하는 것이 필요하다.[17] 여기서는 특히 자연의 본질과 윤리학을 주의 깊게 살펴보는 것이 중요하다. 환경적인 쟁점들은 가치의 문제들과 얽혀 있다. 예를 들어, 우리 인간은 "대지 공동체(land-community)의 정복자"인가 아니면 "그 공동체의 평범한 시민이자 구성원"일 뿐

---

* 콜럼버스의 교환: 콜럼버스가 아메리카에 도착한 1492년 이후로 유라시아 대륙과 아메리카 대륙 사이에 광범위하게 이루어진 교류를 가리킨다. 옥수수, 감자, 콩 등 농작물이 유라시아로 전해지고 천연두나 홍역 등의 질병이 아메리카로 전파되어 전 세계적인 사회적 격변과 생태학적 변화를 야기했다—옮긴이.

인가?[18] 동물이나 식물, 멸종위기종(endangered species)과 생태계는 가치를 지니는가? 만일 그렇다면 그 이유는 무엇인가? 또 우리는 자연 세계를 어떤 모습으로 그리는가? "냉혹한 경쟁이 벌어지는 흉악한 곳"인가 "에덴동산과 같은 천국"인가, 아니면 그 둘 다 아닌가? 홈스 롤스턴(Holmes Rolston)의 표현을 사용해, 우리가 "자연을 따를 것"인지, 따른다면 어떻게 따를 것인지는 상당 부분 우리가 자연을 어떤 것으로 생각하느냐에 달려 있다.[19] 그것은 자연(nature)인가 아니면 신성한 자연(Nature)인가, 환경인가, 생물권(biosphere)인가, 창조 세계인가? 인간도 그 안에 포함되는가? 하나님은 존재하는가? 생태학적 교양은 이러한 문제들 각각에 상세한 답을 요청하지는 않지만 최소한 이러한 쟁점들과 씨름해 볼 것은 요구한다.

다섯 번째이자 마지막으로, 우리에게는 "대안적인 복지 측정지표"와 "과학기술에 대한 다른 이해 방식"이 필요하다고 오어는 주장한다.[20] 예를 들어, 국내총생산(GDP)과 같은 사회의 복지를 판단하는 전형적인 잣대와는 달리, 우리에게는 우리 사회가 어떻게 작동하는지를 정직하게 평가할 수 있는 훨씬 더 포괄적이고 엄밀한 측정법이 필요하다.[21] 예를 들어, 지속가능한 경제복지지수(ISEW)는 진정한 진보지표(GPI)가 그런 것처럼, 총체적인 복지를 산정할 때 재생불가능한 천연자원의 고갈과 물과 공기오염에 따르는 비용을 포함한다. 이에 반해 강화된 사회진보지수(WISP)는 사회 조건과 환경 조건을 다 포함한다.[22] 이러한 지표들이 한결같이 밝히고 있는 사실은, 지난 수십 년간 미국에서 GDP는 성장해 온 데 반해 진정한 복지는 그렇지 못하다는 점이다. 이러한 대안적인 복지 측정지표들과 더불어 과학기술에 대한 이용을 재고할 필요가 있다. 널리 알려진 예를 하나만 든다면, 슈마허(E. F. Schumacher)의 글은 과학기술이 한 국민과 그 문화의 필요와 규모에 왜 적합해야 하는지 또 어떻게 적합할 수 있는지를 잘 설명해 준다.[23] 그 외에도 많은 사례가 있는데, 그것들은 대부분 지속가능성과 적합한 장소 의식을 강조한다.[24]

오어가 간략하게 설명한 대로, 생태학적 교양이란 "인간을 자연 법칙의 제약을 받는 세상에서 살아가는, 유한하고 타락하기 쉬운 피조물로 보는 관점 위에 세워진" 것으로, 여기에는 기독교 전통의 핵심적인 가르침이 반영되어 있다.[25] 달리 말해 생태학적 교양은, 우리 인간이 유한하며 오류를 저지르기 쉬운 피조물이자 우리가 만들지 않은 세상 속에서 살아가는 존재라는 신학적인 통찰 위에 세워진다. 이렇게 볼 때, 생태학적 교양을 지니는 것은 필연적으로 겸손함과 하나님의 지구를 신중하게 돌보는 행동으로 이어진다.

이렇게 생태학적 교양을 세세하게 살펴보는 것은 사람들을 기죽게 만드는 것 같다. 그처럼 많은 것을 배우는 일이 어떻게 가능하겠는가? 엔트로피와 경제사와 윤리학을 배우라고? 소로(Thoreau)와 에를리히(Ehrlich)와 슈마허의 책을 읽으라고? 박쥐집을 지어 주고 퇴비 제조틀을 만들라고? 당연히 사람들 중에는 "앎과 돌봄과 실천적 능력"으로 이루어지는 이러한 프로그램은 완전히 비현실적이라고, 곧 대중문화의 강력한 조류를 거슬러 노를 젓는 사람들에게 결코 이룰 수 없는 허황된 꿈이라고 주장하는 이들도 있을 것이다. 그 일이 어려울지는 모르나 생태학적 교양을 늘리는 일은 겉보기만큼 기죽게 하는 일이 아니며 또 심각한 일도 아니다. 세상이 어떻게 돌아가는지에 대해 지식을 쌓는 일은 흥미 있고 신나는 일이다. 또 우리가 일상의 삶 속에서 씨름하는 가운데 셀 수 없이 다양한 방법으로 배워 가는, 기쁨 가득한 학습 과정일 수가 있다.[26] 비록 어렵다 할지라도 "인간과 그 거주지 사이의 조화"는 21세기가 풀어야 할 핵심 의제이며 인류의 생존이 달린 문제라고 말한 데이비드 오어가 옳다. 우리는 생태학적 교양을 더욱 늘리는 데 힘써야 한다. 선택의 여지가 없다.

우리의 고향별에서 배우기

만일 오어가 설명한 이런 유형의 생태학적 교양이 우리가 살고 있는 곳이 어디인지를 아는 데 필수 요건이라면, 위에서 언급한 것과 같은 지식을 얻을 수 있는 가장 좋은 방법은 무엇일까? 사물을 전체로 볼 수 있는 능력은 어떻게 계발할 수 있을까? 우리가 속한 장소에서 바르게 살아가는 데 필요한 "앎과 돌봄과 실천적 능력"은 어떻게 얻게 되는가? 이러한 난제 가운데서 가장 어려운 것은 돌봄의 태도를 키우는 일이다. 열역학 제2법칙에 대한 지식이나 퇴비 제조틀을 만드는 능력도, 그러한 지식과 기술이 효과를 발휘하도록 해주는 장소(그리고 그 장소에 속한 사람들)에 대한 애정이 없다면 아무런 의미가 없다. 따라서 돌봄의 태도를 키우는 효과적인 출발점은 특정한 장소들에 관하여 성찰하는 것이다.

이 책에서 나는 범위를 좁혀 세 장소만 집중적으로 다루면서 자연 세계와 그 안에서 우리가 담당하는 역할에 대해 무엇을 배울 수 있는지 살펴보려고 한다. 이 장소들은 되는대로 선택한 것들이 아니다. 그 장소들은 내게 세상이 어떻게 움직이는지를 가르쳐 준 곳들이며, 내 안에 지구를 향한 관심 가득한 태도를 불러일으킨 장소들이다.[27] 우리는 누구에게나 그러한 장소가 있다. 이 장의 첫머리에 제사로 인용한 가브리엘 마르

셸의 말대로, 우리를 형성해 준 그 장소들이 바로 우리다. 그리고 더 나아가, 우리에게는 장소에 대한 선천적인 사랑이 있다. 문화 지리학자인 이푸 투안(Yi-Fu Tuan)의 신조어를 사용해 말한다면, 우리 인간은 토포필리아(topophilia)*를 지닌다.[28] 우리는 장소에 의해 형성될 뿐만 아니라 장소를 향한 변함없는 애정을 지닌다. 내가 아끼는 세 장소는 다음과 같다.

숲

여러분이 벨리즈*에 있는 열대우림을 방문할 때 가장 먼저 여러분을 반기는 것은 형형색색의 초록빛이다. 사방으로 온통 초록빛의 색조와 그늘이 넘쳐난다. 하늘 높이 40미터 이상 드문드문 솟아 있는 나무들로 이루어진 초교목층이 있으며, 그 아래로는 숲 바닥으로부터 18에서 27미터 높이로 솟아 있는 임관층이 펼쳐져 있다. 풍부한 햇볕을 쬐며 겉보기에도 빈틈없는 초록색 지붕과 같은 임관층에서는 그 숲의 식량 80퍼센트가 생산된다. 열대우림은 인상 깊은 태양광 수집 장치로, 단위 면적으로 따져 다른 어떤 자연 생태계보다 훨씬 더 많은 햇빛을 빨아들인다.[29] 사람의 눈으로는 식별할 수 없어도, 햇빛을 머금은 임관층은 무수한 생명체들로 활기가 넘친다. 꽃나무와 덩굴식물, 난초, 브로멜리아드(bromeliad)에 더해 벌과 박쥐, 수많은 새들이 산다. 물론 고함원숭이와 세발가락나무늘보와 같은 큰 짐승들(알려지지 않은 더 많은 짐승들과 함께)도 있다.

---

*토포필리아: 그리스어로 장소를 뜻하는 'topo'와 사랑을 뜻하는 'philia'가 조합된 말로, 자신이 속한 물리적 환경과 정서적으로 일체감과 애정을 느끼는 것을 뜻한다—옮긴이.

*벨리즈(Belize): 멕시코 남쪽에 위치한 중앙아메리카 국가. 면적이 약 2만 제곱킬로미터이며 전형적인 열대기후를 나타내고 국토의 대부분이 열대림과 늪, 산지로 이루어져 있다—옮긴이.

나무 가운데서 가장 먼저 눈에 들어오는 것이 세크로피아(cecropia), 곧 트럼펫트리일 것이다. 이 나무는 줄기가 가늘고 회색빛이며 그 둘레로 나사식으로 가지가 달리며, 잎은 깊게 갈라지고 커서, 여러분의 머리 위로 마치 우산처럼 펼쳐진다. 1년에 2.5미터까지 자라는 이 선구식물(pioneering tree)은 햇볕이 풍부하게 드는 숲의 빈 공간에서 잘 자란다. 세크로피아의 줄기 속에는 무는 개미(아즈테카속)가 사는데, 잎과 줄기가 연결되는 잎겨드랑이에서 나오는 즙을 먹고 산다. 이 개미는 나무에서 보금자리와 먹이를 얻는 대신 나무를 공격하는 덩굴식물과 기생식물의 줄기를 갉아 주는데, 그렇게 하지 않으면 이 식물들이 세크로피아를 그늘로 덮어 버려 성장이 막히게 된다. 뿐만 아니라, 이 개미는 나무를 자르거나 해치려는 침입자가 있으면 사람이든 다른 생물이든 가리지 않고 공격한다. 이것은 열대우림에서 이루어지는 공생관계를 보여주는 하나의 예로, 이 경우는 상리공생(mutualism), 곧 다른 두 생물이 서로 이익을 나누는 관계에 해당한다.

마야 사람들이 신성시하는 나무인 세이바(ceiba), 곧 케이폭도 역시 1년에 3미터에 이를 정도로 매우 빠르게 자란다. 빛을 좋아하는 이 나무와 마주치면 우선 크게 부푼 뿌리 때문에 놀라게 된다. 지상으로 돌출한 거대한 뿌리가 밑동으로부터 사방으로 기세 있게 펼쳐져 있다. 양분은 토양이 아니라 대부분 숲 바닥과 거기 널린 잡동사니에 들어 있기 때문에,[30] 세이바의 뿌리는 땅을 뚫고 나와 지표면을 따라 자란다. 숲의 가장자리나 강둑을 따라 펴져 있는 세이바는 낙엽성으로, 건조한 계절에 잎이 진다. 이 나무는 5년에서 10년마다 겨우 꽃을 피우기는 하지만, 5백 개에서 4천 개에 이르는 열매를 맺으며 각각의 열매는 씨앗을 200개 넘게 담는다. 따라서 꽃을 피우는 해를 맞은 세이바 한 그루가 맺는 씨앗은 80만 개에 이른다.[31] 씨앗은 케이폭(여기서 나무의 이름이 나왔다)이라 불리는 매끄러운 섬유질로 싸여 있는 데다 특히 잎이 다 떨어진 후에 개화가 이루어지는 까닭에 씨앗은 쉽게 바람에 실려 퍼진다. 꽃의 번식 효과라는 면에서 이 나무만큼 뛰어난 사례를 찾아보기 힘들 것이다.

여러분 주위에서 다양한 종류의 덩굴식물이 자라는 것을 보게 된다. 덩굴식물들은 나무들을 휘감고 올라가 꼭대기 부분에서 늘어진다. 덩굴식물 중에는 나무줄기를 곧장 타고 오르는 종류도 있다. 또 다른 종인 죄기덩굴들은 나무 둘레를 완전히 감싸며 그래서 그 나무를 죽게 하는 경우가 종종 있다. 예를 들어, 기생무화과나무는 새나 원숭이가 다른 나무 꼭대기에 떨어뜨린 씨가 발아해서 나무를 휘감고 아래쪽으로 자라나며 마침내 땅바닥에 도달해서 뿌리를 내리게 된다. 숲 바닥을 뚫고 들어간 무화과나무는 많은 물을 빨아들이며 자기가 둘러싸고 있는 나무보다 훨씬 더 빠르게 자란다. 이 나무의 조이는 힘이나 그늘 때문에, 아니면 그 두 가지 모두 때문에 숙주나무가 죽어서 분해되어 버리는 경우가 흔하며, 그 결과 기생무화과나무만 남게 된다.

열대우림의 식물상(植物相) 가운데서 가장 놀라운 것은 착생식물, 곧 공기식물일 것이다. 이 식물은 땅에 뿌리를 내리지 않은 채 나무 위에서 자란다. 이 식물은 조류와 이끼와 잎사귀가 부패한 찌꺼기에서 양분을 흡수하며, 필요한 수분은 세포 조직을 통해 비에서 흡수하거나 뿌리를 통해 습한 공기로부터 빨아들이거나, 아니면 그 두 가지 방식 모두를 통해 얻는다. 예를 들어, 브로멜리아드는 여러 겹으로 쌓인 잎을 이용해 물을 모은다. 이렇게 해서 생겨난 작은 물웅덩이는 이 식물의 물 공급원이 될 뿐만 아니라 모기와 청개구리, 도롱뇽, 달팽이의 서직지가 되기도 한다. 어떤 종의 게는 "브로멜리아드에 조성된, 컵처럼 생기고 물이 찬 공간을 서식지로 삼아 평생을 산다."[32] 열대지방에는 대략 3만 종의 착생식물이 있으며, 중앙아메리카 열대우림의 경우 착생식물이 식물상의 4분의 1을 차지하는 까닭에 여러분은 거의 어디서나 그 식물을 볼 수 있다.[33] 자기들의 숙주에게 해를 끼치거나 유익을 주지 않는, 이 비기생성식물들은 공생의 또 다른 형태인 편리공생(commensalism)을 보여준다.

임관층은 아주 빽빽해서, 햇빛이 그곳을 뚫고 땅바닥까지 이르기가 거의 불가능하다. 맑은 하늘에 태양이 뜨겁게 비추는 날에도 열대우림의 내부는 꽤 어두워서, 숲 안에서 활기차게 움직이는 새라든지 땅바닥에 사는 다양한 생물들을 식별하기가 쉽지 않다. 눈으로는 볼 수 없지만 많은 생물들이 내는 온갖 소리는 아주 쉽게 들을 수 있다. 불협화음의 소리가 귀를 먹먹하게 만들기 일쑤인데, 특히 이른 아침에 그렇다. 매미가 울어대는 소리는 배경음악이 된다. 화려한 깃털의 트로곤은 부드럽게 "코, 코, 코" 울어대고 청개구리는 "피, 피, 피" 울어대며 딱따구리는 단음으로 "딱, 딱, 딱" 소리를 낸다. 운 좋은 날에는 (동물원에서보다 더 쉽게) 붉은 가슴에 파랗고 노란 꼬리깃털, 흰 부리와 얼굴을 가진 색이 화려한 금강앵무를 보거나 혹은 노란 목덜미에 초록과 노랑과 붉은 색이 어우러진, 바나나 모양의 부리를 지닌 톱부리왕부리를 볼 수 있다.

눈이 어둠에 익숙해지면 땅 위에서 슬금슬금 움직이며 여러분에게서 멀어지는 털투성이 갈색 덩어리를 보게 된다. 허리를 굽혀 자세히 살펴보면 그것이 타란툴라라는 것을 알게 된다. 다리 한쪽에서 반대쪽까지가 사람의 주먹만큼 되며 길고 반짝이는 털을 가진, 상당히 겁나는 이 거미는 어지러운 숲 바닥 위를 느긋하게, 아니 우아하게 움직인다. 이 거미는 공격적이거나 쉽게 화를 내지 않은 생물로서, 우리가 우리의 비인간 이웃들을 얼마나 자주 오해하고 불공평하게 그려 왔는지를 깨닫게 해준다.

땅 가까이로 몸을 숙이면 초록색 줄이 움직이는 것을 보게 된다. 한 걸음 더 다가가 보면, 잎사귀와 잔가지와 여러 찌꺼기를 거둬내 잘 다듬어진 고속도로 위로 작은 잎사귀 조각들이 일렬종대로 줄지어 움직이는 것을 볼 수 있다. 이 잎 조각들을 나르는 생물은 잎꾼개미(leaf-cutter ants)다. 이 부지런한 개미들은 대단위의 원예 사업을 벌이고 있으며, 예상과는 달리 그 잎을 먹지는 않는다. 그와는 달리 개미들은 잎을 잘라 그 조각을 땅 속의 굴로 가져가며, 거기서 잎을 씹어서는 유기 비료로 만들고 그것을 균류가 자라고 있는 모판에다 뿌린다. 일단 농사를 시작하면, 개미들은 자기네 밭에서 다른 균류들을 제거하며, 몸의 분비물을 이용해 박테리아가 자라는 것을 막는다. 이래서 이 잎꾼개미에 붙은 다른 이름이 균류재배개미다.

이 공생관계는 대단히 흥미롭다. 이 개미들은 균류를 재배하고 퍼뜨린다. 그 균류를 다른 경쟁종에게서 지켜 주고 가꾼다. 개미들은 균류가 필요로 하는 아미노산을 공급하며, 식물 배양지에 효소를 공급해 주어 부차적인 질소를 생산해 낸다. 20년쯤 지나 새 여왕개미가 새로운 왕국을 세우기 위해 떠나갈 때면 농사를 다시 시작하기 위해 입속에다 소중한 균류 조각을 담아 간다. 한마디로 말해, "이 개미는 곤충 세계의 원예 전문가"다. 역으로, 균류는 개미가 소화할 수 없는 에너지원인 섬유소를 소화하며, "개미가 그 균류를 먹음으로써 열대우림의 잎들이 지니는 엄청난 양의 에너지를 이용할 수 있게 된다." 이 균류(담자균류)는 잎꾼개미의 유일한 먹이며, 이 개미들(애타속)은 이 균류의 유일한 경작자다. 따라서 이 개미와 균류는 "철저하게 서로에게 의존한다."[34] 절대공생(obligate mutualism)—각 유기체가 생존하기 위해서 상대에게 완전히 의존하는 관계—의 예로서 이보다 더 완벽한 사례를 찾아보기는 힘들 것이다.[35]

상리공생과 편리공생의 사례들에 눈이 멀어서는 안된다. 열대우림에는 멋지고 밝은 것들만 있는 것이 아니다. 어둠을 나타내는 세 가지, 곧 포식자와 기생생물과 병원균의 사례도 풍성하다. 큰삼각머리독사처럼 공격적이고 독을 품은 살무사들이 있다. 사냥말벌은 늑대거미의 유충에 알을 낳고, 그 안에서 부화한 새끼는 살아 있는 거미 유충을 먹고 자란다. 길이가 2.5센티미터 정도 되는 총알개미는 막강한 침을 가지고 있다. 황열병, 말라리아, 간염처럼 소모성 질환들이 있다. 주혈흡충이나 구충과 같은 체내 기생충들이 있다. 말파리처럼 약아빠진 곤충들도 있다.[36] 숲은 다양한 성격과 형태를 띠는 상호관계들로 복잡하게 얽혀 있다.

만일 열대우림 여행에서 운이 좋으면 거기 살고 있는 비교적 큰 동물들도 볼 수 있을 것이다. 낮에는 아구티, 밤에는 파카 떼를 보기 쉬운데, 이 두 종은 다 설치류에 속한다. 혹 흰목페커리 떼를 볼 수도 있는데, 이 동물은 무게가 23에서 27킬로그램이나 되며 회색과 검은 색이 섞인 억센 털이 달렸고 사향 냄새가 나는 야생 돼지다. 아니면 개미핥기나 아르마딜로를 볼 수 있다. 운이 아주 좋다면 코뿔소의 친척으로 마운틴 카우라고도 불리는 맥을 볼 수도 있다. 벨리즈의 국가 동물인 이 짐승은 다리가 짧고 몸이 뚱뚱한 초식동물로서, 겉모양과는 달리 공격적이지 않고 겁이 많다. 정말이지 여러분이 최고로 운 좋은 사람이라면, 들고양이가 살짝 얼굴을 비추는 것을 보게 될 것이다. 그것은 귀가 큰 오셀롯이거나 족제비를 닮은 재규어런디, 아니면 가능성은 가장 낮으나 그중에 최고인 비밀스러운 재규어일 것이다. 길이가 180센티미터에 몸무게가 136킬로그램 정도 되며, 외톨이로 사는 야행성 동물인 이 고양이과 재규어는 먹이사슬에서 가장 높은 자리를 차지한다. 황갈색 바탕에 검은 점이 박힌 재규어—이 지역 원주민의 말로는 "한 번 뛰어서 죽이는 놈"을 뜻한다—는 좀처럼 눈에 띄지 않으면서도 열대우림의 삶이 결코 안전하지 않다는 것을 항상 명심하게 해준다. 또 이 짐승은, 오늘에 이르기까지도 야생성을 유지한 채 존재하는 것들이 있다는 사실을 깨닫게 해준다.

잠시나마 열대우림을 살펴본 여러분의 마음에 생명체들의 호화로움과 풍부함이 깊은 인상으로 새겨진다. 벨리즈 중부, 블루홀 국립공원 내에 있는 저지대 열대우림인 이곳은 생명으로 충만하다. 여러분이 대충 살펴본 사실들을 과학적인 연구들이 확증해 준다. 종의 풍요도(species richness), 곧 특정지역 내에 얼마나 다양한 종이 존재하는지를 나타내는 수치는 엄청나다. 이 신열대구(新熱帶區)에는 대략 3,300종의 다양한 조류가 서식하며, 아메리카딱새만 해도 367종이 산다. 미국 전역에 40종의 박쥐가 사는 데 비해 이곳에 사는 박쥐는 100종이 넘는다. 한 조사자는 코스타리카에서만 550종의 나비를 찾아냈다. 하버드의 생물학자인 E. O. 윌슨(Wilson)은 페루의 열대우림에서 나무 한 그루에서만 43종의 개미를 발견했는데, 이는 영국제도에서 발견된 개미 종 전체와 맞먹는 수치다.[37] 일반적으로 열대우림 10제곱킬로미터의 면적에는 포유동물이 125종, 새가 400종, 파충류가 100종, 양서류가 60종, 나비가 150종이 서식한다.[38] 세 가지 방식, 곧 특정 서식지 내부, 서로 다른 서식지들 사이, 그리고 전 지역에 걸쳐서 살펴볼 때, 열대지역의 숲은 믿기 어려울 정도로 다양한 모습을 지닌다.³⁹ 신열대구 열대우림은 적응과 상호의존의 양상들이 믿기 어려울 정도로 복잡한 것처럼, 그 생물학적인 윤택함도 참으로 엄청나다.

산

캘리포니아의 산들은 벨리즈의 열대우림과 여러 가지 면에서 놀라운 대조를 이룬다. 여러분을 에워싼 공기는 시원하고 건조하다. 열대우림의 덥고 습한 기후와 비교해 볼 때 이 고산지대의 공기는 상쾌하다. 사람들이 황량하고 순수한 풍경이라고 불러 온 것이 눈앞에 펼쳐져 있다. 중세의 성당 위로 솟은 첨탑처럼 산 정상과 봉우리들이 푸른 하늘로 치솟아 있다. 눈길이 닿는 곳마다 넓적한 화강암이 펼쳐져 있는데, 그것들은 고대의 빙하에 의해 다듬어졌고 비교적 최근에는 물의 흐름에 닦여져 반질반질 윤이 난다. 빙하표석이라 불리는 큰 바위들이 여기저기 제멋대로 흩어져 있다. 8월인데도 바위틈과 그늘에 있던 눈들이 녹아서는 폭포를 이루어 쏟아지며, 줄지어 연결된 청록색의 깊은 호수들로 흘러 들어간다. 호수 수면에는 위쪽의 바위산들이 그림자를 드리운다. 모두가 하나같이 기가 막히도록 아름다운 풍경이다.

공기가 상쾌한 데는 또 다른 이유가 있다. 높이가 해발 3,477미터여서 산소가 부족하다. 물을 길으러 야영지에서 개울로 걸어가는 것만으로도 숨이 차다. 게다가 여러분은 18킬로그램의 짐을 지고 가파른 산길을 올라왔다. 그 길은 하나님께서 지으신 멋진 지구의 이 장소에 오르는 유일한 통로다. 북쪽을 향해 나가다가, 태양이 하루의 일정을 끝낼 때쯤에 이르면, 간신히 포레스터 고개에 다다르게 된다. 이 고개는 킹스 컨 분수계에 위치한 작은 계곡 길로, 왼쪽의 칼테크 봉과 오른쪽의 다이어몬드 암구 사이로 나 있다. 고개의 높이는 4,023미터로, 미국 본토에 있는 대부분의 산보다 더 높다. 서쪽을 바라보면, 지는 해의 붉은 주황빛으로 타오르는 불꽃 속에 펼쳐진 장엄한 그레이트 웨스턴 분수계가 보인다. 여러 개의 봉우리들이 3,962미터 높이로 길게 이어진 이 분수계는 남과 북으로 컨 강과 카웨아 강을 가르는 경계선을 이룬다. 남쪽으로는 깎아지른 듯한 급경사면이 펼쳐져 있다. 여러분이 서 있는 곳에서 900미터가 넘는 아래쪽 골짜기에는 컨 강이 흐른다. 위쪽 눈 덮인 수원지에서 흘러내린 물은 얼음처럼 차고 깨끗하다. 또 동쪽으로는, 저녁놀의 타는 빛에 반사되어 우뚝 솟은 시에라 크레스트—틴들, 버스티그, 버나드, 러셀, 휘트니, 뮤어 산—가 버티고 서 있다. 그 자리에 얼어붙어 영롱한 빛에 휘감긴 바위투성이 봉우리들을 바라다보노라면, 바로 그 산들 위에서 불후의 명성을 얻은 사람들 가운데서도 가장 유명한 이가 남긴 글귀가 떠오른다. 캘리포니아 중부에 위치한 시에라 네바다 산맥을 처음 오른 후, 25년 동안 산을 타고 살면서 글을 썼던 존 뮤어(John Muir)는 다음과 같은 유명한 글귀를 남겼다.

따라서 내가 보기에 시에라는 네바다 산맥이라든지 눈의 산맥이 아니라 빛의 산맥이라고 불려야 마땅할 것 같다. 그 품 안에 안겨 경탄하고 기뻐하며, 찬란하게 쏟아지는 빛 속에 몸을 담그고 십 년을 살아오면서, 얼음 덮인 봉우리들 사이로 도는 아침 햇살과 나무와 바위와 눈 위로 쏟아지는 한낮의 햇볕, 붉게 타오르는 저녁놀, 기세 있게 떨어지는 수많은 폭포들, 거기서 엄청나게 피어올라 무지개를 이루는 물방울들을 보고 나니 더더욱 이곳이 빛의 산맥이라는 이름과 딱 어울린다는 생각이 든다. 내

가 지금까지 본 것 중에서 가장 신성한 아름다움을 지닌 곳이다.[40]

세쿼이아 국립공원의 북중부 중심에 있는 빅혼 고원의 전망지에서 바라보면, 생명체가 넘치는 벨리즈와의 대조는 훨씬 더 명료하게 드러난다. 이 아고산대(亞高山帶)의 허드슨 지구에서는 언뜻 보면 살아 있는 생명체를 거의 볼 수 없다. 그러나 첫 인상과는 달리, 여러분이 서 있는 곳은 결코 달 표면이 아니다. 가까이 다가가 살펴보면 거의 모든 곳에서 생명체를 발견하게 된다. 가장 먼저 눈에 띄는 것이 나무인데, 수목한계선인 이 고도에서 나무들은 말 그대로 눈을 사로잡기 때문이다. 여러분이 서 있는 주변으로 다부지게 생긴 나무들이 이룬 작은 숲을 볼 수 있다. 여우꼬리소나무다. 몸통의 지름이 90에서 120센티미터이고, 빛바랜 황색과 갈색을 띠며, 아주 심하게 뒤틀려 있고, 위쪽 가지들이 제멋대로 하늘로 뻗은 이 나무는 높이가 9에서 12미터이며, 쉽게 물이 빠지는 바위투성이 토양 속으로 깊이 파고들어 널리 퍼지는 뿌리 조직을 가지고 있어 가뭄에 강하다. 이 나무의 이름은 바늘잎들이 여우꼬리와 비슷한 모습으로 끝가지를 둘러싸는 데서 생겨났으며, 바늘잎들은—다른 소나무의 잎들보다 훨씬 더 오래—17년이나 살아남는다. 캘리포니아에서만 자라는 여우꼬리소나무는 가혹한 기후를 이겨 내며 천 년 동안 생존하기도 한다. 신비로운 매력을 물씬 풍기는 보초병들인 여우꼬리소나무는 C. S. 루이스(Lewis)의 소설이나 해리포터의 모험 이야기에 딱 어울릴 만한 나무다.

멀지 않은 곳에서 오그라든 흰수피잣나무 수풀을 볼 수 있다. 이 나무는 고지대에서 여우꼬리소나무와 어울려 사는 나무다. 또 훨씬 더 작고 관목과 비슷하게 생긴, 낮게 뻗는 흰수피잣나무도 이 수목한계선 위에서 산다. 시에라 산맥의 남쪽 지역, 해발 3,000에서 3,600미터 사이에서만 발견되는 이 나무는 고산지대에 펼쳐진 바위들의 바람 없는 틈새에 몰려서, 바람에 깎여 나간 작은 관목처럼 자란다. 대부분의 소나무와는 달리, 이 나무의 자줏빛을 띠고 두꺼운 비늘껍질로 덮인 열매는 씨가 익으면 나무 위에서 분해되어 버린다. 흰수피잣나무는 붉은날다람쥐와 얼룩다람쥐, 뇌조와 같은 고산지대 토박이 동물에게 필요한 먹이와 주거지를 제공한다.

흰수피잣나무 주위에서는 북아메리카잣까마귀를 보게 된다. 이 새는 연한 회색과 흰색의 몸에 검은 날개를 가지고 있으며 크기가 까마귀만 하다. 갑자기 나타난 여러분을 살피고자 잠시 일을 멈추었다가는 곧바로 자기가 담당한 일로 돌아가 잣송이를 파헤쳐 씨를 빼 먹는다. 여러분이 있는 곳에서 그리 멀지 않은 데서 박새가 "치카 디디디" 하고 아는 체하는 소리를 낸다. 목과 머리 윗부분은 까맣고 눈 위와 뺨과 가슴이 하얀 이 대담한 새는, 친밀한 지저귐으로 당신이 이렇게 높은 산에 있는 둥지까지 방문한 것을 반갑게 맞는다. 열대우림과 같은 종의 풍요도에는 미치지 못하지만, 시에라 산맥의 고산지대도 그 나름대로 복잡하게 얽힌 생명 체계를 갖추고 있다.

여러분이 터를 잡은 야영지 근처에서 새앙토끼가 재빠르게 바위를 건너뛰는 것을 보게 된다. 작은 토끼만 한 크기에 옅은 회색을 띤 새앙토끼는 토끼와 비슷한 코와 이빨(윗 이빨이 두 개가 아니라 네 개다)을 가지고 있으며 뛰는 모양도 토끼와 닮았다. 그래서 이 짐승의 다른 이름이 바위토끼다. 모습을 드러내기보다는 날카롭게 경고하는 울음소리를 더 자주 들려주는 새앙토끼는 푸른 초목을 먹으며, 이 고지대에 사는 많은 이웃들과는 달리 겨울잠을 자지 않는 까닭에 긴 겨울을 나기에 충분할 만큼 먹이를 비축한다. 이 지역이 여름은 짧고 겨울은 길고 혹독한 땅이라는 데서 예상할 수 있듯이, "새앙토끼가 눈과 추위와 맺은 인연은 아주 오래됐다. 새앙토끼는 빙하시대의 유존종(遺存種)으로 알려진 생물에 속한다. 빙하시대에 널리 분포했던 새앙토끼는 오늘날에도 여전히 기후가 빙하시대와 비슷한 지역에서만 살며, 따라서 북아메리카와 유라시아의 산지와 먼 북부지방에서 발견된다."[41] 열대우림과 마찬가지로, 이 기후 지역에서도 진화적 적응과 서식지 적응을 분명하게 볼 수 있다.

바위를 좋아하는 새앙토끼를 같은 고지대 포유동물인 마멋과 혼동해서는 안된다. 텐트를 설치할 장소를 찾아 이리저리 살피다 보면, 근처 바위 위에서 통통하고 배가 노란 마멋이 햇볕을 쬐고 있는 것을 보게 된다. 우드척 곧 그라운드호그의 친척인 이 귀여운 동물은 고산지대의 풀밭을 뒤져 먹이를 찾으며, 긴 겨울잠을 자는 데 필요한 지방을 축적한다. 동료들에게 날카로운 울음으로 경고를 보내고 숨어 버린 마멋은 위험이 완전히 사라지고 나서야 다시 모습을 드러낸다. 숨을 죽이고 끈질기게 마멋이 나오기를 기다리다 보면, 그 녀석은 팔이 닿을 만큼 가까운 거리에서 검은 갈색의 수염이 달린 얼굴을 삐죽이 내밀어서 보답을 한다.

이 지역의 기후가 혹독하기는 해도 이렇게 바위를 끌어안고 사는 채식성 포유동물들의 먹이가 끊기는 법은 없다. 바위틈마다 여러 가지 풀과 들꽃을 뿜내는 풍성한 풀밭이 다양한 모습으로 펼쳐져 있다. 고산지대, 생명체가 살 수 있는 끝자락인 수목한계선 위에서도 분홍바늘꽃과 지면패랭이꽃, 노란색 고지 참매발톱꽃처럼 그럴듯한 이름을 가진 식물들이 생명을 이어가기 위해 애쓰고 있다. 전체 시에라 지역의 식물군 중에서 가장 높은 곳에 사는 이 식물들은 바람과 열기와 추위의 공격에 맞서서 땅에 찰싹 달라붙어 뿌리를 넓고 깊게 내리며, 수단 방법을 안 가리고 습기를 지켜 낸다. 이러한 모습으로 이 식물들은 생명의 강인함을 웅장하게 증언한다.

생명의 강인함을 보여주는 가장 멋진 사례는 고산지대의 높은 곳이 아니라 훨씬 아래쪽, 1,500에서 2,300미터 사이에 위치한 전이대(transition zone)에서 만나게 된다. 빅혼 고원을 오르다 보면, 사탕소나무, 미송, 폰데로사소나무, 마운틴헴록 등의 큰 나무로 우거진 많은 숲을 지나게 된다. 그러나 그 어떤 나무도 자이언트세쿼이아만큼 놀라게 하지는 않는다. 이 유명한 세쿼이아—학명이 *Sequoiadendron giganteum*으로, 이보다 가늘지만 키가 더 큰 해안지역의 레드우드, 곧 *Sequoia sempervirens*와 혼동해서는 안된다—는 엄청난 크기로 자란다. 예를 들어, 저 유명한 제너럴셔먼 나무는 높이가 84미터이고 아랫동의 지름이 11미터다. 지구에서 가장 큰 생명체인 이 나무의 기둥은 부피로 따지면 1,400세제곱미터가 넘는다.[42] 바닥에서 40미터 높이에 있는 가지 하나만 해도 지름이 2미터, 길이가 42미터로, 미국 동부에 있는 숲의 어떤 나무들보다 크다.[43] 이 나무의 수령은 2,700년에 이르며, 지금도 어린 나무였을 때와 같은 속도로 자라고 있다.[44] 이 거인 나무보다 더 오래 된 것으로는 수령이 4,500년으로 추정되는 브리슬콘소나무가 있을 뿐이다.

자이언트세쿼이아는 생태 적응(ecological adaptation)이 어떤 것인지를 보여주는 훌륭한 사례다. 시에라 네바다 산맥의 400킬로미터 범위 안에 있는 75개 정도의 작은 숲만 놓고 볼 때, 나무들은 특히 곤란한 형편에 처해 있다. 해발 2,300미터 위쪽은 기온이 너무 차고 식물이 자라는 계절도 상당히 짧다. 1,500미터 아래에는 물이 너무 부족하다. 햇빛을 좋아하는 세쿼이아는 시에라 지역 서쪽 사면에 펼쳐진 비교적 온화하고 바람이 들지 않는 분지에서 잘 자란다. 세쿼이아는 얄팍한 토양에서 물을 얻고자 뿌리를 넓게 멀리 뻗는데, 그 거리가 백여 미터에 이르기도 한다.

이 숲 지대에서는 번개를 동반한 폭풍 때문에 산불이 자주 일어나며, 사람이 들어오고 스모키 베어(Smokey Bear) 프로그램이 널리 실행되기 전까지는 전 지역에서 최소한 5년에서 10년마다 한 번 꼴로 산불이 발생했다. 자이언트세쿼이아는 여러 가지 방법으로 자신을 지켜 낸다. 회갈색을 띤 나무껍질은 두께가 60센티미터이며 불에 매우 강하다. 또 스펀지처럼 부드러운 껍질은 단열기능이 있어 열기를 막아 준다. 또 껍질이 불에 타고 상처를 입더라도 새 껍질이 상처 난 부위를 덮어서 구멍을 메우고 다시 나무를 보호하게 된다. 그런데 자이언트세쿼이아는 불을 이기도록 적응이 되었을 뿐만 아니라 불을 이용하는 법을 배우기도 했다. 자그마한 세쿼이아 열매—길이가 겨우 2.5에서 4센티미터다—하나가 100에서 300개의 씨앗을 담고 있으며, 씨앗은 크기가 매우 작아서 9만 개를 모아야 450그램의 무게가 된다. 이 침엽수림 내의 다른 나무들과는 달리 자이언트세쿼이아는 열매가 다 익어도 땅으로 떨어뜨리지 않고 그대로 지닌다. 지면에 난 불이 숲 전체를 휩쓸 때 위로 치솟는 열기가 오래된 솔방울을 말려 벌어지게 하면, 그로부터 한두 주 안에 열매들은 씨를 숲 바닥으로 흩뿌린다. 산불은 열매들이 씨앗을 방출하는 데 필요한 열기를 제공해 주는 것에 더해 나무 아래에 있는 덤불을 제거하고 땅을 깨끗하게 정리해 곧 방출될 씨앗을 맞을 준비를 한다. 간단히 말해 산불은 자이언트세쿼이아의 생활 주기에 없어서는 안 될 요소다.

하지만 생태 그물(ecological web)은 훨씬 더 복잡하게 얽혀 있다. 다람쥐와 딱정벌레도 자이언트세쿼이아가 번성하는 데 도움이 된다. 이 동물들은 다 익은 세쿼이아 열매를 먹어서 산불이 발생하지 않는 기간에 그 씨를 퍼뜨린다. 전이대에 위치한 이 숲은 습하고 따뜻한 기후 때문에 진균류가 자라기에 딱 좋은 서식지인데, 자이언트세쿼이아는 그에 대응해 진균류와 많은 곤충들의 입맛에 거부감을 주는 화학 물질을 만들었다. 그래서 "거대한 세쿼이아는 자기 안에 백여 종 이상의 곤충들이 서식하는데도 불구하고 그 곤충들의 공격에 전혀 피해를 입지 않는다."[45] 자연 세계의 상호연관성과 생명체의 물리적이고 시간적인 규모의 방대함을 선명하게 증언해 보이는 자이언트세쿼이아는 우리에게 순전한 겸허의 마음을 불러일으킨다. 베르나 존스턴(Verna Johnston)이 이 점을 다음과 같이 멋진 말로 표현했다. "장구한 세월 동안 산불과 폭풍우를 견디고, 로마와 마야제국과 스페인의 성쇠를 지켜보며, 마그나 카르타와 르네상스, 1776년의 미합중국 탄생을 지나쳐 오면서, 이 정치가는 거의 삼천 년 동안 날마다 태양이 뜨는 소식을 새롭게 전파해 왔다."[46]

    벨리즈의 열대우림에 대해 설명할 때도 그랬지만, 캘리포니아 중부에 위치한 이 산맥에 대해 여기서 묘사한 것은 빙산의 일각에 불과하다. 말하지 못한 것도 많고 말해야 할 것도 많다. 그러나 낭랑하게 울려 퍼지는 존 뮤어의 글 속에서 시에라 네바다 산맥의 혼은 가장 멋지게 되살아난다.

    높은 산지의 눈이 빠르게 녹는다. 둑을 채운 개울물은 노래를 부르며 흘러 평온한 초원과 습지 사이에서 부드럽게 흔들리며, 태양빛을 받아 떨리며, 돌개구멍을 만나 소용돌이치고, 깊은 못에 이르러 잠시 쉬었다가는 굽이쳐 오르고, 거칠게 소리치며, 거친 자갈돌 벽에 부딪혀 힘을 자랑하면서, 그 변화무쌍한 모습 속에 기쁨과 아름다움을 담아낸다. 내가 이제까지 만난 시에라의 풍경에서는 죽거나 힘을 잃은 것을 보지 못했고, 공장에서 폐기물이나 쓰레기라고 부르는 것들의 흔적도 마주치지 않았다. 모든 것이 완벽하게 깨끗하고 순수하며 신의 가르침으로 충만하다. 모든 것에 끌리는 이 민감하고 피할 길 없는 호기심은 하나님의 손을 보고 나서야 그 비밀을 풀 것 같다. 그분의 관심을 사로잡은 것이 어찌 우리의 관심을 휘어잡지 않겠는가. 우리가 어떤 것 하나만 끌어내리려고 할 때, 우주 안에 있는 나머지 모든 것들이 그것에 얽혀 나오는 것을 보게 된다.[47]

호수

물과 나무. 저 멀리 눈길이 닿는 곳까지 펼쳐진 청록 빛. 숲과 호수와 물길의 땅. 바로 이것이 내가 살펴볼 세 번째이자 마지막 장소다. 미네소타 북동부와 온타리오 서부에 자리한 퀘티코-슈피리어 야생지대는 물의 행성 지구에 펼쳐진 물의 미로다. 카누 타는 이들의 천국, 넓이가 8,100제곱킬로미터인 이 지역은 매혹적인 호수와 끝을 알 수 없는 강과 빽빽한 수풀로 가득하며, 지구에서 가장 오래된 바위들도 이곳에 있다. 30억 년 전 것으로 추정되는 노두(露頭)들을 거느린, 캐나다 순상지(Canadian Shield)로도 불리는 이 태고적 선캄브리아기의 기반암은 대서양에서 시작해 북아메리카의 윗부분을 가로질러 북극해까지 광대한 활모양으로 뻗어 있다. 그처럼 오래된 바위 위를 걷다 보면 자연 세계의 시간적인 규모에 압도당해 경탄하게 된다. 우리 인간은 이 오래된 지구에 한참이나 늦게 찾아든 손님일 뿐이다.

여러분이 서 있는 숲 바닥의 표층토가 매우 적다는 것을 알아챈다. 지난 2백만 년 동안에 두께가 3,200미터 되는 빙산들이 최소한 네 차례 훑고 지나갔으며 가장 최근의 일이 불과 만 년 전이었기에, 여러분 주변에 있는 토양은 깊이가 26센티미터를 넘지 못하며 그보다 훨씬 얇은 곳도 많다.[48] 뿌리를 굵고 곧게 뻗는 식물들은 이 땅에서 자라지 못한다. 여러분 앞에 펼쳐진 땅의 지형이 대부분 빙하가 남긴 유산이라는 사실을 어렵지 않게 알 수 있다. 오른쪽에 있는 튀어나온 바위에서 주황색과 갈색을 띤 얼룩이 눈에 띈다. 자세히 살펴보니 신기롭기 짝이 없는 식물인 지의류(地衣類)가 바위에 달라붙어 있다. 원시식물인 균류와 조류가 결합해 이루어진 지의류는, 흔히 다른 식물들이 살기 힘든 열악한 장소에서도 잘 자란다. 빙하가 빠져나간 후 이 황폐한 지역에 가장 먼저 정착한 것이 이 강하고 억센 식물들이었다. 지의류는 영겁의 세월을 지나며 서서히 바위를 깨뜨림으로써 다른 식물들이 자라는 데 필요한 부식토를 생성하는 데 힘을 보탰다. 균류는 조류에게 습기를 공급하며, 조류는 햇빛을 이용해 만든 당류를 균류에게 나누어 준다. 다시 말해 균류와 조류는 공생관계를 이루며, 서로 이익을 주고받으면서 숲 생태계가 발전하는 데 아주 중요한 역할을 담당한다.

가까운 곳에 커다란 연못이 있다. 그 한쪽 편으로 댐이 보이는데, 비버 무리가 세운 것이다. 놀라운 건축 솜씨를 보여주는 댐은 통나무와 가지와 진흙으로 세워져 사방으로 뻗어 있으며, 물을 가둘 뿐만 아니라 여러분 몸무게보다 훨씬 무거운 것도 지탱할 수 있다.[49] 댐에서 그리 멀지 않은 곳에서 반구 모양으로 생긴, 비버가 사는 큰 집이 보인다. 지름이 4미터, 물 위로 드러난 높이가 2미터, 벽 두께가 1미터 정도이며 물 아래로 두 개의 입구를 지녀서 가장 추운 겨울에도 영상의 온도를 유지한다. 스라소니나 살쾡이와 같은 포식자로부터 내부 공간을 지켜내기에 충분한 이 오두막은 안전하고 안락한 안식처다. 잽싸게 오두막으로 다가가면, 윤이 나는 흑갈색 털, 짙은 색의 코에 긴 수염, 넓고 평평한 꼬리를 가진 비버가 물속으로 뛰어드는 찰나의 모습을 볼 수 있다. 무게가 최고 27킬로그램까지 나가는 비버는 전 세계 설치류 가운데 남미의 카피바라 다음으로 큰 동물이며, 자신의 환경을 마음대로 바꾸는 능력으로 따지면 인간 다음으로 뛰어난 짐승이다.[50] 항상 나무를 갉아 대서 날카롭게 유지되는 커다란 앞이빨을 지닌 비버는 지름이 5에서 8센티미터 되는 포플러를 30초 만에 넘어뜨릴 수 있으며, 높이 30미터에 굵기가 30센티미터나 되는 나무도 벤다고 알려져 있다.[51]

비버는 완전한 초식동물로 잔가지와 잎사귀뿐만 아니라 포플러와 자작나무의 껍질을 즐겨 먹으며, 그런 까닭에 나무를 자르는 놀라운 능력은 주거지와 더불어 식량 문제를 해결하는 데 필수적인 사항이다. 비버는 땅 위로도 (느리게나마) 움직이지만 물을 굉장히 좋아하며, 그렇게 열심히 댐을 건설함으로써 다른 방법으로는 얻을 수 없는 나무와 식물을 손쉽게 손에 넣을 수 있게 된다. 댐으로 인해 넓은 지역에 물이 차게 되면 비버 집단은 쉽게 넓은 공간을 뒤져 먹이를 찾을 수 있게 되는데, 활동 수역의 넓이가 2만4천에서 4만 제곱미터에 이르고 물가를 벗어나 360미터까지 나간다.[52]

비버가 세우는 댐이 미치는 영향은 참으로 크다. 시간이 지나면 숲 자체가 바뀔 정도다. 포플러와 자작나무가 자라던 곳에서 "골풀과 사초가 우거지고 늪과 호수가 어우러진 반수생(半水生)의 세상이 생겨난다. 얕고 느리게 흐르는 물에는 조류와 플랑크톤에서 물고기와 갑각류에 이르기까지 많은 생물들이 꼬인다. 그 다음으로 이 생물들에도 모기에서 매에 이르기까지 그들 나름의 기생생물과 포식동물이 따라붙는다."[53] 마침내 비버들은 자기네 영역 안에 있는 식량을 모두 소비하게 되며, 이 연못을 버리고 더 풍요로운 거주지를 찾아 가게 된다. 이렇게 해서 비버들은 연못이 소멸에 이르는 길을 여는데, 댐은 서서히 무너져 내리고 갇혔던 물이 빠져나가 더 이상 수생생물들이 살 수 없게 되며, 결국 못이 말라 버려 초원으로 바뀌게 된다. 몇십 년이 지나면 그 초원에 포플러와 자작나무와 같은 나무들이 이주하여 자리를 잡게 되고, 만일 시내가 완전히 말라 버리지 않는다면 또 다른 집단의 굶주린 비버들이 다시 자기네 역사를 처음부터 시작하게 될 것이다. 이 이야기는 이 북부 삼림에서 이루어지는 많은 순환현상 가운데 하나다.

못을 헤쳐 나가다 보면 물 위로 미끄러지면서 지그재그 문양을 그려내는 소금쟁이를 보게 된다. 수면 바로 위에서는, 잠자리가 나뭇잎 결 모양의 두 쌍의 날개에 그 긴 몸을 의지하여 맴돈다. 못에서 나와 진흙을 털어 내기 위해 발을 물속에 담그고 흔든다. 그런데 왼쪽 엄지발가락에 붙은 진흙 덩어리가 떨어지질 않는다. 허리를 숙여 가까이 보니, 거머리다. 길이가 10센티미터, 폭이 1센티미터 정도이며 회갈색을 띤, 애벌레처럼 생긴 이 흡혈생물은 세상 어디서나 혐오감을 일으킨다. 하지만 거머리는 먹이그물에서 중요한 위치를 차지하며, 강꼬치고기와 월아이 같은 물고기의 먹이가 되고 또 죽은 유기물질을 분해하여 식물과 모든 종류의 수생생물이 이용할 수 있는 중요한 양분을 만들어 낸다. 하찮은 거머리일지라도 연못 생태계가 돌아가는 데 그 나름의 역할―생태적 지위[54]―이 있다.

이 계절에는 늘 그렇듯 흑파리가 작은 무리를 지어 여러분이 두른 푸른색 스카프 주위를 맴돈다. 5월과 6월이면 퀘티코-슈피리어 지역을 가득 채운 듯 등장하는, 작은 못대가리 크기만 한 암컷 흑파리는 모기와 마찬가지로 알을 낳는 데 필요한 단백질을 구하기 위해 피를 찾는다. 끈질기게 달라붙어 성가시게 하고 살을 물어 부어오르게도 하지만, 파란색을 좋아하는 흑파리의 특성은 생태학적 측면에서 중요한 기능을 담당한다. 흑파리들은 야생 블루베리의 작고 흰 꽃이 가루받이하는 데 중요한 역할을 하기 때문이다. 흑파리가 눈에 띈다는 것은 "또한 수질이 깨끗하다는 사실을 말해 준다. 흑파리 유충들은 웬만한 오염에도 죽어 버리는 까닭이다."[55] 거머리와 마찬가지로 이 겁나는 흑파리도 나름대로 쓸모가 있다.

연못을 뒤로 하고 호숫가에 있는 야영지로 느긋하게 돌아오는 길에, 여러분은 발삼전나무와 흰가문비나무가 우거지고 물가로 서양측백나무가 자라는 숲을 통과하게 된다. 이 침엽수들 가운데 자작나무와 포플러는 전혀 안 보인다. 당신이 지나고 있는 이 숲이 대표적인 북방림이기 때문이다.[56] 종종 "가문비나무와 말코손바닥사슴의 숲"이라는 별명으로도 불리는 이 북방림은 북아메리카의 북방 기후 지역뿐만 아니라 지구를 돌아가면서 핀란드, 우크라이나, 중국 북부에서도 발견된다. 어떤 자연주의자가 재치 있게도 "지구는 마치 가문비나무로 만든 왕관인 양 북방림을 머리에 쓰고 있다"고 말했다.[57] 발을 내딛는 곳마다 피라미드처럼 생기고 크리스마스트리를 닮은 가문비나무와 매우 향기로운 바늘잎을 지닌 발삼전나무가 널려 있다. 호숫가에는 어디서나 볼 수 있는 측백나무가 껍질을 벗으며 바늘잎의 편린을 날리고 서 있다. 당신은 측백나무의 가지들이 왜 한결같이 똑같은 높이에 달려 있을까 의아하게 여기다가 문득 사슴이 겨울에 측백나무 잎을 먹는다는 사실을 떠올린다. 가지들이 달린 가장 아래 부분은 굶주린 사슴들의 입이 닿는 가장 높은 곳을 가리킨다.

자연 재해라는 것도 이 숲 공동체에게는 없어서는 안될 식구가 된다. 폭풍에 나무가 넘어지는 일이나 벌레의 공격, 화재가 모두 이 가문비나무와 전나무 숲이 유지되는 데 도움을 준다. 달리 말해 숲은 "계속되는 교란에 의지해서 자신을 지켜 나간다."[58] 이 경우에는 천이(遷移)—"어떤 지역에서 일어나는 식물상의 자연적 변화로, 한 종의 집단이 점차로 다른 종의 집단에 의해 대체되는 현상"[59]—가 교란을 통한 원상 보존이라는 형태로 나타난다. 이 아름다운 침엽수림도 주기적인 붕괴가 일어나지 않는다면 그 본래의 모습으로 존재할 수 없을 것이다.

자이언트세쿼이아 숲에서처럼, 이 북부의 숲에서도 산불은 특히 중요하다. 무엇보다도 산불은 토양에 양분을 공급하고, 축적된 부식토의 산성층을 태우며, 임관층에 구멍을 내서 숲 바닥에 있는 식물에게 풍부한 빛이 도달하도록 해준다. 북부 삼림을 불이 휩쓸고 나면, 포플러와 자작나무와 뱅크스소나무가 들어와 정착하며, 조건만 맞는다면 스트로브스소나무와 미국적송이 자리 잡기도 한다. 이 선구식물들은 한 세대를 생존하게 되는데, 그 기간이 장대한 스트로브스소나무의 경우 꽤 오랜 세월일 수가 있어 그중에는 이 땅에서 사백 살이 되도록 자라는 것들도 있다. 그러나 소나무 임관층 아래에서는 비교적 어린 흰가문비나무가, 조금 더 밑으로 내려오면 음지에 강한 발삼전나무가 상대적으로 수명이 짧은 포플러와 자작나무가 쓰러질 날을 기다리면서 기회를 엿보고 있다.

섬이 점점이 박혀 있는 큰 호숫가 야영지로 돌아오니, 땅거미가 내리고 호수의 가장자리를 따라 고성청개구리가 율동적으로 "삑삑" 거리는 소리와 청개구리가 기타를 뜯는 듯 "웅웅"대는 소리가 들려온다. 이 수컷들은 자기의 영역을 밝히고 지키기 위해 울어댄다. 또 갈색의 작은 박쥐들이 무리지어 제멋대로 나는 것을 보게 되는데, 박쥐들은 낮게 날면서 한 시간 만에 모기를 비롯한 여러 곤충을 300마리나 긁어모은다. 이 해로운 모기가 없다면 박쥐들은 영양을 보충할 수 없을 것이다. 박쥐는 많은 사람들의 생각과는 달리 눈이 멀지 않았지만, 야간에는 먹이의 위치를 알아내기 위해 예민한 청각에 의존해야 한다. 박쥐는 반향정위(反響定位)라는 놀라운 기능을 사용하여 초당 10에서 20회의 초음파를 방출한다.[60] 수중 음파 탐지기처럼 이 음파는 물체에 반사해서는 메아리가 되어 박쥐에게 돌아온다. 딱정벌레와 나방을 구분해 내는 박쥐의 청각은 믿기지 않을 정도로 예민하고 정확하다. 살아남기 위해서는 당연히 그래야 한다.

박쥐 구경에 정신이 팔려 있는 여러분을 깨우는, 떨리는 소리가 있다. 북부 삼림의 대표적인 새인 큰아비가 자신의 등장을 알리는 신호다. 당신의 귀에 떨리는 웃음소리처럼 들리는 이 트레몰로의 음향은 위험을 알리는 경고다. 호수 저편 좀 떨어진 곳에서 또 한 마리의 아비가 여기에 응답하며, 그들은 트레몰로 이중창으로 당신을 위해 세레나데를 노래한다. 바로 그때 당신은 아비들이 내는 네 가지 소리 중에서 두 번째, 탄식의 소리를 듣는다. 세 음조로 이루어진 이 구슬픈 소리는 마치 늑대 울음처럼 길고 애처롭게 이어지는데, 이것이 "너 어디에 있니"라든지 "나 여기 있어"라고 말하는 방법이다. 이 밤에 또 당신은 아비 울음소리 중 세 번째 독특한 소리, 곧 수컷이 부르는 요들을 듣는다. 삼부로 이루어진 서너 개의 울부짖음이 복잡하게 얽힌 이 소리는 짝을 유혹하고 영역을 지키려고 내는 신호다. 이렇게 해서 여러분은 "아비처럼 미쳤다"는 표현이 어떻게 생겨났는지 알게 된다. 오직 한 소리, 나지막하게 "웅웅"대는 소리만이 당신의 예민해진 귀에 잡히지 않고 퍼져 나간다.

북부 삼림에 사는 생물 가운데서 가장 매혹적인 것은 말코손바닥사슴이나 흑곰, 얼룩이리가 아니라 큰아비라는 데는 거의 모든 사람이 동의한다. 양 날개를 편 길이는 약 150센티미터, 무게가 7킬로그램에 이르고, 새까만 머리와 붉은 눈, 흰 깃털, 길고 날카로운 부리가 특징인 아비는 어렵지 않게 알아 볼 수 있다. 아비는 잠수를 위해 만들어진, 고기 잡는 기계다. 이 새의 몸체는 유선형이며, 다리는 효과적으로 몸 안에 집어넣도록 뒤쪽에 달려 있으며, 붉은 눈은 물속에서 사물을 명료하게 볼 수 있다. 다른 새들과는 달리 이 새의 뼈는 속이 비지 않고 꽉 차 있기 때문에 상당히 깊은 곳까지 잠수하여 물속의 낮은 곳을 살필 수 있다. 믿기지 않겠지만 물속 70미터 깊이에 설치한 그물에 아비가 잡힌 적이 있다고 한다.[61] 최대 15분까지 물속에 머물 수 있는 아비는 송어와 농어 같은 물고기를 잡을 정도로 빠르게 헤엄치며, 부리로 먹잇감을 찔러서 수면으로 떠올라 통째로 삼킨다.[62] 잠수에 적합하도록 지어졌기에 날기에는 어려울 수도 있다. 그러나 사실 아비는 강력한 날짐승이다. 아비가 이륙하기 위해서는 90미터 정도의 거리가 필요하지만, 일단 날아오르면 시속 120킬로미터로 비행하며, 최고 속도로 시속 170킬로미터를 기록하기도 했다.[63] 매년 가을이면 아비는 겨울을 나기 위해 북부 삼림을 떠나는데, 대서양 남부 해안 지역인 노스캐롤라이나에서 플로리다 너머까지 가서 지내다가 이 호수 지역에 얼음이 녹는 봄이 되면 다시 돌아온다. 이 물의 땅에 놀라울 정도로 잘 적응한 생물인 아비는 이 장소의 토종생물이며,

그 앞에 설 때마다 우리 인간은 이 야생지의 손님일 뿐이라는 사실을 깨닫게 된다.

어둠이 마치 온화한 친구처럼 깃들어 온 땅을 감싼다. 갓 나온 달과 함께 별들이 당신을 향해 빛을 발한다. 그 어느 때보다 더 찬란하다. 북두칠성과 작은곰자리, 용자리와 목동자리, 카시오페이아자리와 케페우스자리, 여름철에 삼각 구조를 이루는 백조자리와 거문고자리와 독수리자리를 포함해 많은 별자리들이 하나같이 자기네 아름다움을 뽐낸다. 그런데 시야에서 좀 벗어난 곳, 지평선 바로 위에서 낯선 빛이 춤추는 것이 보인다. 곧바로 당신이 보고 있는 것이 오로라(aurora borealis), 곧 북극광이라는 사실을 알아챈다. 이 형언하기 어려운 현상을 가장 멋들어지게 묘사한 시거드 올슨(Sigurd Olson)의 글을 보자.

> 오로라의 빛들이 지평선 위로 움직이며 모양을 바꾸었다. 초록색 깃든 노란 빛줄기가 나타나더니 동에서 서로 흐르고, 돌이켜 반대로 흐르다가 사라지기를 계속했다. 푸른 기운 도는 흰빛이 거대한 띠를 이루어 마치 하늘 이쪽에서 저쪽 끝까지 드리운 장막처럼 지그재그 모양으로 흔들렸다. 요동치는 가장자리를 따라 노랑과 주황과 빨강 빛줄기들이 반짝였다. 그것들은 결코 한 순간도 멈추지 않고, 서서히 희미해져 완전히 사라지는가 싶더니, 다시 춤을 추며 불쑥 앞으로 나서서 새롭게 광채를 발하는데, 무수한 조합을 이루며 나타나는 그 문양이 참으로 놀랍다.[64]

태양 표면에서 일어난 거대한 폭발이 1억5천만 킬로미터를 가로질러 지구의 자기장으로 들어와 일으키는 북극광은, 저자가 누군지 까마득히 잊어버린 어떤 시 구절처럼 "가까이 있든 멀리 있든 사물들은 아주 멀리서 보면 서로 연결되어 있다"는 사실을 가장 아름답게 깨우쳐 주는 표지다.

세상이 어떻게 작동하는가

지금까지 살펴본 세 장소를 통해 우리는 고향별 지구에 관해 무엇을 배울 수 있을까? 세상이 어떻게 움직이는지에 대해서 무엇을 배울 수 있으며 또 배워야 할까? 이제, 우리를 둘러싸고 있는 세상에 참여함으로써 얻게 되는 열 가지 지식—이것을 **생태학의 원리들**이라고 부른다—을 살펴보자.

첫째, 존 뮤어가 말한 대로, 모든 것은 그 외의 다른 모두와 얽혀 있다. 타일러 밀러(G. Tyler Miller)의 말을 빌려 말하면, 우리는 모두 다른 누군가가 가른 바람이나 물길을 타고 뒤따르는 사람들이다.[65] 이것은 어니스트 칼렌바크(Ernest Callenbach)의 "생태학 법칙" 가운데 첫째인 "모든 것은 서로 연결되어 있다"는 것과 통한다.[66] 개렛 하딘에게도 역시 이것은 "생태학 제1법칙"이다.[67] 우리는 모든 피조물이 어떤 식으로든 서로 연결되어 있는, 복잡하게 얽힌 세상에서 산다. 세크로피아와 무는 개미. 자이언트세쿼이아와 다람쥐. 비버와 자작나무. 살아 있는 모든 유기체 속에서 순환하는 탄소와 수소, 질소, 산소, 인, 유황. 이 지구 안에서 우리 모두는 하나다. 이것을 **상호연관성의 원리**(the principle of interrelatedness)라고 부르자.

첫 번째 원리에서 자연스럽게 나오는 두 번째 원리는, 우리는 한 가지 일만을 할 수는 없다는 것이다.[68] 우리의 행동은 언제나 많은 결과로 이어지며, 그 가운데는 우리가 알지 못하고 예측할 수조차 없는 것들도 많다. 미시간주 홀랜드에서 내가 전등 스위치를 올리는 일이 뉴욕주 북부의 아디론댁에 산성비가 내리는 데 영향을 끼친다. 당신이 뒷마당의 유기농 텃밭에서 기르거나 마을의 농산물 직거래 시장에서 사온 재료로 샐러드를 만들어 먹을 때, 그 일은 지역의 경제를 활성화하며, 그 남은 쓰레기는 퇴비 제조틀의 지렁이에게 먹이가 된다. 평온한 연못에 조약돌을 던지는 것처럼, 우리의 행동은 그와 직접적으로 연관된 시공간의 상황을 훨씬 뛰어넘어 멀리까지 영향을 끼친다. 이것은 **복합적 효과의 원리**(the principle of multiple effects)다.

셋째, "필요 없어" 버릴 것은 아무것도 없다. 칼렌바크의 말로 하면, "모든 것이 어딘가에는 쓸모가 있다."[69] 우리는 쓰레기를 없앴다고 생각할 수 있겠지만 사실은 한 곳에서 다른 곳으로 옮겨 놓은 데 불과하다. 자연 세계 속에 쓰레기란 없다. 사체를 포함해, 한 형태의 생명에서 나오는 쓰레기는 다른 형태의 생명체들에게 식량이 되는 것이 분명하다. 이 생각은 물리학의 기본 원리로서 질량보존의 법칙이라 불린다. 우리는 물질을 창조하거나 파괴할 수 없다. 물질은 단지 형태가 바뀔 뿐이다(이때 에너지로 변할 수 있다). 물질은 보존된다. 이것을 **물질보존의 원리**(the principle of matter conservation)라고 부르자.

넷째, 우리는 대가를 치르지 않고서는 무언가를 얻을 수 없다. 에너지를 얻기 위해서는 에너지가 필요하다. 이에 대해 칼렌바크는 생태학 세 번째 법칙에서 다음과 같이 말한다. "세상에 공짜란 없다."[70] 물리학에서 이것은 에너지보존의 법칙이다. 흔히 열역학 제1법칙이라고 불리는 이 법칙에 의하면, 우리는 고립계(isolated system) 내에서 에너지를 만들어 내거나 파괴할 수 없다. 에너지는 단지 형태를 바꿀 뿐이다(이때 물질로 변할 수 있다). 좀 더 나아가, 에너지의 품질이라는 면에서 보면 에너지가 한 형태에서 다른 형태로 바뀔 때 유용한 에너지의 일부가 질이 떨어지거나 유용성이 줄어들게 된다. 이것이, 에너지가 전환할 때 엔트로피나 무질서도가 증가한다는 열역학 제2법칙이다. 우리는 이것을 **에너지 전환의 원리**(the principle of energy conversion)라고 부르겠다.

다섯 번째, 모든 생물은 생태적 지위(niche)를 차지한다. 유기체들은 모두 자신이 속한 서식지 내에서 일정한 기능을 맡는다. 모든 종은 생태계 안에서 일정 역할을 담당하거나 특정 역할에 적합하도록 적응한다. 잎꾼개미는 특정 균류를 재배한다. 울퉁불퉁한 흰수피잣나무는 얼룩다람쥐에게 집을 제공한다. 어디서나 발견되는 흑파리는 야생 블루베리를 꽃가루받이 시킨다. 전문화된 생태적 지위를 차지하는 다양한 종들의 집합체를 가장 잘 보여주는 사례가 열대우림이다. 토양에서부터 임관층에 이르기까지 열대우림의 각 층에서는 다양한 많은 생물들이 서식하며 영양체계에서 역할을 담당하고 있다. 이것이 **적합성의 원리**(the principle of fittingness)다.

여섯 번째, 사물들은 변한다. 우리는 놀라울 정도로 역동적인 우주에서 산다. 지구의 살아 있는 유기체들과 자연계 순환은 항상 변하고 있다. 만물은 불변의 항상성(homeostasis) 단계에 도달했다는 견해, 곧 세상은 기본적으로 정적이라고 보는 생각은 사라졌다. 대니얼 보트킨(Daniel Botkin)의 말대로, "자연은 움직이는 영상과 같으며, 따라서 지구와 그 생명유지 장치는 정적이기보다는 역동적 특성을 지닌다"는 사실을 인정해야 한다.[71] 벨리즈 열대우림에서 나무 한 그루가 쓰러지는 것은, 좀 더 많은 빛이 숲의 밑바닥에 미치게 되고, 그래서 새로운 식물이 그 숲에 자리 잡게 된다는 것을 의미한다. 시에라 네바다 산맥에서 지표면을 태우는 산불은 세쿼이아 열매가 씨앗을 방출하게 해준다. 퀘티코-슈피리어의 비버 댐은 물의 흐름과 높이를 바꾸고 그렇게 해서 풍경을 바꾸어 놓는다. 이동하면서 충돌하는 지각판들(tectonic plates)은 지구의 표면 자체를 대규모로 재배열한다. 세상은 공간과 시간의 규모에서 끊임없이 다양하게 변하고 있다. 이것을 **역동적 체계의 원리**(the principle of dynamic systems)라고 부르자.

일곱 번째, 여러분은 적응하거나 아니면 죽는다. 변화가 불가피한 현실임을 인정한다면, 각 유기체와 개체군(population)과 종들은 자기들이 처한 환경에 적응하거나 아니면 멸절할 수밖에 없다. 브로멜리아드는 물을 가두어 두어야 하며 그렇지 못하면 죽게 된다. 새앙토끼는 겨울을 나기 위해 충분한 풀을 거두어야 하며 그러지 않으면 살아남지 못한다. 박쥐는 반향정위에 익숙해지거나 아니면 죽는다. 어떤 유기체들에게는 생존의 기회가 희박한 데 반해 다른 유기체에게는 훨씬 더 여유가 있을 수 있다. 조건이 항상 변하기 때문에, 유기체들(예를 들면, 자연도태를 통해)과 군집(예를 들면, 생태천이를 통해)은 적응하여 살아남거나 아니면 멸절하게 된다. 이것을 **적응의 원리**(the principle of adaptation)라고 부른다.

여덟 번째, 지구는 풍성한 다양성을 지닌다. 생물다양성(biodiversity)은 적어도 다음과 같은 세 가지 유형으로 이루어진다. 특정 종 안에서 나타나는 다수의 유전자(유전자 다양성), 다양하고 많은 개체 생물 종들(종 다양성), 그리고 다양한 형태로 존재하는 자연 체계의 다양성(생태계 다양성). 앞서 살펴본 세 장소에서는 두 번째 유형의 생물다양성이 가장 두드러지게 나타나며, 특히 여러 종으로 가득한 열대우림만큼 이 다양성을 극명하게 보여주는 곳도 없다. 그러나 우리 고향별 어디서건 세 가지 유형의 다양성을 찾아볼 수 있다. 예를 들어, 너도밤나무 숲을 보면 딱정벌레, 지네, 지렁이와 같은 생물들은 두말할 필요가 없고, 그 토양 1그램에서 박테리아가 4,000에서 5,000종이 살고 있다.[72] 이것은 **다양성의 원리**(the principle of diversity)다.

아홉 번째, 언제나 여유가 있는 것은 아니다. 태양에서 얻는 에너지를 제외하면, 세상은 유한하다. 개별 유기체들(물소와 나그네비둘기 같은 것들)의 수가 무한해 보이지만 결코 그렇지 않다. 종들이 겉보기에는 무한정인 것 같지만(예를 들어, 딱정벌레와 딱새) 사실 그 수는 유한하다. 우리에게 있는 생명유지 체계들(토양, 물, 공기)이 낭비라는 말과는 어울리지 않아 보이지만 그것들이 감당할 수 있는 것에는 한계가 있다. 좋든 싫든 우리는 유한한 세상에 사는 유한한 피조물이다. 따라서 이것을 **한계의 원리**(the principle of limits)라고 부른다.

열 번째이자 마지막으로, 자연 세계는 우리가 생각하는 것보다 훨씬 더 복잡하다. 타일러 밀러가 말한 대로, 이 세상은 우리의 상상력으로는 결코 따라잡을 수 없을 만큼 복잡하다.[73] 새롭게 등장한 복잡계 이론(complexity theory)은 이러한 주장이 사실임을 확인해 주는 사례들 가운데 하나다.[74] 세상은 기계와는 전혀 달라서, 그 각 부분을 분해하여 목록으로 작성한다고 해서 이해할 수 있는 것이 아니다. 오히려, 세상은 그 구성 요소들을 파악해서 속성을 완전히 설명해 낼 수가 없는, 지극히 복잡한 체계다. 달리 말해, 전체는 부분들의 총합을 훨씬 뛰어넘는다. 자연 세계 안에 비선형계들(nonlinear systems)이 존재한다. 양상을 예측하는 것이 결코 쉽지 않은 날씨와 같은 것들이 그 예다. 다시 말해, 도쿄에 있는 나비의 날갯짓이 시카고에 내리는 비에 영향을 미친다는 나비효과다. 또 복잡계(complex systems) 안에는 예기치 않게 등장하는 특성들이 존재한다. 특정 곤충들 사이에서 이루어지는 사회생활 같은 것들이 그 예다. 우리가 지구에 대해 알면 알수록 지구는 더욱 낯설고 신비로워져만 간다. 이것을 **복잡성의 원리**(the principle of complexity)라고 부른다.

이외에도 우리가 배워야 할 중요한 것들이 많지만 여기서 제시한 간단한 목록만으로도 충분할 것이다. 이러한 원리들을 받아들이고 그에 따라 산다는 것이 무엇을 뜻하는가? 우리가 이 지혜들을 마음 깊이 간직한다면 세상이 얼마나 달라질 수 있을까? 세상이 어떻게 움직이는지 말하는 이러한 지식이 우리가 속한 장소를 사랑하고 돌보는 일을 키워 줄 수 있을까?

마음이 깃든 장소들

우리는 우리가 사랑하는 것들만 돌본다. 또 아는 것들만 사랑한다. 우리가 경험하는 것들만 진정으로 알게 된다. 우리가 속한 장소를 알지 못한다면—여기서 안다는 것은 피상적으로 대충 아는 것을 넘어 가까이 다가가 인격적으로 아는 것을 뜻한다—우리는 필시 그것을 이용하고 남용하게 된다. 그러므로 우리의 고향을 직접 체험할 필요가 있다. 내 경우를 예로 들면, 푸른가슴왜가리가 그 유구한 날개를 활 모양으로 펴고 나는 모습을 보고, 멧종다리와 박새가 지저귀는 소리를 듣고, 스컹크나 달래의 냄새를 맡고, 봄날의 따스한 햇볕이나 가을의 선선한 바람을 몸으로 느낄 때에야, 간단히 말해, 내가 속한 장소를 알 기회를 누리고서야 비로소 그것들을 돌봐야겠다는 마음이 솟는다.

우리의 존재가 훨씬 더 큰 전체에 연결되어 있음을 분명히 아는 것도 중요하지만, 우리는 모두 특정한 장소와 별개의 환경, 구체적인 고향에서 산다는 점도 마찬가지로 중요하다. 내가 사는 곳은 미시간 주 서남부이며, 가문비나무와 솔송나무 같은 침엽수와 단풍나무와 너도밤나무와 오크나무 같은 단단한 낙엽성 활엽수로 이루어진 온대 전이지역에 속하고, 수천 년 전 빙하 작용에 의해 1,600미터 두께로 퇴적된 모래층 위에 있으며, 우리가 오대호(Great Lakes)라고 부르는 거대한 내륙해—지구 표면 담수의 5분의 1을 담고 있다—곁에 있다.

더 자세히 말해, 내 고향은 마카타와(Macatawa) 수계에 있다. 내가 사는 지역에는 무수한 시내와 하천들이 펼쳐져 있으며, 그 물줄기들은 거침없이 마카타와 강으로 흘러들어가고, 또 이 강은 서쪽으로 흘러 미시간 호수로 연결된다. 종종 "검은 강"이라고 불리는 이 강의 별명은 조상으로부터 물려받은 것이다. 물이 검은 색이다. 아주 검다. 인이 적정 수준의 네 배에 이르러 부영양(eutrophic) 상태에 있다. 다시 말해, 산소가 부족해서 정상적인 먹이사슬을 유지할 수가 없다. 게다가 혼탁도가 매우 높다. 이 강과 여러 지류들이 검은 색을 띠는 주된 이유는, 물속에 떠 있는 많은 미사와 유기물질 때문이다. 비전문가의 말로 하자면, 토양이 침식을 당해 하천으로 흘러들고 그것이 강에 문제를 일으키는 것이다. 간단히 말해, 이 수계의 상태가 썩 좋은 형편이 아니다. 여기까지가 나쁜 소식이다.

좋은 소식은 상태가 점점 호전되고 있다는 것이다. 예를 들어, 마카타와 지역협력위원회(Macatawa Area Coordinating Council)가 수계 정화 운동을 시작했다. 농민과 기업체, 주택 소유자, 지역 주민들을 대상으로 한 이 수계 보존 프로그램은 우리의 장소를 왜 보호해야 하는지 또 어떻게 하면 그 일을 잘 할 수 있는지에 대해 홍보하면서, 비료를 적게 사용하고, 하천의 둑에다 침식 방지턱을 설치하고, 남아 있는 습지를 보호하는 등의 일을 실천하고 있다. 또 숲과 하천과 자연녹지를 보호하고 연결하는 것을 사명으로 삼은 비영리 단체인 마카타와 그린웨이 연합(Macatawa Greenway Partnership)도 마카타와 강변의 남아 있는 지역을 보존하고, 걷고 달리고 자전거를 탈 수 있는 길을 만들기 위해 꾸준히 노력하고 있다. 그린웨이 연합 사람들은 분수계 보호운동을 확산하는 확실한 방법 가운데 하나가 사람들이 그곳을 찾도록 만드는 것이라고 확신하고 있으며, 따라서 모든 사람이 즐길 수 있도록 물길을 따라 공공의 오솔길들을 세우는 것을 꿈꾸고 있다. 이 단체들은, 내가 사는 곳에서 자신들의 장소를 이해하고 그곳을 인간과 비인간 모두에게 더 살기 좋은 곳으로 만들고자 애쓰고 있는 모임 가운데 두 가지 사례일 뿐이다.

    그렇다면 우리가 있는 곳은 어디인가? 우리는 우리의 자리를 아는가? 우리의 고향 지구를—우리만이 아니라 우리의 자식들과 그 자식들의 자식들까지를 위해서—제대로 돌보기 원한다면 우리는 함께 사는 모든 동료들과 힘을 모아 이 고향별을 사랑해야만 한다. 또 그러한 사랑의 동기는 우리 자신의 이익을 훌쩍 뛰어넘는 것이어야 한다. 그리고 이 지구별을 사랑하기 위해서는 더 가까이 다가가 인격적으로 알아야 한다. 어떤 사람이 현대 시인인 게리 스나이더(Gary Snyder)에게 생태계 파괴의 물결을 막아 내고 우리 고향별을 좀 더 살기 좋은 곳으로 가꾸기 위해 무슨 일을 해야 하겠느냐고 물었을 때, 이 시인은 다음과 같은 멋진 충고를 들려주었다.

"정착하십시오. 당신이 속한 장소를 깊이 이해하시기 바랍니다. 그리고 일하십시오."

2장. 세상이 어떻게 잘못되어 있는가

신 음 하 는 창 조 세 계

피조물은 하나님의 자녀들이 나타나기를 간절히 기다리고 있습니다. 피조물이 허무에 굴복했지만, 그것은 자의로 그렇게 한 것이 아니라, 굴복하게 하신 그분이 그렇게 하신 것입니다. 그러나 소망은 남아 있습니다. 그것은 곧 피조물도 썩어짐의 종살이에서 해방되어서, 하나님의 자녀가 누릴 영광된 자유를 얻으리라는 것입니다. 모든 피조물이 이제까지 함께 신음하며, 함께 해산의 고통을 함께 겪고 있다는 것을, 우리는 압니다. 그뿐만 아니라, 첫 열매로서 성령을 받은 우리도 자녀로 삼아 주실 것을, 곧 우리 몸을 속량하여 주실 것을 고대하면서, 속으로 신음하고 있습니다.
_로마서 8:19-23

"넷 가운데 한 종의 비율로 조류가 사라지고 있다"
"실리콘밸리의 독성물질 오염이 생각보다 심각하다"
"연안의 바닷물이 여전히 문제투성이라고 환경보호국(EPA)이 밝혀"
"아시아의 오염된 공기가 거침없이 태평양을 건너 미국까지 도달"
"온난화와 자연 이변이 밀접한 관계가 있음을 종합적인 연구로 입증"

최근에 발간된 신문기사 중에서 뽑은 이 제목들은 모든 것이 제대로 돌아가고 있지 않다는 사실을 분명하게 보여준다. 생태계 파괴에 관한 소식을 듣지 않고 한 주간을 지내는 일이 희귀한 일이 되었다. 신문이나 텔레비전의 보도를 통해서나 아니면 직접 몸으로 체험함으로써, 우리는 우리의 고향 지구의 상태에 관해 지녀 왔던 느긋한 무지로부터 지속적으로 깨어난다. 지구온난화, 유독성 폐기물, 석유 유출, 산성비, 식수 오염, 열대우림의 파괴, 넘치는 쓰레기 매립지, 표층토의 유실, 종의 멸종, 스모그, 이것들은 오늘날 우리가 살고 있는 세상의 엄연한 현실이다.

만일 눈으로 보거나 대중 매체가 보도하는 것에 확신이 서지 않는다면, 고도로 훈련받은 많은 지구보호 운동가들이 지구의 현 상태에 관해 외치는 소리에 귀 기울일 필요가 있다. 예를 들어, 생물학자 캘빈 드윗(Calvin DeWitt)은 주장하기를, 우리 인간은 "책임 있는 청지기의 권한에서 벗어나 분수를 잊은 채 전례가 없을 정도로 엄청나게 파괴와 퇴보를 일으키고 있다"고 말한다. 드윗은 주요 관심 영역을 네 개—지구의 에너지 교환, 땅과 토양, 숲과 서식지, 생물 종과 생물다양성—로 나누어 살피면서, 우리가 어떻게 "생물권(biosphere)의 구조를 심각하게 바꿔 버렸는지"를 밝힌다.[1] 생물학자 스튜어트 핌(Stuart Pimm)도 지구에 대한 환경 보고서에서 비슷한 결론을 내린다. 그의 개략적인 설명에 따르면, 지구는 "인간이 가하는 거대하고 확실한 충격파들로 병들어 가고 있으며" 그중의 일부(예를 들면, 종의 멸종)는 우리가 매우 신속하게 행동하지 않으면 "돌이킬 수 없는 지경에 이르게 될 것이다."[2] 알도 레오폴드의 간략한 말마따나, 볼 수 있는 눈을 가진 사람들이 볼 때 우리는 상처투성이 세상에서 살고 있다.[3] 아니면 이번 장 첫머리에 제사로 인용한 로마서 8장 바울의 말대로, 피조물이 신음하고 있다.

세상의 상태가 온전치 않다. 그러면 정확히 말해 무엇이 잘못되었는가? 구체적으로 지구가 어떻게 신음하고 있는가? 이 장에서 나는 우리의 고향별이 붕괴되고 있는 다양한 모습을 탐구하고 설명하려고 한다. 앞 장에서는 이 세상이 어떻게 움직이는지에 대해, 또 우리가 책임 있는 지구 지킴이가 되기 위해 무엇을 할 수 있고 무엇을 해야 하는지에 관해 살펴보았다면, 이번 장에서는 생태학적인 면에서 어떻게 사물들이 마땅히 있어야 할 모습대로 존재하지 않게 되었는지에 대해, 때로는 고통을 감수하면서까지 솔직하게 살펴보려고 한다. 문제는 참 많으며 또 심각하다. 그러나 우리는 타조처럼 모래 속에 머리를 처박고 그 문제들을 모른 체 할 수는 없다. 간단히 말해, 우리가 진정으로 우리의 자리를 알려고 한다면, 하나님의 푸른 지구가 어떻게 정상 상태에서 벗어나게 되었는지에 대한 정확하고도 냉철한 판단이 이루어져야 한다.

인구

이 세상에 사는 사람들의 수가 오늘날의 절반이었을 때가 언제였을까? 1883년? 1924년? 1965년? 1924년으로 추측하는 것이 그럴듯해 보인다. 그러나 사실 1924년에는 20억 명 정도였으며, 이 수치는 2008년의 인구 67억 명의 3분의 1도 안되는 것이었다. 정답은 1965년이다. 지구의 인구는 43년 만에 두 배로 늘었으며, 매년 7천7백만 명씩 계속 증가하고 있다.[4] 도표1이 보여주듯이, 지난 세기의 인구 증가는 직선이 아니라 기하급수적인 모습으로 이루어졌다. 달리 말해, 인구가 두 배로 늘어나는 데 걸리는 시간이 극적으로 짧아졌다. 이러한 증가 비율로 볼 때, 2050년이면 지구 인구는 90억 명에 이를 것으로 예상된다.

많은 인구 통계 학자들이 주장하듯이, 이러한 인구 증가는 거의 대부분 개발도상국으로 분류되는 나라들에서 이루어질 것이다. 현재의 인구 증가 수치에서 개발도상국이 차지하는 비율이 95퍼센트이며, 아프리카에서 가장 높은 비율로 증가하고 있는데, 2050년에는 아프리카의 인구가 두 배로 늘어 23억이 될 것으로 예상된다. 눈여겨 볼 나라가 중국과 인도다. 이 두 나라는 현재 전 세계 인구의 37퍼센트를 차지한다. 중국의 경우, 연령 피라미드를 보면 인구의 35퍼센트가 최적의 가임연령대인 15세에서 34세로,[5] 2050년에 중국 인구는 14억에 이를 것으로 예상된다. 또 인도는 2050년에 인구가 16억 명에 이르러 중국을 따라잡아 인구가 가장 많은 나라가 될 것으로 예측된다.[6] 간단히 말해, 전 세계 인구의 증가 비율은 완만하겠지만, 다수의 국가에서는 앞으로 30에서 40년 사이에 인

도표1. 세계 인구의 증가

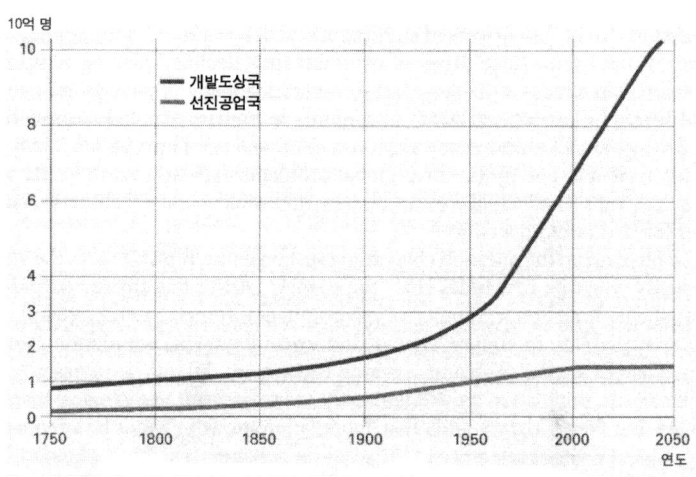

유엔환경계획(UNEP)/ 지구자원정보 데이터베이스(GRID-Arendal) 센터.
이 도표는 http://maps.grida.no/go/graphic/world_population_development에서 볼 수 있다.

구가 극적으로 늘어날 것으로 예상된다.

수학자가 아니더라도 얼마든지 이러한 추세의 의미를 파악하고 여러 가지 중요한 질문들을 던질 수 있다. 예를 들어, 이러한 인구 증가가 사회와 환경에 미치는 영향은 무엇이며, 또 인류는 이런 식의 인구 증가를 얼마나 오래 감당할 수 있겠는가? 첫 번째 물음에 대한 답으로, 레스터 브라운(Lester Brown)은 많은 사람들의 생각을 대변하여 "새로운 세기를 좌우하는 핵심적인 환경 추세들"로 제시한 일곱 가지 목록 가운데 가장 윗자리에다 인구 증가를 배치하고 있다. 그는 이렇게 말한다. "앞으로 반세기 동안에, 다른 어떤 요인보다도 추정 인구 증가가 경제 발전에 훨씬 더 직접적인 영향을 미치게 될 것이며, 나아가 거의 모든 환경적·사회적 문제들을 악화시킬 것이다." 그는 우리가 직면한 문제를 간략하게 요약해서 "인구는 계속해서 늘어나지만 지구의 자연 체계는 그렇지 못하다"고 설명한다.[7] 이와 마찬가지로, 제임스 스페스(James Speth)도 '환경 악화의 열 가지 동인' 목록을 제시하면서 그 맨 앞에다 인구 문제를 놓았는데, 그 근거로 인구 문제가 "지금까지 환경 쇠퇴의 거대한 동인으로 작용해 왔으며", 수많은 가난한 사람들과 지역들이 사용하기에 턱없이 부족해진 자원들에 계속해서 압박을 가하고 있다는 사실을 제시한다.[8] 크리스토퍼 플래빈(Christopher Flavin) 역시 인구 증가가 "환경과 사회의 많은 문제들을 뒤에서 좌우하는 원인"이라고 지적한다. 그가 보기에, 인구 증가는 인간이 초래한 기후 변화와 생물다양성의 감소와 더불어, "지속가능한 세상을 만드는 일을 끈질기게 방해하는" 전 세계 차원의 세 가지 문제들 가운데 하나다.[9]

지속가능성과 관련한 물음에 대해서는 브라운이 다수의 견해를 대변하여 다음과 같은 결론으로 답한다.

"인구 증가는 많은 환경 분야에서 감당할 수 있는 한계를 이미 넘어섰다. 인구 증가는 농경지와 물의 이용에서부터 기후 변화와 실업에 이르기까지, 현존하는 문제들을 더욱 악화시키며 갈수록 통제를 어렵게 만든다."[10]

달리 말해, 인구 증가는 이미 생태계의 지속가능성에 심각한 위협이 되어 버렸다.

그러나 플래빈은 "개별 국가들의 자원 소비 수준을 고려하지 않고서는 인구 증가 문제를 제대로 다룰 수 없다"고 올바른 지적을 덧붙인다.[11]

전 세계의 소비 계층—자동차를 몰고 냉장고와 텔레비전을 소유하고 쇼핑몰에서 물건을 구입하는 사람들—가운데서 대략 15억 명이 세계의 화석연료와 금속과 목재 제품과 곡식의 대부분을 소비한다. 미국의 갓난아기는 브라질이나 인도네시아에서 태어난 갓난아기에 비해 두 배 이상의 곡물과 열 배나 많은 석유를 소비하며, 훨씬 더 많은 오염물질을 배출한다. 사실 간단한 계산만으로도, 인도에서 한 해에 증가하는 1천7백만 명보다 미국 인구의 연간 증가치인 260만 명이 세계의 자원에 더 큰 압박을 가한다는 것을 알 수 있다.[12]

브라운도 자원의 소비가 중추적인 문제가 된다는 사실을 인정한다. "지구가 얼마나 많은 사람들을 감당할 수 있겠는가?"라는 질문을 받고서 그는 통찰력 있게 "소비 수준이 어느 정도냐에 달렸다"라고 답한다.[13]

위에서 살펴본 내용을 통해, 환경 영향을 판정하는 데 있어서 고려할 것이 인구뿐만 아니라는 사실을 인정하는 것이 중요함을 알 수 있다. 환경에 영향을 미치는 요소에는 적어도 세 가지 주요 요소가 있다. 인구(population)와 풍요(affluence)와 기술(technology)이다. 이는 널리 이용되는 공식인 I=PAT에서 인용했다. 환경에 미치는 영향(I, influence)은 인구(P)와 풍요(A)와 기술(T)을 곱한 값과 같다. 여기서 A는 기본적으로 1인당 소비량을 가리키며, T는 총체적인 기술 효율성의 정도를 뜻한다. 이 공식은 지나치게 단순하기는 하지만, 인구만이 환경에 영향을 미치는 요소가 아니라는 사실을 분명하게 말해 준다. 1인당 소비율과 기술적인 효율성도 역시 중요하다. 그러므로 1인당 소비가 감소하거나 다양한 기술들이 큰 효과를 발휘하거나, 아니면 그 두 가지가 모두 나타날 때, 인구 증가가 환경에 미치는 영향은 실제로 줄어들 수가 있다.

특유의 힘과 자기 비판적 정직성을 지닌 웬델 베리는, 인구 그 자체로 어떤 문제가 있는지에 관해 다음과 같이 질문을 던진다.

적어도 미국에 살고 있는 우리들에게는 "사람이 너무 많다"는 결론은 너무 성급한 판단이라고 말하고 싶다. 그렇게 주장하는 근거는, 내가 보기에 사람이 지나치게 많은 수준은 **아니라고** 생각하기 때문이 아니라, 우리가 그러한 결론을 내릴 준비가 되어 있지 않다고 보기 때문이다. 나도 인구 규모와 관련해서 당연히 문제들이 제기되어야 할 필요가 있다고 본다. 그러나 그것들이 우리가 물어야 할 가장 **시급한** 질문은 아니다. 처음부터 "인구 문제"는 양의 문제가 아니라 형태의 문제로 다루어져야 한다. 우리는 사람이 너무 많다고 결론을 내리기 전에 우리에게 잘못 이용되는 사람은 없는지, 잘못된 자리에 있는 사람은 없는지, 또 자신들이 속한 장소를 남용하는 사람은 없는지 물어보아야 한다.…… 내가 보기에는, 이 세상이 비좁게 되는 것은 인간의 출산에 의한 것이라기보다는 개개인의 능력에 과학기술이라는 승수(乘數)가 작용한 결과로 이루어진 것이다. 현대 세계가 앓고 있는 가장 심각한 질병은 과학기술적 영웅주의(technological heroism)라는 이데올로기일 것이다. 점점 더 많은 사람들이 거기에 매달려서 주저 없이, 예측하거나 통제할 수도 없는 엄청난 결과들을 낳고 있다.[14]

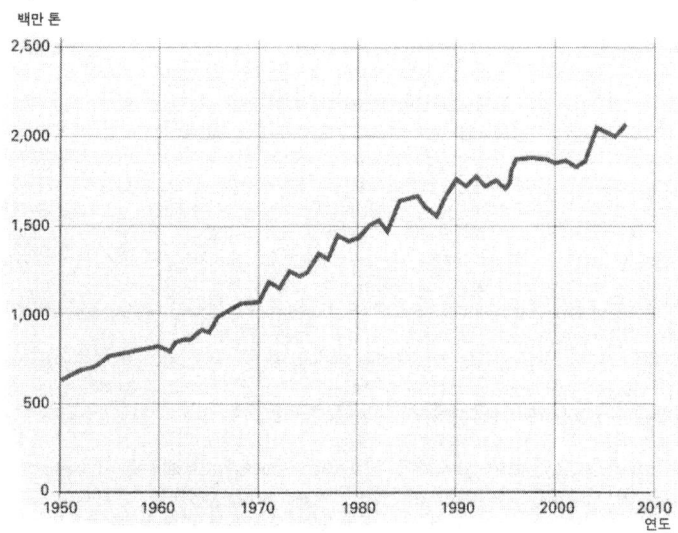

도표2. 세계 곡물 생산량, 1950-2007년

미국농무부(USDA), 레스터 브라운의 글, "Plan B Updates: Why Ethanol Production Will Drive World Food Prices Even Higher in 2008"에서 인용. 이 자료는 http://www.earth-policy.org/Updates/2008/Update69.htm에서 볼 수 있다.

지구가 신음하는 정도를 평가하는 핵심 요소가 인구 증가다. 어찌 보면 인간과 비인간 피조물이 위기에 처하게 된 이유는 단지 우리 인간이 너무 많기 때문인지도 모른다. 그러나 웬델 베리가 밝힌 대로, 환경 영향을 판정하는 데 있어서 풍요와 기술도 중요한 역할을 한다. 지구가 얼마나 많은 인간을 감당할 수 있는가만 아니라, 소비 수준이 어느 정도며 어떤 과학 기술을 사용하는가도 문제가 된다.

굶주림

만일 오늘날 굶주리는 세상 사람들이 어깨를 나란히 하고 줄을 선다면, 그 줄은 어느 정도나 길게 이어질까? 뉴욕에서 로스앤젤레스까지? 적도를 따라 지구를 한 바퀴 돌 만큼? 적도를 따라 지구를 13번 돌 만큼의 길이라면 믿어질까?[15] 먹을 것이 너무 부족해서 하루에 필요한 열량도 채우지 못하는 사람들이 한 줄로 늘어서면 놀랍게도 지구 둘레를 13번이나 돌게 된다. 대략 8억5천만 명의 사람들이 음식이 모자라 어려움을 겪고 있다.[16] 게다가 이들은 영양실조에 걸려 있기도 하다. 따라서 음식의 양만이 아니라 질도 문제가 된다.[17]

대략 여덟 사람 중에서 한 명이 굶주림이라는 암울한 처지에 놓여 있으며, 불행하게도 식량 생산의 증가에 대한 전망도 밝지가 않다. 도표2를 보면 희망적인 예측이 가능해 보인다. 하지만 지난 50년 동안 이룬 세계 곡물 생산의 극적인 증가가 상당 부분 이른바 녹색혁명(Green Revolution)이라는 영역에서 발전한 화학비료와 살충제를 이용함으로써 가능했다는 사실을 놓고 볼 때, 도표3은 심각한 우려를 낳는다.[18] 전체 곡물 생산이 아

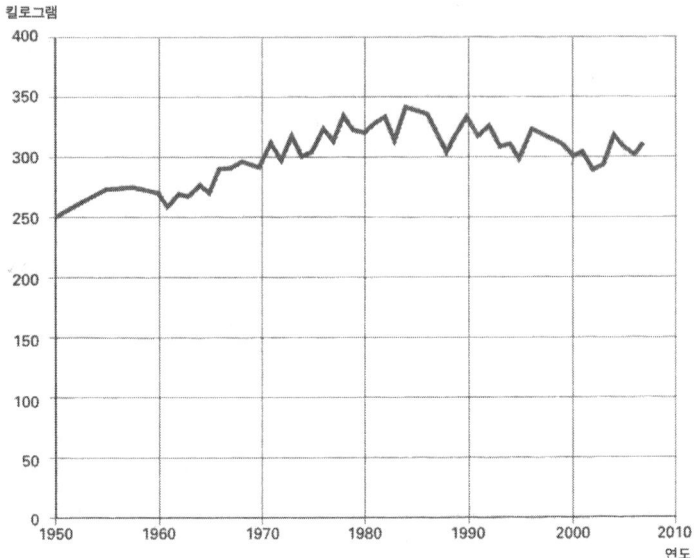

도표3. 1인당 세계 곡물 생산량, 1950-2007년

미국농무부(USDA)/유엔, 레스터 브라운의 글, "Plan B Updates: Why Ethanol Production Will Drive World Food Prices Even Higher in 2008"에서 인용. 이 자료는 http://www.earth-policy.org/Updates/2008/Update69.htm에서 볼 수 있다.

니라 1인당 곡물 생산을 도표로 그려 보면, 지난 50년 동안의 곡물 생산량은 참으로 보잘것없다. 안타깝게도 1인당 곡물 생산량은 1984년에 최고점에 도달한 후 계속해서 감소해 왔다. 간단히 말해, 곡물 생산은 인구 증가를 따라가지 못한다.

다른 두 가지 추세에 특별히 관심을 기울일 필요가 있다. 첫째, 지난 50년 동안 전 세계 곡물 생산 농지가 1인당 2천3백 제곱미터에서 1천2백 제곱미터로 50퍼센트가 감소했다.[19] 달리 말해, 50년 전과 비교해 오늘날 더 많은 땅을 농사짓는 데 이용하고 있는데도 불구하고 인구의 증가로 말미암아 1인당 경작 면적은 오히려 줄어들었다. 앞으로 몇십 년 동안에 전체 경작 면적이 변하지 않는다고 가정하면(도시화와 땅의 황폐화를 고려하면 현실성이 없는 가정이다), 1인당 경작 면적은 훨씬 더 많이 줄어들 것이다. 게다가, 전 세계의 지하수면은 계속 낮아지고 있으며, 바다의 어획량은 간신히 현 수준을 유지하는 가운데 몇몇 지역에서는 급격히 감소하고 있다. 간단히 말해, 1인당으로 계산할 때 우리가 먹고 살기 위해 의지하는 자원 기반은 심각하게 줄어들고 있다.

둘째, 2000년 이후로 세계의 곡물 소비가 곡물 생산을 앞지르고 있으며, 부족한 양은 세계 곡물 비축량, 곧 한 해의 추수를 시작할 시점에 전년도에 추수한 곡식에서 쓰고 남은 양으로 벌충하고 있다. 그러나 2007년을 보면, 소비 일수로 계산한 세계 곡물 비축량이 2000년도와 비교해 절반에도 미치지 못했다. 2008년 1월 현재, 우리에게는 세계를 먹일 여분의 곡물이 54일분 남아 있으며, 이는 기록상 최저치다.[20] 세계 식량 정책을 다루는 많은 전문가들에 따르면, 이월 곡물 비축량은 세계 식량 안보를 판단하는 가장 기본적인 척도가 된다. 굶주린 세계에 공급할 식량 여유분이 위험할 정도로 줄어들면, 우리 모두가 심각한 문제에 휘말리게 된다는 것은 자명하다. 또 이러한 추세들에 비추어 볼 때, 굶주림의 망령은 어느 때건 쉽사리 사라지지 않을 것이다. 안타깝게도, 굶주린 사람들이 늘어선 줄은 점점 더 길어진다.

생물다양성

동물이나 식물의 한 종이 멸종하는 데는 시간이 얼마나 걸릴까? 1년일까? 일주일일까? 아니면 여덟 시간마다 일어날까? 때에 따라 추정치가 다르겠으나 과학적으로 믿을 만한 수치는 매일 세 종, 다시 말해 여덟 시간마다 한 종이 멸종한다. 존 턱실(John Tuxill)은 다음과 같이 자료를 요약한다.

> 과거의 지질시대 중 제4기(Quaternary Period)라 불리는 최근 시대의 화석과 고고학 자료를 연구하는 과학자들은, 과거 몇 천 년에 걸쳐 멸종 비율이 계속 증가해 왔다는 사실을 보여주는 확고한 증거를 모아 왔다. 현재는 해마다 적어도 1,000종이 사라지고 있다는 데 대부분의 평가가 일치를 이룬다. 이 멸종 비율은 신중한 가정에 근거해서 계산한다고 해도 정상적인 비율의 100배에서 1,000배가 넘는 수치다. 오늘날 인간 사회는 6,500만 년 전의 공룡들처럼 대멸종의 위기 한가운데 처해 있다. 생명의 역사를 통틀어 전례를 찾아보기 힘든, 진화과정에 일어나는 지구 대격변이다.[21]

이 충격적인 결과는 밀레니엄 생태계 평가(Millennium Ecosystem Assessment)에서 인용한 도표4에 실어 놓았다. 이 철저한 과학 연구에 참여한 학자들의 말에 의하면, "지난 몇백 년 동안에 인간이 야기한 종 멸절의 비율은 지구 역사 전반에 걸쳐 나타난 정상적인 비율의 1,000배에 이른다."[22] 날마다 세 종이 멸종한다. 여덟 시간마다 또 하나의 종이 영원히 사라져 버린다. 우리는 "인간이 저지른 생물학적 홀로코스트"를 겪고 있다고 말한 생물학자 노먼 마이어스(Norman Myers)의 결론이 엄연한 현실로 나타나고 있다.[23]

좀 더 구체적인 자료를 도표5에서 볼 수 있는데, 이 자료는 세계보존연맹(World Conservation Union, 이 기구는 국제자연보호연맹, IUCN으로도

도표4. 천 년 단위로 본 1,000종당 멸종 수치

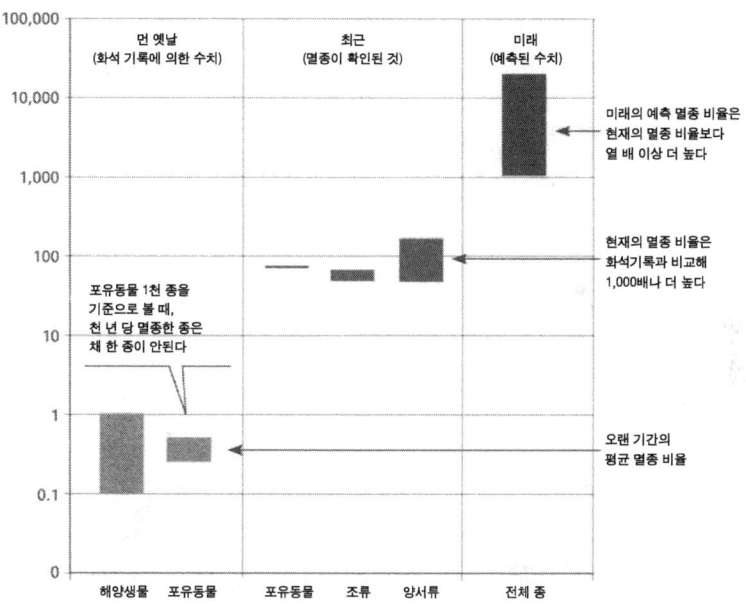

밀레니엄 생태계 평가, Ecosystems and Human Well-Being: Biodiversity Synthesis (Washington, DC: World Resources Institute, 2005), 4.

알려져 있다)에서 나온 것이다.[24] 국제자연보호연맹이 제출한 '멸종위기 생물 목록'(Red List) 용어에 따르면, 위험 범주는 (위험도의 증가에 따라) 세 가지, 곧 취약 단계와 위기 단계, 위급 단계로 나뉘며, 이 세 단계는 하나로 묶어 전문 용어로 "위험에 처한" 범주로 불린다. 2006년 현재, 전 세계 척추동물 가운데 대략 12퍼센트의 조류, 23퍼센트의 포유동물, 31퍼센트의 양서류, 40퍼센트의 어류, 51퍼센트의 파충류가 위험에 처해 있다. 무척추동물은 더 심각하여 53퍼센트가 위험에 처해 있으며, 식물은 훨씬 더 거대한 멸종위기를 맞아 평가된 식물 가운데 70퍼센트가 위험에 처한 것으로 분류된다. 요약해서, 2006년을 기준으로 볼 때 평가된 40,168종

도표5. 주요 유기체 집단별로 살펴본 위험에 처한 종, 2006년

유기체	알려진 종(수)	평가된 종(수)	위험에 처한 종(수)	알려진 종 가운데 위험에 처한 종(%)	평가된 종 가운데 위험에 처한 종(%)
척추동물					
포유동물	5,416	4,856	1,093	20	23
조류	9,934	9,934	1,206	12	12
파충류	8,240	664	341	4	51
양서류	5,918	5,918	1,811	31	31
어류	29,300	2,914	1,173	4	40
합계	58,808	24,284	5,624	10	23
무척추동물					
곤충	950,000	1,192	623	0.07	52
연체동물	70,000	2,163	975	1.39	45
갑각류동물	40,000	537	459	1.15	85
기타	130,200	86	44	0.03	51
합계	1,190,200	3,978	2,101	0.18	53
식물					
이끼	15,000	15,000	80	0.53	86
양치류와 그 동류들	13,025	13,025	139	1	66
겉씨식물	980	980	306	31	34
쌍떡잎식물	199,350	199,350	7,086	4	74
외떡잎식물	59,300	59,300	779	1	6
합계	287,655	287,655	8,390	3	70
기타 종					
지의류	10,000	2	2	0.02	100
버섯	16,000	1	1	0.01	100
합계	26,000	3	3	0.01	100
총계	1,562,663	40,168	16,118	1	40

국제자연보호연맹(IUCN), 엘로이 보스의 "Threats to Species Accelerate," Vital Signs 2007-2008 (Washington, DC: Worldwatch Institute, 2008), 97에서 인용.

가운데 16,118종(40퍼센트)이 위험에 처해 있다. 엘로이 보스(Elroy Bos) 가 조심스럽게 평가한 대로, 이 수치들은 "지구의 생물다양성이 지속적으로 감소하고 있다는 사실과, 인류가 지구의 생명체에 가하는 충격이 어느 정도인지를 분명하게 보여준다."[25] 여기에 담긴 메시지는 분명하다. 생명의 그물망이 해체되고 있다는 것이다.

근래에 멸종위기 생물 목록에 오른 종들로는 북극곰과 사하라 사막의 다마가젤, 전자리상어, 하마 등이 있다. 이렇게 간단히 언급한 강인하고

덩치 큰 동물들 축에는 끼지 못하지만, 그에 못지않게 중요하면서도 잘 알려지지 않는 많은 동물들도 목록에 올랐다.[26] 종이 멸종하는 이유를 밝히는 것은 어렵지 않다. 서식지의 감소와 남획, 외래종의 침입과 오염이 주된 원인이다. 존 턱실은 문제의 본질을 다음과 같이 밝힌다.

> 척추동물의 감소를 부추기고 그 결과 생물다양성의 위축을 낳는 인간의 행위에는 원 서식지의 개조와 분할과 파괴(가장 중요하고 핵심적인 요인이다), 고기와 가죽과 뿔을 얻기 위해서나 의학적이고 오락적인 가치 때문에 종을 남획하는 일, 또 (의도적이든 아니든) 외래종—인간에 "무임승차"하여 지구 전역으로 퍼져나가는, 적응력이 뛰어난 동식물들—을 널리 퍼뜨리는 일이 있다. 합성화학물질과 독극물에 의한 환경오염은 비교적 문제가 덜하지만, 가까운 미래에는 훨씬 더 심각해질 가능성이 있다.[27]

또 기후 변화가 전 세계 생물 다양성에 심각한 영향을 미치면서 여러 가지 부정적인 결과를 낳는다는 사실도 점차 분명해지고 있다.[28] 흔히 우리는 알지도 못한 채 여러 가지 방식으로 토종 동식물상을 감소시켜 왔으며, 완전히 멸종시킨 경우도 적지 않다.

이 "생물학적 홀로코스트"가 낳을 결과가 상당히 염려된다. 생물다양성은 인간의 삶에 없어서는 안될 필수조건인 까닭이다. 우리는 떼려야 뗄 수 없을 정도로, 자연 세계가 제공하는 재화와 서비스에 깊이 의존하고 있다.[29] 유엔환경계획(UNEP)이 지원하고 1천5백 명이 넘는 전 세계 과학자들이 참여해 이루어진 지구 생물다양성 평가(Global Biodiversity Assessment)의 서문을 보면, 미래에 우리가 맞게 될 심각한 결과를 다음과 같이 요약한다.

> 생물다양성은 인간 존재의 기반 그 자체를 뜻한다. 그런데도 우리는 부주의한 처신으로 이러한 생물학적 자산을 무서운 속도로 축내고 있다. 지금 우리는 환경과 그 자연 자산을 파괴하고 있으면서도 여전히 그것의 복원이 당연히 이루어질 것이라고 생각한다. 그러나 자연 세계의 작동 방식에 대해 알면 알수록, 환경이 감당할 수 있는 파괴에는 한계가 있다는 사실이 분명해진다.
>
> 생물다양성의 손실은 윤리와 미학 면에서 심각한 의미를 지니는 것 외에도, 사회적·경제적으로 커다란 대가가 따른다는 점이 자명하다. 사라지는 유전자, 종, 생태계, 인간의 지식은 지역적인 변화와 전 지구적 변화에 적응하는 데 이용할 수 있는 대안들을 담고 있는 살아 있는 도서관이다. 생물다양성은 우리의 일상생활과 생계의 일부이며, 가정과 공동체, 국가, 미래의 세대를 지탱하는 자원이 된다.[30]

전 세계를 아우르는 이 원초적 그물망이 없다면 우리는 결코 생존할 수 없다.

삼림의 파괴

지금 열대의 숲은 1년에 어느 정도의 비율로 파괴되고 있을까? 대도시인 시카고 크기만 한 넓이일까? 아니면 매사추세츠 주나 인디애나 주만큼? 정답은 인디애나 주로, 매년 10만 제곱킬로미터 정도가 파괴된다.[31] 우리가 사용하는 영어를 보면 나무가 두드러진 대접을 받는다. 예를 들어 족보(family tree), 의사 결정 분지도(decision tree), 사업 확장(branching out), 뿌리 찾기(finding roots), 뿌리째 뽑히다(becoming uprooted)와 같은 말이나 표현을 생각해 보라.[32] 그러나 우리의 언어 속에서 나무가 두드러진다고 해서 실생활에서도 나무들이 대접받으리라는 보장은 없다. 우리는 특히 지난 150년 동안 숲의 많은 부분을 파괴했다. 지난 50년 사이에 삼림 파괴의 속도는 더 빨라졌다. 매년 인디애나 주만한 크기의 열대

도표6. 전 세계 삼림 파괴 실태

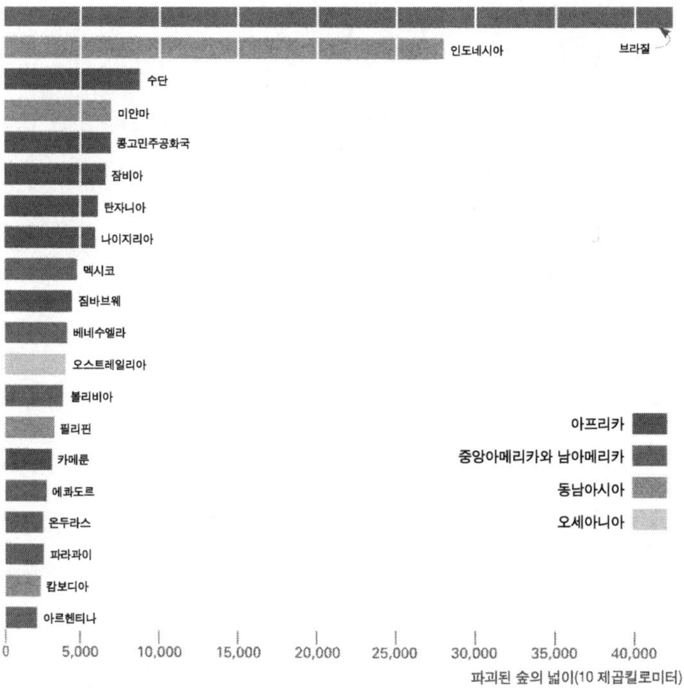

각 나라가 국제연합식량농업기구(FAO)의 2005년 세계자원평가보고서에 제출한 자료를 바탕으로 로버트 사이먼(Robert Simmon)이 그림. 미국항공우주국(NASA)의 Earth Observatory에 실린 "Causes of Deforestation: Direct Causes"에서 인용. 이 자료는 http://earthobservatory.nasa.gov/Features/Deforestation/deforestation_update3.php에서 볼 수 있다.

세상이 어떻게 잘못되어 있는가 87

도표7. 보르네오 숲의 파괴

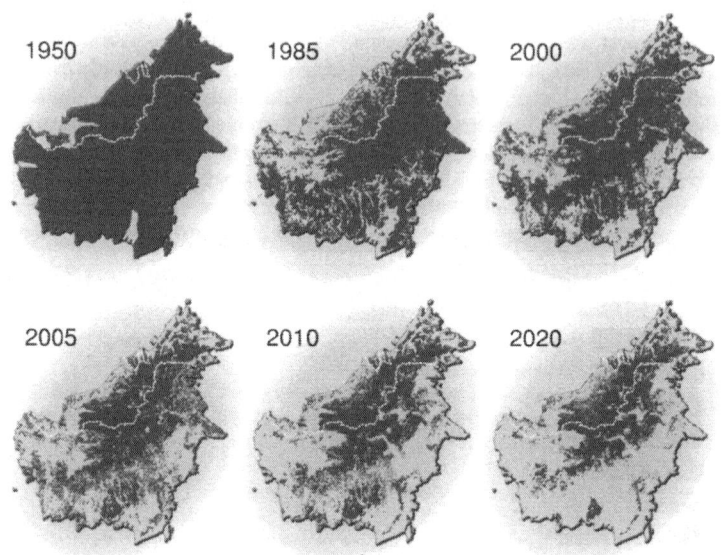

유엔환경계획(UNEP)/지구연구정보 데이터베이스 센터, "1950-2005년 사이에 보르네오에서 일어난 삼림 파괴의 규모와 2020년의 예측", UNEP/ GRID-Arendal 지도와 도표 자료실, 지도제작자 : 휴고 알레니어스(Hugo Ahlenius).
이 자료는 http://maps.grida.no/go/graphic/extent-of-deforestation-in-borneo-1950-2005-and-projection-towards-2020에서 볼 수 있다.

숲이 사라진다는 것이 믿어지지 않는다.

앞서 살펴본 세 가지 항목과 마찬가지로, 이제 살펴볼 삼림에 관한 사실들도 매우 충격적이다. 8천 년 전에 지구를 뒤덮었던 삼림 가운데 절반이 지금은 사라져 버렸다.[33] 1980년과 1995년 사이에는 최소한 2백만 제곱킬로미터의 숲이 사라졌으며, 이것은 멕시코보다 더 넓은 면적이다. 1990년에서 2005년까지 브라질에서만 캘리포니아 주 정도의 숲이 베어졌다.[34] 1990년에서 2005년까지 브라질을 넘어 전 세계에서 베어진 숲의 양은 도표6에서 분명하게 살펴볼 수 있다. 남미와 중미, 사하라 사막 이남의 아프리카, 동남아시아, 인도네시아에서 엄청난 속도로 나무들이 계속 베어지고 있다. 열대우림의 파괴가 어느 정도인지는 어떤 통계자료보다도 도표7이 명료하게 보여준다. 이 도표에서 짙은 색으로 나타낸 부분이 보르네오를 덮고 있는 밀림 지역인데, 지난 60년 동안 급격히 줄어들어 예전 규모에 비해 극히 일부만 남았다. 불행하게도 이런 식의 삼림 파괴는 인도네시아에만 한정된 일이 아니다.

삼림 파괴의 원인은 주로 벌목과 목장, 대규모 농장, 소규모 농사, 땔감 채취, 도로 건설 등인데, 장소에 따라 그 원인이 다를 수 있다. 동남아시아에서는 벌목이 주요 원인인 데 반해 동아프리카에서는 땔감이 주된 요인이며, 남아메리카에서는 가축 목장과 도로 건설이 핵심 원인이다. 여러 가지 파괴 요인이 얽혀서 나타나는 결과의 한 예를 들면, 인간의 활동에 의해 대기 중에 방출되는 탄소의 약 4분의 1이 숲을 베고 태우는 데서 생겨난다(나머지 4분의 3은 화석연료를 태우는 데서 생겨난다). 1980년대 이후부터는 전 세계 숲에서 대기 중으로 탄소의 순배출이 이루어지고 있다.[35] 간단히 말해, 세계의 숲은 더 이상 탄소 흡수원의 역할을 하지 못하게 되었으며, 반대로 탄소 배출원으로 바뀌어 지구 기후 변화의 주요 원인이 되었다.

우리가 숲을 이용하는 방식도 역시 정밀하게 살펴볼 필요가 있다. 2000년에 전 세계에서 사용된 종이는 1961년도와 비교해 3.5배 이상이었으며 계속해서 소비량이 늘고 있다.[36] 미국에서 종이제품의 쓰레기는 도시에서 배출하는 고형 쓰레기의 약 40퍼센트를 차지하며, 제재소에 반입되는 목재의 절반 이상이 나무 부스러기와 톱밥으로 버려진다. 세계 인구의 20퍼센트가 못되는 사람들(미국, 유럽, 일본)이 전 세계 산업용 목재의 50퍼센트 이상과 종이의 67퍼센트를 소비한다.[37] 이것이 우리가 숲을 이용하고 남용하는 실태다.

그러나 숲은 베어지지 않고서도 얼마든지 망가질 수 있다. 베지 않은 채 남아 있는 숲이 사실은 베어졌을 때보다 더 건강하지 못할 수가 있다. 찰스 리틀(Charles Little)은 「죽어 가는 나무들」(The Dying of the Trees)에서, 북아메리카의 많은 숲들이 죽어 가고 있다는 증거를 차고 넘치도록 제시한다. 리틀은 층층나무에서 자이언트세쿼이아까지, 사탕단풍나무에서 발삼전나무까지 수많은 사례를 추적하여 숲이 비극적으로 병들어 가는 실상을 이렇게 기록하고 있다. "모든 곳에서 나무들이 죽어 간다. 미국 전역에서도 그렇다. 애팔래치아 산맥의 등성이와 버몬트 주의 사탕단풍 숲에서 나무들이 죽어 간다. 남중부 국경 지역의 혼합 중생식물 지대에서, 미시간 주 가운데 있는 울창한 삼림에서, 콜로라도와 캘리포니아의 산비탈에서, 멕시코 만에서, 서남부의 사막에서 나무들이 죽어 간다. 또 서북부 지역에서도 나무들은 죽어 간다. 채 베어지기도 전에."[38] 지난 몇 세기 동안 우리 인간이 한 일(그리고 하지 않은 일) 때문에 우리의 숲이 커다란 곤경에 처해 있다고 강조하면서 리틀은 다음과 같이 말한다.

이렇게 해서 직간접적인 원인들이 급격하게 증가하고 있다. 자연 환경을 개조해서 나무를 죽게 만들고 숲을 감소시키는 인간 행위에는 다음과 같은 것들이 있다. 지표면에는 과도하게 쌓이고 성층권에는 부족한 오존, 광대한 삼림 지역을 뒤덮은 산성 토양, 영양분은 사라지고 독성이 확인된 질소 같은 다른 성분이 넘치는 현상, 카드뮴과 납, 구리, 아연, 수은 등의 중금속 축적, 보통은 토양 속에 묻혀 있는 독성 알루미늄의 노출, 유익한 뿌리곰팡이의 감소, 완전벌목(clearcutting)에 따른 파괴적인 주변

효과, 무너진 생태계에 심은 대체 나무에서 나타나는 유전적인 약점, 허약해진 나무와 숲을 파고드는 많은 전염병과 질병, 급속한 기후 변화가 낳는 예상 밖의 결과들.[39]

삼림을 파괴하는 행위가 우리 자신을 죽이는 일이 된다는 것은 두말할 필요가 없다. 그만큼 우리는 많은 재화와 서비스를 숲에 의존한다. 숲은 목재 외에도 식량과 가축 사료, 물고기, 기름, 천연수지, 향신료, 약품 같은 재화를 제공한다. 숲이 제공하는 서비스에는 교육, 위락, 문화적 유익 외에도 물의 조절과 정화, 쓰레기의 분해, 영양분의 순환, 토양의 생성과 유지, 꽃가루받이와 병충해 통제와 서식지 제공, 홍수와 폭풍우 같은 재해 방지, 국지적이고 전 지구적인 기후의 조절, 수많은 사람들의 생계유지 등이 있다.[40] 간단히 말해, 숲은 매우 유용하다. 우리는 숲이 없이는 결코 살아갈 수 없다.

물

전 세계에서 어느 정도의 사람들이 제대로 된 물을 공급받지 못할까? 50퍼센트 이상이라고 추측한 사람이 있다면, 그것이 정답이다. 2008년에는 약 11억 명이 안전한 식수를 얻지 못했으며, 26억 명이 적절한 위생시설에 사용할 물을 얻지 못했다.[41] 이 수치는 세계 인구의 56퍼센트다. 전 세계에 걸쳐, 5세 이하의 어린이 6천 명가량이 매일 설사와 연관된 질병으로 죽는다.[42] 여기서는 두 가지, 곧 충분한 물(물의 공급)과 오염되지 않은 물(깨끗한 물)을 얻는 것이 쟁점이 된다. 이 두 가지가 물 부족에 따르는 중요한 두 측

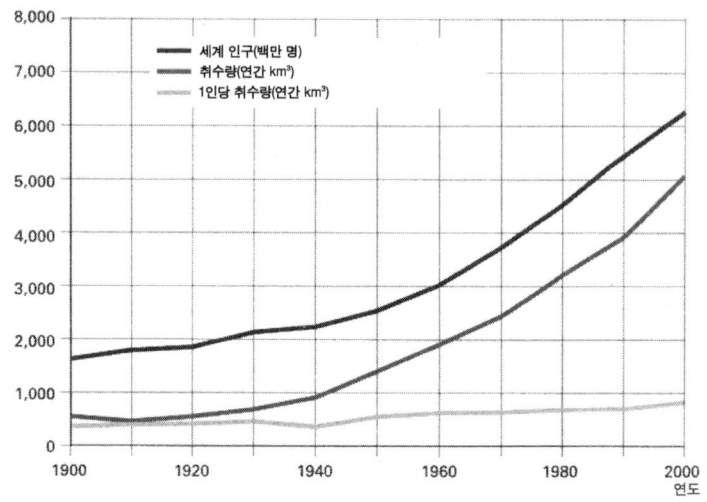

도표8. 전 세계 취수량의 변화, 1900-2000년

유네스코(UNESCO)/ 글리크(Gleick) "At a Glance: The World's Water Crisis,"
Our Planet: The Magazine of the United Nations Environment Programme 14, no. 1 (2003): 18.
이 자료는 http://www.unep.org/OurPlanet/imgversn/141/images/glance/glance1.jpg에서 볼 수 있다.

면이다.

    오늘날 전 세계적으로 가장 주목받지 못하는 생태계 문제 가운데 하나가 물 부족일 것이다. 미국에 사는 우리는 무심코 수도꼭지를 틀어 대고 물이 한량없이 공급되기나 하듯 낭비한다. 그러나 농업용수와 생활용수, 산업용수 등 인간에게 필요한 물을 얻기 위해 갈수록 더 많은 강과 호수와 대수층이 파헤쳐진다. 도표8이 분명하게 보여주듯이, 이러한 형편은 "(이 수원들에서) 끌어올린 담수의 양이 지난 300년 사이 35배가 늘었고" 또 "그러한 증가치 중 절반 이상이 1950년 이후에 발생했다"는 사실에서 확인할 수 있다.[43] 예측에 의하면, 1인당 사용할 수 있는 물의 양은 1950년과 2050년 사이에 73퍼센트 줄어들 것이며, 이러한 결핍 사태가 이미 물 부족을 당하고 있는 나라들에서 주로 발생하게 되리라는 점을 생

각하면 그 결과는 엄청난 충격으로 나타날 것이다.[44]

물 과소비의 사례들은 쉽게 찾아볼 수 있다. 거대한 콜로라도 강에서 너무 많은 물을 끌어 쓴 결과 강줄기가 더 이상 캘리포니아 만까지 도달하지 못하게 되었다. 한때는 차고 넘쳤던 나일 강이 지금은 실낱같은 물줄기만 남아 지중해로 흘러든다. 옛 소비에트 연방에 위치한 아랄 해는 한때 세계에서 네 번째로 컸던 호수였으나 과도하게 물길을 바꾸고 관리를 잘못한 까닭에 수량이 전에 비해 4분의 1도 못되게 줄었으며, 연간 4만 4천 톤이었던 어획고도 전무한 수준으로 떨어졌다.[45] 중국, 인도, 파키스탄, 레바논, 멕시코, 미국에서 지하수면이 줄어들고 있으며, 전 세계 거의 모든 곳에서 지하수가 심하게 고갈되고 있다.[46] 예를 들어, 미국 중남부의 넓은 지역 지하에 있는 오갈랄라 대수층의 물은 다시 채워지는 속도보다 훨씬 더 빠르게 줄어들고 있다. 텍사스와 오클라호마, 캔자스의 일부 지역에서는 지하수면이 46미터 낮아졌다.[47] 간단히 말해, 우리는 물이 다시 채워지는 속도보다 훨씬 더 빠르게 물을 사용하고 있다. 한 평가에 따르면, 이 상황이 계속될 경우 "2025년에는 절대적인 물 부족 국가에 사는 사람이 10억 명에 이를 것이다."[48] 이 사실과 관련해 샌드라 포스텔(Sandra Postel)은 다음과 같이 직설적으로 말한다. "많은 식량 생산 지역들을 유지하기 위해서는 정부 재정적자에 상당하는 금액이 수문 정책에 투입되어야 한다는 것이 지하수 이용에 관한 연구의 결론이다."[49]

물의 수질 역시 곤란한 문제다. 예를 들어, 세계에서 가장 큰 담수 생태계인 오대호는 지구 표면의 담수 가운데 20퍼센트를 담고 있다. 그러나 이 호수에는 수은, 폴리염화바이페닐(PCBs), 디디티(DDT), 다이옥신과 같은 독성 화학물질이 가득 쌓여 있다. 그래서 널리 알려진 어류 섭취

권고기준을 보면 오대호의 물고기를 너무 많이 먹지 말라고 경고한다. 먹이 사슬의 위쪽으로 올라갈수록 더 많은 화학물질이 농축되어 있기 때문이다. 이러한 화학 오염물질 가운데는 직접 물속으로 방출되는 것도 있지만 많은 물질이 간접적으로, 예를 들면 빗물에 섞여서 유입된다. 연구에 의하면, 공기 중의 오염물질이 내려앉는 것이 수질오염의 주된 원인이 되고 있다.[50]

물의 수질은 북아메리카뿐 아니라 전 세계적으로 심각한 문제가 되고 있으며, 마실 수 있는 물의 부족이 유아 사망률과도 직접적인 관계가 있다는 것이 입증되고 있다. 좀 더 정확하게 말해, 깨끗한 물의 부족은 여러 가지 질병을 일으키며, 이어서 이 질병들 때문에 유아 사망률도 덩달아 높아진다. 예를 들어, 매년 180만 명(이중 90퍼센트가 5세 이하 어린이다)이 설사병으로 사망하는데, 설사병의 88퍼센트가 안전하지 못한 물 공급 또는 열악한 위생시설 때문에 발생한다.[51] 이 사실이 시사하는 바는 분명하다. 깨끗한 물을 얻기 어려운 곳에서는 아이들이 많이 죽고, 얻기 쉬운 곳에서는 좀 더 많은 아이들이 살 수 있다는 것이다. 따라서 전 세계 많은 지역에서 절실히 필요한 것은 물뿐만 아니라 안전한 물이다. 인간이 담수 생태계에 가한 충격은 심히 크고 다양하며, 물의 공급과 수질이라는 두 측면에서 파괴적인 결과를 낳았다.[52] 물의 행성인 지구 위에서 엄청난 사람들이 안심하고 마실 물을 구하지 못한다는 현실, 참으로 크고 심각한 아이러니가 아닐 수 없다.

땅

미국에서 한 해에 유실되는 표층토의 양이 3천 톤일까 아니면 30만 톤, 30억 톤일까? 믿어지지 않겠지만 정답은 30억 톤이다. 이 정도가 바람과 물의 침식으로 인해 연간 유실되는 표층토의 양이다.[53] 이것이 매우 염려스러운 일 같아 보이지만, 그 자체만 놓고 보면 크게 걱정할 문제는 아니다. 토양은 자연스럽게 생성되기 때문이다. 문제가 되는 것은, 미국에서 토양이 자연적으로 형성되는 비율이 1만 제곱미터당 연간 2분의 1에서 1톤 사이인 데 반해, 연간 침식 비율은 1만 제곱미터당 10톤에 이른다는 점이다. 달리 말해, 표층토가 채워지는 속도보다 10에서 20배 빠르게 유실되고 있는 것이다. 토양 전문가인 데이비드 피멘틀(David Pimentel)에 의하면, "현재 미국 농경지의 90퍼센트가 대체되어 채워지는 비율에 비해 훨씬 빠르게 토양을 유실하고 있다."[54] 게다가 농업 생산량이 가장 많은 지역들에서 토양 침식이 가장 심각하게 이루어진다. 예를 들어, 지난 150년 동안 아이오와 주에서 비옥한 표층토의 50퍼센트가 침식으로 인해 유실되었으며, 지난 세기에는 태평양 북서부의 팰루즈(Palouse) 지역에서 기름진 표층토의 40퍼센트가 유실되었다. 미국에서 토양 유실의 경제적 비용은 생산성 손실액으로 따져 연간 376억 달러라는 엄청난 금액이다.[55]

세계적으로도 토양 침식에 대한 통계 수치가 똑같이 엄청나다. 과학적인 조사에 의해 농업 분야에서만 확인된 전체 토양 손실 양(방목장이나 숲은 포함하지 않은 양)이 연간 750억 톤으로 추정된다.[56] 게다가 피멘틀의 보고에 의하면, "전 세계의 농지 가운데 약 80퍼센트가 중간 정도에서 심각한 수준에 이르는 침식으로 피해를 보고 있으며, 약 10퍼센트만이 경미

도표9. 세계의 사막화 취약 지역

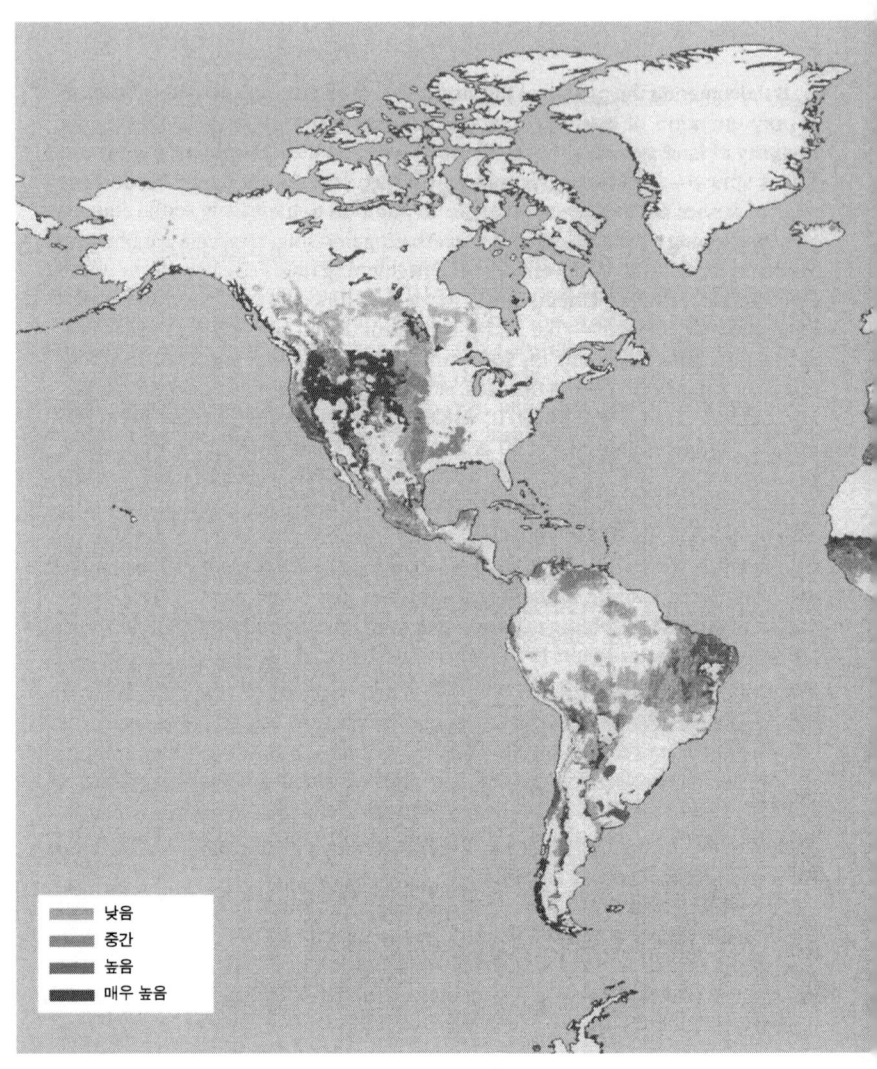

미국 농무부(USDA), 자연자원 보전국(NRCS).
이 자료는 http://soils.usda.gov/use/worldsoils/mapindex/desert.html에서 볼 수 있다.

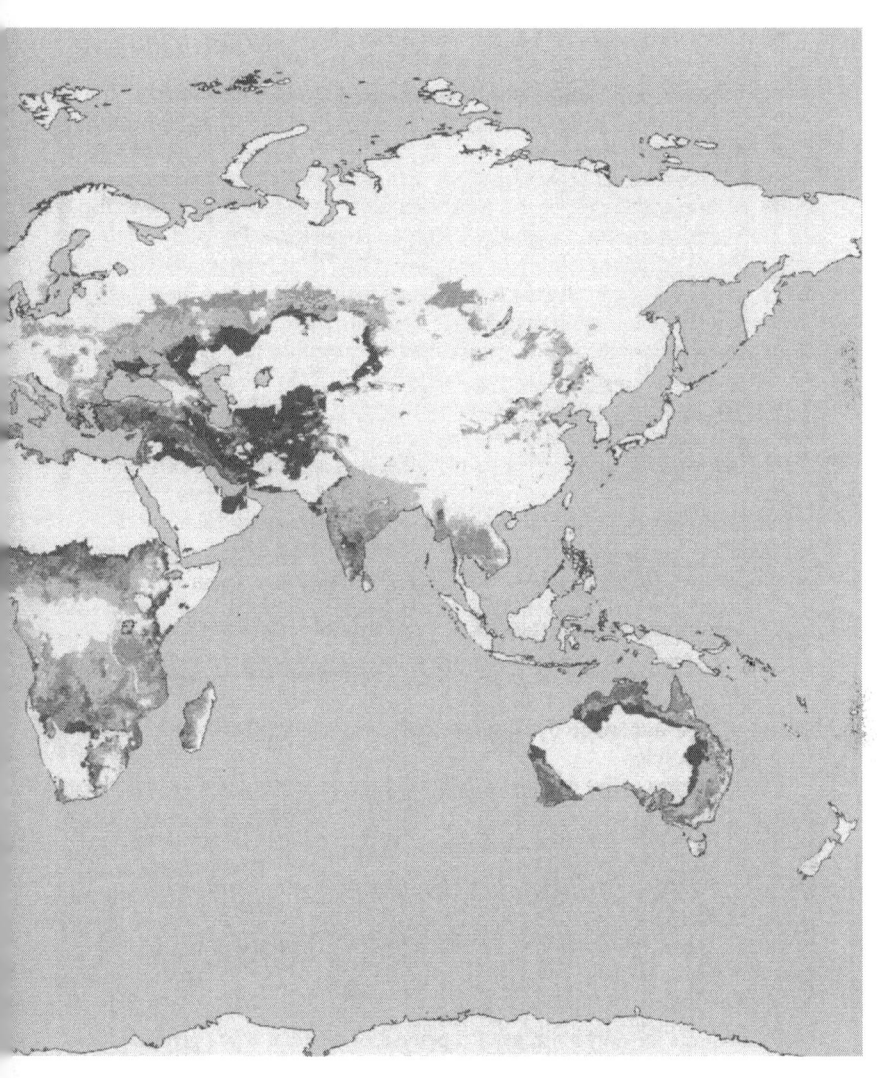

한 침식을 겪고 있다." 그 결과 "지난 40년 동안 전 세계 농경지의 30퍼센트 가량이 불모의 땅으로 변했으며, 그중 많은 부분이 농사를 포기하고 버려졌다.[57] 매년 10만 제곱킬로미터에 이르는 농경지, 곧 남한 크기의 땅이 침식으로 인한 생산성 감소를 이유로 버려진다. 이 사실에 담긴 메시지는 분명하다. 우리가 존재하는 데 없어서는 안될 지구 유산, 그 유산의 한 쪽을 담당하는 토양이 엄청난 규모로 사라지고 있다.

땅의 황폐화를 보여주는 또 다른 형태가 사막화다. 생태학적으로 심각한 문제인데도 상대적으로 덜 알려진 이 현상의 규모가 어느 정도인지는 도표9가 잘 보여준다. 세계 여러 곳에서 사막이 늘고 있다. 사막화는 대체로 자연적 원인, 곧 오랜 가뭄과 이상 고온현상, 강풍 때문에 일어나는데, 근래에 들어와서는 인간 행위의 결과로 사막화가 일어나는 비중이 커지고 있다. 여러 가지 요인 중에서도 특히 과도한 방목과 한계 경작지의 개간, 삼림 벌채 같은 관행들이 지구에 사막이 느는 원인이 된다. 20세기 후반기에 사막의 규모는 브라질 넓이에 상당하는 8백만 제곱킬로미터가 증가했으며, 매년 웨스트버지니아 주 정도 되는 6만 제곱킬로미터의 사막이 새로 형성되고 있다.[58]

표층토 침식과 사막화에 의한 땅의 질적 저하는 땅의 황폐화를 이루는 한 가지 유형일 뿐이다. 또 다른 형태의 황폐화로는 이용 가능한 땅의 양이 줄어드는 것을 들 수 있다. 이러한 일로 미국에서 가장 두드러지게 나타나는 사례가 방만한 도시 확장 현상(sprawl)—인구밀도가 낮고 자동차에 의존해 생활하는 지역을 서비스와 고용의 혜택이 미치는 범위 너머까지 개발하는 것—이다. 방만한 도시 확장은 교통을 혼잡하게 하고 공기오염을 악화시키며 홍수를 일으킬 뿐만 아니라, 농경지(숲과 늪지도)를 놀라운 속도로 잠식한다. 예를 들어, 미국에서는 1970년과 1990년 사이에 7만 7천 제곱킬로미터가 넘는 시골 농지가 "개발"이라는 구실로 파헤쳐지고 포장되고 건설되었다.[59] 지난 수십 년 동안에 이루어진 도시 성장(여기서 도시에는 도심과 교외지역까지 포함된다)을 보면, 인구가 그 원인이기도 했지만 많은 경우 방만한 도시 확장이 결정적인 원인이 되었다. 예를 들어, 1950년에서 1970년 사이에 피닉스 시의 인구가 300퍼센트 느는 동안 그 도시권은 630퍼센트 증가했다. 노스캐롤라이나의 샬럿에서는 1970년에서 1990년 사이에 인구가 63퍼센트 증가했는 데 반해, 도시권은 129퍼센트 늘었다. 훨씬 더 심한 예를 들어 보면, 1970년에서 1990년 사이에 시카고의 인구는 단 1퍼센트가 증가한 데 반해 도시의 넓이는 24퍼센트 늘었으며, 디트로이트의 인구는 7퍼센트 줄었는데도 그 도시권은 28퍼센트 늘었다.[60] 현재 도시권은 인구 증가 비율의 두 배 정도로 확장되고 있는데, 대부분의 경우 지금까지 식량 생산에 이용되던 땅을 집어삼키고 있다.[61] 간단히 말해, 방만한 도시 확장이라 불리는 이 무계획적이고 자동차 의존적인 성장 유형의 실상과 해로운 결과에 대해서는 수많은 통계 자료들이 잘 보여준다. 유감스럽게도 땅의 황폐화는 많은 형태로 이루어진다.

쓰레기

미국에 사는 우리가 매년 배출하는 쓰레기를 청소차에 실어 일렬로 세운다면 그 길이가 로스앤젤레스에서 뉴욕까지일까? 로스앤젤레스에서 캘커타까지일까? 아니면 적도를 따라 세상을 4번 정도 도는 길이일까? 정말 믿기지 않겠지만 미국에서 배출한 도시 고형 쓰레기(MSW)를 트럭에

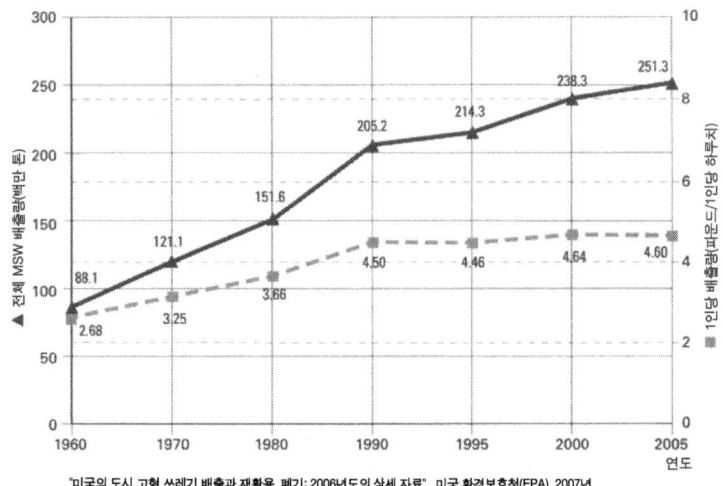

도표10. 도시 고형 쓰레기(MSW)의 배출 비율, 1960-2006년

"미국의 도시 고형 쓰레기 배출과 재활용, 폐기: 2006년도의 상세 자료", 미국 환경보호청(EPA), 2007년.
이 자료는 http://www.epa.gov/waste/nonhaz/municipal/pubs/msw06.pdf에서 볼 수 있다.

실어 한 줄로 세운다면 지구 둘레를 3.8번 돌게 된다. 이만한 양을 한 나라가 오직 한 해에 배출한다. 2006년에 미국은 2억 5,100만 톤의 고형 쓰레기를 배출했다.[62] 이 양을 1인당으로 따지면 1년에 750킬로그램이며, 이런 식이라면 평범한 미국인이 75년을 사는 동안 62톤의 쓰레기를 버리는 셈이 된다. 도표10에서 분명하게 알 수 있듯이, 1960년에서 1990년까지 연간 배출된 도시 고형 쓰레기의 양은 8,800만 톤에서 2억 5백만 톤으로 급격히 늘었다. 이렇게 된 데는 인구 증가가 부분적인 원인으로 작용하기도 했으나 대개는 1인당 쓰레기 양의 증가 때문이었다. 그 기간에 1인당 쓰레기 배출 비율이 하루에 1.2킬로그램(2.68파운드)에서 2킬로그램(4.5파운드)으로 늘었다. 1990년 이후로 전체 고형 쓰레기의 양은 계속 증가하고 있으나, 1인당 쓰레기 배출 비율은 수평을 유지하는 가운데 아주 느리게나마 내려가기 시작했다.

최근에 이렇게 감소 추세가 나타난 이유는 고형 쓰레기의 재활용이 증가한 때문이다. 1985년 이후로, 재활용된 고형 쓰레기가 총량과 백분율에서 모두 현저하게 증가했다. 1985년부터 2006년까지, 연간 재활용된 고형 쓰레기의 전체 양은 1,670만 톤에서 8,180만 톤으로 늘었으며, 매년 재활용된 양의 백분율은 10.1퍼센트에서 32.5퍼센트로 뛰었다.[63] 이것은 좋은 소식이다. 나쁜 소식은, 우리가 배출하는 고형 쓰레기의 32.5퍼센트만이 현재 재활용되고 있다는 점이다. 나머지는 쓰레기 매립지에 묻거나(55퍼센트), 쓰레기를 에너지로 바꾸는 공장이나 소각로로 보내서 태운다(12.5퍼센트). 우리가 버리는 것 가운데 많은 부분을 어렵지 않게 절약하고(음식 쓰레기) 재사용하거나(정원 쓰레기) 재활용(종이)할 수 있는데도, 여전히 굉장히 많은 양이 그냥 "버려지고 있다." 우리가 내버리는 고형 쓰레기 가운데 34퍼센트가 종이와 판지 제품들이며, 정원 쓰레기와 음식물 찌꺼기는 25퍼센트를 차지한다.[64] 달리 말해, 절약과 재사용과 재활용이라는 세 가지 태도를 좀 더 진지하게 실천으로 옮길 때 쓰레기를 획기적으로(그리고 더 쉽게) 줄일 수 있을 것이다.

일회용 사회(throwaway society)에서 산다는 것이 어떤 의미일지는 다음과 같은 사례들이 가장 분명하게 보여준다. 미국에서 1년 동안 폐기물로 버리는 알루미늄의 양은 국내 민간 항공사의 항공기 전체를 3개월마다 다시 만들 수 있는 수준이다. 일회용 기저귀 쓰레기도 죽 늘여 놓으면 달까지 일곱 번을 왕복할 만큼 된다. 또 미국에서 1년 동안 버려지는 타이어도 한 줄로 세우면 지구를 세 번 가까이 회전할 수 있다.[65] 그런데 분명히 알아야 할 것은, 이것이 도시 고형 쓰레기에만 국한된 사실이라는 점이다. 산업 폐기물이나 농업 쓰레기는 여기에 포함되지 않았다. 정말 상상도 안되겠지만, 앞에서 언급했던 지구를 네 바퀴나 도는 청소차의 줄은 미국에서 매년 배출되는 전체 쓰레기의 1.5퍼센트에 불과한 양이다. 겨우 1.5퍼센트다! 나머지 98.5퍼센트는 광업, 석유와 천연가스의 생산, 농업, 공업, 하수에서 발생한다.[66] 이 방대한 양의 쓰레기는 대부분 우리의 눈에 띄지 않는다. 그것들은 길거리로 운반하는 쓰레기에는 포함되지 않기 때문이다.

이러한 통계 수치들 앞에서 많은 물음들이 떠오른다. 이를테면, 우리가 어떤 물건을 남김없이 사용한다면 어떨까? 어디에다 우리의 쓰레기를 버릴 것인가? 그러나 가장 중요한 물음은 다음과 같을 것이다. 늘어나는 소비가 과연 우리를 행복하게 해줄까? 많을수록 더 좋다는 믿음이 널리 퍼져 있지만 수많은 문화 감시자들이 내리는 결론은, 많은 물품을 소유하는 것이 우리를 언제나 행복하게 해주지는 않는다는 것이다. 예를 들어, 앨런 더닝(Alan Durning)은 "소비에서 얻는 수상쩍은 보상들"로 소비사회가 해체되는 사회구조, 사람과 장소에 대한 애정의 상실, 상업화되는 가정 경제, 시민 정체성의 퇴보, 빨라지는 생활 속도를 지적하는데, 이 모든 사실을 근거로 삼아 "소비사회는 물질적 안락을 통한 성공이라는 자신의 약속을 지키는 데 실패했다"고 단언한다.[67] 문헌을 두루 섭렵한 데이비드 마이어스(David Myers)도 더닝의 분석에 동의하면서 이렇게 말한다. "지난 30년 동안 우리가 훨씬 더 부유하게 되었음에도 삶에 대한 만족감과 행복은 눈곱만큼도 늘어나지 않았다."[68] 또 제임스 스페스도 "진정한 성장"에 관한 논의에서, 복지를 나타내는 지표로 국내총생산(GDP) 대신 다양한 대체 지표를 제시하면서 이렇게 묻고 있다. "성장과 더 나은 물질적 풍요를 향한 노력이 진정한 행복과 삶의 만족을 가져다주었는가?" 그의 대답은 단호하고 분명하게 "아니다"이다.[69] "죽더라도 많이 가진 사람이 이기는 거다"(whoever dies with the most toys wins, 자동차 범퍼 스티커에 쓰인 악명 높은 문구)라는 구절로 표명되는 우리 문화의 물질주의적 전제는 분명 잘못된 것이다.

간단히 말해, 고형 쓰레기는 그 자체로도 심각한 문제이지만 "어플루엔자"*라는 신조어로 대표되는 거대한 문화적 추세를 보여주는 상징이기도 하다.[70] 부유한 서구에 사는 우리는 물질의 소비(그리고 폐기)에 중독되어 버렸다. 그리고 이 질병의 수상쩍은 보상들은 엄청난 환경 비용 문제와 얽히게 됨으로써 이 질병을 최악의 상태로 몰아넣는다. 이것이 진단이라고 할 때, 바른 처방은 무엇일까? 어플루엔자에 대한 해독제는 어떤 것일까?

에너지

세계 인구의 5퍼센트 정도를 차지하는 미국이 전 세계에서 거래되는 에너지의 몇 퍼센트를 사용할 것 같은가? 5퍼센트, 15퍼센트, 아니면 25퍼센트? 당신이 맨 마지막 것을 선택했다면 맞혔다. 미국은 세계에서 가장 많은 에너지를 사용하는 나라로, 전 세계에서 생산되는 에너지의 4분의 1을 집어삼킨다.[71] 전체 에너지 가운데 미국의 소비량을 나타내는 이 비율은 석유 소비에서 차지하는 비율과도 엇비슷한데, 지구 전체의 석유 소비량 가운데서 미국이 24퍼센트, 하루에 2,100만 배럴 정도를 사용한다.[72] 도

---

* 어플루엔자: 풍요로움을 뜻하는 영어 'affluent'와 유행성 독감을 뜻하는 'influenza'의 합성어다. 소비에 중독되어 점점 더 많은 것을 추구하는 질병적 증상을 표현하는 용어다—옮긴이.

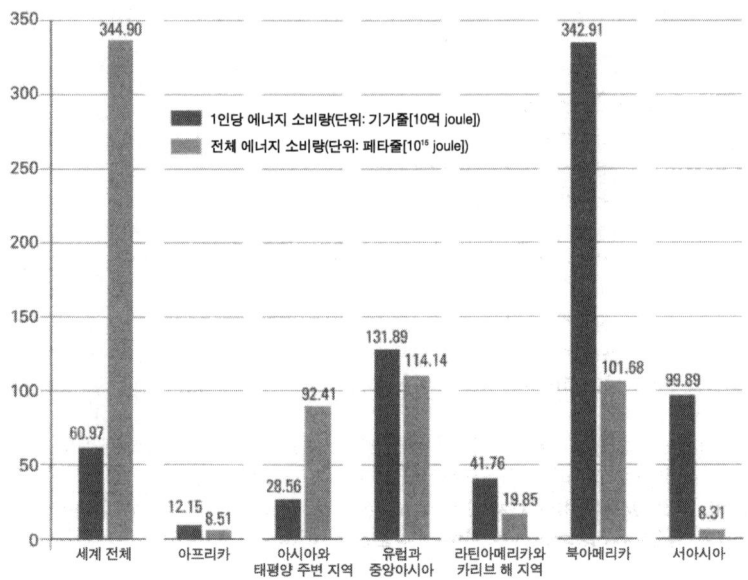

도표11. 전체와 1인당 에너지 소비량, 1995년

유엔환경계획(UNEP), 지구자원정보 데이터베이스 제네바 센터에서 제작. 1997년 국제연합통계국(UNSTAT) 자료.
이 자료는 http://www.unep.org/geo2000/english/i5a.htm에서 볼 수 있다.

표11은 세계 각 지역별로 전체 에너지 사용과 1인당 에너지 소비에 어떤 차이가 있는지 분명하게 보여준다. 북아메리카에 사는 보통사람들은 유럽 사람에 비해 2.5배, 아프리카 사람에 비해 28배의 에너지를 사용한다. 이처럼 미국과 캐나다가 주도하는 에너지의 편향적 사용이 다른 나라들에 영향을 미치지 않을 리가 없다. 많은 나라들이 에너지 형평성에 대해 문제를 제기하는 것도 당연하다. 일본은 1인당 GDP에서 미국을 훨씬 앞서지만 에너지 소비에서는 절반 수준이며, 마찬가지로 영국과 프랑스와 독일은 미국에 비해 1인당 GDP가 약간 낮지만 에너지 소비는 거의 절반 수준이라는 사실을 눈여겨볼 필요가 있다.[73] 한마디로 말해, 미국에 사는

도표12. 세계의 에너지 소비

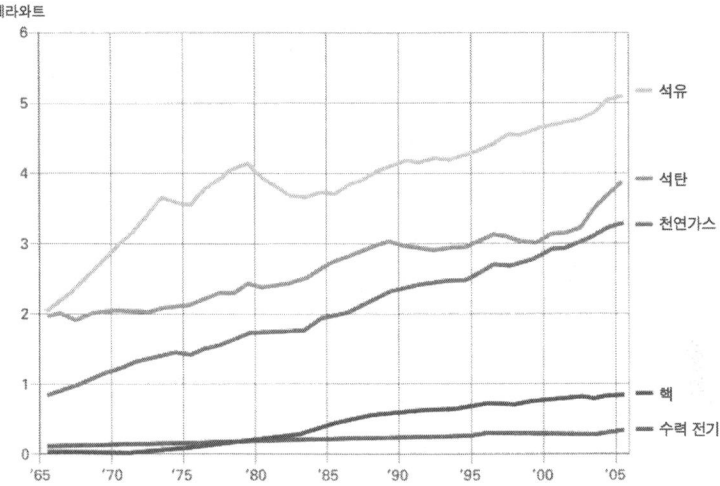

브리티시 페트롤리엄(BP)사의 자료, Statistical Review of World Energy(2006년 6월)를 기초로 프랭크 반 미얼로(Frank van Mierlo) 작성. 이 자료는 http://en.wikipedia.org/wiki/File:World_Energy_consumption.png에서 볼 수 있다.

우리처럼 많은 에너지를 소비하지 않고서도 얼마든지 높은 수준의 삶을 살 수 있다는 것이다.

전체적으로 보아, 지난 50년 동안 세계의 에너지 수요는 다섯 배로 늘었으며, 이는 인구의 증가 속도보다 두 배 이상 빠른 것이다. 미국 에너지부(Department of Energy)와 기후 변화에 관한 정부 간 회의(IPCC)의 예측에 의하면, 현재의 추세가 계속될 경우 21세기 초 40년 동안에 증가할 전 세계 에너지 사용량 가운데 86퍼센트가 1인당 소비량의 증가로 말미암게 되며, 이에 반해 순수한 인구 증가로 인한 증가분은 14퍼센트에 불과할 것이다.[74] 도표12는 지난 세기의 후반 33년과 금세기 초 몇 년 동안의 세계 에너지 소비 양태를 잘 보여준다. 에너지 사용량의 증가는 거의 전적으로 화석연료 소비 증가에서 비롯되었다. 1965년에서 1980년 사이에 석유 소비는 두 배로 늘었다. 1965년에서 2005년 사이에 석탄 소비는 두 배로, 천연가스 소비는 세 배 이상 늘었다. 이 세 가지 화석연료의 사용은 현재도 계속해서 증가하고 있다.

하지만 1인당 세계 석유 생산량은 1979년에 최고점에 도달했으며 그 후로 계속 감소하고 있다. 또 지구 전체의 석유 생산량은 2008에서 2010년 즈음에 최고점에 이를 것으로 추정된다.[75] 석탄과 천연가스 매장량은 석유에 비해 풍부하지만 그것 역시 한도가 있으며, 공기와 물의 오염 같은 심각한 생태학적인 손실이 따른다. 간단히 말해, 화석연료의 사용 일수는 한계가 있다. 자원의 부족 때문이든 환경의 질 때문이든 다른 형태의 에너지를 사용할 수밖에 없다. 많은 사람들의 생각을 대변하여 레스터 브라운은 다음과 같이 말한다. "태양열이나 풍력 같은 재생가능한 에너지 자원으로 전환하는 것이 생태계에 해로운 결과를 낳지 않으면서도 미래의 에너지 수요를 해결할 수 있는 확실한 방법이다."[76]

이러한 전환은 이미 진행 중이다. 전 세계가 (마침내) 석유에 지나치게 의존한다는 사실을 깨달았으며 대체 에너지를 찾는 일이 긴급하다는 것을 알게 되었다. 세계의 풍력 에너지 생산은 2000년 이후로 가파른 상승 곡선을 타고 있으며, 현재 가장 빠르게 성장하는 에너지 자원 가운데 하나다. 2006년에 미국은 새로운 풍력 에너지 설비에서 세계를 주도했으며, 텍사스가 캘리포니아를 추월하여 미국 최고의 풍력 발전 지역이 되었다. 2008년 현재 전체적인 풍력 생산 능력에서 독일과 스페인이 가장 앞서고 있으며, 미국이 세 번째고 중국은 여섯 번째다(그러나 빠르게 따라잡고 있다). 현재 50개국 이상이 풍력을 이용하여 전기를 생산하고 있으며, 아시아가 가장 큰 성장을 이루고 있다.[77]

태양열 발전은 풍력 발전에 비해 훨씬 더 빠르게 성장하고 있는데, 2000년 이후로 여섯 배가 증가했다. 2006년 전 세계의 광전지 생산은 전년도에 비해 41퍼센트 증가했으며, 계통연계형 설비들(즉 독립형 장비들을 뺀 설비들)은 47퍼센트 증가했다. 독일과 일본, 미국이 태양 에너지 설비의 방식을 주도하며, 미국에서는 2005년 이후 이 설비가 60퍼센트 증가했다. 이러한 증가는, 광전지에 사용되는 주요 재료 가운데 하나인 폴리실리콘(polysilicon)이 부족한 형편에서 이루어졌다.[78]

이처럼 몇 가지 강력한 징후를 통해 지속가능한 에너지에 대한 관심이 늘고 있다는 사실을 알 수 있다. 하지만 화석연료에 대한 우리의 중독이 빠른 시일 내에 줄게 되리라는 증거는 어디서도 찾아보기 힘들다. 일부 전문가들은 "에너지 효율의 개선과 재생가능한 에너지가 화석연료 사용을 상당부분 대체하고 전 세계 배기가스를 줄일 수 있다"고 주장하지만, 국제에너지기구(IEA)는 "이대로 방치하면 계속해서 화석연료가 주요 에너지원으로 사용되면서 2030년에는 전 세계 에너지 사용이 50퍼센트 이상 증가할 것이라고 예측한다."[79] 에너지 수요를 공급이 따라 줄 수 있을까? 만일 그렇다면 가격은 어느 정도가 되고 또 어떤 사람들에게 혜택이 돌아갈까? 그리고 어떤 시나리오가 승리하게 될까? 우리는 대체연료 경제로 이행하게 될까, 아니면 화석연료가 계속해서 우리의 주요 에너지 자원으로 사용될까? 마지막으로, 만족할 줄 모르고 더 많은 에너지를 찾는 우리의 욕구는 정당한 것인가?

공기

화석연료의 소비에 관해 말하다 보면, 자연스럽게 대기오염, 특히 산성비에 관한 논의로 이어진다. 스웨덴에서 산성비로 심각하게 피해를 입은 호수의 수는 100개, 1,000개, 1만4천 개 중 어느 쪽일까? 믿기지 않겠지만, 스웨덴에서 산성비 때문에 동식물이 광범위하게 피해를 입은 담수호가 1만4천 개다.[80] 스웨덴만 아니라 스칸디나비아, 중부 유럽, 영국의 많은 지역에서까지 동식물상이 피해를 입고 있다. 예를 들어, 독일 서부와 영국에서 산성비는 숲의 절반 이상에 해를 끼쳤다. 그리스에서는 산성비가 파르테논 신전을 비롯하여 여러 고대 건축물을 침식하고 있다. 폴란드에서는 산성비가 철도 선로까지 약화시키고 있다.[81] 산성 강하물의 수치가 "중국 동남부, 인도 동북부, 태국, 한국 같은 지역에서 특히 높게" 나타나면서 산성비가 아시아의 주요 문제가 되고 있음이 확인되었다.[82] 이러한 현상은 이들 지역에서 석탄과 석유의 사용이 증가하는 것을 볼 때 놀랄 일이 아니다. 아시아 지역의 산성비는 밀 생산량의 감소, 소나무와 참나무 숲의 쇠퇴와 밀접한 관계가 있다.

캐나다에서 산성비는 오랫동안 심각한 문제가 되고 있다. 캐나다 환경부에 따르면, 산성비의 산성도가 1980년 이후로 낮아지고 있기는 하지만 캐나다 동부 지역에서는 여전히 비가 높은 산성을 띠고 있으며, 온타리오의 무스코카-할리버튼 지역에 내리는 비의 평균 수소이온농도지수(pH)는 약 4.5다.[83] 산성도는 pH 척도—용액 속의 수소이온을 측정해, 0(가장 강한 산성)부터 14(가장 강한 알칼리성)까지 나누고 7을 중성으로 정한 등급에 따라 판정하는 로그자(logarithmic scale)—로 측정한다. pH 값

도표13. pH로 나타낸 미국 수소이온농도, 2006년 중앙분석실험실에서 작성한 수치

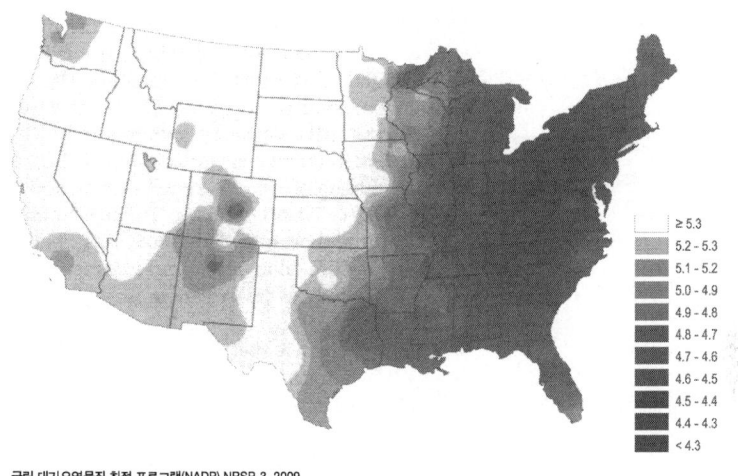

국립 대기오염물질 침적 프로그램(NADP) NRSP-3, 2009.
이 자료는 http://nadp.isws.illinois.edu/isopleths/maps2006/phlab.pdf에서 볼 수 있다.

이 6이면 7보다 10배나 더 산성이 강하고, 5면 7보다 100배나 더 강하다. 자연 강수는 pH가 5.6이나 5.7이다. 그러므로 이 토론토 북부 지역에 내리는 비는 정상치보다 산성이 10배 이상 강하다. 그 결과로 가재와 조개가 사라지고, 이어서 물고기(농어, 월아이, 송어 등)가 죽고, 그 결과 물고기를 먹고사는 새들(아비 등)이 사라진다.

도표13에서 보듯이, 산성비는 미국의 많은 지역, 특히 동부에서 심각한 문제가 된다. 뉴욕 주에 내리는 비의 평균 pH는 4.5에서 4.0 사이로, 정상 수치에 비해 산성이 10배에서 30배나 된다.[84] 뉴욕 주 북부의 애디론댁 지역에서는 2,759개의 호수와 연못 가운데 4분의 1 정도에서 산성 강하물 때문에 물고기가 사라졌다. 다시 말해 물고기 개체수가 심각하게 감소하는 수준까지 피해를 입었다.[85] 산성화는 pH를 떨어뜨리고 물고기가 호수에 살기 어렵게 만드는 것으로 끝나지 않고, 토양을 변하게 하고

영양소 순환에 장애를 일으킨다. 간단히 말해, 피해는 처음 생각했던 것보다 훨씬 크다. 따라서 지난 30년 동안 산성비를 일으키는 배기가스가 극적으로 줄어들었음에 불구하고 그 수역에 축적된 산으로 인해 애디론댁 지역의 지표수 회복은 더디고 보잘것없다.[86]

산성 강하물은 여러 가지 해로운 결과를 낳는다. 물고기와 수생식물이 번식하지 못하여 멸종하고, 강한 산성을 띤 물에서 나온 독성 메틸수은에 물고기가 오염되며, 토양에서 침출한 칼슘과 칼륨 같은 성분으로 인해 나무가 죽고, 자연에 존재하는 알루미늄의 방출로 뿌리가 해를 입어 나무가 약해지고, 가정용 수도관에서 구리와 납 같은 유독한 금속들이 침출하며, 인간이 겪는 많은 호흡기 질환이 악화된다.[87] 게다가 이러한 결과들은 눈에 띄지 않을 때가 많다. 크리스 브라이트(Chris Bright)는 산성비가 나무와 숲의 건강에 미치는 유해하고도 엄청난 규모로 이루어지기 일쑤인 화학적 영향을 시간 순서대로 열거하고 나서, "산이 초래한 폐해는 무심한 눈으로는 알아챌 수 없는 은밀한 과정을 통해 수십 년에 걸쳐서 드러나게 될 것"이라고 말한다.[88] 여러 가지 문제들이 은폐되어 있다는 사실은, 생태계에 가해지는 다양한 압박의 상승효과와 더불어 생각할 때, 그 폐해를 인식하게 될 때면 이미 너무 늦은 상태가 된다는 것을 뜻한다. 눈에 보이지 않는 한계선을 이미 넘어섰으며, 그 피해는 죽어 가는 나무와 사라지는 물고기, 황폐해진 토양으로 현실이 되고 있다.

산성비, 더 정확하게 말해 산성 강수가 미치는 영향은 대체로 겉으로 드러나지 않는 데 반해 그 원인은 잘 알려져 있다. 산성을 띠게 되는 이유는 대부분 아황산가스와 산화질소 때문이다. 이 화합물들은 대기 중 습기와 결합해 열을 발산하면서 황산과 질산을 생성하고, 이것들이 비와 진눈

깨비, 우박, 안개, 눈과 같은 강수 형태로 땅 위로 떨어진다. 아황산가스는 석탄을 태우는 발전소에서 주로 발생한다. 산화질소는 화석연료를 태울 때, 특히 자동차로부터 많이 나온다.[89] 산성비는 지역이나 국가 간의 경계선을 가리지 않는다. 여기저기 떠다니다가 아무 곳에나 내린다. 또 갈수록 더 거대한 공장들이 세워지면서 산성비는 지역을 넘어선 문제가 되었다. 니스벳(E. G. Nisbet)의 말대로, "오염된 기단들이 대서양을 건너고 북극을 넘어 유라시아에서 북아메리카로 이동한다. 캐나다 동부에 떨어지는 황산염의 50퍼센트 정도가 미국에서 건너온 것으로 추정된다."[90] 바람은 여전히 세상의 지도를 읽을 줄 모르거나 아니면 우리가 쳐 놓은 지정학적인 장벽 따위는 신경 쓰지 않는다.

넘쳐나는 자료가 증명하는 것처럼, 산성비는 심각한 문제가 된다. 하지만 산성비는 대기오염의 한 가지 형태에 불과할 뿐이다. 불행하게도 대기오염은 다양한 많은 형태로 나타나며, 오존으로 인한 스모그가 그 한 예다. 특히 오존은 폐를 상하게 하고 호흡기에 문제를 일으킨다. 성층권 안에는 오존이 너무 적으며(북극과 남극의 '오존 구멍'은 잘 알려진 사실이다), 대류권에는 오존이 지나치게 많다. 또 다른 대기오염 물질로는 무색무취의 가스로 혈액 순환에 문제를 일으키는 일산화탄소가 있다. 그 외에도 가시거리를 떨어뜨릴 뿐만 아니라 폐 속으로 깊이 침투해 폐질환을 일으키는 입자상 물질(particulate matter)이 있는데, 특히 PM10(10마이크로미터 이하의 미립자)이 문제가 된다.

좋은 소식이 있다. 산성비와 고농도 오존 문제와 관련해 우리가 큰 진전을 이루었다는 점이다. 1963년에 제정된 청정대기법(Clean Air Act)이 1970년에 확대되고 1990년에 개정되면서, 그 결과로 아황산가스와 산화

도표14. 전 세계 육지와 바다의 온도 편차

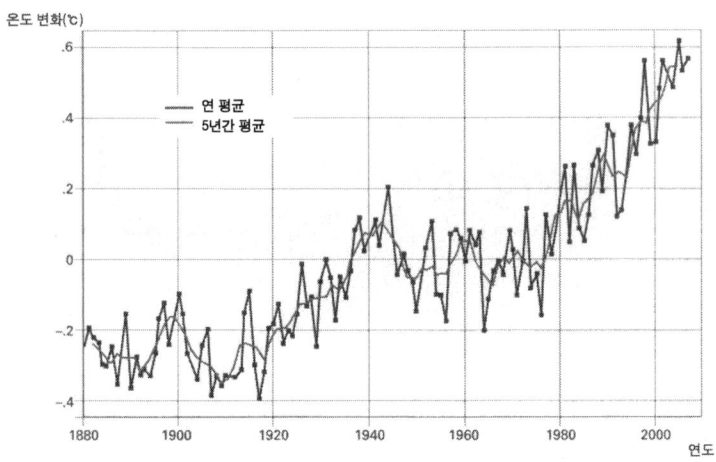

"GISS 지표면 온도 분석", 미항공우주국(NASA) 고다드 우주연구소, 2008년 12월 26일(2009년 1월 13일 갱신).
이 자료는 http://data.giss.nasa.gov/gistemp/2008/에서 볼 수 있다.

질소의 배출량이 상당히 감소했다.[91] 또 국제연합이 중재한 1987년의 몬트리올 의정서(Montreal Protocol)로 인해 오존층을 파괴하는 가스를 꽤 줄일 수 있었고, 그 결과 오존 구멍이 더 이상 커지지 않게 되었다. 다양한 공공정책과 법의 개정으로 인해 로스앤젤레스의 악명 높은 대기조차도 30년 전에 비해서 훨씬 깨끗해졌다. 그렇다 해도 우리가 잊어서는 안될 사실이 있다. 공기는 생명을 유지하는 절대적인 요소 가운데 하나지만, 오늘날 우리가 마시는 공기는 적정 수준에 미치지 못할 때가 흔하다는 점이다.

기후

10년 단위로 묶은 다음의 기간 중에서 기록상 가장 더웠던 여덟 번의 햇

도표15. 지난 천 년 동안 지구 표면 온도의 변동

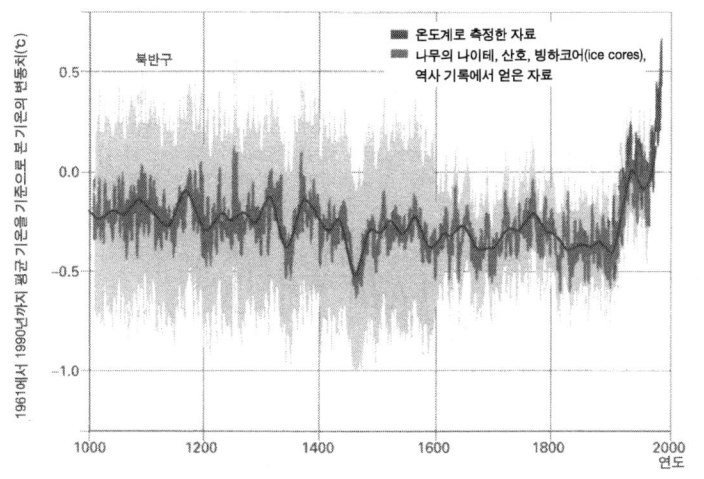

기후 변화에 관한 정부간 회의(IPCC), 제3차 보고서, "2001년의 기후 변화".
이 자료는 http://stephenschneider.stanford.edu/Climate/Climate_Science/VariationsSurfaceTemp.html에서 볼 수 있다.

수가 들어 있던 때는 언제일까? 1918-1928년? 1978-1988년, 아니면 1998-2008년? 가장 더웠던 여덟 번의 햇수는 1998년 이후에 있었으며, 가장 더웠던 열네 번의 햇수는 (2007년 기준으로) 지난 17년 사이에 있었다.[92] 도표14가 보여주는 바와 같이, 미국항공우주국(NASA) 고다드 우주연구소의 제임스 핸슨(James Hansen)과 그의 동료들에 의하면, 적어도 1880년 이후로 지구 표면의 평균 온도는 지속적으로 상승해 왔다. 지난 30년 동안에 특히 강한 온난화 추세가 계속되었다. 도표15는 지난 천 년 동안의 지구 표면 온도의 변화를 보여주는데, 온난화 추세가 눈에 띄게 두드러진다.

기후 변화에 관한 정부간 회의(IPCC)가 이러한 결론을 확고하게 지지한다. 세계기상기구(WMO)와 유엔환경계획(UNEP)에 의해 1988년에 설

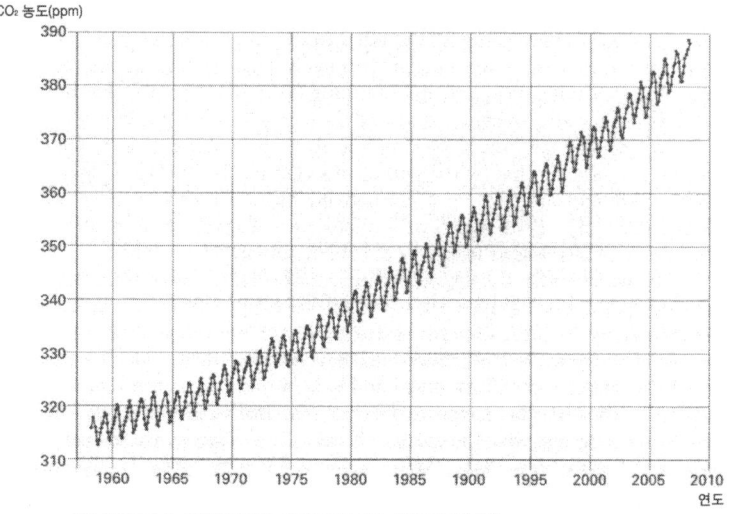

도표16. 미국 이산화탄소의 월 평균 농도, 2009년 5월(하와이 마우나로아 관측소)

미국 스크립스(Scripps) 해양과학연구소, 스크립스 CO_2 프로그램(2008년 7월 갱신).
이 자료는 http://scrippsco2.ucsd.edu/graphics_gallery/mauna_loa_record/mauna_loa_record.html에서 볼 수 있다.

립된 IPCC는, 지구 기후 변화에 관한 믿을 수 있는 과학적 정보를 제공해 주는 대표적인 기구로 널리 인정받고 있다. IPCC의 제4차 보고서(2007년)는 가장 최신의 자료와 명확한 평가들을 담고 있다.[93] 이 보고서는 기후 변화에 관한 과학적 근거에 따라 다음과 같이 간단하게 결론을 내린다. "기후 체계의 온난화는 분명한 사실이다."[94] 반박할 수 없는 증거에 의하면, 지구는 더워지고 있다.

대기 중 이산화탄소 농도가 짙어지고 있다는 점 역시 매우 분명하다. 도표16은 데이비드 킬링(David Keeling)의 이름을 딴 유명한 '킬링 곡선'(Keeling Curve)이다. 그는 1957년 캘리포니아 공과대학에서 박사 후 연구원(post-doc)으로 근무하면서, 하와이의 마우나로아 관측소에서 대기 중 이산화탄소를 측정하기 시작했다. 이산화탄소 수치는 1985년 315ppm

수준에서 2008년 387ppm으로 상승했고, 현재도 계속해서 연간 1.9ppm의 비율로 상승하고 있다. 우리는 또 그린란드와 남극대륙에서 채취한 빙하 코어에 갇힌 공기로부터, 1750년에는 이산화탄소 농도가 280ppm 정도였으며, 그 후로 점점 높은 비율로 상승하고 있다는 사실을 알게 되었다.[95] 지구 대기의 역사를 분석한 결과, 대류권, 곧 대기권에서 가장 낮은 층의 이산화탄소 수치가 80만 년 기간 중 현재 가장 높다는 사실이 확인되었다.[96]

이산화탄소는 온실가스다. 이산화탄소 외에도 오존(O_3), 메탄(CH_4), 아산화질소(N_2O), 염화불화탄소류(CFCs), 수증기 등이 온실가스에 속하며, 이 가스들은 대류권에 존재하면서 적외선이 우주로 빠져나가지 못하게 막아 열을 가두는 기능을 한다. 온실의 유리나 자동차 앞 유리가 빛을 받아들이고는 열이 발산하는 것을 막는 것처럼, 이 중요한 가스들은 열을 가두어서 지구 표면의 온도가 생명체에게 유익한 상태로 유지되도록 도와준다. 따라서 온실가스들이 잘못된 것은 전혀 없다. 오히려 온실가스들은 지구의 생명체에게 절대 필요하다. 문제가 되는 것은 이러한 가스들의 적절한 농도다. 농도가 너무 높아서 지구가 더워지고 있다. 온실 효과가 존재한다는 것은 의심의 여지가 없다. 어떤 가스들은 열을 가둔다.

따라서 다른 조건들은 변함이 없는데 온실가스가 증가한다면 지구의 기온이 상승하게 된다. 여러분 차의 앞 유리를 두꺼운 것으로 바꿔 보라. 그러면 햇볕이 쨍한 봄날의 실내 온도는 꽤 높아질 것이다. 중요한 사실은, 이러한 기온 상승이 일정한 시간 동안 지구 전체에 나타난 증가의 평균치라는 것이다. 전체로 보면 평균 기온이 상승하고 있는데도 실제로 특정 지역에서는 훨씬 더 기온이 낮을 수 있다. 예를 들어, 2004년 1월, 뉴욕 시의 온도는 뉴욕의 1월 평균 기온보다 2.2도 낮았는데(1951년에서 1980년까지를 기준치로 삼을 때) 2004년 1월의 전 세계 평균 기온은 평년보다 훨씬 높았다. 달리 말해, 지구온난화가 어디서나 똑같이 온도가 상승한다는 것을 뜻하지는 않는다.

안타깝게도, 증가하는 온실가스가 이산화탄소만이 아니다. 메탄과 아산화질소도 증가하고 있다. 메탄은 수명이 7에서 10년으로 비교적 짧지만, 같은 무게로 비교해 볼 때 이산화탄소보다 100배나 강력한 영향을 미친다. 아산화질소는 대류권 내에 거의 120년 동안 잔존하며, 이산화탄소 분자와 비교해 지구의 기온을 높이는 데 2백 배가량 강력한 힘을 발휘한다.[97] 기후 변화에 관한 정부간 회의(IPCC)의 최신 자료에 의하면, 1750년 이후로 메탄은 715ppb에서 1,774ppb로 증가했는데, 이 수치는 지난 65만 년 동안의 자연적인 변동 폭을 훨씬 능가하는 것이다. 또 아산화질소는 지난 250년 동안 270ppb에서 319ppb로 증가했다.[98] 요약하면 이산화탄소의 증가에는 온 세상이 관심을 기울였는 데 반해 다른 온실가스들도 증가하고 있다는 사실에는 별로 신경을 쓰지 않는다.

지구는 계속 더워지고 온실가스의 농도도 증가하고 있다. 이 일이 단지 우연의 일치일 뿐일까? 아니면 그 둘 사이에 분명한 연관성과 인과관계가 있을까? 이 문제와 관련해 많은 논의가 이루어져 왔는데, 이제 논쟁이 해결되었다. 2007년 기후 변화에 관한 정부간 회의(IPCC) 보고서는 다음과 같이 분명하게 밝혔다. "관측된 자료로 볼 때, 20세기 중반 이후에 이루어진 지구 평균 기온의 상승은 대부분 인간의 활동에서 비롯된 온실가스의 농도 증가 때문인 것이 **거의 확실해 보인다.**"[99] 달리 말해, 우리 인간이 온난화 현상의 주범일 가능성이 십중팔구("확실해 보인다"는 표현의 구체적인 의미)라고 하는 것이 낫겠다. 우리가 사용하는 화석연료는 대기의 화학적 성질을 바꾸어 놓았으며 지구의 기온을 높였다. 게다가 온실가스의 배출이 현재의 비율이나 그 이상으로 지속된다면, 금세기 말에는 지구의 평균 기온이 1.7에서 3.89도 상승하리라는 것이 거의 확실한 예측이다. 이 증가 수치는 20세기에 증가한 수치보다 훨씬 높은 것이다. 간단히 말해, 우리 인간들은 지구를 뜨겁게 달구고 있으며, 지금 이 상태로 밀고 나가면 그 결과는 참으로 엄청날 것이다.

지금까지 살펴본 내용을 요약하면, 다음과 같이 확실하게 논의가 정리된다. 만일 (다른 조건은 그대로인데) 온실가스들이 증가한다면 세계는 더 뜨거워진다. 사실 온실가스들은 인간 때문에 증가하고 있다. 세상은 계속해서 온도가 올라가고 있다. 바로 인간 때문이다. 과학적으로 따져야 할 진정한 문제는 지구온난화가 사실이냐 아니냐가 아니라, 지구의 평균 기온이 얼마나 빨리, 어느 정도나 많이 상승하게 될 것인지, 또 기후 체계 내의 다른 요소들은 기온상승을 증폭시키는지 아니면 억제하는지, 그리고 그 결과는 어떤 양상으로 나타나게 될 것인지의 문제다. 이 물음들에 대한 우리의 답이 어떤 것이든 간에 이것만은 확실하게 말할 수 있다. "우리는 대기를 변화시켜 왔으며, 그 변화의 결과는 기후를 완전히 뒤집어 놓을 만큼 심각하다."[100]

온실가스들은 어디에서 생겨나는가? 앞에서 밝혔듯이, 우리는 주로 화석연료를 태워서 공기 속에다 상당히 많은 양의 이산화탄소를 쏟아내고 있다. 그러나 삼림 훼손 역시 문제를 일으키는 원인이 된다. 숲을 파괴하는 것은 중요한 이산화탄소 흡수계 하나를 무너뜨리는 일이기 때문이다. 메탄은 다양한 원인(예를 들어 유기물을 분해하는 박테리아)에서 자연적으로 생산되기도 하지만 많은 양이 인간의 활동에서 생겨난다. 쓰레기 매립지, 천연가스 저장고와 파이프라인의 누출, 보일러, 여러 종류의 건조기들, 난로, 소와 양, 돼지, 염소, 말과 같은 가축들의 배설물이 그 예다. 벌목이 빠른 속도로 진행되면서 숫자가 늘어나는 흰개미들도 죽은 나무를 소화시키면서 메탄을 만들어 낸다. 마지막으로, 아산화질소는 비료와 동물 폐기물 속의 질소가 분해될 때, 그리고 바이오매스(biomass)를 태울 때 발생한다.

여러분은 지구온난화를 걱정해야 하는 이유가 무엇이냐고 묻고 싶을지도 모른다. 딱 잘라 말해, 지구온난화는 매우 심각한 결과를 낳는다는 것이 그 답이다. 이미 확인된 생태계 변화로는 빙하의 감소, 영구 동토층의 해빙, 강과 호수가 늦게 얼고 일찍 녹는 현상, 중위도 지방에서 농작물 성장 기간이 길어짐, 동식물의 분포대가 극지와 고지대로 이동함, 일부 동식물의 개체수 감소, 수목의 개화 시기가 빨라짐, 곤충의 돌연변이, 새들의 산란 문제 등이 있다.[101]

앞으로 곤충은 폭발적으로 증가하게 되고 이에 반해 물고기와 파충류의 수는 줄어들게 될 것이다. 철새의 이동 양태에 교란이 일어나, 그 결과 새들이 찾아오는 때와 열매와 씨앗을 얻을 수 있는 때가 일치하지 않게 될 것이다. 빙하는 계속 녹아서 사라지고 그에 따라 해수면의 높이도 급격하게 상승해 해안의 습지대를 위협하게 될 것이다. 산호초와 열대우림, 대초원과 고산지대의 툰드라, 사막과 강과 바다 등 지구상의 모든 생태계가 영향을 받게 될 것이다.[102] 지구의 기후 변화로 말미암아, 앞에서 언급한 것 외에도 수많은 형태로 우리 행성의 생태계가 변형되고 그 안에 사는 거주자들이 심각한 영향을 받게 될 것이다.

지구온난화는 생태계에 미치는 영향 외에도, 이런 일들만으로는 충분하지 않다는 듯이 인간에게도 직접적인 영향을 미치게 될 것이다. 예상되는 문제로는 농작물의 수확이 줄고, 이용할 수 있는 물이 감소하고, 매개성 질병(말라리아가 한 예다)과 수인성 질병(콜레라가 그 예다)에 걸리는 사람이 증가하고, 빈번한 홍수로 많은 도시와 마을이 물에 잠기며, 수천만 명의 주민들이 피해를 입는 일 등을 들 수 있다. 그렇지 않아도 취약하기 짝이 없는 국가와 사람들은 최악의 상황을 맞게 되고, 현재의 빈부 격차는 훨씬 더 심화될 것이 분명하다. 이러한 문제들 중에는 추측에 머무는 것도 있겠으나 대부분은 그렇지가 않다. 일찍이 기후 변화 모델에서 내린 예측과 딱 들어맞는 증거들이 우리 눈앞에 펼쳐지고 있다. 훨씬 더 심해진 무더위와 길어진 추위, 혹독한 가뭄과 강력한 홍수, 파괴적인 폭풍우와 쉽게 잡히지 않는 산불 등이다.[103] 도표17은 2004년 여름에 발생한 극심한 기상 이변으로, 최근 일어난 일 가운데서 뽑은 한 가지 사례에 불과하다. 그해의 날씨는 예년과는 다르게 파괴적인 결과를 낳았으며, 말 그대로 전 세계를 휩쓸었다. 2004년에 날씨와 관련된 재난의 피해액은 2003년 피해액의 두 배에 가까운 1,050억 달러에 달했으며, 수천 명의 사람들이 홍수와 허리케인 같은 기상 관련 사건으로 사망했다. 1980년에서 2004년 사이에 기상 관련 재해의 발생 횟수는 두 배로 늘었다.[104] 요약하면, 지구의 기후 변화로 인해 예상되는 결과는 참으로 많고 엄청나며 파멸적인 재앙으로 나타날 수도 있다.

도표17. 2004년 여름 전 세계의 극심한 기상 이변들

- 2003년 여름에 혹독한 더위로 어려움을 겪었던 북유럽의 많은 지역들이 2004년 7월 말에는 겨울에 가까운 기온에다 계속되는 눈까지 겹쳐 큰 고통을 겪었다.

- 7월 말에는 산불이 미국 서부의 전역을 기록적인 속도로 휩쓸었으며, 알래스카에서 캘리포니아 남부까지 휩쓴 큰 불은 지난 10년간 발생한 평균 비율의 두 배에 이른다.

- 볼리비아 국경선 근처에 사는 페루 사람들은 올해 초 홍수와 가뭄으로 농작물 피해를 입은 데 더해, 30년 만에 닥친 최악의 서리와 눈보라로 인해 음식을 구하지 못해 식량 공수를 받아야 했다.

- 8월 중순 중국에서는 7년 사이에 가장 강력한 태풍이 불어와 115명이 사망하고 1,800명이 부상을 입었다.

- 8월 중순, 영국의 콘월에 전례가 없는 홍수가 덮쳐서, 두 시간 사이에 비가 5센티미터나 쏟아지고 자동차와 건물들이 쓸려 내려갔다.

- 8월 중순에는 캘리포니아 남부의 데스벨리 국립공원에 갑작스런 홍수가 발생해, 길이 막히고 전기가 끊어지고 하수도관이 붕괴하면서, 두 명이 사망했다.

- 네바다 주 미드 호의 수위가 39년 만에 가장 낮아졌으며, 공무원들이 캐나다와 같이 멀리 떨어진 곳까지 가서 물을 실어 날랐다. 주지사는 가뭄으로 고통당하는 그 주를 재난지역으로 선포할 것을 당국에 호소했다.

- 알래스카에서는 전에 없이 더운 날씨에 비까지 내리지 않아 산불이 빈발했으며, 8월 중순까지 2만 제곱킬로미터에 이르는 면적이 불타는 기록을 남겼다.

- 한국과 일본에서는 강력한 태풍으로 3,000명 이상의 이재민이 발생하고 12명이 사망했으며, 철도가 붕괴되고 집들이 유실되었다.

- 뉴질랜드에서는 40년 사이에 가장 강력한 폭풍이 몰아쳐, 지붕이 날아가고 송전선이 무너지며 교통망이 두절되었다.

- 태풍 에어리가 대만에서 산사태와 갑작스런 홍수를 일으키고 중국으로 건너가 50만 명의 주민들을 대피시켰다.

- 7월에는 기상학자들이 "천 년만의 폭풍우"라고 부르는 폭우가 뉴저지, 펜실베이니아, 메릴랜드 지역을 휩쓸어, 댐이 무너지고 교통이 마비되고 많은 기차 편이 끊어졌다.

- 방글라데시에서는, 한 달간 계속된 폭우와 홍수로 삼각주 지역에 수백 개의 섬이 생겨나고 수백 명이 목숨을 잃었으며, 2백만 명 이상이 고립되었다.

- 미국 서부에서는 전문가들이 "전례가 없다"고 말할 정도로 딱정벌레가 갑자기 번성하여, 알래스카에서 애리조나와 사우스다코타에 이르는 건조한 소나무 숲을 파괴했다.

고향별의 상태

폭발적인 인구 증가, 심각해지는 기아 문제, 생물다양성의 감소, 삼림 파괴, 물의 부족과 오염, 땅의 황폐화, 늘어나는 쓰레기, 에너지 소비의 증가, 산성비, 지구의 기후 변화. 이러한 것들은 생태계가 쏟아 놓는 탄식의 긴 목록이다. 우리 고향별의 상태는 온전하지 못하다. 지구는 신음하고 있다.

그러나 앞서 지적했듯이 나쁜 소식만 있는 것이 아니다. 캘리포니아 콘도르와 캐나다두루미, 회색늑대는 놀랍게도 자기들의 본래 서식지로 복귀했다. 로스앤젤레스의 공기는 30년 전의 상태와 비교해 훨씬 좋아졌다. 오하이오 주의 쿠야호가(Cuyahoga) 강은 이제 더 이상 불타지 않으며, 이리 호는 물고기를 잡아도 될 만큼 어장 기능이 회복되고 있다. 이 모든 일(이 목록은 계속해서 늘어날 것이다)을 보면 정말 기쁘고 희망을 품게 된다.[105] 따라서 솔직히 말하면, 지구의 상태는 복합적이다. 암울하고 답답하기만 한 것도 아니며 또 밝고 찬란한 것만도 아니다. 그러나 우리의 고향인 지구에 대한 내 판단은 모든 것이 잘되고 있다고 생각하는 사람들과는 다르다. 내가 볼 때 핵심적인 결론은 썩 좋지가 않다.[106] 다시 사도 바울의 표현으로 말하면, 피조물은 신음하고 있다.

지구과학자인 E. G. 니스벳은 지구의 상태를 다룬 연구에서, 지구의 환경 변화와 그 원인과 결과에 대해 다음과 같이 요약하고 있다. "앞의 여러 장에서 자세히 살펴보았듯이 지구는 상처를 입고 있으며, 그 상처는 더 심각해질 것이라는 사실을 입증하는 증거는 분명하다. 고발의 내용은, 전 인류와 동물과 식물의 안녕을 위협할 수준까지 심각해지고 있는 그 상처의 책임이 인간이 과거와 현재에 저지른 일에 있다는 것이다."[107] 이어서 그는 인간의 범과와 관련해서 "이성적인 인간으로 구성된 배심원단이라면 어떤 판결을 내릴 것인가?"라고 묻는다. 그는 찬성과 반대 양쪽의 증거를 제시한 후에 다음과 같은 결론을 내린다. "이성적인 배심원단은 기소의 평결을 내린다. 증거는 충분한 효력이 있다. 몇 가지 착오가 있을 수 있겠으나 논거는 확실하다."[108] 달리 말해, 우리의 고향별에 입힌 상처에 대해 우리 인간이 책임을 져야 한다는 논거는 확실하다. "내 탓입니다(Mea culpa)" 외에 우리가 할 최종 변론은 없다. 호모 사피엔스(Homo sapiens), 곧 지혜로운 인간이라 불리는 종으로서 참으로 엄청나고 서글픈 역설이 아닐 수 없다. 이러한 결론 앞에서 다음과 같은 질문이 선명하게 떠오른다. 지구는 왜 신음하는가? 어쩌다 우리는 이 같은 생태학적 혼돈 상태에 빠지게 되었을까? 우리가 우리의 고향별을 망가뜨린 이유에 대해 어떻게 해명할 수 있을까? 이제 의문점들을 안고 다음 장으로 넘어간다.

3장. 기독교에 책임이 있는가

기 독 교 에   대 한   생 태 학 적   고 발

> 기독교인들에게 자연, 곧 이 세상은 아무런 가치도 없고 관심거리도 되지 않는다.
> 기독교인들은 오로지 자신과 자기의 영혼 구원만 생각한다.
>
> _ 루트비히 포이에르바흐 Ludwig Feuerbach[1]

지구는 왜 신음하는가? 어쩌다 우리는 이 같은 생태학적 혼돈 상태에 빠지게 되었을까? 이 두 물음은 앞 장의 결론을 맺으며 물었던 질문들이다. 위에 제사로 인용한 글귀는 19세기 중반에 활동한 탁월한 사상가의 글로, 이러한 질문에 일반적으로 따라나오는 답이 어떤 것인지를 보여준다. 즉 기독교가 생태계 위기에 책임이 있다는 것이다. 기독교가 지금까지 세계에 끼쳐 왔고 지금도 발휘하는 영향력을 고려할 때, 기독교인들이 자연을 아무 가치도 없다고 여기고 그저 자기 영혼의 구원만을 생각한다면, 지구가 이처럼 안타까운 처지에 놓인 것도 놀랄 일은 아니다. 이러한 주장이 최신의 형태로 나타난 것을 찾아보면 다음과 같을 것이다.

인간은 생육하고 번성하라는 명령을 완수하는 그날까지 이 행성에 대한 폭행을 멈추지 않을 것이다. 인간에게 좀 더 나은 생활을 제공하는 데 필요한 일이라면 그것이 어떤 것이든 우리가 아니라 다른 종들이 떠안아야 한다는 것이 종교들의 생각이다.

인간의 모습을 본 따 하나님을 만들어 낸 서양 종교는 하나님과 피조물을 나누고, 영혼과 몸, 인간과 지구를 가르는 인간중심적인 신화를 가르쳐 왔다. 우리 인간으로 하여금 자연 세계뿐만 아니라 우리 자신과도 관계를 맺지 못하도록 방해하는 것이 바로 이러한 이원론이다.

위의 글들은 시에라 클럽(Sierra Club) 기관지 「시에라」(*Sierra*)지에 실린 것으로, 조직화된 종교가 지구에 유익을 주었는가 아니면 해를 끼쳤는가라는 문제를 논하면서 그 답으로 제시된 것이다.[2] 기독교(또는 종교 일반)가 현재의 생태계 위기에 대해 책임이 있다고 비난하는 사람들이 있다. 그들은, 직접적이든 간접적이든 기독교 신앙이 생태계 파괴에 대한 책임을 져야 한다고 주장하면서, 기독교 신앙이 다양한 방식으로 지구의 착취를 조장한다는 사실을 그 근거로 내세운다. 기독교는 생태계 파괴를 당연한 것으로 합리화한다. 간단히 말해서, 이것이 "기독교에 대한 생태학적 고발"이다.[3]

이번 장에서 우리는 이 주장에 관해 살펴볼 것이다. 좀 더 구체적으로, 다음 두 가지 질문에 답하고자 한다. 첫째, 기독교에 대한 생태학적 고발은 어떤 것인가? 둘째, 기독교가 생태계 파괴의 원인이라고 보는 다양한 비판들은 제대로 된 근거에서 이루어진 것인가? 올바로 이해하기만 하면 기독교에 대한 이런 식의 생태학적 고발에는 설득력이 없다는 것이 내 판단이다. 만일 내 생각이 옳다면, 자연스럽게 다음과 같이 한 단계 더 나아간 질문을 던지게 된다. 현재 우리가 처한 생태학적 곤경을 해명할 더 신뢰할 수 있는 방법은 무엇인가?

고발 그 자체를 살펴보기에 앞서, 인정할 것은 솔직하게 고백하고 넘어가는 것이 중요하겠다. 내 주장대로 기독교에 대한 생태학적 고발에 심각한 결함이 있는 것은 사실이지만, 그러한 고발에 휘둘리지 않고 대응하기 위해서는 제임스 내쉬(James Nash)의 말대로, "적어도 그 고발의 많은 내용이 기본적으로는 옳다는 점을 솔직히 인정"하는 것이 필요하다.[4] 이 점에 대해 내쉬의 말을 모두 들어 볼 필요가 있다.

> 기독교와 기독교계(Christendom)를 분명하게 선을 그어 나누고, 또 신앙 자체와 신앙인들에 의해 왜곡된 신앙의 모습을 딱 잘라 구분하는 것으로 다 되는 것이 아니다. 그런 식의 구분이 형식적으로나 논리적으로 온당할 수 있고 나 역시 그렇게 생각하지만, 그런 방식을 역사에 적용하는 것은 경솔하고 설득력이 떨어진다. 신앙과 신앙인은 그렇게 쉽게 구분할 수 있는 것이 아니다. 사실을 말하자면, 오랜 세월 동안 수없이 많은 신자들에 의해 공식 교리와 신학 주석들을 통해 **해석되고 주장되어 온** 기독교는 생태학적인 면에서 병들어 버렸다.…… 결론적으로 말해, 기독교는 생태계에 저지른 과실과 남용에 대한 비난을 피할 수 없다.[5]

내쉬의 주장을 매우 진지하게 받아들일 필요가 있다. 그의 솔직한 말처럼 "기독교는 자연을 착취하는 일에는 적극적으로 나서 부추겼으나 말리는 일에는 별로 한 것이 없다." 따라서 "끊임없이 회개해야 마땅하다."[6] 끊임없이 회개해야 마땅하다는 말을 듣고 또 들어도 할 말이 없다. 내쉬의 말대로, 오랜 세월에 걸쳐 수많은 사람들이 외쳐 온 기독교 신앙은 생태학적인 면에서 병들어 버렸다. 많은 생태학적 재앙에 우리 기독교인들이 공모자가 되어 왔으며, 따라서 회개해야 할 것이 참으로 많다. 태만과 월권, 방임과 남용 등 우리가 저지른 생태학적 범과 앞에서 책임을 부인하려고 해서는 안된다. 그러므로 회개하라는 단호한 요구가 더 강해지는 것이 당연한지도 모른다.

그러나 웬델 베리처럼 나 또한, 기독교인들에 의해 왜곡되고 오해된 신앙 행태를 진정한 기독교 신앙과 구별해서 보는 것이 유익하다고 확신한다. 베리는 대놓고 "반기독교적 환경운동가들이 기독교에 퍼붓는 비난은 여러 가지 면에서 정당하다"고 주장한다. 이어서 그는 다음과 같이 말한다. "오늘날에도 여전히 기독교계 조직들은 세상과 그 전통 문화에 가해지는 파괴와 강탈에 별로 관심을 두지 않는다. 산업계 조직체들은 공업 경제가 생태계와 문화, 종교에 미치는 영향에 아예 무관심한데, 대부분의 기독교 조직들도 그 점에서 별다르지 않다고 말할 수 있다."[7] 이렇게 베리도 내쉬와 똑같이 기독교인들이 회개해야 한다고 당당하게 요구한다.

그러나 문제는 여기서 끝나지 않는다. 베리는 이어서, "그것(기독교에 대한 고발)이 정당할지는 몰라도, 그 고발은 성경에 대한 바른 이해에 근거한 것도 아니며, 또 성경에 뿌리를 둔 문화 전통들에 근거한 것도 아니다"라고 주장한다. 그는 계속해서, 이 사실이 함축하는 것은 "성경적으로 교육받았다고 하는 사람들의 태도와 성경의 가르침을 분명하게 구별하는 것"이라고 말한다. "성경의 가르침과 기독교인의 행동—질 나쁜 행동이 아니라 이른바 존경할 만한 기독교적 행동—사이에 사실상 비극적인 불

일치"가 있을 수밖에 없음을 인정한다면, 성경의 가르침과 기독교인의 행동을 구분하여 보는 것은 적절하고도 중요하다. 베리가 "내가 보기에, 오늘 우리 시대가 처한 곤경 앞에서 우리에게 필요한 것은 현재 창조 세계가 처한 현실에 비추어서 성경을 읽고 이해하는 법을 배우는 것이다"라고 결론 내린 것도 바로 이러한 구분 때문이다.[8] 우리가 성경 읽는 법을 새롭게 배워야 하는 이유는, 다름 아니라, 우리의 행동이 성경이 말하는 생태학적 비전과 일치하지 않기 때문이다.

따라서 기독교가 생태학적 측면에서 완전히 파산한 상태는 아니라는 사실을, 비기독교인들뿐만 아니라 기독교인들도 인정할 필요가 있다. 긍정적으로 표현해서, 기독교인들은 자신들이 믿는 신앙이 지구를 돌볼 것을 요청한다는 사실을 분명히 알아야 한다. 정말 수사학적 설득 작업은 비기독교인들뿐만 아니라 기독교인들에게도 (어쩌면 더 많이) 필요하다. 우리 기독교인들은 새로운 눈으로, 다시 말해 성경의 생태학적 지혜를 볼 수 있는 눈으로 성경을 읽는 법을 배워야 하며, 또 우리의 전통과 거기에 담긴 생태학적 통찰들을 이해하고 받아들여야 한다. 이제 기독교가 문제라는 주장이 어떤 것인지 살펴보고자 한다.

생태학적 고발

기독교에 대한 생태학적 고발이란, 한마디로 현재의 생태계 위기에 대한 책임이 기독교 신앙에 있다는 주장이다. 내쉬는 "생태학적 고발은 기독교 신앙이 이 위기를 초래한 범인이라고 비난한다. 생태계 파괴의 일차적인 원인, 아니면 최소한 주요 원인이 기독교에게 있다"는 것이다.[9] 기독교,

특히 기독교 신학은 생태학적인 면에서 보면 파산 상태이며, 기독교가 서구 문화에 끼친 영향을 놓고 볼 때 기독교는 지구가 처한 곤경과 관련해서 도덕적으로 비난받아 마땅하다. 이러한 주장은 흔히 그 이면에, 현대인들은 우리 앞에 있는 생태학적 도전에 제대로 대응하게 해주는 관점을 찾기 위해서, 기독교 전통을 버리고 다른 것에 의존해야 한다는 주장을 내포하고 있다. 다양하고 구체적인 논증들이 이 고발을 지지한다. 아래에서는 가장 일반적인 논증 네 가지를 살펴본다.

첫 번째 논증은 다음과 같다. 넓게 보아 유일신교, **구체적으로는 기독교가 지구 훼손의 유일한 원인은 아닐지 몰라도, 일차적인 원인이다.** 예를 들어, 저명한 영국 역사가인 아놀드 토인비(Arnold Toynbee)는 이렇게 주장한다. "현대 세계가 앓고 있는 주요 질병 가운데 일부, 예를 들어 되돌릴 수 없는 자연의 보고를 겁 없이 허황되게 낭비하고 여전히 조금 남아 있는 것들을 오염시키는 행위는, 앞의 분석에서 본 대로 종교적인 원인에 뿌리를 두고 있으며, 또 …… 그 원인은 유일신교의 등장이다."[10] 특히 토인비는, 지구를 다스리라는 창세기 1:28의 명령은 인간에게 피조물을 지배하고 착취하는 것을 허용했을 뿐만 아니라 그렇게 하도록 명령한 것이라고 주장한다.[11] 이렇게 진단을 내린 토인비는, 우리를 고통스럽게 하는 이 질병의 치료는 "유일신론의 *세계관*(Weltanschauung)에서 범신론의 *세계관*으로 돌아가는 데 달려 있다"고 주장한다.[12] 유일신론의 세계관을 거부하고, 하나님과 세계가 하나이자 동일한 것으로 보는 세계관을 채택함으로써만 우리는 우리가 처한 생태학적 혼돈으로부터 벗어날 수 있다고 보는 것이다.

미국의 역사가인 로드릭 내쉬(Roderick Nash) 역시 창세기 1:28이 생태계 파괴를 결정적으로 허용하는 데 이용되었다는 점을 지적한다. 그 구절에 나오는 동사들이 그려 내는 "절대적 지배"라는 난폭한 분위기를 놓고 볼 때, "기독교 전통이 창세기 1:28을 자연의 모든 것을 정복하여 인간의 종으로 만들라는 신의 명령으로 이해했다"는 결론이 나온다고 그는 주장한다. 이런 식의 해석이 "자연의 착취를 지적으로 정당화"하는 데 기여했다는 것이다.[13] 창세기 1장, 더 넓게 보아 기독교는 반생태적이다.

미국의 소설가이자 수필가인 월리스 스테그너(Wallace Stegner)도 비슷한 견해를 훨씬 더 분명하게 보여준다. "창세기 1:28에서, 갓 창조된 아담과 이브에게 신이 내리는 명령, 곧 '생육하고 번성하여 땅에 충만하여라. 땅을 정복하여라. 바다의 고기와 공중의 새와 땅 위에서 살아 움직이는 모든 생물을 다스려라'는 명령 속에서 우리가 다른 모든 종과 지구까지도 파먹고 사는 잡초 같은 종이 되어도 좋다는 재가를 엿볼 수 있다."[14] 스테그너는 성경의 사고를 아메리카 원주민들의 사고와 대조하면서, 이 사람들은 "생명의 그물망, 곧 땅과 인간과 생물의 상호연관성을 소중하게 여긴다"고 말한다.[15] 결론적으로 말해, 이 첫째 논증은 성경, 특히 그중에서도 창세기 1장은 인간을 자연보다 우위에 놓으면서, 나아가 인간으로 하여금 자연 세계를 정복하고 착취하도록 몰아간다고 주장한다.

두 번째 논증은 다음과 같다. 기독교 전통에서 영혼과 몸, 정신과 물질의 이원론을 강조한 것이 지구를 하찮게 여기고, 나아가 남용하고 착취하는 일을 허용하게 된 원인이다. 이 주장을 좀 더 정확하게 말하면 이렇다. 정신과 물질 및 영혼과 육체의 이원론을 내세우면서 각 쌍의 앞쪽을 뒤쪽보다 훨씬 더 가치 있다고 보기 때문에, 그리고 가치가 없다는 것은 곧 그에 대해 윤리적 책임을 지지 않아도 된다는 것을 뜻하기 때문에, 기독교는 물질과 몸에 관심을 두지 않는 태도를 조장했으며, 따라서 지구의 약탈에 대한 책임을 져야 한다는 주장이다. 웬델 베리도 기독교가 왜 현재의 생태계 위기와 관련해 욕을 먹어야 하는지를 다루는 이 논증에 힘을 보탠다. "물론 나는 여러 가지 형태로 모습을 드러내는 이원론에 관해서 말하고 있는 것이다. 그것은 창조주와 피조물, 정신과 물질, 종교와 자연, 종교와 경제, 예배와 노동을 철저하게 분열시켜 나눈다. 내가 보기에 이러한 이원론이야말로 우리를 괴롭히는 가장 파괴적인 질병이다. 그중에서도 가장 위험하고 근본적이며 가장 널리 퍼져 있는 유형이 육체와 영혼의 이원론이다."[16] 철학자 존 패스모어(John Passmore)도 역시 기독교 전통 속에 등장하는 다양한 이원론을, 그중에서도 특히 "하나님과 자연의 이원론"을 생태계 파괴의 주범이라고 지적한다. 이러한 계층구조적인 실재관을 수단으로 "기독교는 사람들에게 자신들이 자연의 절대적인 주인이며, 존재하는 모든 것은 자신들을 위해 창조된 것이라고 생각하도록 조장해 왔다"고 패스모어는 주장한다.[17] 이런 점에서, 창조주와 피조물을 가르는 이원론은 필연적으로 자연 세계의 지배라는 인간중심적인 태도와 연결된다.

현대 여성신학자인 로즈매리 류터(Rosemary Radford Ruether)도 "초월적 이원론의 남성 이데올로기"에 관해 말하면서, 이와 유사한 비판을 제기한다.[18] 이 이데올로기는 남성/여성, 영혼/육체, 정신/물질, 문화/자연과 같은 일련의 이원론들을 포함하는데, 여기서 각 쌍의 뒤쪽 부분들은 앞쪽 부분에 종속되는 것으로 여겨진다. 남성이 여성을 지배하는 형태로든, 영혼이 육체를 다스리거나 인간이 인간 이외의 세상을 착취하는 형태로든, 뒤쪽은 정복해야 할 대상이다. 정리하면, 지구를 하찮게 여기고 남용하는 행위를 지적으로 정당화하고, 그 결과 현재의 생태계 위기의 원인으로 작용한 여러 가지 세계 부정의 이원론들이 기독교에 둥지를 틀고 있다.

기독교에 대한 생태학적 고발에서 세 번째 논증은 다음과 같다. **서양의 근대과학과 기술 발전 과정에서 기독교가 담당한 역할을 볼 때, 기독교가 생태계 파괴에 상당 부분 책임을 져야 한다.** 예를 들어, 중세시대 연구자인 린 화이트(Lynn White Jr.)는 1967년에 발표해서 유명해지고 지금도 계속 인쇄되는 논문, '생태계 위기의 역사적 뿌리'(The Historical Roots of Our Ecologic Crisis)에서 주장하기를, 기독교는 자연에 비해 신과 인간의 초월성을 강조하고 나아가 자연에서 신성을 빼앗아 버림으로써 "자연 대상들의 감정 따위에는 전혀 개의치 않는 태도로 자연을 착취하는 일을 가능하게 했다"고 말한다.[19] 이에 더해 화이트는 이렇게 주장한다. 기독교의 창조 교리는 "하나님이 자연을 지었으므로, (성경뿐만 아니라) 자연도 하나님의 뜻을 계시하는 것이 분명하다"고 가르치면서 자연 세계를 실증적으로 연구하는 길을 열어 놓고, 그 결과 인간이 "하나님의 피조물이 어떻게 작동하는지를 발견함으로써 하나님의 뜻을 이해할 수 있게" 해준다는 것이다.[20] 간단히 말해, 화이트는 "근대 서구 과학이 기독교 신학이라는 주형 안에서 조성되었다"고 주장한다. 좀 더 정확하게 말하면, 근대 서구 과학에 원동력을 부어 준 것이 바로 "유대교-기독교의 창조 교의"였다는 것이다.[21]

그러므로 화이트는, 기독교가 근대과학과 기술이 발전하는 길을 열었고 또 과학과 기술은 인간에게 자연을 지배하는 전례 없이 강한 힘—이 힘을 오용하도록 허용한 것이 기독교다—을 주었기 때문에, 기독교가 현재 지구가 처한 곤경에 책임을 져야한다고 결론짓는다. 화이트의 주장을 그 자신이 요약한 대로 모두 들어 볼 필요가 있다.

우리가 도달하게 되는 결론이 많은 기독교인들에게는 불편하게 느껴질 것이다. 우리가 사용하는 현대 어휘에서는 **과학**과 **기술**이 모두 좋은 말로 통한다. 그런 까닭에, 사람들 가운데는 첫째, 역사적으로 볼 때 근대 과학이 (기독교) 자연신학에서 유래했다는 관념에 흡족해 하는 사람들도 있을 것이고, 둘째로 인간이 자연을 초월하고 자연의 정당한 주인이 된다는 기독교 교의를 부분적으로나마 서구에서 자발적으로 실현한 것이 근대 기술이라는 설명에 기뻐하는 사람들도 있을 것이다. 그러나 우리가 잘 알듯이, 한 세기 전쯤에 과학과 기술―그때까지 완전히 별개의 분야였던―이 하나로 결합하여 인간에게 권력을, 그것도 생태계에 끼친 많은 영향으로 판단해 볼 때 통제가 불가능한 권력을 부여했다. 만일 그렇다면, 기독교는 엄청난 죄를 저지른 것이다.[22]

기독교는 현재의 생태계 위기에 책임이 있다.

화이트의 글은 거의 모든 환경철학과 신학 및 윤리학 선집에 실렸고, 또 거의 모든 교재에 인용되었는데, 이러한 보편적 인기는 그 글이 펼치는 논지에 대한 맹목적 믿음에서 비롯된 것으로 보는 것이 옳겠다. 종교와 세속 양쪽의 많은 사람들이 보기에 그의 논지는 검증되지 않은 주장이다. 환경철학자인 맥스 올슈라거(Max Oelschlaeger)는 "내가 종교에 대해 지닌 편견의 뿌리는…… 환경 위기와 관련해 유대교-기독교를 비판한 린 화이트의 유명한 글을 읽었던 데서 자라났다"고 고백하고 있다.[23] 간단히 말해, 기독교는 서구의 과학과 기술을 지적으로 지지했으며, 그 때문에 책임을 져야 한다는 말이다.

네 번째 논증은 비평가들 사이에서 자주 거론되는 것으로, 기독교 종말론이 지구의 착취를 지지한다는 주장이다. 기독교인들은 예수가 재림할 때 완전히 새로운 지구와 전혀 다른 존재가 시작된다고 믿으며, 그런 까닭에 기독교의 미래관에서는 지구 보전을 지지하는 근거를 전혀 찾아볼 수 없다는 것이 그들의 주장이다. 예수의 재림 교리는 이 세상을 덧없고 하찮은 것으로 여김으로써 지구를 돌보는 일에 장애가 될 뿐이다. 인간은 현재의 이 세상을 돌볼 필요가 없다는 것이다.

핼 린지(Hal Lindsey)와 팀 라헤이에(Tim LaHaye)의 책들이 인기를 누리는 것을 보면, 이러한 종말론이 얼마나 매력 있는지를 알 수 있다.[24] 린지의 책 「대유성 지구의 종말」(*The Late Great Planet Earth*)은 1970년대에 수백만 권이 팔렸으며, 그 책의 인기를 뛰어 넘은 것은 팀 라헤이에와 제리 젠킨스(Jerry Jenkins)가 공동 저술한 「레프트 비하인드」(*Left Behind*)시리즈다.[25] 이 시리즈는 엄밀히 말해 꾸며 낸 이야기지만, 저자들은 그 이야기가 장차 기독교인들은 공중으로 들려 올려지고 세상은 멸망하게 되는 일을 보여주는, 탈세상적인 세대주의적 종말론의 시작에 불과할 뿐이라고 확신하고 있다. 젠킨스는 한 인터뷰에서 "나는 지금 내가 쓰고 있는 이 같은 일(죽은 자든 산 자든, 구원받은 기독교인들은 모두 하늘로 들려 올려지고, 세상에는 7년 동안 천벌의 재난이 임하게 되는 일)이 언젠가는 일어나게 되리라고 믿습니다"라고 주장했다.[26]

위에 언급한 부류의 책을 내세워 정통 기독교 신학을 따른다고 주장하는 까닭에, 사람들이 왜 기독교를 탈세상적이며 반생태적이라고 주장하는지를 이해하는 것은 어렵지 않다. 예를 들어, 로드릭 내쉬가 기독교를 비판하는 이유 가운데 하나는, 기독교에 "광범위하게 퍼져 있는 탈세상성" 때문이다.

기독교인들의 열망은 천국에, 곧 그들이 나온 곳이자 최후에 안식할 장소라고 믿는 가공의 천국에 고정되어 있다. 지구는 결코 본래의 터전이 아니라 고난과 시험으로 가득하고 죽음을 통해 거기서 해방되는 임시 거처와 같은 곳이다.…… 정말이지 기독교인들은 지구가 오래도록 계속될 것이라고는 생각지 않는다. 복수의 신은 이 지구를, 그리고 구원받지 못한 자연 전체를 홍수나 가뭄이나 불로 파괴할 것이다. 분명 이 종말론에서는 어떤 모양으로든 환경윤리를 옹호할 만한 근거를 찾아보기가 힘들다. 사라질 것이 뻔한 지구를 왜 돌보겠는가?[27]

또 빌 모이어스(Bill Moyers)는 온라인 저널 「그리스트」(*Grist*)에 실린 한 칼럼을 인용해 다음과 같이 묻는다. "생태계 붕괴로 빚어진 가뭄과 홍수, 기아, 역병 같은 것들이 성경에 예언된 세상의 종말을 알리는 징표라면 지구에 관심을 가져야 할 이유가 무엇인가? 당신과 당신의 가족이 공중으로 끌어올려져 구원받게 된다면 지구의 기후 변화에 신경 쓸 이유가 무엇인가?"[28] 간단히 말해서 이 논증은, 기독교인들은 이 세상이 결국 멸망하게 될 것이라고 믿기 때문에 세상을 돌볼 필요를 전혀 느끼지 않는다고 주장한다. 위에서 살펴본 네 가지 논증들을 좀 더 깊이 논의할 필요가 있다. 이제 그 일로 넘어간다.

고발의 타당성

이 논증들은 많은 문제점을 안고 있다. 첫 번째 논증부터 살펴보자. 창세기 1:28에 나오는 "다스림"이라는 말은 과연 지배를 뜻하는 것일까? 창세기의 처음 두 장은 실제로 피조물의 착취를 허용하는 것일까? 창세기 앞부분을 이루는 몇 장에서 가르치는 단일신론이 문제일까?

첫째, 창세기 1장과 2장은 각각 인간은 누구인지, 그리고 인간은 무엇을 해야 하는지에 관해 말한다. 인간인 우리가 어떤 존재인지에 대해 창세기 1:26은 오직 인간만이 **이마고 데이**(*imago Dei*)로, 곧 하나님의 형상(ṣelem)과 모습(dĕmūt)대로 창조되었다고 말함으로써 인간과 인간 이외의 피조물을 분명하게 구분한다. 인간은 몇 가지 중요한 의미에서 특별나다. 인간은 하나님의 손으로 지음받은 모든 피조물 가운데서 유일무이한 존재다.

특히 창세기 2:19-20에 나오는 동물들의 이름을 짓는 이야기가 이러한 인간의 독특성을 잘 보여준다. 피조물 인간에게는 다른 피조물에게 이름을 지어 줄 책임이 맡겨졌으며, 이는 성경에서 이름이 지니는 중요성을 생각한다면 결코 작은 과업이 아니다. 이름은 정체성을 나타내기 때문이다. 아브람은 아브라함―많은 사람들의 조상―이 되었다. 야곱은 이스라엘―하나님과 씨름한 자―이 되었다. 박해자 사울은 사도 바울이 되었다. 어떤 대상의 이름을 제대로 짓는다는 것은 그것의 본질을 안다는 것을 뜻한다. 이름을 바르게 짓기 위해서는 그 이름이 붙여지는 피조물을 잘 알아야만 한다. 그런데 이름을 짓는 일은 일종의 우월한 권위를 가리키기도 한다. 새로 학급을 맡은 교사가 학생들을 이끌려고 할 때 서둘러 학생들의 이름을 익혀야 하듯이, 이름을 아는 것은 권력을 손에 쥐는 것이다. 창세기 1-2장에 따르면, 분명 인간은 여러 가지 중요한 점에서 독특하다. 흔히 우리는 이 사실을 오직 인간만이 인격체라는 말로 표현한다.[29] 우리는 응답할 수 있고 책임질 수 있는 피조물이다. 이것은 우리가 누구인지를 밝히는 데 필수적인 요소가 된다.

그러나 쉽게 잊어버리거나 의도적으로 무시되는 사실이 있다. 인간은 어떤 점에서 독특할지 모르나 또한 다른 피조물과 유사하기도 하다는 사실이다. 우리도 창조의 테두리 안에 포함된다. 예를 들어, 인간의 창조는 다른 동물을 창조한 날과 구분된 다른 날에 이루어지지 않는다. 인간을 위한 별도의 날은 없다. 창세기 1:24-31에 의하면, 6일째 되는 날에 집짐승과 길짐승과 들짐승을 포함해 모든 종류의 생명체가 등장한다. 본문이 함축하는 의미는, 인간과 땅의 짐승들이 어떤 공통점을 지닌다는 것이다. 또 창세기 2:7이 말하는 바대로, 흙으로 지은 인간(*ādām*)은 흙(*ādāmâ*)을 재료로 만들어진다. 사람은 티끌로 만들어졌다. 이 히브리어 말장난을 라틴어로 옮긴다면, 우리는 휴머스(*humus*, 부엽토)에서 나왔기에 휴먼(*human*, 인간)인 것이다. 또 우리는 땅에서 나와 땅에 속한 피조물이다. 요셉 지틀러의 표현법을 진지하게 받아들인다면, 다른 피조물들은 우리의 형제이며 자매이다.[30] 간단히 말해, 이 본문들은 우리 인간이 인간 이외의 이웃들과 다를 뿐만 아니라 매우 유사하기도 하다는 사실을 보여준다. 우리는 책임을 맡은 인격체이면서 동시에 땅의 피조물이다. 이것이 우리의 참 모습이다.

우리가 해야 할 일이 무엇인지와 관련해서, 창세기 1:26-28에 나오는 히브리어 동사들은 통치가 인간에게 허락된 소명의 한 부분이라는 점을 보여준다. 흙으로 지음받은 피조물인 인간은 다른 피조물을 정복하고(*kābas*) 다스리도록(*rādâ*) 선택받았다. 우리에게는 다스리는 사명이 맡겨졌다. 그러면 이 말이 뜻하는 것은 무엇일까? 흔히 생각하듯이 다스림은 당연히 지배를 의미하는가? 좀 더 눈을 넓혀 정경의 테두리에서 성경을 살펴봄으로써 이 중요한 문제를 풀 수 있다. 예를 들어 시편 72편은 이상적인 왕, 곧 올바르게 다스리고 통치하는 왕의 모습을 가장 선명하게 보여준다. 이 시편에 의하면, 그러한 통치자는 억압당하는 자에게 공의를 베풀고, 곤경에 처한 자를 구해 주며, 가난한 사람을 돕고, 자신이 행하는 일마다 의를 실천하는 왕이다. 결국 올바른 다스림의 실천은 샬롬, 곧 모든 피조물의 번성을 이룬다. 이것은 지배로서의 다스림과는 전혀 다르다. 또한 복음서의 이야기들을 보면, 예수는 흔히 생각하는 방식과는 전혀 다른 모습으로 다스림을 정의한다. 예수께 통치란 곧 섬기는 것을 의미한다. 다스림을 행사하는 일은, 필요하다면 다른 사람의 유익을 위해 고난당하는 것을 뜻한다. 지배, 착취, 남용의 문제가 비집고 들어올 틈이 없다. 따라서 인간에게 다스리는 사명이 맡겨진 것이 사실이지만, 그렇게 다스리는 일은 올바로 이해되어야만 한다.

그러나 이것은 그림의 일부일 뿐이다. 우리가 다스리도록 부름받았다는 것은 옳다. 그러나 또한 섬기도록 부름받기도 했다. 예를 들어, 창세기 2:5은 땅을 섬기는 인간에 관해 말한다(*'ādām*은 *'ādāmâ*를 *'ābād*해야 한다). 창세기 2:15 구절 후반부는 시카고 경찰차의 문짝마다 새겨져 있는데, 이 본문도 인간의 사명을 섬김이라는 의미로 정의한다. 즉 우리는 섬기고(*'ābād*) 보호해야(*sāmār*) 한다. 우리는 하나님께서 지으신 동산을 섬기고 보호해야 하며, 이 말을 문자적으로 풀면, 우리 자신의 이익만 구할 것이 아니라 지구 자체의 유익을 위해 지구의 종이 되어야 한다. 이 본문들의 진정한 의미를 알 때야 비로소, 다스림이 섬김이라는 의미로 정의되어야 한다는 사실을 깨닫게 된다. 우리는 섬김으로써 다스리도록 부름받았다. 간단히 말해, 토인비의 방식대로 지배를 말하는 본문들에만 초점을 맞추고는 그 본문들을 당연히 지배를 의미하는 것으로 해석하는 것은 잘못된 주석이다. 그것은 창세기 1-2장을 자기 기준에 맞추어 편파적으로 이해하는 것이다.

창세기 1:28이 인간에게 세상을 이용하고 남용하는 절대적 권한을 허용한다는 이런 주장에 대해 웬델 베리는 다음과 같이 말한다.

> 지금까지 수많은 사람들이 지적해 왔듯이, 창세기 1:28을 그런 식으로 해석하는 것은 성경의 나머지 모든 부분과 모순된다. 성경 속에는 다음과 같은 결코 무시할 수 없는 생태학적 지혜들이 담겨 있다. 하나님께서 세상을 창조하신 것은 그렇게 짓기를 원하셨기 때문이다. 하나님은 세상을 좋게 여기시고 사랑하신다. 이 세상은 하나님의 것이다. 하나님은 세상에 대한 권리를 결코 포기하지 않으신다. 그분이 우리에게 세상을 사용하라고 선물로 주실 때 그와 함께 세상을 최상의 상태로 돌봐야 할 책임을 조건으로 붙이셨는데, 하나님은 이 조건들을 결코 폐지하지 않으신다. 하나님께서 세상을 사랑하시는데 어떻게 신앙을 가진 사람들이 세상을 사랑하지 않으면서 용서를 구하고, 그것을 파괴하면서 의롭다 인정받기를 구할 수 있겠는가?[31]

"하나님께서 세상을 사랑하시는데 어떻게 기독교인이 그것을 파괴하고서 의롭다 인정받기를 구할 수 있겠는가"라는 베리의 마지막 질문이 논점을 선명하게 드러낸다. 한마디로 창세기 1-2장이 지구의 착취를 허가한다는 주장을 지지하는 증거는 빈약하다.

이에 더해, 토인비의 창세기 해석이 옳다고 가정한다 해도, 그가 주장하는 대로 생태계의 위기가 단 하나의 원인으로 설명될 수 있다는 것이 맞는 것일까? 여러 사람들 가운데서 특히 제임스 내쉬가 이런 유의 역사적인 설명에 제대로 반론을 제기한다.

> 우리에게 닥친 생태계 위기를 단일 원인으로 설명하는 이론은 애처로울 정도로 순진하다. 린 화이트가 대체로 이 사실을 인정하는 것 같으면서도 그 역시 굽히고 들어가서는 결국 지나친 단순화에 빠졌다. 또 다른 비평가들도 대부분 환원주의(reductionism)를 경계하는 데 실패하고 말았다. 흔히 그들은 "다스림"을 언급하는 하나의 빈약한 성경 본문(창세기 1:28)을 근거로 삼아 자신들의 비판을 체계화했으며, 기독교 신앙과 그 신앙이 문화에 미친 영향은 그 본문보다 훨씬 더 복잡하고 포괄적이라는 사실을 간과했다. 그들이 한 일은 자기주장을 입증하기 위해 본문을 증거로 이용하는 행위(proof-texting) 가운데서도 최악의 사례에 속한다. 그들은 산업화, 상업주의, 과학기술 등 생태계를 약화시키는 여러 유형들의 모체가 기독교라고 비난해 왔다. 하지만 역사의 사실을 살펴볼 때, 다양하고 복합적인 많은 원인들이 관련되어 있으며, 기독교 사상을 가장 핵심적인 원인이라고 볼 수는 없다.[32]

특히 캐롤린 머천트(Carolyn Merchant)와 클러렌스 글랙컨(Clarence Glacken)의 역사적인 저작들도 생태계 파괴에 관한 단일 원인 이론을 거부한다.[33] 과거에서 지금까지 이루어진 생태계의 퇴행은 많은 원인에 의해 발생했다. 내쉬는 간명하게 "기독교에 대한 생태학적 고발은 역사적으로 도가 지나친 심각한 단순화라는 사실이 드러났다"고 말한다.[34] 요약하면, 이 첫 번째 논증은 심각한 문제가 많다.

두 번째 논증 역시 많은 문제를 안고 있다. 예를 들어, 이 이원론들(정신과 물질, 영혼과 육체)이 과연 성경적인가? 설령 그렇다고 인정하더라도 그 같은 이원론이 기독교 전통을 대표하는 유일한 관점인가? 여기서 이러한 쟁점들을 심도 있게 논할 수는 없지만, 몇 가지 지적은 꼭 필요하다. 첫째, 이 논증의 옹호자들이 내세우는 육체/영혼의 이원론 같은 것을 구약성경이나 신약성경이 지지한다고는 결코 말할 수 없다.[35] 성경적 인간론으로 널리 인정받고 있는 해석에서는 기능적 전일론(functional holism)이나 전일적 이원론(holistic dualism)을 주장한다.[36] 이 두 견해는 육체의 가치를 부정하지 않는다. 플라톤은 육체와 영혼을 분리하고 육체를 열등한 것으로 주장한 데 반해[37] 성경은 결코 그렇게 주장하지 않는다. 웬델 베리는 제대로 된 성경의 견해를 다음과 같이 잘 요약해 준다.

> 창세기 2:7에서 말하는 공식은 '인간=육체+영혼'이 아니다. 그 본문이 제시하는 공식은 '영혼=티끌+호흡'이다. 이 구절에 의하면, 하나님은 육체를 만들고서 마치 편지 봉투에 편지지를 넣듯 그 몸에다 영혼을 집어넣으신 것이 아니다. 하나님은 티끌로 사람을 지으시고 이어서 자신의 호흡을 불어넣음으로써 그 티끌이 살게 하셨다. 인간으로 지음받고 살아 움직이게 된 그 티끌은 영혼을 담고 있는 것이 아니다. 그것은 영혼이 되었다. 여기서 "영혼"은 온전한 피조물을 의미한다. 따라서 인간은 별개의 두 부분이 임시로 봉합된 피조물이 아니라, 단일한 신비체로 아담 안에서 나타난다.[38]

물질과 정신을 나누고 물질의 가치를 무시하는 이원론에 대해서도 이와 동일한 점을 지적할 수 있다. 창세기에서 계시록까지 성경의 많은 본문들과 또 성경에서 비롯된 다수의 기독교 기본 교리들—창조, 성육신, 종말론—은 하나님께서 물질을 중요하게 여기신다는 사실을 가르친다. 이 말을 극단적으로 표현하면, 하나님은 정도를 벗어나지 않는 유물론자(materialist)다. 따라서 최초의 전제, 곧 성경이 영혼과 육체의 이원론이나 정신과 물질의 이원론을 조장한다는 주장을 인정할 수 없기 때문에, 이 논증은 타당하지 못하다.

다음으로 기독교 전통은 어떤가? 이러한 유형의 이원론에서 생겨난 **세상 멸시**(*contemptus mundi*)의 전통이 기독교 신앙 내부에 존재하는 것이 사실이지만, 그 전통은 많은 전통들 가운데 하나일 뿐이다. 내쉬가 자신의 독자들을 향해 외쳤듯이, "기독교는 획일적인 단일 조직이 아니다. 기독교는 제각각 완전히 다른 강조점을 지닌, 다수의 흐름들로 이루어진다."[39] 좀 더 자세히 말해서 내쉬는, 이러한 형태의 생태학적 고발은 "기독교 역사의 복합적이고 포괄적이며 다양한 특성을 간과하며" 그 결과 "기독교 역사 속에서 생태학적인 감수성을 지닌 다양한 외침들—소수이기는 하지만—을 듣지 못한다"고 지적한다.[40] 폴 샌트마이어(Paul Santmire)가 명료하게 밝혔듯이, 기독교는 자체 내에 창조-부정의 전통뿐만 아니라 창조-긍정의 전통도 포함하고 있다. 이러한 이원론들을 받아들이는 "영적 기조"가 있는가 하면 그에 맞서는 "생태학적 기조"도 기독교 역사에서 주요한 신학적 주제로 우뚝 서 있다.[41] 인간 실존에 대한 이러한 비전은 인간이 자연 세계에 뿌리를 두고 있음을 긍정함으로써 정신과 물질의 이원론을 부정하며, 또 전체 자연 질서 속에 현존하며 어울리시는 하나님을 찬양하기 원한다. 이렇게 볼 때, 성경과 기독교 전통이 창조-부정의 이원론을 견고하게 뿌리내리게 만든 장본인이며, 따라서 생태학적 위기에 대해 책임을 져야 한다는 주장은 완전히 그릇된 것이다.

린 화이트 명제라고도 불리는 세 번째 논증에 맞대응하는 일에는 오랫동안 꽤 많은 잉크가 허비되었다. 웨슬리 그랜버그-마이클슨(Wesley Granberg-Michaelson)은 화이트의 논문이 처음 발표된 후 이루어진 많은 논의를 정리하여 다음과 같이 간략하게 말한다. "첫째, 화이트가 환경에 관한 성경의 가르침이라고 주장한 내용들은 편향적이고 심각하게 왜곡된 것이다. 둘째, 기독교가 과학과 기술의 혁명이 가능하도록 길을 열어 주었다고 본 그의 주장에는 큰 문제점이 있다. 셋째, 환경 파괴는 다른 문화가 아니라 오직 서구 문화의 사고방식에서 유래했다고 본 그의 가정은 역사적으로 신뢰할 수 없다."[42]

지금까지 논의된 내용들로 볼 때, 화이트가 성경의 가르침이라고 제시한 것들은 그랜버그-마이클슨의 주장대로 왜곡된 것임이 분명하다. 토인비와 마찬가지로 화이트도 다른 본문들은 배제한 채 특정 본문에만 초점을 맞추었다. 그래서 역사적인 기독교가 오직 다스림을 지배라는 의미로만 이해한다고 본 그의 전제는 잘못된 것이다. 또 기독교 사상이 서구에서 근대과학이 발전하는 데 필수조건이었다고 본 화이트의 주장도 반박된다. 유능한 옹호자들이 나서서 이 명제를 지지했듯이[43] 그에 맞서는 강력한 비판가들도 있었다.[44] 기독교 신학이 근대과학이 발흥하는 데 명확히 어떤 역할을 했는지는 간단히 대답할 수 없는 복합적인 문제다. 그러므로 화이트의 이 두 번째 전제도 분명 문제가 있다.

마지막으로, 생태계 파괴를 어떻게든 근대 서구의 세계관과만 연결

지으려는 화이트의 역사적 주장도 그랜버그-마이클슨이 지적한 대로 분명 의심스러운 것이다. 특히 제임스 내쉬의 제대로 된 주장처럼, "생태계의 위기는 기독교의 영향을 받은 문화에서만 독특하게 나타나는 일이 아니다. 기독교 이외의 문화들도 자기들의 생태계에 심각하거나 되돌릴 수 없는 해를 입혔다."[45] 플라톤은 고대 그리스에서 발생했던 삼림 파괴에 관해 기록하고 있다. 아우구스티누스는 4세기의 북아프리카가 사막화되는 것을 탄식했다. 중앙아메리카의 위대한 마야 문명은 기원후 800년경에 산림 파괴와 토양 침식으로 말미암아 붕괴했다.[46] 생태계의 파괴는 결코 종교를 따지지 않는다. 그 일은 기독교 이전 시대에도 발생했고 또 기독교의 영향이 미미하거나 전혀 미치지 못하는 곳에서도 나타날 수 있다. 따라서 여러 가지 중요한 점에서 화이트의 주장은 문제가 있다.

그러나 논의를 풀어 가기 위해서, 화이트가 제기한 주장이 모두 옳다고 가정해 보자. 그의 전제들을 인정해서 이렇게 생각해 보자. 기독교는 근대과학과 기술이 발전하는 데 없어서는 안될 기여자였다. 과학과 기술은 우리에게 자연 위에 군림하는 강력한 권력을 주었다. 기독교 전통은 자연을 지배하도록 부추기며, 그렇게 해서 과학기술적 사회의 논리인 "할 수 있다면 밀어붙이는 거야"라는 사고를 조장한다. 비록 이 같은 그의 전제들을 받아들인다 해도 여전히 그의 주장에는 문제가 남아 있는데, 생태계 위기에 대해 "기독교가 엄청난 죄를 지었다"는 그의 결론이 이 전제들에서 따라 나오지 않는 까닭이다. 이렇게 된 것은, 그 결론이 과학과 기술이 이러한 위기의 중심 이유가 된다는 신뢰할 수 없는 역사적 주장에서 끌어 낸 것이기 때문이다. 현 상황이 빚어지는 데 과학과 기술이 그 나름대로 일정한 역할을 담당하기는 했어도, 다른 요소들 특히 경제적인 요소들이 더 크지는 않더라도, 동등한 역할을 담당했다는 것이 많은 사람들의 주장이다.[47] 달리 말해, 과학과 기술이 중요한 원인이 된다고 본 화이트의 가정을 반박할 수 있는 근거가 있다. 즉 린 화이트의 명제가 매우 큰 영향을 미치고는 있지만 많은 사람들이 생각하는 것만큼 타당한 것은 못된다. 사실 그의 명제를 부정할 수 있는 강력한 근거들이 있다.

이제 화이트의 주장에 대한 논의를 마치면서 관심을 가지고 볼 사실은, 화이트의 명제를 인용하는 글들이 대부분 기독교가 책임이 있다는 그의 선언을 끌어다 끝을 맺고 있다는 점이다. 그러나 화이트의 이 영향력 있는 논문에서 별로 주목받지 못한 부분인 '기독교의 대안적인 관점'(An Alternative Christian View)이란 항을 보면, 그는 한 걸음 더 나아가 "우리 문제들은 매우 광범위하게 종교에 뿌리를 두고 있기 때문에 그 치유책도 역시 본질상 종교적인 성격을 띨 수밖에 없다. 그것을 종교라 부르느냐 달리 부르느냐는 별개의 문제다"라고 주장하고 있다. 이렇게 진단을 내린 화이트는, 그에 대한 처방으로 "나는 (아시시의) 프란체스코를 생태주의자들의 수호성인으로 제안한다"고 말한다.[48] 달리 말해, 많은 사람들의 평가와는 다르게 우리가 앓고 있는 이 질병에 대한 화이트 자신의 대응은 기독교를 포기하는 것이 아니라 바로 그 전통 속에 들어 있는 지구-긍정의 요소들을 발굴하는 것이다. 이렇게 해서 화이트는 기독교 전통—많은 사람들에게 생태학적 통찰력이 없다고, 되살려봤자 소용이 없다고 비난당하는 전통—을 재차 긍정하는 일에서 탁월한 모델이 된다.

생태학적 고발에서 제기하는 네 번째 논증은, 기독교의 종말론을 집중적으로 공격한다. 지구가 불에 타 사라져 버릴 것이 뻔하다면 지구를 돌봐야 할 이유가 무엇인가? (조만간) 멸망하고 말 것에 왜 신경을 써야 하는가?

만일 공중들림(Rapture)이 곧 일어나게 된다면 왜 지구를 보호해야 하는가? 그런데 이 같은 종말론이 과연 성경적인가? 종말의 때에 지구는 파괴될 것인가? 기독교 종말론은 필연적으로 생태학적인 면에서 파산한 윤리를 가르칠 수밖에 없는가?

이러한 물음에 답하기 위해 여기서는 두 개의 핵심적인 성경 본문만을 집중적으로 살펴본다(다른 본문들은 다음 장에서 살펴볼 것이다). 반생태계적 종말론을 옹호하기 위해 자주 인용되고 언급되는 본문이 베드로후서 3장이다. 쟁점이 되는 문제들은 예수가 다시 오실 때에 어떤 일이 일어날 것인가, 특히 이 지구에 무슨 일이 발생할 것인가와 밀접한 관련이 있다. 베드로후서의 저자는, 그리스도가 다시 오신다는 희망을 조롱하는 사람들을 향해, 하나님께서는 약속을 더디 지키시는 것이 아니라 아무도 멸망하지 않기를 원하셔서 오래 참으시는 것(9절)이라고 논박하고 나서 "주님의 날"은 확실히 임할 것이나 한밤의 도둑같이 알 수 없게 온다(10절)고 말한다. 게다가 예수가 다시 오실 때에 하늘은 요란한 소리를 내면서 사라지고 원소들(천체들? 우주의 기본물질들?)은 불에 녹아 버리며, "땅과 그 위에서 움직이는 모든 것은 타 버릴 것이다"(10절, RSV). 영어판 성경들은 대부분 이 마지막 구절을 엇비슷하게 창조-부정의 방식으로 번역하고 있다. 예를 들어, "또 땅과 그 안에서 움직이는 모든 것들이 불타 버릴 것이다"(KJV), "세상은 그 안에 있는 모든 것과 함께 사라지고 말 것이다"(GNT), "땅과 그 안에 있는 모든 것은 드러날 것이다"(NIV), "땅과 그 안에 있는 모든 것은 불타서 사라져 버릴 것이다"(Phillips).

영어 이외의 언어로 번역된 성경을 살펴봐도 비슷한 모습이 드러난다. 영어 복음 성경(Good News Translation)에 대응하는 프랑스어와 스페인어 번역판은 마지막 동사를 각각 "사라지고 말 것입니다"(*cessera d'exister*)와 "불타 버릴 것입니다"(*sera quemada*)라고 옮기고 있다. 아프리카 공용어 번역판은 "땅과 그 위에 있는 모든 것은 불타 무너질 것입니다"(*sal verbrand*)라고 옮기고 있다. 스웨덴어, 러시아어, 중국어 판본들은 "땅과 그 위에 있는 모든 것이 불타 버릴 것입니다"로 옮기고 있다. 독일어 성경(*Deutsche Bibelgesellschaft Stuttgart*)은 옳은 해석에 좀 더 가까워서, 마지막 구절을 "땅과 그 위에 있는 모든 것들이 심판에 이르게 될 것입니다"(*werden ihr Urteil finden*)로 옮기고 있다.

새개역표준성경(NRSV)은 이 본문을 좀 더 엄밀하게 다루어 "또 세상과 그 위에서 이루어지는 모든 일이 드러날 것입니다"로 옮기고 있다. 그러나 1975년의 네덜란드어 번역본(*Niewe Vertaling, Het Nederlandsch Bijbelgenootschap Amsterdam*)은 이 중요한 그리스어 본문의 의미를 훨씬 더 신앙적으로 이해하면서 "땅과 그 위에서 이루어지는 일들은 드러나게 될 것입니다"(*en de aarde en de werken daarop zullen gevonden worden*)로 옮기고 있다.

솔직히 말해, 이 구절은 신약성경 전체에서 가장 심각한 오역을 대표하는 절이다. 10절의 마지막 부분은 그리스어로 *kai gē kai ta en autē erga heurethēsetai*이다. 여기서 문제가 되는 그리스어 동사 *heurethēsetai*인데, 이 말은 '발견하다'를 뜻하는 *heureskein*에서 온 말로, 영어 표현인 'eureka'가 여기서 유래했다.[49] 달리 말해, 이 본문은 심판자가 불로 정결케 한 후에(7절) 불타 없어지지 않은 새로운 땅이 **드러나게 될 것이라**고 말한다. 땅은 파괴되는 것이 아니라 **발견되는 것이다**.[50] 이 본문에 대한 장 깔뱅(John Calvin)의 해석이 도움이 된다. 수잔 슈라이너(Susan

Schreiner)는 깔뱅의 해석을 요약해서 다음과 같이 말한다. "따라서 깔뱅의 견해에 의하면, 심판의 불은 창조 세계를 파괴하는 것이 아니라 그 본래의 영속적인 실체를 정결케 한다. 이 논증으로 깔뱅은 하나님을 당신의 원래 피조물에 신실하신 분으로 그렸다. 하나님께서는 우주를 지으셨으며, 또 우주의 자연적인 힘들을 친히 다스리고 통제하시는 것처럼, 장차 그 본래의 실체를 바꾸고 새롭게 하실 것이다."[51] 이 본문은 공중들림을 가르치지 않는다. 또 창조 세계의 파괴를 말하지도 않는다. 반대로 이 본문은 피조물의 성화와 갱신을 말한다. 토머스 핑거(Thomas Finger)는 이 본문을 신중하게 다룬 연구에서 "본문이 강조하는 핵심 내용은, 만물이 하나님 앞에서 심판과 심문을 받게 된다는 것이지 필연적으로 파괴된다는 것이 아니다"라고 주장한다.[52] 따라서 제대로 이해한 베드로후서 3장이 가르치는 내용은, 이 세상과 다음 세상이 단절된다는 것이 아니라 기본적으로 연속성을 지닌다는 사실이다. 창조된 세상은 덧없고 하찮은 것—종말 때까지 잠시 머무는 이류의 중간 기착지—이 아니라 반대로 우리에게 딱 어울리는 집이다. 성경적 종말론은 피조물의 구속과 회복을 긍정한다.

다음으로 관심을 가지고 살펴보아야 할 본문은 데살로니가전서 4장이다. 사도 바울의 초기 서신에 속하는 이 장은 흔히 "공중들림"의 증거본문으로 사용되는데, 실제로 가르치는 내용을 보면 「레프트 비하인드」시리즈의 저자들이 주장하는 것과는 정반대다. 이 장의 후반부에서 바울은 예수가 다시 오실 때 어떤 일이 일어날 것인지에 관한 물음에 답하고 있다. 바울은, 그리스도 안에서 죽은 사람들이 먼저 부활한 예수를 영접하러 나가고 그 뒤를 살아 있는 사람들이 따르게 된다고 말한다(15절). 하늘로부터 예수가 왕으로 다시 오실 때에 그리스도 안에서 죽은 사람들이 먼저 일어날 것이다(16절). 이어서 바울은 이렇게 말한다. "그 다음에 살아남아 있는 우리가 그들(죽은 사람들)과 함께 구름 속으로 이끌려 올라가서, 공중에서 주님을 영접할 것입니다. 이리하여 우리가 항상 주님과 함께 있을 것입니다"(17절). "이끌려 올라가서"(will be caught up)라는 영어 표현은 그리스어 *harpagēsometha*에서 온 것으로, 이 말은 '사로잡다, 데려가다, 집어 올리다'를 의미하는 *harpazō*의 미래 중간/수동태 직설법, 일인칭 복수형이다. 따라서 "우리가 이끌려 올라가서"라는 번역은 잘된 것이다. 들려올림(*rapture*)이라는 말은 어디에서 온 것일까? 5세기 초의 라틴어 성경 번역본인 불가타 성경(the Vulgate)에서는 이 그리스어 동사가 '들어 올리다'를 뜻하는 라틴어 동사 *rapere*로 번역되었다. 따라서 영어 명사 *rapture*는 라틴어 *raptus*에서 온 것이다.

하지만 가장 중요한 것은 17절에 나오는 첫 번째 동사의 번역이 아니라 두 번째 동사의 번역이다. 그리스어 표현은 *eis apantēsin tou kuriou*로, NRSV에서는 "주님을 영접하다"(to meet the Lord)로 번역했다. 사용된 동사는 *apantaō*로, 그 의미는 순방여행을 마치고 돌아오는 고위 관리를 그의 도시로 모셔 들이기 위해 영접하러 나가는 것을 뜻한다. 예를 들어, 키케로는 율리우스 카이사르와 옥타비아누스를 "영접"하러 나선 사람들에 관해 기록하고 있다.⁵³ 예수는 한 비유에서, 신랑을 "영접하여" 잔치 자리로 인도하기 위해 나선, 신부의 슬기로운 다섯 친구들에 관해 말씀한다(마 25:6). 누가는, 로마의 신자들이 사도 바울을 "영접하러" 아피온 광장(로마에서 69킬로미터 거리)과 트레스 마을(로마에서 53킬로미터 거리)까지 달려갔으며, 그렇게 해서 바울이 로마로 입성할 때 그의 수행원에 낄 수 있었던 사실을 기록하고 있다(행 28:15). 그러므로 바울이 데살로니가전서 4장에서 우리—살아 있는 사람들과 죽은 사람들—가 공중에서 주님을 영접할 것이라고 말하는 것은 어떤 공중들림을 가리키는 것이 아니다. 그와는 달리, 그 말은 새로워지고 갱신된 세상을 다스리기 위해 왕으로 오시는 예수의 행진에 그리스도께 속한 사람들이 참여하게 되는 일을 가리킨다. 우리는 세상을 버리지 않는다. 반대로, 우리는 그리스도가 세상에 오실 때 그와 하나가 된다. 라이트(N. T. Wright)는 바울이 말하는 의미를 정확하게 파악해 이렇게 말한다. "바울이 '공중에서' 주님을 '영접한다'고 말할 때 그 요점은—널리 퍼진 공중들림 신학에서 주장하는 대로—구원받은 신자들이 그때 땅에서 벗어나 공중 어딘가에 머물게 되리라는 것이 결코 아니다. 그 핵심은, 다시 오시는 주님을 영접하기 위해 나선 신자들이 그분을 왕같이 호위하여 그분의 영지로 모시는 것, 곧 그들이 출발한 장소로 돌아오는 것이다."[54] 바바라 로싱(Barbara Rossing)도 이 본문들(다른 본문들도 포함해)로부터 다음과 같이 정당하고 확고한 결론을 끌어낸다. "이러한 (공중들림) 신학은 비성경적이다. 우리는 땅에서 벗어나 공중으로 들림받는 것이 아니며, 하나님 역시 그러하다. 아니, 하나님은 이 세상 속에 사시기 위해 예수를 통하여 오셨다. 하나님은 세상을 창조하셨으며 사랑하신다. 그리고 세상을 모른 체 내버려 두지 않으신다."[55]

올바른 기독교 종말론은 창조-부정의 특성을 지니지 않는다. 토머스 핑거는 네 가지 주요한 종말론 유형들—후천년설, 세대주의, 역사적 전천년설, 무천년설—을 다 살피고 나서 다음과 같이 결론짓는다. "복음주의적 종말론들은 하나같이 우리의 현재 세상과 미래 세상이 상당한 연속성을 지닐 것이라고 가르친다. 분명 이것은 일부 복음주의 교회에서 믿는 사실, 곧 우리의 궁극적인 목적지는 영적이고 공간을 초월하는 천국이며 우리가 사는 현재 세상은 완전히 파괴될 것이라는 가르침과는 커다란 차이가 있다. 이 견해가 어디에서 나온 것이든, 그것은 복음주의 신학이나 성경 어느 쪽에서도 확고한 근거를 확보하지 못한다."[56] 그는 계속해서 이렇게 주장한다. "이 단언에 함축된, 환경과 관련된 의미를 헤아려 보면 하나님께서는 장차 우리가 사는 이 세상을 변혁하실 만큼 세상을 소중하게 여기시며, 또 우리가 인간 이외의 자연에게 바른 청지기직을 수행하는 일은 영원한 중요성을 지닌 사명이라는 사실이 드러난다."[57] 기독교 신학이 본질적으로 반생태적이라는 주장은 잘못된 생각이다.

마지막으로, 네 번째 논증에 대해서는 이렇게 물을 수 있다. 이를테면 종말의 때에 지구는 멸망하고 말 것이라는 라헤이에와 젠킨스의 주장이 옳다고 치더라도, 거기서 우리가 지금 피조물을 돌볼 필요가 없다는 결론이 필연적으로 도출될 수 있을까? 장차 지구가 멸망할 것이기 때문에 지금 인간이 그것을 착취해야 한다는 주장은 불합리한 추론일 뿐이다. 비유를 통해 말하자면, 장차 여러분의 집이 헐리게 되어 있다는 이유로 내가 여러분의 집을 약탈하는 일이 용납될 수 있을까? 어떤 것이 결국에는 파괴될 것이라는 사실이 그것을 무시하거나 남용해도 좋다는 근거가 될 수는 없다. 그러므로 이 마지막 논증도 역시 심각한 문제가 있다. 핵심 전제들 가운데 적어도 하나는 용인될 수 없으며, 비록 그 전제를 인정한다 하더라도 논리상 오류가 발생한다. 그런 식의 결론이 나오지 않는 까닭이다. 언젠가는 피조물이 멸망하게 될 것이라는 이유를 내세워 우리가 피조물을 돌보지 말아야 한다는 주장은 기각되어야 한다.

기독교에 대한 생태학적 고발에는 심각한 결함이 있다는 것이 내 판단이다. 제임스 내쉬는 이러한 고발이 지닌 문제점들을 간결하게 정리해서, 그 고발은 "복합적인 생태계 위기를 단일한 원인으로 설명하고, 여러 문화와 비교해 기독교의 권위를 지나치게 부풀리고, 비기독교적 문화들도 역시 환경 파괴자였다는 사실을 축소하며, 기독교 역사에는 반대 의견도 적지 않았음을 간과하고, 나아가 기독교가 지니는 생태계 개선의 잠재력을 과소평가하는 경향이 있다"고 말한다.[58] 따라서 생태학적 고발은 기독교가 생태계 위기의 주범이라는 주장을 입증하는 데 실패했다. 그 결과, 거기에 함축된 기독교 자체를 거부해야 한다는 주장 역시 정당한 것이 되지 못한다. 그러나 지금까지 살펴본 것이 모두 사실이라고 하더라도, 우리 기독교인들은 지구 지킴이로서의 역할을 제대로 감당해 오지 못했음을 (다시 한 번) 솔직히 인정할 필요가 있다. 분명 기독교 신앙이 반생태적인 것이 아닌데도, 우리는 지금까지 마치 그렇기나 하듯 행동해 온 때가 너무 많았으며, 따라서 우리는 고백과 회개로 시작할 (그리고 끝낼) 필요가 있다. 우리의 신념과 관습과 실천 가운데 많은 것들이 지구를 섬기기보다는 약탈하는 쪽으로 발전해 온 것이 사실이다.

훨씬 더 나은 해명들

기독교에 대한 생태학적 고발이 더 이상 설득력이 없다면, 우리가 지금의 환경적 곤경에 처하게 된 이유를 해명할 수 있는 좀 더 그럴듯한 방법은 무엇일까? 우리는 이 질문을 피해 갈 수 없다. 우리가 처한 현 상황을 벗어나기를 원한다면 반드시 그 원인을 제대로 해명해야 한다. 현재의 궁지에서 벗어나는 길을 찾는 것은, 어째서 그러한 처지에 빠져들었는지를 알

때에야 가능하기 때문이다.

물질주의

환경역사가인 도널드 워스터(Donald Worster)는 린 화이트의 명제를 정면으로 반박하면서 이렇게 주장한다. "우리가 처한 상황과 관련해서 창세기까지 거슬러 올라가 원인을 살펴보거나 기독교의 전체 유산을 비난할 필요가 없는데", 그 이유는 "훨씬 가까이 있어 눈에 띄는 근대 문화사를 이해하고 바로잡아야 하는 까닭이다." 워스터의 견해에 의하면, "(환경 위기의) 가장 중요한 뿌리는 생산이나 의료에 관련된 특정 기술에 있는 것이 아니라…… 근대 문화 그 자체에, 곧 옛 종교의 관점을 상당 부분 일소해 버린 근대적 세계관에 있다."[59] 그는 이 근대 세계관을 가리켜 "물질주의"라고 부르며, 또 물질주의는 경제와 과학이라는 두 요소가 서로 얽혀서 이루어져 있다고 주장한다.

경제적 물질주의라는 말로 워스터가 의미하는 것은 간단하게 말해, "국민총생산(GNP)이라는 신을 숭배하는 일"이다. 이 세계관에 의하면, "사람의 물질적 조건을 증진하는 일, 다시 말해 좀 더 큰 안락을 보장하고 육체적인 쾌락을 채우며 특히 높은 수준의 풍요를 성취하는 일이 인생에서 가장 선한 일이요, 영혼 구원을 얻는 것보다 큰일이요, 자연이나 신을 경외하는 법을 배우는 것보다 중요한 일이 된다." 따라서 성공은 물질적 소유와 경제적 풍요라는 관점에서 정의된다. 워스터는, 이러한 인생관에 매몰된 특별난 개인들을 역사 속에서 많이 볼 수 있지만 문화 전체가 "그 궁극적인 목표와 일상의 전략 면에서 뻔뻔스러울 정도로 물질주의적 특성을 띤" 모습으로 드러난 것은 근대에 이르러서라고 주장한다.[60] 나 역시 이에 동의한다.

경제적 물질주의는 필연적으로 세속주의, 진보 개념, 그리고 자연 법칙을 발견하는 인간 이성의 능력에 매달리게 되며, 그렇게 해서 과학적 물질주의와 한 쌍으로 엮인다. 여기서 과학적 물질주의는 "자연이란 물리학 법칙의 지배를 받고 그 법칙에 따라 조성되는 물질에 불과한 것, 합리적인 질서는 있으나 정신이나 영혼, 내면에서 이끌어 가는 목적 따위는 없는 물질에 불과한 것"[61]이라고 보는 견해다. 워스터는 르네 데카르트, 프랜시스 베이컨 등 몇 사람을 의혹의 대상으로 삼아 면밀히 조사하는데, 결국은 애덤 스미스(Adam Smith)를 이러한 물질주의 정신을 가장 분명하게 대표하는 사람으로 지목한다. 이 유명한 경제학자는 "대표적인 근대인"이자 물질주의라 불리는 "문화적 변화를 가장 완벽하게 구체화한 사람"이며, 또한 "우리가 근대에 등장한 환경 위기의 가장 근원적인 뿌리로 다가가기 위해서 반드시 알아야 할" 사람이다.[62]

워스터가 애덤 스미스를 뽑은 이유는 여러 가지다. 스미스는 스코틀랜드의 해안 마을인 커콜디에서 태어나고 자랐지만 "그를 둘러싸고 있는 자연과는 완전히 담을 쌓은 채 평생을 살았던 것으로 보인다. 그는 자연의 경제(the economy of nature)를 완전히 무시한 채 인간의 경제학 연구에 혁명을 일으켰다." 스미스는 사람은 누구나 자기 방식대로 자신의 이익을 추구할 자유가 있다고 보는 "자연적 자유(natural liberty)" 체계가 인간의 탐욕스러운 본성과 조화된다고 믿었다. 그보다 앞선 로크(John Locke)와 마찬가지로 스미스도 자연 세계는 내재적 가치, 곧 인간에게 쓸모가 있느냐와 상관없는 가치를 지니지 못하며, 그와는 달리 "사물은 직접적으로 인간이 사용하는 데 도움이 되거나(효용 가치) 아니면 가치 있는 다른 것과 교환될 수 있는 한에서만(교환 가치) 가치를 지닌다"고 주장한다.[63] 그의 명저 「국부론」(*The Wealth of Nations*)에서 그가 언급한 부는, 오늘날 우리가 "자연의 서비스"라고 부르는 것, 곧 자연 세계의 동식물과 생명 체계가 제공하는 재화와 서비스와는 아무런 관계가 없다. 이런 식으로 스미스는 원형적인 근대인의 대표적 인물이 되었다.

바로 이러한 기풍(ethos)—기본적인 신념과 확신과 태도들의 체계—이 오늘날 우리가 겪는 생태학적 곤경의 밑바탕에 놓여 있다. 자연 세계는 배경이 될 뿐 거주지가 아니다. 개인적인 자유가 가장 중요하며, 이기심은 자연스러운 현상이다. 부는 가장 좋은 것이다. 자연은 그 자체만으로는 가치가 없다. 신은 죽었거나 아니면 휴가중이다.

그러나 인간의 모든 경제가 훨씬 더 커다란 자연의 경제로부터 자원을 끌어오는 한 "인간이 고안해 낸 모든 경제는 그보다 더 큰 자연 경제에서 비롯되는 의존적 경제일 뿐이라는 사실을 인정할 필요가 있다"고 워스터는 예리하게 지적한다. 그는 계속해서 이 사실이 뜻하는 바를 다음과 같이 설명한다. "인간의 경제가 장기적인 성공을 유지하기 바란다면, 경제 활동가들은 훨씬 더 큰 자연의 경제에 자신들이 의존되어 있다는 사실을 인정해야 하며, 또 자연의 건강을 보존하고 자연이 베푸는 이익을 소중히 여겨야 한다. 이러한 기준에서 볼 때 현대의 모든 경제는, 애덤 스미스의 원리를 따른 것이든 칼 마르크스의 원리를 따른 것이든 심각한 재앙이 된다."[64] 이렇게 자연의 경제가 실질적이고 필수적이라는 점을 인정한 워스터는, 결론으로 "근대적인 사고방식 전체가 부적절한 지성과 기술을 뽐내는 교만이라는 것이 확연하게 드러난다"고 말한다.[65] 인간 개인과 집단의 오만으로 인해 우리는, 인식하든 못하든, 과거의 큰 문명들이 겪었던 것과 동일한 생태학적·문화적 파멸로 내몰리고 있다. 따라서 워스터는 이렇게 결론을 내린다. "최근에 우리가 경험하기 시작한 생태학적 위기는 아주 빠르게 현대 문화 자체의 위기로 변하고 있으며, 시장의 정신인 산업주의뿐만 아니라 우리가 지난 두세 세기 동안 되뇌어 온 핵심 이야기, 곧 인간이 이성을 무기로 자연에게 거둔 승리의 이야기에 문제를 제기하고 있다."[66] 간단히 말해, 우리는 세계관의 위기, 곧 서구 문화의 기초가 붕괴하는 현실에 직면해 있다.

그렇다면 피조물이 신음하는 이유가 무엇인가? 물질주의 때문이다. 앞에서 제시한 분석이 옳다면, 넓게 보아 종교가, 구체적으로는 기독교가 일차적으로 비난받아야 할 이유는 없다. 오히려 종교는 물질주의의 압력에 맞서 저항해 온 것이 사실이다. 워스터 자신이 요약한 글을 길게 인용할 필요가 있다.

> 내 논증이 옳아서 환경 위기가 정말로 경제적·과학적 물질주의라는 근대적 세계관이 오랫동안 다져 온 결과라면, 전통적인 세계 종교들을 비난하는 것은 사리에 맞지 않는다. 전체적으로 보아 종교는 그러한 물질주의를 감시하고, 인간의 교만을 문제 삼고, 또 탐욕에 빠진 위험한 권력들에 의심을 품어 경계하는 역할을 해왔다. 기독교를 포함해 종교는 환원주의적이고 기계론적인 세계관에 단호히 맞서 왔다. 종교는 인간이 우주 안에서 차지하는 역할이 부차적이고 제한적이라고 분명히 밝힌다. 또 무엇보다도 생물권(biosphere)을 위한 중요한 일로, 종교는 사람들에게 인생에는 소비보다 훨씬 더 고귀한 목적이 있음을 가르쳤다.[67]

이렇게 해서 워스터도, 일찍이 기독교를 지구 보호를 강조하는 유형—맘몬이 아니라 하나님을 섬기는 유형—과 물질주의적인 시대정신에 굴복한 유형으로 나눈 구분을 따른다.

창조의 부정

노만 워쯔바(Norman Wirzba)는 워스터의 분석을 더욱 명료하게 설명한다. 워쯔바는 「하나님의 낙원」(*The Paradise of God*)에서, 환경 위기를 낳은 근원적인 원인 가운데 하나가 "세상을 피조물로 경험하는 데 필요한 실제적·이론적 조건들이 지속적으로 무너져 내린 데 있다"고 주장한다.[68] 달리 말해, 지난 400년 동안 성취된 역사상의 다양한 발전이 이 세상을 하나님께서 지으시고 보호하시는 선물로 볼 수 있는 우리의 능력을 약화시켜 버렸다. 워쯔바는 좀 더 구체적으로 이렇게 말한다. "(우리 자신을 포함해) 실재 전체는 하나님의 선하신 기쁨의 표현으로서 존재하는 것이며, 따라서 실재에는 하나님의 의지와 목적이 반영되어 있다는 것이 성경의 중심 내용인 데 반해, 자연주의와 물질주의와 소비주의 전제들을 당연시하는 오늘날의 세상은 인간이 부여한 도구적 목적 이외의 다른 목적을 거의 지니지 못하게 되었다." 우리가 세상을 보는 방식에는 "인간과 그의 이익을 자연 세계보다 우위에 놓고 둘을 대치시키는" 현대의 과학적·기술적·경제적 사고가 깃들어 있다.[69] 자연은 인간의 욕망을 펼치는 장소로 전락했다.

워쯔바는 "창조를 부정하는 문화"의 다섯 가지 측면을 개략적으로 밝힌다. 첫째, 근대과학과 공업기술은 사회의 구조와 의미에 급격한 변화를 일으켰다.[70] 예를 들어, 갈릴레오와 베이컨에서 비롯된 근대과학의 출현은 하나님을 의미 영역(sphere of meaning) 밖으로 몰아냈으며, 성경에 나오는 창조-보호-구속하시는 하나님을 이신론의 신으로 대체했다. 워쯔바에 의하면, 이러한 이신론의 신은 "세상과 영속적이고 친밀한 관계를 맺지 않으며, 따라서 세상은 더 이상 하나님의 창조적인 영에 의해 날마다 유지되고 인도되는 창조 영역으로 생각되지 않는다. 많은 근대 사상의 배후에 자리 잡고 있는 유명론 철학은 하나님을 완전히 불가해한 존재라고 단정했으며, 그런 까닭에 물질 세계를 지배하는 합리적 법칙들은 하나님의 마음속에 있는 이성과는 본질상 아무런 관계가 없다. 하나님의 영역은 초자연적인 곳으로, 우리가 사는 자연 세계와는 분리되어 있는 영역이다."[71] 이러한 "하나님의 초월성의 소멸"이 낳은 결과 가운데 하나가, 추방당한 하나님이 남겨 놓은 빈 공간을 인간이 메웠다는 사실이다. 이제 의미와 목적은 자율적인 인간의 합리적인 의지 안에 그 근거를 두게 되었다.[72] 또 다른 결과로, 자연 세계는 객체의 자리로 추락했다. 사물들은 더 이상 자기 고유의 온전성을 지니지 못하며, 또한 하나님께서 정한 어떤 목적이나 목표도 없는 것으로 여겨지게 되었다.

워쯔바는, 이러한 지성의 발전이 사회와 경제에 미친 여파가 엄청나다고 주장한다. "가치가 개인의 자율성 안에서 그 근거와 목적을 찾게 됨으로써 새로운 경제 질서를 위한 조건들이 등장"했는데, 예를 들어 이제는 더 이상 노동이 소명으로 인정받지 못하고, 경제는 하나님의 정의라는 비전의 통제를 받지 않게 되는 일들이 나타났다.[73] 그 결과는 "의미의 위기"로 나타났다. 이에 대해 워쯔바는 다음과 같이 말한다.

근대 이전의 문화들은 가치가 세상 속에 포함되는 것으로 이해한 데 반해, 근대적 정신은 사실과 가치를 분리해서 사실은 객관적인 세상 속에 배치하고 가치는 형식을 부여하는(form-giving) 주체 안에 포함시켰다. 세상을 창조의 관점에서 파악하고 신의 계획에 따라 세워진 것으로 보는 감각은 거의 대부분 사라져 버렸다. 인간을 창조의 축소판으로 여기고, 인간에게 피조물을 하나님 안의 완전 상태로 인도할 책임이 있다고 보는 생각도 과학기술을 이용하여 세상을 인간의 계획대로 바꿔 버리는 자율적 자아에 의해 붕괴되고 말았다. 이 모든 것이 결국은 파국으로 끝나게 된다 해도 놀라운 일은 아닐 것이다. 세상이 가치가 없다면 그 세상의 구성원인 우리도 역시 가치가 없는 것이 아니겠는가? 세상의 존엄성을 인정하지 않는다면, 그 세상의 가치, 나아가 그 온전성과 안전이 과연 유지될 수 있을까?[74]

요약하면, 하나님의 초월성의 소멸이 뜻하는 것은, 창조가 이제는 더 이상 모든 것을 아우르는 실재, 하나님과 인간과 지구를 하나로 묶는 실재로 인정받지 못하게 되었다는 것이다.

둘째, "농경 사회가 산업화한 도시 사회로 변화"함으로써 "피조물을 돌보는 데 필수적 요소인 지구에 대한 공감과 친밀한 지식"이 약화되었다.[75] 오늘날 도시인들은 대체로 자신이 지구와 밀접하게 연결되어 있다는 의식을 완전히 잃어버렸으며, 그 결과 지구를 단순히 상품과 자원으로만 여긴다고 워쯔바는 지적한다. 이렇게 해서 "지구가 베푸는 선물에 의해 우리의 삶이 유지되고 지속된다는 의식은 완전히 사라져 버렸다."[76] 게다가 농사를 짓지 않게 된 일은 우리의 삶을 우리가 날마다 내리는 결정과는 전혀 무관한 것으로 만들어 버렸으며, 지구에서 사는 삶에 따르는 책임에 대해서도 한층 더 무감각하게 만들었다. 1장에서 지적했듯이, 우리는 사물들이 "필요 없어" 버린다고 생각하지만 사실 필요 없는 것은 아예 없다는 점은 깨닫지 못한다. 농경생활에서는 보통 행위와 결과가 밀접하고 직접적으로 연결되는데, 그러한 농경생활과는 달리 오늘날 우리는 우리가 행하는 일의 결과에 얽매여 살 필요가 없다고 생각한다.

이에 더해 워쯔바는, 우리의 유동성(mobility)이 우리로 하여금 자리를 잃어버리게 했으며 나아가 우리의 고향 자리를 어떻게(또는 왜) 돌보아야 하는지에 대해 무지하게 만들었다고 주장한다. 특정한 장소에 뿌리 내리는 농경생활과는 대조적으로, (탈)근대의 유목인들(nomads)은 어떤 장소를 돌보는 데 관심을 기울일 만큼 그곳에 오래 머물지 않는다.[77] 웬델 베리의 지도를 받은 워쯔바는 이렇게 묻는다. "우리가 알거나 인식하지 못하는 것들을 어떻게 돌보겠는가? 이것이 바로 도시생활의 핵심 딜레마다. 지금 우리는 음식과 에너지가 어디에서 오며 또 그것들이 어떤 조건에서 생산되는지에 대해 무지한 자녀 세대를 양육하고 있으며, 그 때문에 그들에게서 토양과 물을 돌보고 생명의 동산을 보살피고 섬기는 삶을 기대하기가 참 어려워졌다."[78] 갈수록 이 세상을 창조 세계로 경험하는 일을 어렵게 만들고 그 결과 우리의 고향별을 돌보는 동기나 실제적인 능력을 지니는 데 장애가 되는, 최근에 등장한 역사적 발전의 한 현상이 농경생활의 쇠퇴다.

셋째, 근대의 기술은 "우리 경험의 본질을 놀라운 모습으로 바꾸어 놓았다."[79] 특정한 기술들, 그리고 기술적인 사고방식 두 가지 모두가 우리의 태도와 실천을 변화시킨 결과, 오늘날 우리는 기술적인 그물눈(grid)을 통해서, 곧 기술적인 필터로 걸러서 세상을 경험하게 되었다. 닐 포스트먼(Neil Postman)과 앨버트 보그만(Albert Borgmann) 같은 이들의 분석을 따라 워쯔바는 다음과 같이 쓰고 있다.

> 감수성에 나타난 변화 가운데 한 가지는, 세상에 대한 근대적인 환멸감을 심화시키는 기술적 미디어의 조작적인 특성에서 볼 수 있다. 우리는 있는 그대로의 실재와 관계를 맺는 것이 아니라, 다른 누군가가 틀을 정하고 조작한 대로 또 그 매체가 정한 테두리 안에 갇혀서 실재와 관계를 맺는다. 우리는 직접 실재를 경험하는 일이 막혀 버렸다고 느낄 뿐만 아니라, 이미지와 정보를 조작하는 미디어의 능력 앞에서 우리가 보는 것이 정말 현실인지에 대해서 의혹을 품게 된다. 우리는 세상을 다른 누군가가 고안하고 통제하는 대로 바라보는 구경꾼이 되었다. 특히 한 주간 동안 텔레비전과 컴퓨터 화면 앞에서 우리가 얼마나 많은 시간을 보내는지를 생각하면 그러한 느낌을 지울 수가 없다.[80]

무엇이 문제인가? 참여자와는 달리 구경꾼들은 실재와 직접적인 만남을 이루지 못하며, 따라서 대중 매체가 전해 주지 않는 지식은 거의 알 수가 없다. 그리고 지식은 정보의 데이터 곧 비트로 바뀌며, 진정한 이해를 얻는 데 없어서는 안될 생태학적이고 사회적인 맥락들과는 상관없는 것이 되어 버린다. 진정한 삶의 복잡성은 사라져 버린다. 이것이 환경에 얼마나 해로운 영향을 미칠지 상상조차 안된다.

워쯔바는, 근대의 기술이 발흥한 배후에는 자연을 통제하고 지배하려는 욕구가 자리 잡고 있다고 주장한다. 자연을 노예로 부려 마땅하다고 말한 프랜시스 베이컨의 비유대로, 기술적인 충동은 자연을 길들이고 조종하려고 애쓴다. 워쯔바가 말한 대로, "장인들은 오랜 세월에 걸쳐 실제 생활에 집중하는 가운데 습득한 자연과의 친밀감을 지니고 일하는 데 반해, 기술 전문가들은 오만하고 확신에 차서 겁도 없이 자기들의 목적대로 세상을 조종한다."[81] 기술적인 사고방식은 세상에서 온전성을 빼앗아 버렸다. 이러한 관점에서 보면 자연 세계는 마음대로 이용해도 되는 자원의 저장고에 불과하며, 따라서 기술에 맹목적으로 충성한 최종 결과는 지구의 황폐화로 나타난다.

워쯔바가 주장하는 네 번째 측면은, 현대 문화는 생명이 번성하는 데 필수적인 상호의존성을 "잊어버리고 부정하고 경멸했다"는 것이다. 우리가 번성하기 위해서는 두 가지 형태의 의존성, 곧 물리적·생물학적 의존성과 역사적·전통적 의존성을 인정하고 배울 필요가 있다고 워쯔바는 주장한다. 달리 말해, 우리는 "인간이 생존하는 데 없어서는 안 될 식량과 에너지와 물 같은 생명의 공급원을 귀하게 여기고 존중" 해야 하며, 나아가 "생물학적 삶에 영적이고 도덕적인 의미를 제공해 주고 또 과거의 성공과 실패에 대한 기억을 통해 문화가 발전하도록 이끌어 주는 동력인 공동체와 전통의 밀접한 연관성을 기억하고 튼튼히 다져야 한다."[82]

그러나 우리의 현대 문화는 이 두 가지 면에서 크게 실패했다. 그 결과 우리는 우리가 생물물리학적인 세상에 뿌리를 두고 있으며 인류 공동체와 문화에 의존되어 있다는 사실을 부정한 채, 혼자 힘으로 살 수 있거나 또 그렇게 살아가는 것이라고 생각하는 잘못에 빠지게 되었다. 몇 가지 예를 들어보자. 우리는 "쓰레기"가 더 넓은 생태계 질서 속에서는(여기에는 쓰레기라는 것이 존재하지 않는다) 식량이나 연료가 된다는 사실을 깨닫지 못한 채, 물건들을 "필요 없는 것으로" 내버리며, "한 번 쓰고 버리는 사회" 속에서 살아간다. 또 우리는 집과 사람들이 제각각 개성을 지니고, 어디든지 걸어가서 만날 수 있는 이웃으로 이루어진 도시에서 사는 것이 아니라 집과 사람들이 다 똑같아 보이고 어디를 가든 차를 타야 하는 교외에서 산다. 워쯔바에 의하면, "추상적 문화"(abstract culture)는 "다른 사람들의 필요에 무관심하고 냉담한 인정머리 없는 태도"를 낳는데, 그 이유는 "우리 삶의 특성 자체, 곧 우리의 구체적인 생활 형태와 우리가 추구하는 부풀려진 목표들이 우리의 능력에 제약을 가함으로써 우리 주변 사람들의 필요를 제대로 평가하고 다루지 못하게" 하기 때문이다.[83] 달리 말해, 특정한 문화적 조건들이 사람들이나 지구를 돌보는 일을 어렵게 만든다.

워쯔바에 의하면, "피조물의 온전한 의미를 회복하는 데" 장애가 되는 다섯 번째이자 마지막 요소는, "갈수록 하나님이 우리와 무관한 분이 되어 간다"는 점이다. 창조주 없이는 피조물도 존재할 수 없다는 것은 옳은 생각이다. 그러나 말로는 창조주 하나님에 대한 믿음을 표명하면서도 그 믿음을 참되게 마음에 품는 일이 갈수록 어려워지고 있다. 워쯔바가 말한 대로, "우리로 하여금 진실하고 깊은 마음으로 하나님의 현존을 인지하거나 느낄 수 있게 해주는 조건들이 대부분 사라져 버렸다. 하나님이 존재한다고 주장할 수야 있겠지만, 우리 문화의 목표들뿐만 아니라 일상생활의 행태까지도 하나님을 의지하지 않고 경제적인 욕구에 따라 다져진 터전에서 이루어지고 있다는 점에서 보면, 그런 주장은 힘을 쓰지 못한다."[84] 구체적으로 말해, 우리가 말로는 하나님에 대한 믿음을 고백하면서도 삶으로는 하나님이 우리와 무관한 분이라는 사실을 드러낸다. 워쯔바는 이렇게 말한다. "우리가 자기 운명의 지배자가 되면서 하나님은 불필요한 가설이 되어 버렸다. 하나님이 아니라 우리가 세상을 경영한다. 하나님을 일상적인 실제 사건들 속에 친밀하고도 깊은 관심을 지니고 개입하는 창조주로 논하는 일은 참으로 별스러운 것이 되었는데, 이는 근대과학의 자연주의적 가정들과 씨름하기를 포기한 태도가 반영된 것이다. 그렇다면 창조주 관념이 이토록 심각하게 약화된 처지에서 우리는 어떻게 우리 자신과 이 세상을 피조물로 볼 수 있을까?"[85] 만일 우리가 세상을 피조물로 보는 일이 힘들게 되었다면, 이 사실은 피조물을 돌보는 모든 노력에 어떤 의미를 지니게 될까? 갈수록 우리 힘만으로 만들어 가는 세상 속에서 우리가 하나님을 만나고 하나님의 현존을 체험할 수 있는 길은 어디에 있을까?

교회

앞에서 오늘날의 환경 위기에 대해 해명하면서 그 원인으로 기독교 밖의 두 가지 요소를 지적했지만, 그렇다고 해서 교회가 완전히 책임에서 자유롭게 되는 것은 아니다. 기독교인들도 자신들이 공범임을 인정해야 한다고 책망한 제임스 내쉬의 생각을 이어받아, 웨슬리 그랜버그-마이클슨은 현재 우리가 처한 위기에 대해 통찰력 있는 해명을 제시하고 또 교회에 대해 솔직한 평가를 내린다. 그는 오늘날의 환경적 곤경을 살펴서, 그 뿌리를 다음과 같이 서로 연관된 다섯 가지 요소로 밝히고 있다.

첫째, 교회는 근대 서구 문화의 포로가 되었다. 그랜버그-마이클슨에 따르면, "서구의 기독교 신앙은, 하나님과 피조물을 분리함으로써 피조물을 인간의 오만하고 무절제한 힘에 종속시킨 근대 문화의 가정들에 사로잡혀 버렸다."[86] 우리의 신학은 실질적으로 심각한 이신론에 빠져 버렸다. 다시 말해, 하나님이 존재하며 또 창조주가 된다고는 인정하지만, 하나님이 창조 질서와 의미 깊은 관계를 맺는다는 사실은 부정한다. 이 견해에 의하면, "자연"은 자율적이어서 하나님의 도움을 필요로 하지 않으며, 마치 자동적으로 움직이는 기계처럼 작동한다. 게다가 자연 세계는 원자재나 자원의 저장고로 여겨져 인간의 착취 대상이 될 뿐이다.[87] 이러한 물질주의적 세계관이 자연 세계의 약탈과 노략을 어떤 식으로 합리화할지 간파하는 것은 어렵지 않다.

교회가 근대 세계관의 포로가 되었다는 사실은 기록에 의해 충분히 입증되었으며, 이러한 노예 상태가 비판을 받아 마땅하다는 사실 역시 분명하다.[88] "인간의 오만하고 무절제한 힘"의 증거로 흔히 과학 또는 기술의 사례들이 제시되지만, 많은 사람들은 그러한 폭압적인 힘이 경제적인 사례에서 가장 분명하고 파괴적인 모습으로 나타난다고 주장한다. 즉 교회가 근대 정신의 포로가 되었다는 것은, 간단히 말해 소비와 부의 신들에게 교회가 굴종하게 되었다는 것을 의미한다. 특히 웬델 베리가 이에 대해 강하게 비판한다. "아무리 그렇지 않다고 주장해도, 현대 기독교는 싫든 좋든 국가와 경제 체제의 종교가 되어 버렸다. 교회는 허약한 영혼들을 천국으로 인도하는 주문이나 외우는 일에 깊이 빠져 버렸으며, 그 결과 이 세상에서 벌어지는 수많은 악행의 도구가 되어 버렸다. 약탈하는 경제가 세상을 유린하고, 자연의 아름다움과 건강을 파괴하고, 인간 공동체와 가족들을 분열시키고 수탈하는 데도 기독교는 침묵으로 일관해 왔다."[89] 이러한 비판에 관련된 사실을 조금만 살펴보아도, 왜 오늘날 수많은 사람들이 교회에 죄의 고백과 갱신을 요구하는지 이해할 수 있다.

둘째, 교회는 근대 정신의 인간중심주의를 받아들였다. 그랜버그-마이클슨은 다음과 같이 말한다. "근대의 문화와 신학은 인간이 우주의 의미와 목적에서 중심에 놓인다는 전제에서 움직이게 되었다."[90] 우리는 하나님을 추방하거나 무관한 존재로 만들어 버리고는 만물의 중심 자리에 우리 자신을 올려놓았다. 우리 인간이 만물의 척도—척도로서의 인간(*homo mensura*)—가 된다고 생각한다. 이러한 인간 중심적인 태도는 셀 수 없이 다양한 형태로 분명하게 나타난다. 우리는 권리가 오직 인간에게만 허용되는 것이라고 생각한다. 생명윤리는 인간의 생명만이 중요한 생명이라고 여긴다. 지구는 인간이 활동하는 무대가 된다고 여긴다. 땅은 인간의 노동이 그것에 섞일 때에만 가치가 있다. 땅과 그 안에 있는 피조물이 강수를 필요로 하는지 어떤지는 생각지 않고 비가 오거나 눈이 내리면 무조건 날씨가 나쁘다고 말한다. 이번에도 역시, 세상과 그 안에서 인간이 차지하는 자리를 이런 식으로 보는 관점이 어떻게 창조 세계를 강탈하는 일을 허용하고 정당화하는지 간파하는 것은 어렵지 않다.

그러나 제임스 거스타프슨(James Gustafson)의 주장에 의하면, 인간이 만물을 "**측정하는 존재**"(measurer)인 것은 부정할 수 없는 사실이지만, "현대에 들어와 서구의 종교 전통에 비추어 보게 되면서, 인간을 만물의 도덕적 척도(measure)로 보는 가정이 과연 확고한 것일 수 있는지 의문을 품게 하는 타당한 근거들이 등장하고 있다."[91] 또 홈스 롤스턴이 주장하듯이, "사람이 (진일보한 의미에서는) 유일하게 만물을 **측정하는 존재**일지 모르나 그렇다고 해서 인간이 만물의 유일한 **척도**라는 결론이 나오는 것은 아니다."[92] 다행히도 신학과 윤리학에서 신중심적인 관점을 대변하는 사례들이 갈수록 많아지고 더 큰 설득력과 힘을 발휘하고 있다.[93]

셋째, 서구 문화에 속한 우리는 과학기술을 신처럼 떠받들고 있다. 보팔, 체르노빌, 엑손 발데즈 등, 최근 역사에서 발생한 과학기술적인 재앙들을 헤아리면 꽤 많다. 그런데 이것들은 우리의 기술적인 자만심을 보여주는, 규모가 큰 몇 가지 사례일 뿐이다. "우리의 문화는, 기술적 진보에 의지해 환경 문제와 세계 자원의 불평등 분배를 해결할 수 있다는 맹목적인 신앙에 매달려 있다"고 그랜버그-마이클슨은 지적한다.[94] 만일 여러분이 보기에 이 주장의 진실성이 의심스럽다면, 어떤 것이든 좋으니 환경 파괴나 세계 기아에 관한 대화에 귀 기울여 보기 바란다. 틀림없이 누군가가 우리에게 심각한 문제가 있을 수 있으나 기술이 우리를 구원해 줄 것이라고 말하는 것을 듣게 될 것이다. 시카고의 한 기업체가 천연덕스럽게 이런 말을 했다. "과학과 기술이 우리의 문제들에 답을 주어야 한다. 그것들이 답하지 않는다면 그 누구도 할 수 없다."[95]

그랜버그-마이클슨이 과학기술 그 자체를 비난하는 것은 아니며, 나 역시 그렇다. 문화를 창조하고 세우는 능력은 하나님이 부여한, 인간 실존의 한 특질이다. 기술은 인간의 삶을 구성하는 불가피한 면모로서, 대체로 많은 유익을 베풀어 준다. 문제는 우리가 기술을 이용하느냐 마느냐가 아니라 어떤 종류의 기술을, 어느 정도로, 누구를 위해, 어떤 대가를 치르며 사용할 것인가 하는 것이다. 닐 포스트먼이 이 문제를 다음과 같이 잘 요약해 보여준다.

> 사람들은 대부분 기술이 믿음직한 친구라고 생각한다. 이렇게 된 데는 두 가지 이유가 있다. 첫째, 기술은 친구다. 그것은 삶을 더 편하고 깨끗하고 오래 가게 해준다. 이보다 더 좋은 친구가 어디 있겠는가? 둘째, 기술은 오랫동안 문화와 친밀하고 밀접한 관계를 맺어 왔기 때문에, 자기가 이룬 결과를 두고 세세하게 심사를 받을 필요가 없다. 기술은 특성상 신뢰와 복종을 탐하는 친구이며, 기술이 주는 선물이 참으로 풍성한 까

닭에 많은 사람들이 기술에 기꺼이 신뢰와 복종을 바친다. 그러나 이러한 친구에게도 당연히 어두운 면이 있다. 기술이 베푸는 선물은 대가 없이 공짜로 받을 수 있는 것이 아니다. 극적인 말로 표현하면, 기술의 제약 없는 성장은 우리 인간의 생명과 관련된 원천을 파괴한다고 비판할 수 있다. 기술은 도덕적인 기초가 없는 문화를 생성한다. 그것은, 인간의 삶을 가치 있는 삶이 되게 해주는 정신적 과정과 사회적 관계들을 약화시킨다. 간단히 말해, 기술은 친구이자 적이다.[96]

몇 년 전, 랭던 길키(Langdon Gilkey)가 통찰력 있게 밝혔듯이, 기술은 정체가 모호하다.[97] 기술은 축복이자 재앙이며 언제든 그런 힘을 휘두를 수 있다. 우리가 기술과 그 산물에 궁극적인 충성을 바치고 있다면, 바른 신앙을 버리고 우상숭배에 빠진 것이라고 말할 수 있다.

넷째, 교회는 창조를 잊어버렸다. "서구 교회의 현대 신학은 그 출발점이 되는 창조신학은 거의 다 잊어버린 채, 개인화냐 정치화냐를 두고 다투는 일에 매달려 왔다."[98] 우리는 사도신경이 하나님을 하늘과 땅을 지으신 분으로 고백하는 데서 시작한다는 사실을 잊었다. 또 창세기는 구속이 아니라 창조로 시작하고, 계시록은 구속받아 새롭게 된 창조 세계로 끝난다는 사실을 잊었다. 우리는 사도 바울이 말한 대로, 만물이 그리스도 안에서 창조되었고 그분 안에서 존속한다(골 1:16-17)는 사실을 잊어버렸다. 성경이라는 책은 읽으면서도 자연이라는 책을 읽는 일은 잊어버렸다.[99] 이러한 망각으로 인해 우리는 하나님의 일하심이 온 우주에 미친다는 사실은 보지 못하고 구속에만 집중하는 신앙으로 살아간다. 회심(conversion)은 오직 사람에게 한정된 일이 되었다. 영성은 특정 행동의 영역이나 특성만을 다루는 일이 되었다. 하나님 나라는 교회 안의 활동으로 전락했다. 이렇게 신앙을 개인의 "영적인" 행복에만 관련된 것으로 제한함으로써 우리는 하나님의 은혜의 완전한 능력을 부정했다. 그리고 이에 함축된 사실을 지적하면, "그러한 사고방식에서는 환경적 문제가 기껏해야 기독교인들이 각자 알아서 판단해야 하는, 복음과는 전혀 상관없는 한 가지 쟁점에 불과한 것이 된다."[100]

많은 사람들이 창조 교리의 쇠퇴에 관해 언급해 왔는데, 그중에서 특히 요셉 지틀러가 그 문제를 가장 뚜렷하게 잘 설명해 준다. 지틀러는 "활력이 넘치는 창조 교리가 실질적인 힘을 상실"하게 되어 나타난 결과에 대해 이렇게 말한다.

> 오염이 생물학적인 면에서는 재앙이며 미학적으로 불쾌한 일이요, 그에 못지않게 경제적으로 자멸적인 현상이고, 사회적으로는 인간 삶의 질을 떨어뜨리는 일이라는 사실을 사람들에게 납득시키는 것이, 불가능하지는 않더라도 어려운 일이 되었다. 그러나 창조 세계를 그런 식으로 다루는 것이 기독교 신앙에서 볼 때 신성모독이 된다는 사실은 기독교인들에게조차도 이해시키는 것이 매우 어렵게 되었다. 제대로 된 창조와 구속 교리가 살아 있다면 기독교의 관점에서 생태계 위기를 이해하고, 그럼으로써 우리의 도덕적 의무를 깨달을 뿐만 아니라, 더 나아가 사도신경 1조의 기초신학을 완전히 새롭게 다듬어서 창조가 어떻게, 왜, 누구에 의해, 어떤 목적으로 이루어졌는지를 분명하게 밝히는 기독교 신앙을 세울 수 있을 것이다.[101]

클러렌스 글랙컨이 서구 사상 속의 자연과 문화를 연구한 탁월한 글에서 밝혔듯이, 고대 세계의 다른 종교들과는 달리 기독교는 "창조의 종교이자 창조 철학이다."[102] 창조는 비록 성경의 핵심 메시지가 아니기는 하나 "다른 것을 떠받치는 기초"가 되며, 따라서 그 기초에 대해 알지 못하면 "죄와 구속에 관한 우리의 이해는 필연적으로 왜곡될 수밖에 없다."[103] 창조와 타락과 구속은 성경의 드라마를 명료하게 요약해 준다. 우리는 줄거리가 잘려 나간 이야기를 말해 왔고 그 결과 우리의 자리가 어디인지 또 누구에게 속하는지를 잊어버렸으며, 그렇게 해서 현재 우리가 처한 상황에 이르게 되었다.

그랜버그-마이클슨에 의하면, 우리가 생태학적 곤경에 빠지게 된 다섯 번째이자 마지막 이유는, 서구 교회가 "신학적인 우월감에 젖어 비서구권 기독교의 사고를 낮잡아 볼 뿐만 아니라 냉대하여 온" 오만한 태도에 있다.[104] 식민주의가 초래한 희생은 참으로 엄청나서, 개발도상국들의 정치와 경제뿐만 아니라 교회 자체의 사고 구조까지 흔들어 놓았다. 이에 대한 사례들은 차고 넘친다. 서구(좀 더 정확하게 말하면 북부 선진국)에 사는 우리는, 우리의 신조와 신앙고백이 다른 지역의 기독교인들에게도 구속력이 있다고 생각한다. 미국에 사는 우리는 다른 나라들에 선교사를 파송하면서도 다른 나라가 우리 나라로 선교사를 보낼 수도 있다는 생각에는 모욕감을 느낀다. 다른 나라의 교회들은 크게 성장하고 우리 쪽의 교인들은 계속 줄고 있는데도, 북아메리카와 유럽에 살고 있는 우리는 여전히 우리가 신학적으로 모든 것의 중심이 된다고 생각한다.

북부 선진국 교회에 속한 우리는, 깊이 빠져 있는 오만하고 얕보는 태도를 버리고 세계의 다른 지역에 사는 형제자매들에게서 배울 필요가 있다. 예를 들어, 동방정교회 전통은 우리의 사고와 삶을 좀 더 지구 친화적인 형태로 재편성하는 데 도움이 되는 신학적·전례적 자산을 가지고 있다.[105] 아시아와 아프리카와 남아메리카의 교회들로부터는 우리가 기를 쓰고 무시해 온 지혜를 나누어 받을 수 있다.[106] 또 우리 기독교인들은 다른 종교 전통들로부터도 많은 것을 배울 필요가 있다.[107] 간단히 말해, 우리는 교만을 인정하고 눈을 열어 성령께서 전 세계 민족들 가운데서 행하셨고 지금도 행하시는 일을 볼 수 있어야 한다.

지금까지 살펴본 워스터와 워쯔바와 그랜버그-마이클슨의 주장이 옳다고 생각하는가? 그렇다면 이제 앞으로 나아갈 길은 자명하다. 우리가 지금까지 충성을 바쳐 온 우상들, 특히 과학만능주의(scientism)와 기술지상주의(technicism)와 물질주의(materialism)를 떨쳐 버려야 하며, 또 교만을 비워 내고 겸허함으로 채워진 참 신앙으로 되돌아가야 한다. 만물을 창조하시고 보전하시며 구속하시는 분, 당신의 샬롬의 비전으로 자연 세계를 품어 의미와 가치를 부어 주시는 분, 그 사랑의 하나님을 기꺼이 긍정할 수 있는 창조의 (하위)문화를 계발해야 한다. 교회가 서구 문화에 포로된 상태에서 벗어나 신실하게 예수께 복종하도록 요구해야 한다. 이러한 비전을 분명히 밝히기 위해서는 성경을 살펴보는 보는 것이 필요하다. 이제 이 중요한 과제로 넘어간다.

4장. 성경과 생태학을 잇는 고리는 무엇인가
성경의 지혜와 생태학적 비전

> 천사는 또, 수정과 같이 빛나는 생명수의 강을 내게 보여주었습니다. 그 강은 하나님의 보좌와 어린양의 보좌로부터 흘러 나와서, 도시의 넓은 거리 한가운데를 흘렀습니다. 강 양쪽에는 열두 종류의 열매를 맺는 생명 나무가 있어서, 달마다 열매를 내고, 그 나뭇잎은 민족들을 치료하는 데 쓰입니다. _요한계시록 22:1-2

앞 장에서 살펴보았듯이, 성경이 생태계 위기를 낳은 주요 원인이라고 생각하는 사람들이 많다. 그들의 주장에 따르면, 성경은 지구를 파괴하고 착취하는 일을 용인한다. 성경은 반생태적이며 따라서 우리는 성경을 폐기해야 한다. 예를 들어, 토머스 베리(Thomas Berry)는 성경을 일이십 년 동안 책꽂이에 처박아 두자고 주장한다.[1] 많은 사람들이 성경은 별 소용이 없다고 믿으며, 그래서 성경을 버리고 다른 곳에서 통찰력과 영감을 구하는 것이 어떻겠느냐고 생각한다.

나는 특별히 창세기 1-2장과 베드로후서 3:10을 자세히 살펴봄으로써 여러 형태로 제기된 비난들을 반박하고자 했다. 그러기는 했으나 여전히 성경과 관련해 말해야 할 것이 많이 남아 있다. 정말이지 신뢰할 수 있는 기독교적 관점이라면 반드시 성경에 귀를 기울여야 한다. 동방정교회, 가톨릭, 개신교 등 다양한 형태로 존재하는 기독교 전통에서는 성경이 올바른 삶과 제대로 된 사고의 기초와 규범이 되기 때문이다. 정경(canonical Scriptures)은 그 단어에 함축된 의미대로 모든 주장들을 판정하는 기준이 된다. 좋든 싫든 기독교는 성경의 종교다.

복음주의 개신교인들에게는 이렇게 성경의 중심적 지위를 확인하는 것이 특히 중요하다. 복음주의자들은 어떤 문제에 부딪힐 때마다 본능적으로 성경에 의지해서 지혜와 길을 찾는다. 복음주의자들에게 성경은, 하나님에 대한 지식을 구하거나 어떻게 살아야 하는지에 대한 지침을 찾을 때 손을 뻗게 되는 여러 가지 대상 가운데 하나—전통과 이성과 경험과 어깨를 나란히 하는—가 아니다. 성경은 다른 모든 것들에 앞서는 원천이자 규범이다. 고전적인 용어로 말해 성경은 **노르마 노르만스**(*norma normans*) 곧 절대 규범으로서, 그 외의 모든 것들에 대해 최고의 권위를 지닌다.

그러나 성경이 원천과 규범이라고 논하는 것으로 문제가 다 끝나지 않는다. 성경에 대한 견해가 일관되게 성경을 이용하는 방법으로 이어지지 않기 때문이다. 즉 어떤 사람이 실제로 성경을 읽는 방식이 그가 성경의 본질과 권위에 대해 생각하는 견해와 동떨어질 수가 있는 것이다. "고등" 성경관을 지닌 사람—예를 들어, 성경은 오류가 없는 하나님의 계시라고 인정하는 사람—이 얼마든지 성경을 경솔하게 읽거나 자기 마음속에 (무의식적으로) 자리 잡은 자신의 의제(agenda)에 비추어 읽을 수 있다. 또 "하등" 성경관을 지닌 사람—예를 들어, 성경은 인간의 이야기들을 모아 놓은 것에 불과하다고 믿는 사람—이 실제로는 성경 본문을 아주 진지하고도 지혜롭게 읽을 수도 있다.[2] 간단히 말해, 성경은 해석이 필요하다. 다시 말하거니와 해석의 문제, 곧 해석학은 반드시 다루어야 할 필수적이고도 중요한 사안이다(여기서는 간략하게 살펴본다).[3]

성경의 이용과 오용

사람은 누구나 어딘가에 발을 디디고 글을 읽는다. 많은 현대 철학자들이 인정하듯이, 관점이 없는 견해는 존재하지 않는다.[4] 이 말은 우리 실존의 서글픈 사실을 지적하는 것이 아니라 우리의 피할 수 없는 유한성을 솔직하게 인정하는 것이다. 우리가 무엇을 보느냐는 부분적으로, 우리가 어디에 서 있느냐에 달려 있다. 게다가 우리의 자기중심적인 태도와 자만심에 의해 우리가 보는 것이 달라진다. 우리는 유한할 뿐만 아니라 결함이 있다. 루터가 사용한 유명한 표현을 빌려 말하면, 우리의 마음은 자기 자신을 향해 구부러져 있다. 그러나 이러한 사실들을 인정한다고 해서 인식론적인 상대주의를 말한다고 생각할 필요는 없다. 우리가 보는 것(또는 읽는 것)은 우리가 서 있는 곳이 어디냐에 따라 달라지며, 지나친 자만심에 영향을 받는다고 해서 리처드 로티(Richard Rorty)의 유명한 말대로, 반드시 진리란 "우리의 동료들이 우리에게 말해도 좋다고 합의해 줄 만한 것"이라고 볼 필요는 없다.[5] 진리란 우리가 자신의 꿈과 욕구와 권력욕에 맞도록 끊임없이 두드려 만들고 변형할 수 있는 밀랍으로 된 코와 같은 것이 아니다. 그러므로 폴 리쾨르(Paul Ricoeur)가 "의심의 대가들"(the masters of suspicion)이라고 부른 세 사람—칼 마르크스, 프리드리히 니체, 지그문트 프로이트—에게서 우리가 배울 것이 많기는 하지만,[6] 일부 사람들이 그들의 저작에서 끌어내는 결론, 곧 "진리"란 권력을 잡은 사람들이 힘없는 사람들을 지배하기 위해 사용하는 허구일 뿐이라는 주장은 부당한 것이다. 달리 말해, 우리 기독교인들은 미셸 푸코와 임마누엘 레비나스, 자크 데리다와 같은 탈근대 철학자들뿐만 아니라 마르크스, 니체, 프로이트와 같은 근대 철학자들이 주장하는 결론을 전혀 용납하지 않으면서도 얼마든지 그들의 중요한 지혜를 받아들여 이용할 수 있다.[7]

철학자 리처드 번스타인(Richard Bernstein)의 구절을 빌려서 말하면, 인간이 지식을 획득하는 바른 관점은, "유일한 진리"를 가르친다고 주장하는(게다가 그런 진리의 획득을 절대적으로 확신하는) 객관주의와 "무엇이든지 좋다"고 말하는(역설적이게도 이 주장도 똑같은 확실성을 고집한다) 상대주의의 중간 어디쯤엔가 위치한다.[8] 달리 말해, 성경까지 포함해 텍스트를 읽을 때 올바른 독해가 한 가지 이상일 수 있으며, 또한 타당하다고 받아들일 수 없는 독해들도 언제나 있게 마련이다. 각각의 독서는, 비록 모든 사람에게 다 설득력을 지니지 못하는 것이라 해도 그 나름의 주장을 내세울 수 있다.

비유를 들어, 악보를 보고 연주하는 교향곡을 생각해 보라. 지휘자에 따라 해석이 다르며, 어떤 연주는 다른 연주에 비해 훨씬 좋다. 악보에 더 충실하고, 기교면에서도 뛰어나고, 훨씬 더 독창적인 연주가 있다. 그래서 질에 대한 판단이 가능하다. 훈련된 귀를 지닌 사람이 들으면 어떤 연주가 다른 연주들에 비해 훨씬 더 낫다. 그러나 왜 어떤 연주가 다른 연주들보다 뛰어난지에 대한 근거는 제시될 수 있겠으나 어떤 연주가 "최고"인지에 관해서는 보편적인 의견 일치가 있을 수 없다. 이와 동일한 것을 성경을 읽는 일에도 적용할 수 있다. 어떤 독해는 다른 독해들보다 더 나을 수 있으며, 또 그것이 왜 그런지에 대해서도 주장할 수 있다. 그러나 어떤 것이 더 낫고 어떤 것이 나쁜지에 관해서는 의견이 일치하지 않는 경우가 있고, 그것이 당연한 현상이다. 그리고 역사라는 렌즈를 통해서만 진리가 가장 분명하게 밝혀지는 경우도 있다.

특히 윌러드 스와틀리(Willard Swartley)는, 우리가 성경을 편협하고 그릇되게 읽어 온 일에 대해 자세한 증거를 제시한다. 그는 자신의 탁월한 책 「노예제도, 안식일, 전쟁, 여성」(*Slavery, Sabbath, War and Women*)에서, 오랜 세월 동안 기독교인들이 책 제목으로 언급된 네 가지 쟁점을 다룰 때 어떤 식으로 성경을 이용(혹은 오용)해 왔는지 기술한다.[9] 19세기 중반, 미국의 기독교인들 모두는 성경을 그러한 문제들에 대한 권위의 근거(source of authority)로 삼고 있었는데, 노예제도라는 쟁점을 다룬 것을 보면 동일한 본문에 호소해서 180도로 다른 결론을 끌어냈다. 수세기 동안, 비슷한 성경관을 지닌 기독교인들이 전쟁에서 기독교인들의 적절한 역할이 있는지, 있다면 어떤 것인지를 놓고 서로 다르게 주장해 왔다. 또 근래에 들어와서, 성경의 본성과 권위에 대해 "고등" 견해를 지닌 기독교인들이 목회와 여성이라는 쟁점에서는 서로 다른 결론을 주장하고 있다. 스와틀리의 연구는 아주 중요한 사실, 곧 성경은 무오한데 우리의 성경 독해는 결코 그렇지 못하다는 것을 분명하게 보여준다.

구약성경학자인 버나드 앤더슨(Bernhard Anderson)은 창세기의 처음 다섯 장을 주석하면서 이 문제를 잘 요약해 보여준다.

확실히 우리는 "우리가 선 자리에서" 성경을 읽는다. 즉 우리가 살고 있는 시대, 공유하는 역사, 그리고 물려받은 철학적 유산(자본주의와 그 맞수인 마르크스주의)과 과학적 관점에 의해 형성된 사람으로서 성경을 읽는다. 내 판단으로는, 이러한 사실을 분명히 인정한다고 해서 우리가 해석학적 상대주의라는 진흙탕에 빠지지는 않는다.…… 분명 우리는 특정한 시간과 공간 안에서 성경과 만나게 된다. 그러나 성경 말씀들은 그 나름의 맥락 속에서 진술되거나 기록된 것이며, 이 말씀들은 그 배경이 되는 낯선 사회적 환경과 신학적 지평을 기준으로 우리가 서 있는 자리를 비판하며, 우리가 말씀을 이용한 방식에 제한을 가하고 우리에게 도전한다.[10]

만일 우리가 이렇게 "자리에 매여 있는 특성"을 알지 못하거나 거부한 채로 성경을 읽는다면, 성경이 우리에게 가르치고자 하는 것을 제대로 분별할 수 없게 된다. 한스 게오르크 가다머(Hans-Georg Gadamer)가 깨우쳐 준 바와 같이, 텍스트의 타자성(the otherness of the text)에 대한 우리의 선이해와 개방성을 깨닫는 것이 규범적 해석(normative interpretation)에 필수적인 두 전제조건이 된다. 간단히 말해, 겸손과 용기가 필수적인 덕목이 된다.

간략하게 살펴본 현대 해석학에 대한 논의를 기초로 해서 다음과 같은 두 가지 사실을 분명하게 밝힌다. 첫째, 나는 내가 특정한 관점에 서서 성경을 읽는다는 사실을 솔직히 인정한다. 누구나 그렇듯이 나 역시 다른 방도가 없다. 계몽주의에서 말하는 객관성, 곧 우리 자신의 한계를 초월하여 사물들을 하나님이 아시듯 알 수 있는 능력이라고 정의되는 객관성을 더 이상 고집해서는 안된다. 둘째, 세상이 어떻게 작동하는지, 현재 잘못된 것이 무엇인지에 관해 내가 아는 지식에 의해 내 독해의 방향이 결정된다는 점을 솔직하게 인정한다. 달리 말해, 나의 독해는, 생태학적 위기에 처한 시대에 예수의 신실한 제자로 살려고 애쓰는 사람이 마주치게 되는 도전들에 대한 응답이라고 할 수 있다. 방향이 정해진다. 따라서 이제부터 내가 성경 텍스트를 해석하는 것들은, 비록 받아들이기가 쉽지 않은 사람들도 있겠지만, 내 믿음으로는 바른 해석들이다. 다시 말해 나의 해석들은 텍스트에 근거한 것이며, 고대에서 현대까지 의미 세계를 이루는 시공간과 문화에 대해 우리가 아는 지식에 의해 검증된 것이며, 나아가 우리 시대의 문제와 도전들과 확실한 대화를 거친 것이다. 요약하면, 내 독해는 신음하는 지구에 귀를 기울이면서 동시에 성경의 메시지를 듣고자 하는 진실한 노력의 결과다.[11]

물론, 성경 본문을 다루는 데 사용된 어떤 해석적 가정이나 방법이 적합한 것인지의 여부는 미리 앞당겨서 판정할 수 없다. 폴 샌트마이어가 솔직하게 제대로 인정한 바와 같이, 어떤 사람의 해석적 준거틀은 "그것이 낳은 타당한 주석 결과들에 비추어서만 정당화될 수 있다."[12] 주석의 결과 속에 해석상의 타당한 증거가 들어 있다. 이제 특정 본문들을 읽는 단계로 넘어간다.

성경 이야기 속으로

여기서 나는 성경의 이야기를 좀 더 깊이 이해하여 지구 돌봄의 성경신학과 윤리학을 풍성하게 다지기 위해 몇 가지 텍스트를 자세히 살펴본다. 베드로후서 3장에 대해서는 이 책 3장에서 살펴보았기에 여기서는 다루지 않겠다. 또 6장과 7장에서는 시편 104편과 레위기 25장, 누가복음 4장을 포함해 꽤 많은 성경 구절들을 살펴보게 될 것이다. 따라서 이번 장에서는 그 구절들을 중심적으로 다루지 않는다. 3장에서 이미 창세기 1-2장을 다루기는 했지만 거기서는 인간은 어떤 존재인가라는 문제를 중심으로 살펴보았다. 이번 장에서는 그 핵심 구절에 다른 문제를 제기한다. 이제부터 다섯 개의 본문을 다루는데, 각각의 본문에 한 가지 중심 질문을 묻고 그에 대한 답을 찾아본다.

우리가 있는 곳은 어디인가(창 1:1-2:3)

"태초에 하나님이 천지를 창조하셨다." 이것이 태초의 일들을 담고 있는 책의 첫 구절이다(NRSV). 많은 사람들이 평해 온 것처럼, 창세기 1-11장의 전승적-역사적 뿌리가 어떤 것인지와는 별개로, 세련되게 다듬어진 문헌 형태로 나타난 최종 모습과 또 정경의 시작 부분을 차지하고 있는 위치가 매우 중요하다.[13] 테렌스 프레타임(Terence Fretheim)이 이 중요성을 잘 말해 준다.

> 창세기가 정경의 맨 앞에 놓인 까닭은, 창조가 나머지 성경에 매우 근본적인 신학적 범주가 되기 때문이다. 성경 어디서건 계속되는, 하나님의 복 주시고 질서를 세우시는 사역은 창조적 특성을 지닌다. 게다가 이스라엘 백성 안에서, 그들을 통해 계속되는 하나님의 행위는 창조와 연관지어 볼 때에만 제대로 이해된다. 창조의 위치는 이스라엘에 두신 하나님의 목적이 우주적인 차원을 지닌다는 사실을 보여준다. 하나님의 구속 활동은 깊고 편만한 죄 아래서 고통당하는 피조물을 새롭게 일으키며, 그런 점에서 하나님의 구속은 창조, 곧 전체 피조물에게 미친다.[14]

따라서 우리가 있는 자리가 어딘가라는 질문에 답을 찾으려고 할 경우, 출발점으로 삼을 만한 곳으로 성경의 첫 책, 첫 장만큼 좋은 것도 없다. 힘이 넘치고 흥미진진한 이 본문을 다시 보도록 하자(어쩌면 처음 보는 사람도 있겠다).[15]

태초에 하나님이 계셨다.
깊고 어두우며 물로 가득한 구렁 위,
텅 비고 형태가 없는 공허 위로,
마치 독수리가 둥지를 감싸듯,
하나님의 창조하시는 영이 임하셨다.
거친 바람처럼 하나님의 영이 움직이시니,
하늘과 땅을 창조할 때가 무르익었다.

하나님께서 말씀하시니,
혼돈한 어둠 가운데,
마치 멀리서 쏟아져 들어온 별빛처럼 빛이 생겼다.
이 밝은 빛이 하나님 보시기에 좋았다.
그래서 어둠을 밀어내시고 빛의 자리를 정하셨다.
하나님께서 빛을 낮이라 칭하시고 어둠을 밤이라 칭하셨다.
저녁이 되고 아침이 되니, 첫째 날이었다.
하나님께서 말씀하신 대로 이루어졌다.
혼돈에서 질서가 나오고,
텅 비고 어두운 것에서 온전한 빛이 나왔다.

하나님께서 말씀하셔서,
혼돈한 물 가운데를 반구 모양으로 다듬으셨다.
창공을 위쪽 물과 아래쪽 물로 가르도록 천체의 지붕을 놓으셨다.
이렇게 물은 제자리를 잡았고,
하나님께서는 이 에워싼 공간을 하늘이라 칭하셨다.
저녁이 되고 아침이 되니, 둘째 날이었다.
하나님께서 말씀하신 대로 이루어졌다.
혼돈에서 질서가 나오고,
흐르고 요동치는 것에서 틀 잡힌 하늘이 나왔다.

하나님께서 말씀하셔서,
하늘 아래 제멋대로인 물을 한곳으로 모으셨고,
그래서 마른 뭍이 드러났다.
하나님께서 뭍을 땅이라 칭하시고 모인 물을 바다라 칭하셨다.
하나님 보시기에 좋았다.
하나님께서 다시 말씀하시니,
땅에서 온갖 식물과 나무들이 돋아났다.
푸르고 생명으로 가득한 땅이 하나님 보시기에 좋았다.
저녁이 되고 아침이 되니, 셋째 날이었다.
하나님께서 말씀하신 대로 이루어졌다.
혼돈에서 질서가 나오고,
바다에서 뭍이 나오고, 마른 땅에 열매 맺는 나무가 번성하였다.

하나님께서 말씀하셔서,
땅 위에 크고 작은 빛들과 별들을 지으셨다.
낮과 밤을 가르고,
계절을 나타내는 표가 되게 하시려고,
창공에 해와 달을 놓으셨다.
하나님께서 큰 빛을 두 개 만드셔서
낮과 밤을 주관하게 하셨다.
하나님께서 보시니 이 모든 것이 좋았다.
저녁이 되고 아침이 되니, 넷째 날이었다.
하나님께서 말씀하신 대로 이루어졌다.
텅 빈 곳에서 충만함이 나오고,
하늘이 찬란한 빛들로 가득 찼다.

하나님께서 말씀하셔서,
이렇게 명하셨다.
아래의 물에는 많은 생물이 종류대로 가득하고,
위의 하늘에는 날개를 가진 온갖 새들로 충만하라.
새우와 빨판상어와 바다 괴물과,
휘파람새와 여새와 딱따구리가 생겨났다.
하나님께서 보시니 이 모든 것이 좋아서,
그것들을 복 주셨다.
하나님께서 그것들을 복의 손길로 덮으셔서
생육하고 번성하여

그들을 위해 지으신 공간을 가득 채우게 하셨다.
저녁이 되고 아침이 되니, 다섯째 날이었다.
하나님께서 말씀하신 대로 이루어졌다.
텅 빈 곳에서 충만함이 나오고,
물과 하늘이 크고 작은 생물들로 가득 찼다.

하나님께서 말씀하셔서,
그 말씀대로 비옥한 땅에서 모든 짐승들이 생겨났다.
소와 캥거루와 코브라가 생겨났다.
하나님께서 모든 짐승들, 집짐승과 들짐승과 길짐승들을 보시니
보시기에 좋았다.
하나님께서 또 말씀하셨다.
하늘 보좌의 결정에 의해,
하나님의 형상을 따라, 곧 하나님의 모습대로
땅에 속한 피조물을 지으셔서
물고기와 새, 집짐승과 들짐승을 다스리도록 하셨다.
그렇게 하나님의 형상을 지닌 남자와 여자를 지으시고
그들에게 복을 주셨다.
땅에 충만하여 다스리면서
하나님을 대리하도록 하셨다.
하나님께서는 이 피조물과 모든 생물들에게
푸른 식물과 과일을 먹을거리로 주셨다.
하나님께서 지으신 모든 것을 보시니,

매우 좋았다.

저녁이 되고 아침이 되니, 여섯째 날이었다.

하나님께서 말씀하신 대로 이루어졌다.

텅 빈 곳에서 충만함이 나오고,

땅이 온갖 생물들로 가득 찼으며,

그 가운데 하나님의 형상을 닮은 인간도 있었다.

이렇게 하늘과 땅,

그 안에 있는 많은 피조물이 지음받았다.

일곱째 날에 하나님께서 일에서 손을 놓고 쉬셨다.

이날에 하나님께서 사랑의 수고를 마치셨기에,

이날을 복 주시고 거룩하게 하셨다.

기원을 다루는 원초적 이야기이자 인간의 말에 실린 하나님의 말씀인 이 본문이 우리가 사는 세상에 관해 말해 주는 것은 무엇인가? 기초를 이루는 이 이야기가 그 내용(무엇을 말하는가)과 양식(어떻게 말하는가)을 통해 우리가 있는 곳이 어디인가라는 물음에 들려주는 답은 무엇인가?

첫째, 하나님은 만물의 창조주시다. "천지"(haššāmayim wĕ'ēt hā'ereṣ)라는 제유법(merism)은, 하늘과 땅과 그 사이에 있는 모든 것이 하나님의 창조적 말씀과 활력을 불어넣는 영의 결과로 존재하게 되었다는 사실을 가리킨다. 뒤따라 나오는 모든 구절에 적용되는 창세기 1:1-2은 3:1-3과 결합하여 마치 책지지대처럼 수미상관을 이루면서, 만물이 다 하나님에 의해 지어졌음을 강조한다. 이에 더해, 우주를 구성하는 영역들

(1-3일)과 그 속에 든 다양한 거주자들(4-6일)도 모두 하나님에 의해 창조된다. 하늘의 존재들—해, 달, 별들—은 그 어느 것도 창조하는 힘을 지니지 못한다. 또 생명 있는 존재들은 출산할 수는 있어도 하나님께 속한, 무로부터 창조하는 능력은 없다. 그 당시에 경쟁하던 창조 신화들과는 대조적으로, 이 본문은 지고하신 하나님께서 만물을 존재하게 하셨다는 사실을 분명하게 선언한다.[16] 우리의 자리는 어디인가? 하나님께서 지으신 세상 속이다.

둘째, 모든 권한이 다 하나님께 속한 것은 아니다. 하나님은 최고의 창조주, 곧 무로부터 사물을 존재하게 하실 뿐만 아니라 존재하는 물질을 이용해 우주를 아름답게 지으시는 분이기는 하지만, 그분은 힘을 분배하시고 그 양도한 힘을 도구로 삼아 창조를 이루신다. 예를 들어, 땅에게 식물을 내라(yāṣā')고 말씀하시고(1:12), 물에게는 많은 생물을 내라고(yāṣā') 명하신다(1:20). 해와 달에게는 낮과 밤을 다스리라 말씀하시고(1:16), 사람에게는 땅을 다스리며(rādâ) 왕권을 대리하는 책임을 맡기신다(1:26). 이 이야기에서 하나님은 힘을 독점하시는 분이 아니다. 프레타임이 말한 대로, "인간과 인간 외의 피조물이 모두 하나님께서 시작한 창조 활동에 참여하도록 초청받는다."[17] 하나님은 위험을 무릅쓰는 어버이와도 같이, 사랑하는 마음으로 피조물의 유익을 위해 피조물에게 힘을 양도한다. 달리 말해, 피조물에게도 응답할 수 있는 능력이 실제로 있다. 하나님은 부르시고 피조물은 응답한다. 그렇다면 우리가 선 자리는 어디인가? 응답하는 세상 속이다.

셋째, 피조물은 우주의 형태로 지어졌다. 여전히 혼돈이 존재하기는 하지만 우주는 하나님께서 목적을 가지고 사랑으로 지으신, 질서와 틀을 갖춘 장소다. 혼돈 상태의 물들(*tōhû wābōhû* and *tēhôm*)이 하나로 모임으로써 우주는 형태를 갖추었으며, 한편으로 세상은 늘 이러한 혼돈의 힘들에 의해 무너지기 쉬운 특성을 지녔음에도 불구하고 하나님의 보존하시는 호흡을 힘입어 우주로써 유지된다.[18] 이 이야기의 질서정연한 구조 자체도 창조 과정의 질서에 대해 말해 준다. 모든 것에 자신의 자리가 있다. 적재적소에 놓인 우주의 특성을 보여주는 이 서술은 경이감을 불러일으킨다. 버나드 앤더슨이 언급한 대로, "생물과 무생물 등 모든 피조물이 기묘한 전체 안에서 그 나름의 지위와 기능을 담당하는 우주, 이 우주의 놀라운 질서와 규칙성은 심미적인 경탄과 경외감을 불러일으킨다."[19] 우리가 있는 곳은 어디인가? 하나님께서 지혜롭게 질서를 부여하신, 경이로운 세상 속이다.

넷째, 피조물은 좋다. 피조물이 좋은 것은 하나님께서 그렇게 정하셨기 때문이다. 참으로 피조물은 아름다움과 평화를 내포한다는 의미에서 매우 좋다(*tôb mě'ōd*).[20] 우주는 고대의 많은 창조 설화들이 말하는 것처럼 투쟁과 갈등과 싸움에서 생성된 것이 아니라, 하나님의 말씀과 만드심을 통해 생겨났다. 다른 설화들과는 달리, 성경의 이야기는 평화의 존재론을 증언한다. 리처드 미들턴(Richard Middleton)과 브라이언 월시(Brian Walsh)가 특히 이 사실을 잘 말해 준다.

> 성경은 신들 사이에서 벌어지는 투쟁이 아니라, 자신의 피조물과 친밀한 관계를 맺으시는 지고의 창조주께서 애쓰는 일 없이 기쁨으로 이루신 창조로 이야기를 시작한다. 따라서 피조물의 피조성(creatureliness qua creatureliness)은 좋다.…… 이것이 뜻하는 것은, 성경적인 세계관은 악

이나 폭력에게 존재론적 지위나 우위성을 허용하지 않는다는 사실이다. 이 세계관에서 폭력은 하나님의 선한 피조물 속으로 파고든, 불법적이고 이질적인 침입자로 여겨진다. 이렇게 성경은 폭력의 존재론이 아니라 평화의 존재론으로 시작된다.[21]

웬델 베리의 표현을 사용해 말하면, 우리는 좋은 땅을 선물로 받았다.[22] 우리가 속한 자리는 어디인가? 평화가 근본원리가 되는 세상이다.

다섯째, 지구는 이 세상 모든 피조물의 집이다. 지구는 인간('ādām)만이 아니라 모든 생물(nepeš ḥayyâ)의 거주지로 창조되었다. 하나님의 뜻은 "무수한 생명체들에게 삶의 공간을 베푸는" 것이다.[23] 인간이 하나님의 형상대로 창조되고 하나님께서 다스리듯 다스리도록 선택된 독특한 존재이기는 하지만,[24] 동물들과 같은 날에 창조되었으며 동일한 음식(식물)을 먹도록 허용되었다. 이 사실이 함축하는 의미는, 래리 라스무센(Larry Rasmussen)이 분명하게 밝힌 대로, "창조된 존재는 모두 연결된 존재"라는 말이다.[25] 또한 인간은 하나님께서 복 주신 유일한 피조물이 아니다. 새와 물고기들도 역시 복을 받았다. 간단히 말해, 인간과 동물들은 같은 집을 공유한다. 그래서 앤더슨은 다음과 같이 결론을 내린다. "전반적인 양상에서 볼 때 이 이야기의 강조점은 인간학 곧 인간의 우월성에 있는 것이 아니라, 생태학 곧 인간이 다른 형태의 '생명체'(nepeš ḥayyâ)와 공유하는 지구 거주지에 있다."[26] 그렇다면 우리가 속한 곳은 어디인가? 우리와 다른 많은 피조물이 공유하는 집이다.

여섯째, 창조는 안식일에서 절정에 도달한다. 이 이야기를 해석해 온 여러 가지 방식과 달리, 여섯 번째 날에 이루어진 인간(일반적 의미로 본

'ādām)의 창조가 이 이야기의 정점이 아니다. 그와는 달리 제7일이 정점이 된다. 하나님은 바로 이 일곱째 날을 복 주시고 거룩하게 하신다. 누구보다 위르겐 몰트만(Jürgen Moltmann)이 명료하게 주장하듯이, 이 이야기는 일곱 번째 날(곧 완전한 날)인 안식일의 쉼과 함께 절정에 도달한다. "창조 신앙과 연관된 성경 전승들을 살펴보면, 안식일이 6일간 노동하는 날에 뒤따라 오는 쉬는 날이 아니라는 사실을 알게 된다. 이와는 반대로, 창조의 모든 작업이 **안식일 자체를 위해** 이루어지고 있다."[27]

우리가 안식일에서 알게 되는 사실은, 이 세상은 하나님의 사랑의 손길 안에 있으며 따라서 우리가 우리의 일을 포기하지 않는 한 세상은 무너져 내리지 않는다는 것이다. 월터 브루그만(Walter Brueggemann)이 주장하듯이, "쉼의 날을 축하한다는 것은 곧 쉴 수 있을 만큼 자신만만한 분이신 하나님에 대한 신뢰를 선언하는 것이다. 다시 말해, 그때나 지금이나 삶이란 자신의 안전을 도모하는 우리의 열광적인 행동에 의해 좌우되는 것이 아님을 인정하는 것이요, 우리에게 삶이 온전한 선물로서 베풀어지는 멈춤의 순간이 있다는 사실을 단언하는 것이다."[28] 그러므로 우리가 있는 자리는 어디인가? 우리 힘으로 만든 것이 아니라 하나님께서 복 주시는 지구다.

요약하면 기초가 되는 이 이야기가 말해 주는 것은, 하나님은 은혜롭게 집을 세우시는 분이며 지구는 우리의 집이라는 사실이다. 처음 3일 동안에는 형태가 없었던 것이 형태를 갖춘다. 하나님의 창조적 말씀에 의해 텅 빈 공동에서 생명체가 살 수 있는 지구가 생성된다. 하나님은 말씀하시고 나누시며, 그렇게 해서 지구가 존재하게 된다. 하나님은 부르시고 피조물은 응답한다. 그리고 그것은 좋다. 우주적 전투 따위는 없다. 원초적 폭력도 없다. 창조의 날줄과 씨줄 속으로는 어떤 악도 엮이지 않는다. 하나님은 장차 차고 넘치게 될 피조물들이 살기에 적당한 장소를 창조하신다. 그리고 그 다음의 3일 동안에는 텅 빈 공간이 채워진다. 이번에도 하나님의 창조하시고 보존하시는 말씀으로 인해, 혼돈한 물들이 갈라져 생겨난 공간이 해와 달, 물고기와 새, 집짐승과 들짐승, 인간 등 수많은 피조물의 무리로 채워진다. 하나님은 집을 세우셔서, 계속 늘어나는 다양한 피조물들에게 친절하게 거주지를 베푸시는 분이다. 우리가 있는 자리는 어디인가? 셀 수 없이 많은 다른 피조물들과 어울려 사는, 우리의 집 지구다.[29]

하나님께서는 누구와 언약을 맺으시는가(창 6-9장)

노아와 홍수의 이야기는 많은 사람들이 잘 알고 있다. 사람들이 그 이야기에 담긴 의미를 당연히 안다고 여기는 것을 보면, 그 이야기가 너무 많이 알려진 것은 아닌지 모르겠다. 그러나 그 이야기에는 겉으로 드러난 것 이상의 의미가 담겨 있다. 창세기 6-9장은 결코 노아나 홍수에 관한 이야기가 아니다. 성경에 나오는 큼지막한 이야기들이 다 그런 것처럼, 이 이야기도 본질상 하나님에 관한 이야기다. 이 본문은 생생하게 기억되는 이야기를 들려준다. 본문의 이야기에 귀 기울여 보자.[30]

아주 오래 전, 세상이 악과 폭력으로 가득했다. 하나님의 형상대로 지음 받고 세상을 돌보고 경작할 책임을 맡은 인간들은 마음이 온통 악하기만 하였다. 오늘날처럼 그때도 모든 것이 뒤틀리고 비뚤어지고 더러워서 혼란스러웠다. 폭력은 질병과도 같이 세상을 오염시켰다. 세상은 찢겨진 몸처럼 산산조각이 나 버렸다.

인간의 사악함과 폭력이 세상을 파괴한 원인이었기에 하나님께서는 인간을 지으신 것을 슬퍼하셨다. 그래서 하나님은 모든 육체와 세상을 물로 휩쓸어 버리고, 그 사악함을 없애 버리기로 마음을 정하셨다.

그러나 노아는 하나님의 마음에 들었고, 그래서 하나님은 노아와 그의 가족, 그리고 모든 생물의 암수 한 쌍을 살리기로 하셨다. 기이하게도 하나님께서는 노아에게 배를, 그것도 아주 큰 배를 만들라고 명하셨다. 이 방주에는 노아와 그의 아내, 아들들 부부, 그리고 새와 동물과 기는 생물 등 모든 생물이 종류대로 암수 한 쌍씩 타도록 정하셨다. 또 방주에는 필요한 식량, 사람만 아니라 다른 모든 생물이 먹을 음식과 물을 전부 싣게 하셨다. 이것은 하나님께서 언약을 맺으신 노아와 또 노아에게 인도하고 이끌어 배에 태우라고 맡기신 모든 생물을 위한 것이었다.

그래서 노아는 말씀에 순종하여 들짐승과 집짐승, 새와 길짐승을 대를 이을 수 있을 만큼씩 불러 모았다. 이렇게 해서 노아와 함께, 살아 숨쉬는 모든 생물이 둘씩 방주로 들어갔다.

하마와 하이에나와 고슴도치 같은 들짐승.
개와 염소와 소 같은 집짐승.
케찰과 앵무새와 까마귀 같은 새.
전갈과 노린재와 뱀 같은 길짐승.

곧이어 홍수가 시작되고 하염없이 계속됐다. 오랜 시간이 흘렀다. 마른 땅 위에서 숨을 쉬며 사는 것들이 모두 죽었다. 혼돈의 물이 다시 창조의 질서를 집어삼킬 것만 같았다. 어두운 바다를 비추는 실낱같은 불빛처럼 노아 그리고 그와 함께한 이들만 남았다.

그러나 하나님께서 기억하셨다.
하나님께서 노아를 기억하셨다.
방주에 있는 모든 들짐승을 기억하셨다.
방주에 있는 모든 집짐승을 기억하셨다.
하나님은 결코 잊지 않으셨다.

물이 넘쳐 방주를 뺀 모든 것을 삼켜 버리고, 혼돈의 권세가 휘감고 압박하여 세상을 뒤덮고, 깊은 구렁이 입을 벌려 홀로 남은 방주를 삼키려 할 바로 그때에, 하나님께서는 당신이 지으신 생물들이 타고 있는 생명선을 기억하시고 그들을 돌아보셨다. 그리고 다시 행하셨다. 하나님께서 땅 위에 바람을 일으키시니 물이 빠졌다. 최초의 창조 때 그러했던 것처럼 재창조의 행위에서도 하나님의 영은 혼돈한 물 위를 덮어 불었으며, 이렇게 해서 물이 줄었다. 혼돈은 힘을 잃었다. 샬롬, 곧 평화와 조화와 균형이 회복되었다.

이렇게 해서 방주에 있는 생명들이 홍수에서 구원받았다. 나중에 밝혀진 대로, 그 홍수는 세상을 깨끗하게 하고 노아와 그의 가족에게 새로운 삶을 허락한 물이었다. 혼란스러운 방주 안에 있던 모든 생명체들이 구원받았다. 노아는 방주 안에서 쉼을 얻지 못하는 생물들이 밖으로 나가 땅에서 생육하고 번성할 수 있도록 풀어 주었다. 하나님께서 새와 바다 괴물과 물속 생물들에게 생육하라고 복 주셨던 처음 창조를 떠올리게 하는 말씀 속에서 다시 한 번 하나님의 목적이 분명하게 드러났다. 노아와 그의 식구와 인간 이외의 가족들이 모두 방주에서 나와 새롭게 지어진 땅 위에 다시 정착하게 되었다. 새로운 시작이다. 원점에서 다시 출발한다. 새롭게 나아간다.

노아가 제단을 쌓아 제물을 바친 후, 하나님은 다시는 인간 때문에 땅을 저주하지 않고, 물로 세상을 멸망시키지 않겠다고 다짐하셨다. 이어서 하나님은 다시 인간에게 복을 주시면서, 폭력과 사악함이 세상에 들어오기 전에 하셨던 말씀을 되풀이하신다. "생육하고 번성하여 땅에 충만하여라"(창 9:1). 그런데 중요한 사실은, 이번에는 세상과 피조물들을 정복하고 지배하라는 명령을 빼셨다는 것이다. 인간이 이 땅에 저지른 과오를 생각할 때 그렇게 하는 것이 더 낫다고 생각하셨던 것 같다. 흙으로 지어진 인간은 그 명령을 제 마음대로 지배하라는 뜻으로 받아들이고 다스림을 지배로 오해하여, 자신들에게 맡겨진 고귀한 책임을 왜곡하고 세상을 오염시켰다. 그러나 이번에 하나님은, 생명의 근원인 피를 먹지 않는다는 조건을 분명하게 달아서 고기를 먹도록 허락하신다. 비록 인간이 육식을 하게 되었지만, 생명 존중의 원칙은 그대로 남는다. 그러나 예상대로, 그들의 먹이가 되는 동물은 공포와 두려움에 싸이게 된다.

이어서 하나님은 다시 언약을 세우신다. 본문은 열 구절에서 여섯 차례에 걸쳐 하나님의 언약에 대해 말한다.

1. "이제 내가 너희와 너희 뒤에 오는 자손에게 직접 언약을 세운다. 너희와 함께 있는 살아 숨쉬는 모든 생물, 곧 너와 함께 방주에서 나온 새와 집짐승과 모든 들짐승에게도, 내가 언약을 세운다"(창 9:9-10).

2. "내가, 너희 및 너희와 함께 있는 숨쉬는 모든 생물 사이에 대대로 세우는 언약의 표다"(창 9:12).
3. "내가 무지개를 구름 속에 둘 터이니, 이것이 나와 땅 사이에 세우는 언약의 표가 될 것이다"(창 9:13).
4. "나는, 너희와 숨쉬는 모든 짐승 곧 살과 피가 있는 모든 것과 더불어 세운 그 언약을 기억하고"(창 9:15).
5. "무지개가 구름 사이에서 나타날 때마다, 내가 그것을 보고, 나 하나님이, 살아 숨쉬는 모든 것들 곧 땅 위에 있는 살과 피를 지닌 모든 것과 세운 영원한 언약을 기억하겠다"(창 9:16).
6. "이것이, 내가, 땅 위의 살과 피를 지닌 모든 것과 더불어 세운 언약의 표다"(창 9:17).

하나님의 기억하심이 점점 강조되는 것에서 우리는 하나님의 언약, 곧 하나님이 땅과 그 안에 있는 모든 피조물과 맺으시는 언약의 위엄을 확인하게 된다.

이제 우리의 원래 문제로 돌아가자. 하나님은 누구와 언약을 맺으셨는가? 본문은 분명하게 하나님이 언약(*bĕrît*)을 세우셨다고 말하지만, 그 언약은 흔히 사람들이 생각하는 것처럼 노아하고만 맺은 언약이 아니다. 오히려 언약을 맺은 상대는 "살아 숨쉬는 모든 생물"(*kol-nepeš ḥayyâ*), "숨쉬는 모든 짐승, 곧 살과 피가 있는 모든 것"(*kol-nepeš ḥayyâ bĕkol-bāśār*), "살아 숨쉬는 모든 것들, 곧 땅 위에 있는 살과 피를 지닌 모든 것"(*kol-nepeš ḥayyâ bĕkol-bāśār 'ăšer 'al-hā'āreṣ*)이다. 창세기 9:13에 간명하게 언급되었듯이 이 언약은 "땅"(*hāʾāreṣ*)과 맺은 것이다. 본문은 정확하게, 이 언약에는 인간과 비인간을 포함해 모든 피조물이 포함된다고 말한다. 버나드 앤더슨이 이 주제를 잘 요약해 보여준다. "그러므로 노아의 언약은 상상할 수 있는 가장 넓은 의미에서 우주적 성격을 띤다. 근본적으로 그 언약은 온 세상의 인간뿐 아니라 모든 동물, 살아 숨쉬는 모든 것들(*nepeš ḥayyâ*), 곧 땅 위에서 살과 피를 지니고 사는 모든 것들까지 아우르는 생태학적 언약이다(창 6:19에서 언급된 것이 창 9:16에서 되풀이된다)."[31]

신중하게 읽어 보면, 구름 사이에 나타난 활 모양은 하나님께서 우리와 맺은 언약을 반드시 지키신다는 것을 보여주는 징표일 뿐 아니라, 하나님께 세상과 맺은 약속을 기억하게 해주는 표지이기도 하다. 그 활(*qešet*)은 하나님 쪽을 겨냥한다. 전통적인 해석에 의하면, 이 활 모양은 무지개로서 하나님께 자신의 약속을 잊지 않게 해주는 화려한 장치가 된다. 이러한 해석이 옳을 수도 있지만, 여기서 활 모양은 차라리 하나님이 자신의 약속을 잊지 않기 위해 자신의 심장을 향해 겨누게 한 활과 화살로 보는 것이 더 낫겠다.[32] 달리 말해, 하나님은 이 약속을 반드시 지킨다고 봐야 한다. 인간이 품은 마음의 생각이 홍수 이후에도 바뀌지 않고 여전히 악하다고 해도(창 8:21), 하나님은 다시는 이런 식으로 세상을 파괴하지 않겠다고 단호히 결심하신다.

이 언약과 관련해 두 가지 특징을 더 살펴볼 필요가 있다. 이 언약은 영원한 언약(*bĕrît ʿôlām*)이다. 그것은 일시적인 합의나 잠정적인 서약이 아니라 영속성을 지니는 언약이다. 게다가 그것은 무조건적 언약이다. 사람들에게 여러 가지 조건을 지우는, 호혜적인 성격이 강한 모세의 언약과는 달리, 하나님은 일방적으로 아무 조건 없이 세상과 언약을 체결하신다. 이 언약이 영원한 까닭은, 오로지 하나님께서 굳게 지키시기 때문이다.

하나님은 누구와 언약을 맺으시는가? 하나님은 이 땅과 그 안에 있는 모든 피조물과 언약을 맺으신다. 영원한 언약이다. 조건 없는 언약이다. 하나님께서는 당신의 흠투성이 백성인 우리와, 그리고 신음하는 지구와도 언약을 맺으신다. 방주 안에 있는 노아와 모든 동물을 기억하신 하나님께서 이 세상을 다시 기억하셨다. 하나님은 혼돈을 다스리고 생명을 주는 영을 보내셔서 산산조각 난 우리의 고향별을 다시 하나로 묶으셨다. 이 풍성하고 암시적인 성경 이야기 속에서, 우리는 하나님께서 제정하시고 노아가 순종하여 실행에 옮긴 최초의 멸종위기생물보호법(endangered species act)을 보게 된다. 우리는 하나님께서 지구와 맺으신 언약에 대해 배운다.

만물의 중심에는 누가 있는가(욥 38:1-42:6)

욥. 그 이름은 입에 올리는 것만으로도 느낌이 강하다. 그 이야기를 기억하는가? 흠이 없고 의로우며 하나님을 두려워했으나 자신의 재산과 가족과 육체적인 안녕을 빼앗겨 버린 사람. 아무런 위안도 주지 못하는 친구들. 잔인하고 온당치 않게만 보이는 하나님. 욥. 고난을 다루는 책에서 고난의 주인공이 된 사람.[33]

여기서 우리의 관심은 그 책의 끝 부분에 있다. 소용돌이치는 이 이야기가 말하는 것은 무엇인가? 또 이것이 지구를 돌보는 일과 무슨 관계가 있다는 말인가? 좀 더 구체적으로 말해, 이 이야기의 끝 부분이 세상 속에 있는 우리의 자리에 관해 말해 주는 것은 무엇인가? 만물의 중심에는 정확히 누가 있는가? 그러나 이 끝부분을 살펴보기 전에, 거기까지 어떻게 도달하는지에 대해 생각해 보자. 이 흥미롭고 눈을 뜨게 만드는 이야기에 다시 귀 기울여 보자.[34]

욥은 재산과 자녀와 건강을 다 잃어버리고서도 하나님을 저주하고 죽으라는 아내의 충고를 내친다. 그는 자기가 아무런 흠이 없다고 주장한다. 욥은 하나님을 저주하는 대신 자기가 태어난 날을 저주한다. 그는 탄식한다. 그때 친구들인 엘리바스와 빌닷과 소발이 찾아와 그를 위로한다. 그들은 이레 동안 입을 열지 못하고 함께 앉아 있다가 마침내 그가 왜 고난을 당하게 되었는지 그들 나름의 생각을 말한다. 하나님께서 죄를 징계하신 것이다. 자녀들이 저지른 악행에 대한 벌이다. 과거에 지은 죄에 대한 형벌이다.

욥은 더 이상 친구도 아닌 그들이 펼치는 삼류 신정론에 대항하여, 그들이 하나님을 옹호하고 또 하나님이 세상을 다루시는 불가사의한 방식을 변호하기 위해 끌어대는 억측을 논박한다. 욥은 자신의 무죄를 재차 주장하고, 또 다시 한탄을 쏟아낸다. 마침내 그는 하나님께 직접 불평을 쏟는다. 저는 죄가 없습니다, 저는 바르고 흠이 없는 사람입니다라고 아뢴다.

이윽고 하나님께서 욥에게 말씀하신다. 폭풍이 몰아치는 가운데서 말씀하시는 하나님은 계속 이어지는 질문으로 욥의 탄식과 불평에 답하신다. 그러나 하나님의 응답은 기이하고 당혹스러우며 모호하고 핵심을 벗어난 것처럼 보인다. 하나님의 첫 번째 응답은 온통 우주론과 날씨 이야기와 수문학과 축산학과 조류학에 관한 내용으로 가득하다.

첫째, 땅과 하늘에 관해 말씀하신다. "욥, 내가 땅의 기초를 놓을 때에 너는 어디에 있었느냐? 욥, 바다의 경계선을 놓은 것이 누구냐? 네가 지금까지 아침에게 명령하여 동이 트게 해본 일이 있느냐? 처음에 물들이 제자리를 잡을 때 네가 거기에 있었느냐? 너는 땅속 깊은 곳을 거닐어 보고 광대한 세상을 달려 보았느냐? 네가 빛과 어둠을 나누었느냐? 또 날씨는 어떠냐? 욥, 너는 눈이 어디서 오고 우박이 쌓여 있는 곳이 어딘지 아느냐? 너는 번개가 어디서 오고 동풍이 어디서부터 시작되는지 아느냐? 또 비는 어떠냐? 너는 사막에다 비를 내려 보았느냐? 너는 황무지에다 물을 줄 줄 아느냐? 네가 얼음과 서리와 눈을 끌어오는 사람이냐? 욥, 네가 북두칠성을 하늘에 두고, 오리온성좌와 큰곰자리에게 하늘길을 정해 주었느냐?"

다음으로, 동물과 새들에 관해 말씀하신다. "욥, 네가 굶주린 사자를 먹일 수 있겠느냐? 까마귀에게 먹이를 주는 이가 너냐? 욥, 너는 산에 사는 염소가 언제 새끼를 치고 들사슴이 언제 새끼를 낳는지 아느냐? 들나귀를 자유롭게 놓아 주고, 들소를 영구히 풀어 주는 이가 너냐? 또 타조는 어떠냐? 타조가 땅에다 알을 낳고 자기 알을 거칠게 다루도록 만든 것이 너냐? 매가 남쪽으로 날아오르고 독수리가 시체의 피를 빨아먹는 것이 네가 그렇게 하도록 한 것이냐?"

하나님은 이렇게 질문들을 쏟아부으신 후에 대답을 요구하신다. "네가 나를 비난하니, 어디, 나에게 대답해 보아라"(욥 40:2). 욥이 드러내 놓고 하나님께 따졌으니 이제 하나님이 그에게 답을 요구하신다. 욥은 그저 "저는 비천한 사람입니다"라고 답하고는 자기 입을 손으로 가린다. 자기가 안다고 생각하는 것들을 다 말했으나 사실은 모르는 것들이었기에 다시는 같은 실수를 저지르지 않으려 한다. 그는 자신의 지식과 힘이 유한하다는 사실을 분명히 깨닫는다. 그래서 욥은 "왕 같은" 하나님께 굽히리라고 마음먹고는 겸손하게 자신을 낮춘다. 이제 그는 자신의 자리를 안다. 그 자리는 만물의 중심이 아니다.

그러나 이 처음 언쟁만으로는 충분하지 않아 보인다. 욥이 논쟁에서 물러선 것은 진정으로 이해했기 때문이 아니라 두려움과 체념 때문이었다. 그래서 다시 하나님은 폭풍 가운데서 말씀하신다. 이어지는 질문은 이렇다. 아직도 너는 내 판결을 비난하려느냐? 네가 자신을 옳다고 하려고, 내게 잘못을 덮어씌우려느냐? 이렇게 하나님은 계속되는 질문을 쏟아부으신다. 욥이 야생의 것들과 불가해한 것들과 혼돈에 맞서야 할 일은 아직 끝나지 않았다.

첫 번째는 베헤못에 관한 질문들이다. "이 짐승이 무엇이냐? 내가 너를 만들었듯이 이것도 내가 만든 짐승이요, 그중에 가장 빼어나다. 이것은 내가 만든 피조물 가운데서 으뜸가는 것이다. 허리에서 억센 힘이 나오고 배에서 강한 기운이 나온다. 힘줄과 근육은 강하고 억세다. 뼈대는 놋쇠와 같고 사지는 쇠막대와 같다. 정말이지 이 짐승은 내가 만든 것 가운데 첫째간다. 베헤못은 두려움이라고는 모른다. 산에서 먹이를 얻으며, 습지에서 잠자리를 찾는다. 홍수나 넘치는 물에도 놀라는 법이 없다. 베헤못, 곧 하마는 아무것도 두려워하지 않으며 인간의 손에 잡히지도 않는다. 욥, 네가 갈고리로 그것을 잡고 올가미로 그 코를 꿸 수 있겠느냐? 결코 그럴 수 없다. 어떤 인간도 베헤못에 맞설 수 없다. 오직 나, 하나님만이 그 생명을 거둘 수 있다."

이어서 하나님은 막강한 바다 생물, 리워야단에 대해 말씀하신다. 폭풍 한가운데서 그분의 음성이 계속해서 질문을 쏟아 놓으신다. "욥, 네가 갈고리로 리워야단을 잡을 수 있겠느냐? 포로된 노예에게 하듯 줄로 그 코를 꿸 수 있겠느냐? 리워야단을 네 종으로 부릴 수 있겠느냐? 네가 그것을 새처럼 길들이고 개처럼 묶어서 데리고 놀 수 있겠느냐? 욥, 네가 그것을 창으로 찌르거나 작살로 잡아서 시장에 내다 팔 수 있겠느냐? 리워야단에게 손을 대거나 쳐다만 보아도, 그것과 싸울 생각은 못할 것이다. 리워야단을 잡겠다는 생각은 아예 하지도 말아라."

"리워야단을 쳐다보고서 누가 안전할 수 있겠느냐? 그 용맹은 이루 말할 수 없고 뼈대는 당당하다. 전사와 같이 무장했으니 누가 두 겹 갑옷 같은 껍질을 뚫을 수 있으며, 소름끼치는 이빨로 빽빽한 그 입을 벌릴 수 있겠느냐? 그 등은 비늘로 견고하게 덮여 있어 바람조차 뚫고 들어갈 수 없다. 콧김에서는 빛이 번쩍이고, 입에서는 횃불이 쏟아진다. 콧구멍에서는 연기가 쏟아지고, 그 숨결은 숯불을 피우기에 족하다. 목은 살이 두꺼워 견고하고, 가슴은 바위처럼 단단하다. 칼이나 활이나 창으로는 흠집조차 낼 수 없다. 화살로 그것을 도망치게 할 수 없고, 몽둥이는 지푸라기 꼴이 되며, 창이 날아오는 소리에도 코웃음을 친다. 리워야단이 일어서면 힘 있는 것들조차 두려워 떤다. 악어와 같은 바다 괴물, 리워야단은 무섭고 끔찍하다. 이 땅 위에 그것과 겨룰 것이 없다."

이 말씀이 끝나자 다시 욥이 대답한다. 그의 첫 번째 대답이 복종과 침묵이었다면 이번에는 회개와 수용이다. 욥은, 하나님께서는 "못하시는 일이 없으시다"고, 주님의 계획은 어김없이 이루어진다고 인정한다. 또 그는 "잘 알지도 못하면서,…… 깨닫지도 못하면서, 함부로 말을 하였습니다. 제가 알기에는, 너무나 신기한 일들이었습니다"(욥 42:2-3)라고 고백한다. 욥은 하나님을 뵙기 원한다고 말하고, 드디어 그 소원을 이룬다. 그는 귀로 하나님의 음성을 들으며 눈으로 하나님을 뵙는다. 그에게 신정론이 아니라 비전, 곧 하나님의 비전이 허락된다. 그리고 이 비전으로 인해, 그는 새롭게 되어 자신이 누구이며 이 세상과 세상 속에 있는 자기의 자리가 어떤 곳인지를 알게 된다.

이 모든 것을 어떻게 받아들여야 할까? 좀 더 정확하게 말해, 이 수수께끼 같은 본문은 누가 만물의 중심에 있는가라는 질문에 어떤 답을 주는가? 첫째, 우리 인간이 만물의 중심이 아니라는 점은 분명하다. 이 본문 속에서, 우리가 내세우는 인간중심적인 우월성에 대한 주장은 무너져 내린다. 욥과 마찬가지로 우리도 본래의 자리로 돌려진다. 빌 맥키벤(Bill McKibben)은 이렇게 주장한다. "하나님은 사람 없는 세상, 곧 사람이 나타나기 오래 전에 존재했고 그 자체로 독립적인 의미를 지닌 세상을 그리신다. 그분의 행위는 대부분 인간이 나타나기 훨씬 전에 이루어졌으며, 또 그 규모도 참으로 장대하고 강력해서 만물에 비추어 우리를 참으로 작게 만든다."[35] 맥키벤은 계속해서 하나님은 "인간이 존재하지 않는 장소라는 관념에도 전혀 곤란을 느끼지 않으시며" 또 실제로 "인간에게 아무런 유익이 되지 않아도 개의치 않고 비를 내리신다"고 말한다. 그리하여 그는 "내가 보기에, 하나님께서 욥에게 하신 말씀의 첫째 의미는 우리 인간이 피조물로 이루어진 전체 질서의 한 조각, 작은 부분일 뿐이라는 사실이다"라고 결론짓는다.[36] 알도 레오폴드의 말로 하면, 우리는 대지 공동체의 "평범한 시민이자 구성원"이다.[37] 인간이 아니라 하나님이 만물의 중심이시다.

이 말씀이 함축하는 두 번째 의미는, "하나님의 피조물 가운데 하나에 불과한 인간은 만물의 척도, 곧 피조물의 가치를 판단하는 유일한 기준이 아니다"라는 것이다.[38] 우리가 만물을 측정하는 존재일지는 모르나(아니면 그렇게 되려고 애쓸지는 모르나) 결코 만물의 척도는 아니다. 산에 사는 염소와 들나귀는 물론 베헤못과 리워야단도 우리에게 하나님의 창조 의지가 미치는 범위는 인간 개인이나 공동체를 훨씬 뛰어넘는다는 사실을 깨우쳐 준다. 정말이지 하나님은 우리에게 적대적이고 낯선 것들까지 보살피신다. 캐럴 뉴좀(Carol Newsom)이 특히 이 사실을 잘 보여준다.

욥이 자신을 드러내는 (의미) 지평과 하나님께서 욥이 속해야 할 곳이라고 지시하는 지평 사이에 극단적인 대조가 이루어진다. 욥의 일차적인 의미 지평은 마을과 가정이었다. 하나님은 전체 피조물을 출발점으로 삼으심으로써, 욥의 도덕적 상상력이 지니는 파벌주의를 논박하신다. 우리 역시 도덕적인 세상을 인간이 다른 인간과 맺는 관계에만 한정되는 것으로 생각하는 경향이 있다. 그러나 인간이 창조 세계를 오용하여 환경을 무지막지하게 파괴하는 현실 앞에서 현대의 독자들은, 인간의 정체성과 소명에 관한 물음은 피조물 전체의 틀 안에서 답을 찾아야 한다는 하나님의 주장에 담긴 중요한 의미를 깨달아야 한다.[39]

성경이 가르치는, 피조물을 포괄하는 신중심주의에 비추어서만 우리가 누구이며 또 우리에게 주어진 특별한 소명이 무엇인지에 대한 문제에 답을 찾을 수 있다.

셋째, 정체성과 소명을 확인하는 일은 우리의 도덕적 상상력을 회복하고 확실하게 다지는 일과 관계가 있다.[40] 이 본문은 욥에게뿐만 아니라 우리에게도 주의력을 키우고 훈련하라고 요구한다. 욥은 실천하라는 명령을 듣기 전에 깊이 숙고하라는 말을 듣는다. 보고 살피고 음미하되, 특히 적대적이고 위험한 야생의 것들을 그렇게 해야 한다. 뉴좀이 이 일의 핵심을 잘 보여준다. "대학이나 신학교에서 윤리학 과목을 개설하면서 첫 3일을 침묵 속에서―하루는 숲에서, 하루는 바닷가에서, 하루는 밤에 들판에서 별을 보면서―지내도록 하는 경우는 많지 않을 것이다. 그러나 이런 식의 일들은 하나님께서 욥에게 새로운 도덕적 이해에 이르는 출발점으로 제시한 것과 같은 것이다."[41] 행위는 성품에서 나오며, 행동은 존재에서 나오고, 활동은 기본적인 태도에서 나온다. 이 본문은 우리에게 주의력, 감사, 겸손과 같은 특정한 덕목들, 곧 세상을 돌보도록 하나님께 부름받은 사람들에게 필요한 습관적 기질들을 계발하라고 권유한다.

넷째, 이 본문은 도덕적 질서를 보여준다. 특히 하나님께서 하신 말씀들을 통해 선에 대한 분명한 비전이 드러난다. 이 비전은 야생의 것과 길들여지지 않은 것, 위험한 것과 두려운 것까지 포함한 전체 피조물의 자리가 되는 세상에 관해 말해 준다. 이에 대해 뉴좀은 다음과 같이 말한다. "하나님께서 창조에 관해 언급하는 이 말씀들은 도덕적 질서의 구조를 분명하게 연상시키는 은유들을 담고 있다. 장소와 경계와 불가침의 이미지들이 반복적으로 등장한다.……(그리고) 오늘날 생태학 언어에서 흔히 사용되는 조화의 개념도 나타난다."[42] 뉴좀은 이러한 이미지와 언어가 적절한 장소와 합당한 경계에 관한 윤리를 낳는다고 본다. 간단히 말해, 이 본문이 제시하는 도덕적 질서는 생태계에 대한 책임과 포용의 윤리다.

다섯째, 이 본문에서는 인간이 중심 자리에서 밀려나 하나님의 피조물들 가운데 있는 본래의 자리로 돌려질 뿐만 아니라 창조된 세상의 몇 가지 특성이 분명하게 드러난다. 자연 세계는 혼돈하고 불가해한 것임에도 불구하고 질서를 드러내고 양식화된 규칙성을 보여준다. 그러므로 이 사실에서 유추하여, 우리는 고난의 한가운데서도, 또 우리가 받아들이거나 이해할 수 없는 것이 많다고 해도, 도덕적 질서를 이성적으로 믿을 수 있게 된다. 로버트 고디스(Robert Gordis)는 다음과 같이 말한다.

> '우주는 인간에게 신비다'라는 기본적인 주제가 이 하나님의 말씀들에서 명료하게 드러난다. 게다가 주님의 말씀 속에는 다른 두 개의 중요한 관념이 함축되어 있다.…… 첫째, 우주는 오직 인간의 이용만을 위해 창조된 것이 아니며 따라서 우주나 창조주를 인간의 기준이나 목적에 따라 판단해서는 안된다는 점이다. 둘째는 훨씬 더 중요하다. 자연 세계는 인간의 이해를 초월하면서도 인간에게 자신의 아름다움과 질서를 드러내 보여준다. 따라서 우주가 인간의 이해 능력을 완전히 벗어난 것이기는 해도 그 역시 형식과 의미를 갖춘 도덕적 질서를 보여준다는 사실을 믿는 것은 합리적이다.[43]

달리 말해, 세상이 자연적 질서를 이룬 장소이자 아름다움과 의미를 지닌 장소이며 그 가치는 창조주이자 보존하시는 분인 하나님께서 주신 것이라는 사실을 인정한다면, 도덕적 질서를 믿는 것은 합당한 일이다.

여섯 번째이자 마지막으로, 이 하나님의 말씀들은 불가사의하지만 심오한 방식으로 세상의 욥과 같은 사람들에게 위로를 베푼다. 그 말씀들이 고난당하는 사람의 아픔과 외로움을 창조 질서에 대한 지식과 연결하기 때문이다. 에라짐 코학(Erazim Kohák)은 직관적이고 유려한 명상을 모은 책인 「잿불과 별들」(The Embers and the Stars)에서 밤의 선물과 자연의 장소들이 지닌 힘에 대해 깊이 묵상하고 있으며, 그 일을 통해 바로 이 주제에 대해 번득이는 지혜를 제시한다.

자신이 만든 인공물의 화려한 껍데기에 둘러싸인 인간만이 고통을 견뎌낼 줄 모른다. 인간은 슬픔이 잦아들고 방출되고 완화될 때에만 고통을 견딜 수 있다. 똑같은 짐을 지고 있는 동료 인간들과 그들의 수고로는 고통을 해결할 수 없다……

침묵과 수용 가운데 조화가 이루어지고, 마치 하나님이 거기에 계시기나 하듯 그분께로 슬픔을 가져다 맡기는 일, 이러한 일들이 숲에서 이루어진다. 인간이 더 이상 자신을 자기가 헤아리는 모든 것의 주인이라고 생각하지 않을 때, 또 하나님께서 지으신 방대한 피조물 가운데서 자기의 자리가 보잘 것 없음을 깨달을 때, 그때 비로소 피조물 인간과 하나님은 고통을 함께 나눌 수 있게 된다. 기독교인에게 십자가는 이러한 사실을 보이는 상징이었다. 십자가 앞에서 인간은 슬픔에서 해방되는 것이 아니라 더 이상 홀로 슬픔과 씨름하지 않게 된다. 슬픔은 거두어지고 나누어진다.

이것은 욥기가 가르쳐 온 오래된 지혜다.…… 하나님은 전혀 다른 관점에서 말씀하신다. 하나님은 고통에 대해 말씀하시지 않고 창조의 장대함에 대해 말씀하시며 깊은 산속 자기 굴에 있는 영양과 깊은 바다의 힘 있는 생물에 관해 말씀하신다. 하나님께서 논점을 회피하시는 것이 아니다. 하나님은 욥에게 고통을 감내하는 지혜를 가르치시는 것이다. 고통은 피하거나 없앨 수 있는 것이 아니라, 그것을 흡수할 수 있는 전체의 살아 있는 피조물이 있으므로 그들과 함께 나누게 되는 것이다.[44]

달리 말해, 하나님께서 폭풍 가운데서 하시는 말씀은, 욥에게 하나님의 능력뿐 아니라 창조된 세상—인간이 만들지 않은 세상—의 방대함과 신비도 깨닫게 한다. 인간의 통제와 인식을 넘어서는 그러한 세상이 인간에게서 슬픔의 짐을 덜어 줄 수 있다. 벨덴 레인(Belden Lane)의 멋진 표현대로, 슬픔과 고통의 때에는 거친 풍경 속에서 큰 위로를 만난다.[45] 하나님께서 중심에 서시고 그렇게 해서 인간이 밖으로 밀려날 때, 인간이 겪는 고난의 아픔을 흡수하기에 족한 광대하고 황량한 세계가 열린다.

그러므로 만물의 중심에는 누가 있는가? 욥기는 분명하게 하나님께서 만물의 중심이라고 말한다. 인간의 자존심은 상처를 입겠지만, 그것이 만물의 존재 방식이다. 우리는 우리의 자리—중요한 자리이기는 하나 한계가 있고 제약이 있는 자리—를 받아들여야 하며, 그렇게 해서 하나님이 지으신 야생의 피조물들도 그들의 정당한 자리가 있음을 인정해야 한다. 이것이 욥기가 가르치는 철저한 하나님중심 사상이다.

무엇이 세상을 존속하게 하는가(골 1:15-20)

우리 시대에는 권력에의 다툼을 어디서나 볼 수 있다. 베스트셀러에 오른 책들은 제각각 성공에 이르는 3단계, 7단계, 12단계 프로그램들을 제시한다. 운동경기 팀들은 "우리가 제일이다"라고 외칠 자리를 놓고 겨룬다. 기업체들은 시장 점유율과 소비자의 돈을 놓고 책략을 펼친다. 국가들은 우위를 차지하려고 다투면서 저열한 목적을 이루기 위해 폭력을 사용하는 일도 마다하지 않는다. 종교 집단들은 자기네 울타리 안에 들어오는 사람들에게 영적인 깨달음을 보장한다고 외친다. 권력에의 다툼은 옛날과 마찬가지로 오늘날에도 흔하게 일어난다. 그러면 진정한 권력은 어떤 것이며, 참된 권력은 어디서 또 어떤 사람에게서 찾아볼 수 있는가? 좀 더 정확하게 말해, 이 세상을 존속하게 하는 것(그것이 어떤 것이든)은 무엇인가?

이러한 문제들과 씨름하려고 할 때, 골로새서보다 더 좋은 성경 본문은 없을 것이다. 이 책에서 바울은 권력과 관계된 여러 문제들을 비중 있게 다루기 때문이다.[46] 우리는 골로새서 1:15-20을 집중적으로 살펴볼 텐데, 우선 그 맥락을 이해하기 위해 몇 가지 사항을 간단히 살펴보자. 바울은 골로새—라오디게아와 히에라볼리 근처, 소아시아의 리커스 골짜기에 있는 작은 마을—의 신실한 성도들에게 인사를 한 후 그 공동체를 위해 기도한다. 그는 또 골로새 교인들 때문에 하나님께 감사하는데, 그들의 믿음, 소망, 사랑을 보고 복음이 그들 가운데서 열매 맺었음을 알았기 때문이다. 이어서 바울은 골로새 교회의 형제자매들에게 하나님을 아는 지식에서 자라고, "하나님의 영광의 권능에서 오는 모든 능력으로 강하게 되어서, 기쁨으로 끝까지 참고 견디기를 바랍니다"(골 1:11)라고 부탁한다.

또 그들에게, "그리하여 성도들이 받을 상속의 몫을 차지할 자격을 여러분에게 주신 아버지"(골 1:12)이신 하나님께 기쁨으로 감사하라고 말한다. 왜 그렇게 감사해야 하는가? 하나님께서 "우리를 암흑의 권세에서 건져 내셔서, 자기의 사랑하는 아들의 나라로 옮기셨"으며 "우리는 그 아들 안에서 구속 곧 죄사함을 받았"기 때문이다(골 1:13-14). 바울은 출애굽을 연상시키는 말로, 하나님께서 당신의 백성을 구원하셔서 한 나라에서 다른 나라로 옮기셨다고 선언한다. 그러면 이 나라의 본질은 무엇이며

또 이 사랑하는 아들은 누구인가? 다음의 익숙한 구절을 통해 다시 한 번 바울의 말을 들어보자.[47]

여러분은 좋은 질문을 하셨습니다. 나 바울은 한편의 시로 여러분의 질문에 답하겠습니다.

그 아들은
보이지 않는 하나님의 형상이시요,
모든 피조물보다 먼저 나신 분이십니다.
만물이 그분 안에서 창조되었습니다.
하늘에 있는 것들과 땅에 있는 것들,
보이는 것들과 보이지 않는 것들,
왕권이나 주권이나
권력이나 권세나 할 것 없이,
모든 것이 그분으로 말미암아 창조되었고,
그분을 위하여 창조되었습니다.
그분은 만물보다 먼저 계시고,
만물은 그분 안에서 존속합니다.
그분은 교회라는 몸의
머리이십니다.

그는 근원이시며,
죽은 사람 가운데서 제일 먼저 살아나신 분이십니다.

이는, 그분이 만물 가운데서 으뜸이 되시기 위함입니다.
하나님께서는
그분의 안에 모든 충만함을 머무르게 하시기를 기뻐하시고,
그분의 십자가의 피로 평화를 이루셔서,
그분으로 말미암아
만물을, 곧 땅에 있는 것들이나 하늘에 있는 것들이나 다,
자기와 기꺼이 화해시켰습니다.

이제 설명을 하겠습니다. 내가 말하는 아들이란 보이지 않는 하나님의 참 형상(*eikōn*)이십니다. 골로새 교우 여러분 주위에는 형상들이 가득합니다. 특히 황제의 형상이 그렇지요.[48] 어디서나 카이사르의 형상을 만나게 됩니다. 황제를 기념하는 공공 축제와 의식들이 여러분의 일상생활 속에 깊숙이 들어와 있습니다. 그러나 카이사르가 아니라 하나님의 사랑하는 아들이 보이지 않는 하나님을 볼 수 있게 해주는 참 형상입니다. 그리스도 안에서 하나님의 본성이 완전하게 계시되었으며, 그렇기에 그리스도는 바른 형상입니다.[49]

또 그리스도는 모든 피조물보다 먼저 나신 분(*prōtotokos pasēs ktiseōs*)이십니다. 내 말을 오해하지 마시기 바랍니다. 그리스도는 창조된 것 중에서 가장 먼저 나신 분이 아닙니다. 오히려 그분은, 그분으로 말미암아 모든 피조물이 비로소 존재하게 하시는 분이십니다. 먼저 나신 분으로서 그리스도는 피조물보다 앞서고 우월하십니다. 이렇게 그리스도는 먼저 나신 분이십니다. 그리스도의 힘은 온 우주에 미칩니다. 그 어떤 것도 그분의 권세 있는 다스림에서 벗어나지 못합니다.

나는 이 주장이 대담하다는 것을 압니다. 그래서 좀 더 설명하려고 합니다. 그리스도가 먼저 나신 분이신 까닭은 그분 안에서, 하늘과 땅에 있는(*en tois ouranois kai epi tēs gēs*) 모든 것(*hoti en autō ektisthē ta panta*), 보이는 것과 보이지 않는 것(*ta horata kai ta aorata*)이 지음받았기 때문입니다. 만물이 그렇습니다.[50] 우주는 하늘에 있는 어떤 권세나 주권자가 이룬 것이 아닙니다. 또 인간에 속한 나라나 통치자가 만든 것도 아닙니다. 카이사르가 아니라 그리스도 안에서 만물이 존재하게 되었습니다. 그리스도 곧 하나님의 참 형상 안에서 온 우주가 지어졌습니다.

좀 더 구체적으로 말씀드리겠습니다. 이 "만물"에는 사람들이 궁극적이라고 여기는, 하늘과 땅에 속한 실재들이 포함됩니다. 보좌(*thronoi*)와 통치자(*kyriotētes*)와 지배자(*archai*)와 권세(*exousiai*)가 그들입니다.[51] 하늘의 모든 주권자와 권세들은 그리스도께 종속됩니다.[52] 이 "권세"들은 궁극적인 것이 아닙니다. 그들에게는 최종 권위가 없습니다. 만물은 그분을 통해, 그리고 그분을 위해(*di autou kai eis auton*) 지음받았고, 계속해서 존재합니다(*ta panta ektistai*). 그리스도는 피조물이 존재하는 원인이자 목적이 되십니다.

그러나 말씀드릴 것이 더 있습니다.[53] 신비는 참으로 깊습니다. 그리스도는 만물 앞에 계시며(*pro pantōn*), 그분 안에서 만물(*ta panta*)은 존속합니다(*en autō synestēken*). 그분은 만물 앞에 계십니다. 그리스도는 시간과 지위에서 첫째이십니다. 그리고 무엇보다도 놀라운 것은, 만물은 그리스도 안에서 하나로 연결되고 일치를 이룬다는 사실입니다. 그리스도는 우주를 지탱하시는 분이시요 생명을 통일시키는 원리이십니다. 세상은 어떤 하늘의 권세에 의해 일치를 이루는 것이 아닙니다. 피조물은 카이사르가 통치한다고 해서 일치되지 않습니다. 오히려 만물은 그리스도 안에서, 그분을 통해, 그분을 위해 일치를 이룹니다.⁵⁴

이렇게 일치시키고 통합을 이루시는 주님은 교회(*tēs ekklēsias*), 곧 몸의 머리(*hē kephalē tou sōmatos*)가 되십니다. 그리스도는 주와 통치자이실 뿐만 아니라 교회의 시작이요 근원이 되십니다. 그리스도는 몸을 일으키시고 거기에 힘을 불어넣으십니다. 이 몸은 그분의 백성, 곧 우리입니다.⁵⁵ 그러므로 여러분은 로마라는 도시가 아니라, 그리스도가 주 되시는 여러분의 모임(assembly)에 충성해야 합니다. 여러분은 로마가 정복하고 지배하는 이야기들이 아니라 교회 속에서, 이스라엘의 역사와 메시아 예수의 이야기에 뿌리를 둔 공동체 속에서 자신이 어떤 사람인지 알게 됩니다. 여러분의 머리는 카이사르가 아니라 그리스도이십니다.

그런데 살펴볼 것이 더 있습니다. 그리스도는 시작(*archē*)이십니다.⁵⁶ 이 말이 뜻하는 것이 무엇입니까? 그리스도는 모든 피조물보다 먼저 나신 분이실 뿐만 아니라 죽은 사람 가운데서 맨 먼저 살아나신 분(*prōtotokos ek tōn nekrōn*)이십니다. 그리스도는 죽은 자 가운데서 다시 살아나, 잠자는 자들의 첫 열매가 되셨고 형제자매들 가운데 먼저 나신 분이 되셨습니다.⁵⁷ 그리스도는 새 백성을 일으켜 세우셨습니다.⁵⁸ 그분의 죽음과 부활을 통해, 오랜 세월 기다려 온 새 시대가 시작되었습니다!

그리스도가 죽은 사람 가운데서 맨 먼저 살아나신 것은 만물 가운데서 으뜸(*en pasin autos prōteuōn*)이 되시려는 까닭입니다(*hina genētai*).⁵⁹ 어떤 보좌나 통치자, 지배자, 권세라도 그리스도의 자리를 빼앗을 수 없습니다. 이처럼 그리스도의 으뜸 되심이 부활의 참 목적이었습니다. 또 그분 안에는(*en autō*) 모든 충만함(*pan to plērōma*)이 기꺼이 머물며(*eudokēsen katoikēsai*), 바로 이 때문에 그리스도는 시작이 되시고 죽은 사람 가운데 먼저 나신 분이 되십니다. 하나님께서 당신을 계시하시는 일이 그리스도 안에서 완전하게 이루어졌습니다.[60] 형제자매 여러분, 여러분이 골로새에서 듣고 보는 것과는 달리, 카이사르는 으뜸이 아니며 완전한 신도 아닙니다. 그러한 고백은 그리스도께 돌려야마땅합니다.

앞에서도 말했듯이, 하나님께서는 그리스도 안에 모든 충만함을 머물게 하시기를 기뻐하시고, 그리스도로 말미암아 만물을 기쁘게 자기와 화해시키셨습니다(*di autou apokatallaxai ta panta eis auton*).[61]

그리스도로 말미암아—창조와 마찬가지로 구속도 그리스도로 말미암습니다.
만물을—땅에 있는 것들이나 하늘에 있는 것들이 다 포함됩니다.
자기와—주님은 시작이시며 또 목표가 되십니다.
화해시키셨습니다—모든 세대에 깊이 뿌리내린 소외를 해결하십니다.

그런데 이러한 우주적 화해는, 특이한 방식으로 평화를 이루는 행동에 의해 이루어졌다는 사실을 아시기 바랍니다. 이 평화는 폭력이나 정복이나 무자비하게 다른 사람의 피를 흘리는 일로 이루어지지 않습니다. 이 평화는 결코 로마의 평화(Pax Romana)와 같지 않습니다. 이 평화는 그리스도의 십자가의 피로 이루어집니다. 이것은 전혀 다른 평화, 곧 하나님 나라의 샬롬을 뜻합니다. 또 이것은 아주 다른 식으로 평화를 이루는 일입니다. 다시 말해, 어떤 사람이 자원하여 다른 사람을 위해 고난을 당하고, 그 일을 통해 악을 흡수해 버림으로써 평화를 이루는 일입니다. 그리스도의 십자가의 피를 통해 성취된 평화입니다. 할렐루야, 아멘!

그러면 권력은 누구에게 있는가? 그리스도다. 이 권력은 어떻게 드러나게 되는가? 우주의 창조와 보전, 그리고 십자가와 부활에서 드러난다. 무엇이(더 나은 표현으로, 누가) 세상을 존속하게 하는가? 보이지 않는 하나님의 형상이요 처음 나신 분이며 시작이 되시는 그리스도시다. 제임스 던(James Dunn)이 이 본문에 내린 결론적 평가가 이를 잘 요약해 보여준다. "비전은 참으로 방대하다. 마음을 요동치게 하는 주장이다. 초대 기독교인들이 그리스도의 죽음과 부활 속에서 말 그대로 자연의 부조화와 인간의 비인간성을 해결할 열쇠를 보았다는 사실, 또 그리스도의 십자가에서 하나님의 창조의 특성과 우주를 향한 하나님의 관심을 온전히 이해하고 파악할 수 있었다는 사실은 이 첫 기독교인들의 믿음에 대해 많은 것을 알려 준다."[62]

언뜻 보면 이 본문이 생태계 문제들과 전혀 상관없는 것처럼 보이지만, 사실 그 속에는 자세히 살펴보아야 할 것들이 많다. 이 독특하고 의미 깊은 본문에서 얻을 수 있는 생태학적 지혜는 어떤 것일까? 첫째, 우리의 구속자는 창조주시다. 창조하시는 하나님과 구속하시는 하나님으로 나눌 수 없다. 브루스(F. F. Bruce)는 이 중요한 지혜를 다음과 같이 요약해 말한다. "하나님의 구속 사역을 완성하신 분이 태초에 하나님의 창조 사역이 이루어질 때 일하셨던 그분이다. 그분이 창조된 세상과 맺는 중보적 관계는 구원의 복음이 펼쳐지는 배경이 되며, 이러한 배경에 비추어 그의 백성들은 그 복음을 더욱 잘 이해하게 된다."[63] 우리의 구속자는 창조주시다. 이 시의 내용뿐만 아니라 형식 자체도 이러한 결론에 이르도록 독자들을 이끈다. N. T. 라이트의 말대로, "평행구를 이루는 전후 두 부분은…… 독자나 청자들을 이끌어서, 창조주는 구속자시며 또 역으로 구속자는 창조주가 되신다는 결론에 도달하게 한다."[64]

둘째, 이 본문은 창조와 구속이 하나님께서 펼치시는 한 드라마에 속한 두 막이라는 사실을 말해 준다. 창조와 구속 모두에서 그리스도는 처음 나신 분이다. 그 두 가지 행위에서 그리스도는 하나님께서 일하시는 원인이자 도구가 된다. 하나님의 경륜(divine economy)의 놀라운 일치에 대해서는 특히 제임스 던이 잘 설명한다. "하나님의 창조 행위와 구속 행위 사이의 (대립이 아니라) 상보성(相補性, complementarity)은 결정적인 매개념(媒槪念, middle term)인 그리스도에 의해 가장 완벽하게 성취되고 유지된다. 하나님은 그리스도 안에서, 그리스도를 통해, 그리스도께 두신 당신의 창조 목적과 구속 목적을 모두 이루셨다."[65] 그리스도 안에서 하나님의 경륜은 하나다.

셋째, 구속은 창조의 회복이다. 구속은 창조 세계의 소멸이 아니라 갱신을 의미한다. 구원은 세상에서 탈출하는 것이 아니라 세상을 새롭게 하는 것이다. 구원론은 (종말론과 마찬가지로) 세상을 긍정하는 이론이다. 제임스 던이 특히 이 점을 다음과 같이 분명하게 말한다. "여기서 주장하는 것은 아주 간단하고 심오하다. 즉 하나님께서 이 화해와 평화의 행동을 통해 이루시려는 목적은 처음 창조의 조화를 회복하는 것이요, '만물, 곧 땅에 있는 것들이나 하늘에 있는 것들이나 다' 새로운 하나됨과 온전함으로 이끄는 것이다."[66] 라이트에 의하면, 이 주장은 유대교 전통에서 말하는 "창조적이고 언약적인 유일신론"과도 일치한다. 이스라엘의 언약의 하나님은 "그 언약을 지키셔서서 당신의 피조물 전체를 현재의 타락하고 위협당하고 있는 상태에서 구속하시고 새롭게 하신다"는 것이 유대교 전통의 가르침이다."67 중세의 격언을 빌려 말하면, 은총은 자연을 파괴하는 것이 아니라 회복한다.

넷째, 그리스도는 주시며, 그의 다스림은 온 우주에 미친다. 본문 속에 퍼져 있는 "만물"이라는 말은 마치 끊임없는 북소리처럼 울려 퍼지면서, 그 무엇도 하나님의 창조하시고 구속하시는 은혜의 울타리에서 벗어날 수 없다는 사실을 우리에게 확실히 깨우쳐 준다. 랄프 마틴(Ralph Martin)에 의하면, "바울은 우주적 화해가 하늘과 땅의 만물에게 미치고(골 1:15, 20) 모든 악한 권세를 굴복시킨다(골 2:15)고 힘주어 강조하고 있다."68

다섯 번째이자 마지막으로, 이러한 구속과 통치는 이미 시작되었다. 비록 완성에 이르지는 않았으나 이미 새 시대는 열렸다. 아직도 우리 가운데 여러 가지 모양으로 카이사르들이 넘치고 또 어디서든 자기네 권세를 내세우면서 자기네 형상을 퍼뜨리고 있지만, 지금 여기, 샬롬으로 이루어지는 그분의 통치가 시작되는 모든 곳에서 그리스도는 주님이 되신다. 라이트는 이렇게 말한다. "유대인의 관점에서 보면 참으로 엄청난 일로, 이 골로새서의 시는…… 이러한 최후의 구속이 말 그대로 예수 그리스도 안에서 이미 이루어졌다고 주장한다."69 비록 겉으로 드러나는 모양은 다를지라도, 그리스도는 주가 되시며 또 영원토록 다스리신다.

많은 사람들이 힘이 넘치는 이 본문에 대해 평했지만 요셉 지틀러만큼 탁월하게 잘 다룬 사람도 없다. 이 선구적인 생태신학자에게 성경적인 표준이 되는 본문이 바로 골로새서 1:15-20이었다. 그래서 나는 그가 행한 유명한 공개 연설에서 인용한 글로 결론을 내린다.

> 이 구절들은 웅장하고 견고하게 선 두 개의 기둥, 곧 "그리스도"와 "만물" 사이에서 매혹적인 승리의 음악을 연주합니다. 교회에 대한 비전을 크고 장대하게 열어 보이는 에베소서조차도 하나님의 목적을 탁월하게 진술하는 이 서신만큼 넓은 범위를 포괄하지는 못합니다. 이 본문에서는 그리스도 안에서 이루어진 하나님의 구속적 행위가, 여섯 번 반복해서 **만물**(ta panta)에게까지 미친다고 선포하기 때문입니다. 구속이란 이러한 뜻과 이러한 행위에 붙여진 이름이며, 또 우리와 함께하시는 하나님과 우리를 위하시는 하나님이 되시는 이 구체적인 사람을 나타내는 이름입니다. 또 만물은 그분 안에 존재하기 때문에 그가 이루는 우주적 구속에 들 수가 있습니다. 그는 모든 피조물보다 먼저 나신 분이고 그분 안에서 만물이 창조되었으며, 그런 까닭에 그는 낯설지 않은 분으로 만물에게 다가오십니다. 그는 만물에 앞서 존재하는 원형에 불과한 분이 아닙니다. 만물이 그를 통해 그리고 그를 위해 창조되었기 때문에 그는 만물의 목적이자 온전함과 본모습이 되시는 분입니다. 또 만물은 그분 안에서 존속하게 되며, 그런 까닭에 만물은 아무런 관계도 없이 난잡하게 분열되어 버린 사실들의 덩어리로 끝나 버리지 않습니다.[70]

하나님은 우리와 함께하신다. 만물은 그리스도 안에 존재한다. 그분 안에서 만물은 존속한다.

하나님의 좋은 미래는 어떤 모습일까(계 21:1-22:5)

몸에서 벗어나 공중을 나는 영혼들. 하프를 연주하는 천사들. 멸망한 세상을 떠나 예수의 품에 안겨 영생을 누리는 영혼들. 이것들은 오늘날 기독교인들이 생각하는 미래에 관한 관념 가운데 일부이다. 그런데 이러한 관념들이 성경이 제시하는 미래상을 제대로 담아낸 것일까? 성경에서 말하는 약속된 새 시대의 본질은 무엇일까? 성경이 말하는 장래의 삶은 어떤 모습이며, 하나님께서 피조물에게 두신 목적은 언제 완성되는가? 하나님의 좋은 미래는 어떤 모습일까?[71]

이제 이러한 물음들에 답하기 위해 요한계시록 21-22장을 살펴본다. 어쩌면 오늘날 요한계시록만큼 깊이 탐구되는 책도 없을 것이다. 그런데 초대교회는 그 책이 정경에 속하느냐의 문제로 논쟁을 벌였고, 루터는 그 책을 종속적인 위치로 밀어냈다. 또 깔뱅은 그 책에 대해 전혀 주석을 쓰지 않았는데, "도대체 나는 그 책을 이해할 수 없다"고 한 그의 말에서 그 이유를 알 수 있다. 따라서 매우 상징적이고 묵시종말적인 이 책을 읽으려는 것은 정말 위험하고도 무모한 일일지 모른다. 그러나 상당한 위험이 따른다 해도 우리는 그 책을 해석해야 한다. 알다시피 성경의 마지막에 위치한 이 불가해한 책은 많은 통찰력과 지혜를 담고 있는데, 특히 21세기를 살면서 1세기의 형제자매들이 그랬던 것처럼 이 시대의 권세나 주관자들과 맞서 싸우는 우리에게 그러하다. 내가 묻는 질문은 이렇다. 하나님의 좋은 미래의 본질과 특성은 무엇인가? 이제 다시 한 번, 이 놀랍고 겉보기에도 엄청난 본문이 우리의 공통된 미래를 어떤 모습으로 그리고 있는지 살펴보자.[72]

그때 나 요한은 또 다른 장면을 보았습니다.
늙고 비쩍 마른 이사야와 같은 내 앞에
새 하늘과 새 땅이 나타났습니다.
이전의 하늘과 땅은 사라졌습니다.
이전의 고통은 사라지고,
이전의 것들은 더 이상 기억되지 않습니다.
조롱하는 짐승이 솟구쳤던 혼돈의 바다,
한없이 깊고 위험한 그 바다는 더 이상 존재하지 않습니다.
또 나는 거룩한 도시, 새 예루살렘이
하늘에서 내려오는 것을 보았습니다.
타락하고 광포하고 사악한 바빌론이 아닙니다.
이 도시는, 남편을 위하여 단장한 신부와 같이 차리고,
하나님께로부터 오는 평화의 도시입니다.

그때에 나는 보좌에서 큰 음성이 울려 나오는 것을 들었습니다.
"보아라, 하나님의 집이 사람들 가운데 있다.
하나님께서 그들과 함께 계실 것이요,
그들은 하나님의 백성이 될 것이다.
하나님께서 친히 그들과 함께 계시고,
그들의 눈에서 모든 눈물을 닦아 주실 것이니,
다시는 죽음이 없고, 슬픔도 울부짖음도 고통도 없을 것이다.
이전 것들이 다 사라져 버렸기 때문이다."

그때에 또 보좌에 앉으신 분이

또렷하고 힘찬 음성으로 말씀하셨습니다.

"보아라, 내가 모든 것을 새롭게 한다.

네가 이를 깨닫지 못하느냐?

광야에 길이 나고 사막에 강이 흐르게 될 것이다.

믿지 못하겠느냐?

내 말은 어김이 없고 믿을 만하다. 그 일은 이루어진다!

나는 알파와 오메가,

처음과 마지막이요,

모든 것을 아우르는 자이니라.

우물가의 여인처럼 목마른 사람에게는

내가 생명수 샘물을 거저 마시게 하겠다.

참고 이기는 사람에게

나는 그의 하나님이 되고, 그는 내 자녀가 될 것이다.

그러나 비겁한 자와 신실하지 못한 자와 가증한 자와

살인자와 음행하는 자와 마술쟁이와 우상숭배자와

모든 거짓말쟁이들이 차지할 몫은 불과 유황이 타오르는 바다뿐이다.

거룩한 도시는 의롭고 공의로운 장소이기 때문이다."

그때 일곱 천사 가운데 하나가 내게 어린양의 신부를 보여주었습니다.

그 어린양은 죽었다가 이제 주님이 되어 다스리는 분입니다.

하나님의 사자는 나를 성령의 능력으로 감싸서

높고 큰 산으로 데려갔습니다.

거기서, 하나님께로부터 하늘에서 내려오는 거룩한 도시 예루살렘을
보여주었습니다.

그 모습은 내 초라한 상상과 깊은 갈망을 훨씬 뛰어넘었습니다.

찢긴 마음을 고쳐 주는 향유와 같았습니다.

하늘에서 내려와 땅 위에 선 이 도시는

하나님의 영광의 힘을 발산하였습니다.

오래전에 에스겔이 품었던 귀향의 꿈이 되살아났습니다.

성 사면으로 대문이 달리고,

각 문마다 이스라엘 열두 지파의 이름이 적혀 있었습니다.

성벽의 주춧돌에는 열두 사도가 이룬 선한 업적들이 기록되어 있었습니다.

성벽은 벽옥으로, 거리는 금으로 만들어졌습니다.

세상의 고귀한 보석으로 장식된 도시.

거대하고 장엄한 도시.

언제나 성문이 열려 있는 도시.

안전과 아름다움과 평화로 가득한 이 땅 위의 도시.

우리의 피난처이자, 하나님의 거처입니다.

그러나 이 완벽한 도시 안에서 성전은 볼 수 없었습니다.

하나님을 위한 집이 없었습니다.

전능하신 주 하나님과 승리하신 어린양이

그 도시의 성전이기 때문입니다.

하나님은 어디서나 가까이 계셨습니다.

그래서 모든 것이 거룩하고, 천한 것이나 속된 장소는 없었습니다.
하나님께서 임재하심으로 모든 것이 거룩하게 되었습니다.
또 땅 위에 이루어진 이 하늘나라에는 해나 달도 필요 없었습니다.
하나님의 영광이 그 도시를 비추는 빛이었기 때문입니다.
어린양이 길을 밝혀 주는 등불이었습니다.

또 모든 민족이 그 빛 가운데로 달려오고,
마치 새벽빛을 좇는 새처럼 몰려들었습니다.
또 영원히 닫히지 않는 도시의 성문을 통해
땅의 왕들이 자기네 문화의 보배들을 들여왔습니다.
미디안과 시바와 다시스에서,
안디옥과 알렉산드리아와 아테네에서,
고린도와 라오디게아, 그리고 로마에서까지 몰려왔습니다.
또 족속과 언어를 뛰어넘어 모든 나라 모든 백성이
자기네 물품을 이 영화로운 도시로 들여왔습니다.
정성들여 기른 과일과 채소,
사랑으로 키운 짐승과 어린 것들,
어렵게 배운 기술로 만든 배와 침대,
큰 기쁨으로 가득한 춤과 노래,
오랜 지혜로 다듬은 이야기와 동화,
존경의 대장간에서 단련한 언어,
검을 녹여 만든 평화의 보습을 들여왔습니다.
온 세상의 진귀한 보물들이 마치 멈추지 않는 홍수처럼

이 거룩한 도시로 흘러들어왔습니다.

천사는 또 수정과 같이 빛나는 생명수의 강을 내게 보여주었습니다.
그 강은 하나님과 어린양의 보좌로부터 흘러나와서,
이 푸른 도시의 한가운데로 흘렀습니다.
깨끗하고 푸른 강의 양편 둑에는 나무들이 자랐습니다.
생명나무의 씨앗을 뿌려서,
물이 많고 잎이 무성하여 번창한 숲,
열두 종류 나무가 일년 내내 돌아가며
달마다 한 가지씩 열매를 맺습니다.
이 나뭇잎들은 또 민족들을 치료하는 데 쓰입니다.
이제 나무들은 더 이상
중세 때 성을 공격하던 공성퇴를 만들기 위해 베이지 않습니다.
이제 나무들은 더 이상
식민지 개척을 위한 군함의 돛대를 만들기 위해 베이지 않습니다.
이제 나무들은 더 이상
인종청소를 부채질하는 데 쓰는 전단을 만들기 위해 베이지 않습니다.
이 나무들은 생명을 위한 것입니다.
이 나무들은 민족들을 치유하는 데 쓰입니다.

또 이 도시, 곧 하늘과 같은 이 땅 위에는 더 이상 저주가 없을 것입니다.
쌓여 온 슬픔의 짐은 사라질 것입니다.
어린양의 피로 죄의 흔적은 깨끗이 씻겼습니다.

어린양의 종들은 하나님을 예배하며,
하나님의 얼굴을 볼 것입니다.
하나님의 이름이 그들의 이마에 기록되어,
영원히 하나님의 것으로 구별될 것입니다.
또 주 하나님께서 그들의 빛이 되어 주시고,
그들은 하나님과 함께 영원토록 다스릴 것입니다!

이러한 묵시종말적 비전을 어떻게 받아들여야 할까? 이 비전이 하나님의 좋은 미래에 대해 우리에게 말해 주는 것은 무엇인가? 첫째, 하나님의 좋은 미래는 이 세상과 관련된다. 그 미래에는 새롭게 된 하늘과 땅이 포함된다. 하나님은 경이로운 이 세상을 지으시고 세상과 언약을 맺으셨으며 또 세상을 구속하기 위해 끊임없이 일해 오신 분이기에, 결코 세상을 단념하지 않으신다. 이 비전은 새 하늘과 새 땅(*ouranon kainon kai gēn kainēn*)에 관한 것이지만, 여기서 새로움이란 옛것과 대조되는 질적인 새로움을 의미한다.[73] 하나님의 좋은 미래는 이사야 65장에서 그리는 장엄한 비전과 동일하게 새롭게 된 하늘과 땅으로 이루어지는데, 이사야 65장이(에스겔 40-48장과 함께) 요한계시록의 이 장들에 반영된 것이다.[74] 요한이 제시하는 비전에 담긴 이러한 의미를 유진 보링(Eugene Boring)이 잘 설명해 준다.

이전의 하늘과 땅이 사라졌는데도 장면은 한참이나 이 세상의 모습으로 계속된다. 그 이유는 우선, 저 세상에 관해 말하는 것은 오직 이 세상에 속한 언어와 이미지로만 가능하기 때문이다. 더 중요한 이유는, 그렇게

함으로써 새 하늘과 새 땅이 이른 후에도 이 세상과 역사가 지니는 중요성을 긍정하는 것이다. 요한계시록 4장에 나오는 하나님에 관한 비전이 성취된다. 즉 하나님은 창조주시다. 그러나 상한 갈대를 꺾지 않으시며 꺼져 가는 등불을 끄지 않으시는 분(사 42:3, 마 12:20)은 우주를 포기하지 않으시고 새롭게 시작하신다. 옛것을 새롭게 하시고 완성으로 이끄신다. 하늘에서 내려오는 도시는, 이 땅 위에 단정한 문명을 세우려는 인간의 모든 노력을 폐지하는 것이 아니라 완전케 한다. 하나님은 "완전히 새로운 것들"을 만드시는 것이 아니라 "모든 것을 새롭게"(계 21:5) 하신다.[75]

완전히 새로운 것들을 만드시는 것이 아니라 모든 것을 새롭게 하신다. 간단히 말해, 새것은 옛것과 연속성을 지닌다. 새로움이란 갱신되고 혁신되고 재차 긍정됨을 의미한다.

둘째, 하나님의 좋은 미래에는 하나님께서 친히 우리와 함께, 또 우리의 이웃인 모든 피조물들과 함께 거하실 것이다. 본문은 요한복음 1:14과 에스겔 37:27을 연상시키는 언어로, 하나님의 집(*skēnē tou theou*)이 사람들(*anthrōpōn*) 가운데 있으며, 하나님께서 우리와 함께 계실 것(*skēnōsei met' autōn*)이라고 선언한다.[76] 요한계시록 21:3은 하나님께서 친히 (*autos ho theos*) 우리와 함께 계시며 우리는 하나님의 백성이 될 것이라고 강조한다. 또 본문은 구약성경(출 6:7, 레 26:12, 렘 7:23, 겔 37:27, 호 2:23 등)에 깊이 뿌리를 둔 언어를 사용하여, 거룩한 도시에서는 하나님의 얼굴을 볼 것이며, 우리는 이마에 하나님의 이름이 기록되어 그분께 속하게 될 것(계 22:4)이라고 분명히 밝힌다. 하나님은 우리와 함께 거하시며, 창조 세계는 하나님의 집이 된다.

    셋째, 또한 위의 사실은 하나님의 좋은 미래에는 하늘과 땅 사이의 분열이 해소된다는 것을 함축한다. 새 예루살렘의 삶은 말 그대로 땅 위에 이루어진 하늘나라에서 사는 삶이다. 지금은 하늘과 땅으로 갈라진 영역이 미래에는 하나로 묶인다. 그렇게 하나로 통합되는 것은 하나님께서 앞서 이끄시기 때문이다. 거룩한 도시가 하늘로부터 내려온다(*katabainou-san*, 계 21:2, 10). 거룩한 도시가 내려오는 것은 인간이 이루어 내는 일이 아니며, 그 도시는 인간의 기술이나 재주로 성취한 산물이 아니다. 새 예루살렘은 결코 바벨탑과 같은 것이 아니다. 하나님의 성품이 원래 그러하듯이, 하나님께서 우리에게 다가오신다. 집 나간 아들을 맞아들이는 아버지의 비유(눅 15:11-32)에서처럼, 하나님께서 구속을 주도하신다. "이제는 더 이상 하늘과 땅 사이에 커다란 구렁은 없다. 구속받은 사람들이 하늘로 들려 올라가는 것이 아니라, 하나님께서 우리 가운데로 내려오시고 새 예루살렘의 일부가 되신다. 그리스도의 성육신에서는 하나님께서 사람들 가운데 오셔서 그들 가운데 하나가 되시면서도 여전히 숨어 계셨다. 이제 이 새 창조 안에서 하나님은, 숨는 대신 드러내 놓고 구속받은 인간들 속으로 직접적으로 들어오신다."77 하나님께서 우리 가운데로 오신다. 하늘이 땅 위로 내려온다. 그때 우리는 얼굴을 맞대고 볼 것이다.

    넷째, 하나님의 좋은 미래에는 악과 그 결과들이 더 이상 존재하지 않는다. 옛 질서를 떠받치던 일곱(완전수) 요소들이, 모두 똑같은 표현(*ouk estin, estai eti*, 더 이상……않습니다)에 의해 무너지고 사라지는 것으로 묘사된다. 원초적 혼돈을 상징하는 짐승의 거처인 바다는 더 이상 존재하지 않는다. 일시적인 죽음뿐 아니라 죽음 그 자체가 더 이상 존재하지 않는다. 탄식과 울음과 고통도 더 이상 없다(사 65 : 19-20, 계 7 : 17을 참조하라). 이와 같이 암살단도 이제는 더 이상 밤의 어둠을 틈타 살인을 저지르지 않는다. 이제 더 이상 전장에서 죽은 아들 때문에 슬퍼하는 부모들도 없다. 이제는 생명이 죽은 채 태어나는 일도 없다. 암이나 에볼라, 에이즈도 더 이상 없다. 그리고 더 이상 하나님의 저주 아래 놓이는 것도 없다. 창세기 3장의 저주는 취소되고 무효가 되어 사라진다. 오래된 크리스마스 찬양인 '기쁘다 구주 오셨네'(Joy to the World)에서 노래하는 것처럼, 구속은 "저주가 발견되는 모든 곳까지" 퍼져 나간다. 마지막으로, 이제는 더 이상 밤이 없다. 어둠과 기만의 영역은 무너져 버린다. 간단히 말해, 이 묵시종말적 비전은 샬롬의 세상을 생생하게 열어 보인다.

다섯째, 하나님의 좋은 미래에 우리는 가장 기이한 도시에서 살게 된다. 그 거룩한 도시에는 어디에나 하나님이 계시며, 그런 까닭에 그 도시는 거룩하다. 거기에는 성전도 없으며 구별된 장소도 없다. 하나님이 성전이시기 때문이다. 한 분이 건물을 대신한다. 그래서 이 도시에는 속된 것이 전혀 없다. 또 성스럽지 않은 것도 없다. 모든 것이 하나님을 섬기기 위해 존재한다.[78] 또 이 도시는 숲이 우거진 동산 같은 도시다. 도시 가운데서 생명의 강이 흘러나오며, (무엇보다도 먼저) 강둑에서 자라는 나무들에게 물을 공급한다. 이 나무들은 생명나무(창세기 2장)의 후손들로, 일년 내내 열매를 맺어 계절마다 양식을 제공해 주며, 그 잎은 민족들을 치유하는 향유로 쓰인다. 모든 민족이 이 도시로 몰려오며, 성문은 결코 닫히지 않고 빛은 꺼지지 않는다. 왕과 거지, 친구와 적, 거룩한 나라와 이교도 나라 가릴 것 없이 모든 사람들이 자기네 영광과 명예를 들고 이 도시로 찾아든다(이사야 60장을 보라). 요한의 비전에 담긴 이러한 특성을 조지 케어드(George Caird)가 잘 설명해 준다.

> 옛 질서에 속한 것들 중에서 하나님께서 가치 있게 여기는 것들은 모두 새 질서로 들어가는 문을 통과한다. 요한이 말하는 하늘은 세상을 부정하는 열반(Nirvana), 곧 사람이 현세적 삶의 운명적인 고난을 벗어 버리고 들어가는 곳이 아니라, 하나님께서 이루신 창조 세계의 선함을 긍정하는 표지다. 사람들이 하늘에서 보게 되는 보화가 사실은 **여러 나라들이 지녀 온 보화와 재물**, 곧 그들이 지상에서 알고 사랑해 왔던 최고의 것들이 하나님의 광채에 의해 거룩하게 되어 모든 불완전함을 벗어 버린 것이라는 것이 드러난다. **음탕하고 거짓된** 것, 다시 말해 하나님의 성품에 전혀 합당하지 않은 것 외에는 그 어느 것도 배제되지 않는다. 신약성경 어디를 보아도, 만물을 포괄하는 하나님의 구속 사역의 면모를 이곳만큼 탁월하게 보여주는 곳이 없다.[79]

그러면 하나님의 좋은 미래는 어떤 모습일까? 요한계시록의 끝 부분에 있는 이 장들은 좋고 바르고 온전하게 회복된 이 세상 삶에 대한 비전을 우리에게 제시한다. 하늘과 땅이 새로워지고 하나가 된다. 하나님께서 피조물 가운데 거처를 정하시고 우리와 함께 계신다. 악과 그 추종자들은 더 이상 존재하지 않는다. 모든 것이 거룩하며 하나님을 섬기기에 합당하다. 모든 것이 새롭게 되었다. 요약하면, 샬롬의 세상이 열렸다. 이 본문이 지닌 목회적 본질을 간파한 케어드의 말이 결론을 대신하기에 딱 맞다.

새 예루살렘이 고난에 처한 일곱 교회와 밀접한 관계가 있다는 사실은,

비전이 열리고 나서 처음으로 우리가 하나님의 음성을 듣게 되면서 훨씬 더 분명해진다. 요한은 **이것을 기록하라**는 말씀을 듣는데, 그 이유는 궁극적 미래에서 들려온 그 음성에, 위기에 처한 현재의 사람들이 꼭 알아야 할 것, 곧 '**내가 모든 것을 새롭게 한다**'는 사실이 담겨 있기 때문이다. 이 일은 옛것이 쓰레기처럼 버려지고 나서 새로운 창조 안에서 이루어지는 하나님의 행위가 아니다. 이 일은 옛것이 새것으로 변화되는, 재창조의 과정이다. 서머나와 두아디라와 사데와 라오디게아에서, 그리고 하나님께서 다스리시는 모든 곳에서, 하나님은 영원토록 만물을 새롭게 지으신다. 그리고 바로 이 일에 세상의 희망이 달려 있다.[80]

성경의 지혜와 생태학적 비전

지금까지 살펴본 본문들은 우리의 생태학적 상상력을 벼리는 데 유익한 많은 지혜를 담고 있다. 그런데 우리가 살펴본 본문은 겨우 다섯이다. 성경에는 우리가 살펴보아야 할 본문이 헤아릴 수 없을 정도로 많다.[81] 그러나 실마리가 되는 이 성경 본문들만으로도 중요한 문제들에 답하기에 충분하다. 우리가 속한 곳은 어디인가? 무수한 다른 피조물과 어울려 우리의 고향별 위에 산다. 하나님은 누구와 언약을 맺으시는가? 하나님은 이 땅과 그 안에 있는 모든 피조물과 영원하고 무조건적인 언약을 맺으신다. 만물의 중심에는 누가 있는가? 장엄하고 신비로운 영광에 싸여 하나님이 계신다. 누가 이 세상을 존속하게 하는가? 창조와 구속의 주님이신 우주적 그리스도께서 하신다. 또 하나님의 좋은 미래는 어떤 모습일까? 그것은 영화로운 미래로서, 하늘처럼 새롭게 변화되는 곳이며, 정화하는 강과 치유하는 나무로 우거진 땅이요, 세상의 모든 민족들과 보화가 들어오도록 문을 활짝 열어 놓은 동산과 같은 도시이며, 하나님께서 피조물 가운데 거처를 정하시고 우리와 함께하는 곳이다. 샬롬의 세상이다.

이처럼 힘이 넘치는 생태학적 비전, 우리의 집과 하나님의 경륜을 열어 보이는 장엄하고 원대한 비전으로부터 우리의 신학과 윤리학이 어떤 방향으로 나아가야 할지 배울 필요가 있다. 기독교 정통 신앙이 그 이름에 부끄럽지 않기 위해서는 이러한 성경적 지혜를 무시해서는 안된다. 그에 더해, 이렇게 성경을 통해 다듬어진 신학과 윤리로부터 우리가 어떻게 살아야 하는지—정통 실천(orthopraxy)—를 결정할 필요가 있다. 우리 기독교인들은 성경의 사람들이요, 그 책과 그 이야기가 우리의 삶을 규정하기 때문이다. 이제 우리는 신학과 윤리학을 다듬고 개인적이고 공동체적인 우리의 삶을 세우는 과제로 넘어간다.

5장. 우리는 지구에 대해 어떻게 생각해야 하는가

지 구 돌 봄 의   신 학 과   윤 리

어디에나 깃들어 계셔서 만물을 지탱하고 자라게 하시며, 하늘과 땅에서 그것들
이 번성하게 하시는 분이 바로 성령이시다.   _ 장 칼뱅[1]

지금까지 우리가 있는 곳은 어디인가, 창조 세계는 왜 신음하는가, 현재와 같은 생태학적 곤경에 빠진 이유는 무엇인가, 성경이 진정 말하는 것은 무엇인가에 대해 살피면서 깨달은 사실을 놓고 볼 때, 자연스럽게 우리는 지구에 대해 어떻게 생각해야 하는가라는 물음이 따라 나온다. 좀 더 구체적으로 말해, 모든 것은 다른 모든 것과 연결되어 있으며, 지난 24시간 동안 세 개의 생물 종이 영원히 사라져 버렸고, 우리의 물질주의적 소비 행태가 우리와 우리를 둘러싼 세상의 많은 것을 집어삼키고 있다. 창세기에서 요한계시록에 이르기까지 성경은 분명하게 세상을 하나님께서 지으시고 사랑하시고 새롭게 다듬으시는 곳으로 그린다는 사실들에 비추어 볼 때, 우리는 하나님에 대해 그리고 하나님께서 이 땅과 그 모든 피조물과 맺는 관계에 대해 어떻게 생각하고 말해야 하는가? 만일 신학이 하나님에 관해 명료하게 사고하고 바르게 말하는 것을 훨씬 능가하는 것, 곧

지식(*scientia*)뿐만 아니라 지혜(*sapientia*)에 이르는 일까지 아우르는 것이라면, 당연히 신학은 우리가 어떻게 행동하고 살아야 하는지, 우리의 개인적이고 집단적인 삶을 어떻게 가꿔야 하는지와 관련된다.

이번 장에서는 신중하게 지구 돌봄의 신학과 윤리를 다루어 보려고 한다. 달리 말하면, 하나님과 세상에 대해 그리고 이 세상에서 우리 인간이 감당할 책임에 대해 내가(그리고 다른 많은 기독교인들이) 믿는 바를 살펴보려고 한다. 먼저 나 자신의 신학적 관점, 곧 나 자신의 생태신학을 간략하게 살펴보는 것으로 시작한다. 내 신학적 관점은 단순히 창조 교리를 반복하거나 자연신학을 재구성하는 일에서 한 걸음 더 나아간 것이다. 생태신학은 신학의 모든 내용을 생태학적 관점에서 다시 생각하는 일을 뜻한다.

이번 장의 후반부에서는 윤리학을 집중적으로 다루게 된다. 신학이 지식만이 아니라 지혜까지 추구하는 일이라면, 신학은 필연적으로 윤리학과 결합되고 사고는 행동과 연결되며 성찰은 삶과 이어지기 때문이다. 그러므로 나는 뒷부분에서 이러한 생태신학에서 어떤 종류의 생태윤리가 나오는가라는 문제를 다룬다. 생태윤리의 다양한 관점들을 간략하게 살핀 후, 내 견해를 (역시 간략하게) 제시하려고 한다. 자세한 내용은 6장에서 구체적으로 다루게 될 것이다. 내가 주장하려는 것은, 진정 믿음직한 생태윤리라면 우리가 무엇을 할 필요가 있는지, 한 걸음 더 나아가 우리는 어떤 존재가 되어야 하는지를 물어야 한다는 것이다.

복음주의 신학과 지구 돌봄

복음주의적인 지구 돌봄의 신학에서 그 핵심은 무엇일까?[2] 이 신학은 어떤 모습을 지녀야 할까? 우리가 복음 곧 좋은 소식을 전한다고 할 때, 좋은 소식이란 무엇인가? 복음주의자들이 선포하는 복음이란 정확하게 무엇인가? 이러한 중요 문제들에 대해 길게 논할 자리는 아니지만[3] 최소한 몇 가지 방향은 제시할 수 있겠다. 이제부터 다루게 될 내용은 그러한 신학의 기본적인 뼈대를 보여준다.[4]

신중심적 비전

앞서 성경에 대해 살펴보면서 매우 분명하게 확인했듯이, 창세기에서 요한계시록까지 성경의 비전은 하나님을 만물의 중심에 놓는다. 진 맥아피(Gene McAfee)의 말대로, "다른 모든 것과 마찬가지로 자연에 관련해서도 히브리성경과 신약성경은 철저히 신중심적 특성을 지닌다."[5] 인간중심적 견해(anthropocentric, 인간을 중심으로 놓는다)나 생명중심적 견해(biocentric, 생명이 중심이다), 생태중심적 견해(ecocentric, 땅이 중심에 놓인다)로는 성경이 증언하는 내용을 제대로 다룰 수 없다. 인간이 아니라 하나님이 만물의 척도다. 생명이 아니라 하나님이 궁극적 선이다. 땅이 아니라 하나님이 시작과 끝이다. 단테의 기념비적 고전인 「신곡」(*La Divina Commedia*) 끝 부분에 등장하는 신비한 장미가 잘 보여주듯이, 이 신중심적 비전에 의하면 만물은 하나님을 찬양하기 위해 존재한다.

이처럼 신중심적 견해로 시작함으로써 얻게 되는 유익은, 인간의 독특성뿐만 아니라 인간과 다른 모든 피조물 사이의 연결성까지도 모두 긍정할 수 있다는 점이다. 예를 들어, 위르겐 몰트만은 "성경의 신중심적 세계관은 우주 속에서 특별한 위치를 차지하는 인간에게 자신을 피조물 공동체에 속한 한 구성원으로 볼 수 있는 가능성을 열어 준다"고 주장한다.[6]

마찬가지로 폴 샌트마이어도 "숭경(adoration)의 윤리"를 내세우는 우주중심론이나 "개발의 윤리"를 주장하는 인간중심주의 모두 적합하지 않다고 주장하는데, 그 이유는 두 견해 모두가 암묵적으로 자연과 역사를 가르는 이원론을 전제로 하는 것이며 단지 우월한 위치에 있는 것이 무엇인가라는 점에서만 다르기 때문이라고 본다. 이런 식의 이원론을 거부하는 신중심적 관점만이 제대로 된 "책임의 윤리"를 발전시킬 수 있다.[7] 리처드 영(Richard Young)은 이 사실 외에도 몇 가지 이유를 근거로 "신중심적 관점을 통해 해석한다면, 기독교의 성경은 환경 문제에 대해 가장 만족스럽고 실질적인 해결 방법을 제공해 준다"고 결론짓는다.[8] 만일 우리가 가진 소식이 정말 좋은 것이라면, 피조물 전체의 번성을 그리는 신중심적 비전을 긍정하는 것은 당연한 일이다.

삼위일체 교리

이러한 신중심적 비전에서는 무엇보다도 삼위일체 교리를 회복하는 것이 필요하다는 것이 내 판단이다.[9] 만일 좋은 소식이 진정 좋은 것이라면, 우리는 하나님의 본질인 사랑의 연합(the community of love), 다시 말해 세 위격(person)이 각각 독특하면서도 나뉠 수 없고, 상대 안에 거하면서 완전한 사랑의 교통(communion)을 이루는 특성을 제대로 강조하는 신론을 제시해야만 한다.[10] 데니스 에드워즈(Denis Edwards)가 설득력 있게 주장하듯이, "우리는 상호관계적(communal) 삼위일체 모델을 되찾을 필요가 있다."[11] 달리 말해, 무턱대고 옛날식의 삼위일체 교리로 되돌아갈 것이 아니라 하나님의 위격들의 연합을 분명히 드러내는 삼위일체 교리를 회복할 필요가 있다. 하나님은 그 자신 안에 완전한 사랑을 간직한 지고의 선이시다. 그 사랑이 완전하기 위해서는 자기 자신에게만 몰두해서는 안 된다. 완전한 사랑은 결코 자기 사랑이나 사사로운 사랑이 될 수 없다. 반대로, 완전한 사랑은 자연스럽게 다른 대상을 향해 흘러간다. 그 사랑은 하나 이상의 위격을 품는다. 따라서 사랑의 완전한 상태에 있는 하나님은 복수의 위격임에 틀림없다. 중세의 신학자인 성 빅토르의 리카르도(Richard of St. Victor) 역시 같은 주장을 펼치면서, 상호인격적 또는 사회적 은유를 사용하여 하나님의 본질을 파악한다.[12] 현대 신학자 가운데서는 위르겐 몰트만이 하나님을 사회적인 삼위일체로 이해하는 방식을 강조하는데, 그 이유는 "사회적인 삼위일체 교리"만이 하나님 자신 안에서 이루어지는, 또 하나님과 인간 및 다른 모든 피조물 사이에서 이루어지는 "삼위일체의 교제 관계의 역사"를 올바로 표현할 수 있기 때문이다.[13]

하나님은 동일한 신적 본성을 지닌 세 위격으로 이루어진다. 각각의 위격은 동일한 신적 본성을 지니지만, 또한 다른 위격들과 맺는 독특한 관계에 의해 설정되는 별개의 위격적 본성을 지닌다. 성부가 성부인 까닭은 오로지 성자와 성령과 맺는 독특한 관계 때문이다. 성자가 성자인 까닭은 성부와 성령과 맺는 독특한 관계 때문이다. 성령은 성부와 성자와 맺는 독특한 관계로 인해서만 성령이다. 이러한 순환적 관계들은 상관성과 호혜성이라는 특성을 지닌다.[14] 그래서 기독교의 고전적인 신 이해에서는 하나님은 한 분이시며, 하나님은 셋이시며, 세 위격은 동등하다는 세 가지를 주장한다.[15] 간단히 말해, 한 분이신 하나님은 서로 내주하고 사랑을 낳는 사랑의 공동체(community)다.[16]

더 나아가 이 세 위격의 하나님은 만물을 창조하시고 땅과 거기 거하는 무수한 피조물과 언약을 맺으신다.[17] 창세기에서 선포되고 욥을 통해 생생하게 드러나듯이, 하나님은 만물을 창조하시고 보존하시며, 세상으로 오셔서 언약 관계를 이루신다. 그러므로 지구는 인간뿐만 아니라 모든 피조물의 집이 된다. 털 달린 야생 짐승이든 추하고 위험한 짐승이든, 모든 피조물이 장소, 곧 거주지를 갖는다. 하나님의 존재 자체가 관계로 이루어진다는 사실에서 예상할 수 있듯이, 관계성은 세상을 구성하는 근본적 특성이 된다. '관계 내적 존재'(being-in-relation)가 사물의 본성이다. 모든 것은 다른 모든 것들과 연결되어 있다. 요셉 지틀러의 말로 하면, 마치 잘 짜인 천 조각과도 같이 "당신이 이쪽에서 실마리 하나를 끌어당기면 그 때문에 천 전체가 요동치게 된다."[18] 우리는 삼위일체이신 하나님께서 지으신 우주 속에서 산다. (다시 한 번) 단테가 한 말을 빌려 말하면, 하나님께서 지으신 이 세상 속에서 지구를 움직이고 세상을 존속하게 하는 것은 사랑이다. 이것이 바로 좋은 소식이다.

성령의 임재와 능력

그런데 자연 세계는 관계의 존재론을 드러낼 뿐만 아니라, 더 나아가 그 나름의 응답 능력(responsiveness)을 보여준다. 피조물은, 존재하고 되어 가라는 하나님의 명령에 다양한 방식으로 응답한다는 것이 성경의 가르침이다. 땅은 살아 있는 생명들을 낳는다. 나무들은 갈채를 보낸다. 강은 하나님을 찬양하며 뛰논다. 스캇 호우지(Scott Hoezee)는, 피조물의 성가대가 들을 귀가 있는 이들을 향해 "고귀하고 거룩한 찬미가"를 노래한다고 보는 "찬미의 생태학"(ecology of praise)을 말한다.[19] 자연 질서에다 신과 비슷한 지위를 부여해 매혹적이게 만들거나 자작나무와 곰에게 인간을 닮은 힘을 부여하지 않고서도, 우리는 인간 이외의 피조물도 그들 나름의 적절한 응답 능력을 가진다고 말할 수 있다.[20] 생태계에 깊은 관심을 둔 신학자인 요셉 지틀러는 다음과 같이 말한다.

> 인간은 이 세상에서 혼자가 아니다. 동료들이 베푸는 우정으로도 어찌할 수 없는 외로움에 빠져 있다 해도 인간은 결코 혼자가 아니다. 창조된 세상은, 보이지 않는 미생물에서 눈에 꽉 차는 코끼리, 장대한 산악, 드넓은 바다, 광활한 땅에 이르기까지 온갖 생명으로 가득한 공동체다. 우리와 피조물 신분을 공유한 이 친구들은 그저 아무 이유 없이 거기에 있는 것이 아니다. 그들이 없다면 나도 결코 있을 수 없기에 거기 있는 것이다. 그것들은 우리를 품어 주고 지탱해 주며, 먹여 주고 즐겁게 해주며, 우리를 꾀어 도전하고 말을 걸어온다.[21]

하나님은 당신의 피조물들을 부르시고 피조물들은 자기 나름의 독특한 방식으로 이 부름에 응답한다. 그리고 우리 인간은 언제나 도전하고 꾀어내는 다른 피조물들에 의존하여 살아간다.

하나님과 피조물의 관계를 설명하는 방법 가운데 성령의 사역이라는 면에서 살펴보는 것이 있다. 이번 장의 머리 부문 제사로 인용한 장 깔뱅의 글이 그것을 잘 보여준다. "어디에나 깃들어 계셔서 만물을 지탱하고 자라게 하시며, 하늘과 땅에서 그것들이 번성하게 하시는 분이 바로 성령이시다. 성령은 어떤 제약으로도 제한당하지 않으시기 때문에 피조물의 범주에 포함되지 않는다. 그러나 만물에게 자신의 에너지를 공급하고 정기와 생명과 활력을 불어넣으신다는 점에서 그분은 분명 하나님이시다."[22] 개신교의 유명한 개혁자로서 1564년에 사망한 깔뱅은, 카파도키아 교회의 위대한 교부로 379년에 사망한 가이사랴의 바실(Basil of Caesarea)과 매우 유사하다. 바실도 역시 성령을 가리켜 만물 속에 깃들어 계셔서 그들에게 생명을 주는 분으로 묘사하기 때문이다.[23] 삼위일체 하나님, 곧 교통 속의 세 위격에는 성령이 포함되며, 성령은 우주의 모든 곳에서 만물을 지탱하고 성화시키는 일을 하시는 하나님의 능력이요 임재다.

창세기 1장과 시편 104편이 (다른 본문들에 비해 두드러지게) 증언하듯이, 성령은 생명의 숨이다. 곧 샬롬이 솟구치는 에너지를 크고 작은 모든 피조물에게 공급하여 살아 움직이게 하신다. 하나님은 성령을 통하여 창조하신다. 하나님은 성령을 통하여 만물을 지탱하신다. 하나님은 성령을 통하여 구속하신다. 하나님은 성령을 통하여 성화하신다. 우리는 성령에게서 활력을 공급받는 지구에서 산다. 따라서 성령론(pneumatology)을 신학적 논의에서 뒷자리로 밀어 놓거나, 하나님의 모호하고 열등한 수준으로 현시한 것이 성령이라는 식으로 생각해서는 안된다. 웨슬리 그랜버그-마이클슨이 주장하듯이, "성령을 생생하게 이해하는 것이 전체 피조물을 새롭게 하기 위해 힘쓰는 교회의 신앙과 증언에서 가장 중요한 일이다."[24] 우리의 좋은 소식이 진정 좋은 것이라면, 당연히 우리는 성령을 하나님의 참된 능력과 임재로 볼 수 있는 건강한 감각을 지녀야 할 것이다.

하나님 형상의 담지자

만일 '관계 내적 존재'가 사물의 본질이라면, 인간이 된다는 것은 곧 관계 속에서 존재하는 것이 된다. 이것도 역시 좋은 소식이다. 많은 사람들이 주장하는 것처럼 우리는 원자적 개체들로 이루어진 세상 속에서 자유로이 떠도는 자율적인 자아가 아니다. 그와는 달리, 우리는 눈에 보이는 것을 뛰어넘어 훨씬 많은 것들과 관계를 맺는 인격체들이다. 하나님께서 지으셨기에 우리는 하나님께 의존하며, 하나님과 사랑의 관계를 이루어 존재하도록 되어 있다. 또한 우리는 다른 사람들 속에서 존재하고 그들과 교류하며 살도록 창조되었다. 성경과 아리스토텔레스가 동일하게 주장하듯이, 우리는 사회적 동물이다. 우리는 티끌로 만들어졌다. 땅에서 지음받았고 그 땅에 전적으로 의존하도록 만들어졌다('ādāmâ에서 나온 'ādām이며 humus에서 나온 humans이다). 그래서 지틀러는 "나는 하나님께 매여 있고 내 이웃들에게 매여 있으며, 또한 자연('에덴동산')에 매여 있다. 나는 거기서 얻은 재료로, 그 안에서 지음받았다"고 결론을 내린다.[25] 인간은 철저히 관계로 이루어진 존재로, 하나님과 다른 인간들뿐 아니라 놀랍도록 복잡하고 아름답고 푸른 이 지구의 동물과 미생물과 산과도 뗄 수 없을 만큼 연결되어 얽혀 있다.[26]

그러나 우리가 흙으로 지어진 모든 피조물과 유사하기는 하지만 흙에서 지음받은 우리 인간에게는 독특한 특성이 있다. 우리에게는 독수리의 시력이나 사자의 힘이 없다. 우리는 가젤처럼 달리지 못하고 돌고래처럼 수영하지도 못한다. 우리는 박쥐처럼 듣거나 곰처럼 냄새를 맡는 능력도 없다. 그러나 성경은 우리가 하나님의 형상으로, 하나님의 모양을 본 따 지어졌다고 증언한다. 이 말은 우리가 하나님의 대리인이 된다는 의미다. 달리 말해, 우리는 하나님께서 다스리듯이 피조물을 다스리라고 부름받았다. 철학자 톰 리건(Tom Regan)은 우리가 하나님의 형상을 지닌다는 점을 이렇게 구체적으로 말한다.

이로써 내가 말하려는 것은, 우리는 이 세상 속 일상의 삶에서 하나님의 대리인으로 살라는 하나님의 특별한 선택을 받았다는 것이다. 다시 말해 우리가 하나님께 부름받은 것은, 처음 하나님께서 세상의 질서를 창조하실 때 사랑하셨듯이 우리도 일상의 삶 속에서 창조된 질서를 사랑하며 살라는 것이다. 그러므로 이런 의미에서 보면, 하나님께서 지으신 다른 피조물과 인간 사이에는 그에 상응하는 도덕적 차이점이 존재한다. 창조 세계 속에서 놀라운 자유를 누리고 하나님의 대리자가 될 책임을 부여받은 것은 오로지 인간뿐인 까닭이다. 따라서 그 책임을 감당하지 못할 때는 도덕적으로 책임을 져야하지만, 성취할 때 도덕적으로 칭찬받을 수 있는 존재는 우리 인간뿐이다.[27]

우리의 복음, 곧 좋은 소식이 진정 좋은 것이라면, 우리는 우리가 하나님과 이웃과 자연 세계와 관계를 맺고 있다는 사실을 기쁜 마음으로 인정해야 하며, 또한 우리가 하나님 형상의 담지자로 부름받은 것을 겸손히 받아들여야 한다. 우리는 독특한 존재이지만, 우리의 독특성은 우월성을 뜻하는 것이 아니라 섬김을 의미한다.

죄와 구원

만일 좋은 소식이 진정 좋은 것이라면, 우리는 무엇보다도 세상의 모든 것이 제대로 되어 있지 못하다는 사실을 솔직하게 인정해야만 한다. 우리가 도덕적으로 책망받아 마땅하다고 지적하는 리건은, 이 세상이 정상 상태에 있지 못하다는 사실을 뼈저리게 깨닫게 한다.[28] 하나님 형상의 담지자인 우리가 저지른 일과 실천하지 않은 일로 인해 이 세상은 제대로 돌아가지 못하고 있다. 죄라는 이름의 전염병이 우리의 삶을 사로잡고 우리가 접촉하는 모든 것에 스며들며, 그 결과 우리는 유전된 불행의 무게에 짓눌리고 또 산산이 파괴된 삶을 알게 모르게 세상 속에서 영속화시킨다. 죄는 분명 하나님의 명령에 순종하지 않는 것이다. 죄는 표적에서 빗나가고 의로움의 길에서 벗어나는 것을 뜻한다. 그러나 더 근원적으로, 죄는 하나님의 샬롬을 파괴한다. 우리는 하나님의 좋은 미래에 이루어질 샬롬을 방해한다. 생태학적 의미에서 죄란 우리의 유한성을 인정하지 않는 것이다. 래리 라스무센의 말대로, "죄를 짓는다는 것은 유한성을 무시하고 뛰어넘는 것이요, 그 가능성과 한계를 부인하는 것이며, 피조물이라는 사실을 거부하는 것이다"[29] 오래전에 아우구스티누스가 가르친 바와 같이, 죄란 우리가 신이 아니라는 사실을 인정하지 않으려는 유형의 교만이다. 죄는 하나님처럼 되고자 하는 몸부림으로, 온전한 인간이 된다는 말이 의미하는 것과는 전혀 상관이 없는 일이다. 우리가 하나님, 우리 자신, 다른 사람, 지구와 맺은 관계가 어떻게 파괴되었는지를 인정하지 않는다면 복음은 존재할 수 없다.

또 우리의 소식이 진정 좋은 것이라면, 지구를 보호하는 일을 통해 하나님 나라에 대해 증언하는 우리의 사역은 그리스도 자신의 사역에 기초를 둔다는 사실을 인정해야 한다. 당연히 구원론이 모든 복음주의 신학에서 중심이 되기는 하지만 제대로 된 성경적 비전이라면 그리스도의 사역의 총체적인 면과 규모를 분명하게 보여줄 수 있어야 한다. 여러 성경 본문 가운데서 특히 골로새서가 분명하게 보여주듯이, 그리스도의 사역은 창조 자체만큼이나 방대하다. 그의 사역은 모든 피조물의 회복과 완성을 이루기에 충분하다.[30] 이 점을 특히 스캇 호우지가 분명하게 보여준다. "하나님께서 예비하신 구속은 인간뿐만 아니라 나무, 관목, 강, 사자, 어린양, 뱀에게까지 미친다."³¹ 만일 예수가 흰꼬리사슴과 붉은머리딱따구리, 대왕고래, 벨리즈의 푸른 열대우림을 위해 죽은 것이 아니라면, 그는 당신과 나를 위해서 죽은 것도 아니다. 예수는 우리만 아니라 세상 전체를 구원하기 위해 오셨다. 그러므로 우리의 사역은 우주의 주이신 그리스도의 화해를 이루는 통치를 본받아 이루어져야 한다.³²

이처럼 십자가에서 이루어진 만물의 구원은 부활을 통해 확증된다. 부활은 사람들에게만 미치는 것이 아니라 지구를 포괄한다. 특히 바울이 로마서에서 주장하듯이, 그리스도는 자신의 죽음과 부활을 통해 만물을 바르게 세우는 새 아담(New Adam)이시다. 로렌 윌킨슨(Loren Wilkinson)의 주장에 의하면, "그리스도가 창조주이자 구속자로서 우주에 개입한다는 신약성경의 가르침을 가장 잘 보여주는 것"이 바로 "새 아담인 그리스도"의 이미지이며, 만족설이라든가 도덕적 모범이론으로 속죄를 설명하는 것으로는 "그리스도의 주권이 지니는 우주적 차원의 중요성"을 제대로 드러내지 못한다.³³ 달리 말해, 성금요일에 일어난 그리스도의 죽음과 부활절에 일어난 부활은 전체 피조물에게까지 그 구속적 효력이 미치는 것으로 봐야 한다. 이 점을 레이 반 뤼엔(Ray Van Leeuwen)이 다음과 같이 잘 표현했다. "그리스도가 죽음을 통해 악과 사망을 무너뜨렸다면, 부활을 통해서는 피조물의 선함을 확인하고 피조물이 새 피조물로 갱신되고 변화되었음을 확증했다."³⁴ 그러므로 하나님 나라에 대한 우리의 증언은 십자가와 부활, 곧 성금요일과 부활절에 근거한다. 이것이야말로 좋은 소식이다.

그리스도의 역할

구원론은 당연히 그리스도론과 밀접하게 연결된다. 그리스도가 하는 일이 무엇인가 하는 문제는 그리스도가 누구인가라는 문제와 나뉘어질 수 없다. 사역과 품격(person)은 서로 얽혀 있다. 위에서 그리스도의 사역에 관해 논한 내용들에는 이미 그리스도의 품격에 관한 확고한 교리가 함축되어 있다. 로마의 십자가형으로 죽고 사흘 만에 죽은 자들 가운데서 살아난, 갈릴리 출신의 목수는 우주적 그리스도시다. 십자가에서 처형된 그리스도는 우주적 주님이시다. 고전적 용어로 말해, 그리스도는 완전한 인간이자 완전한 신, 한 품격 안에 두 본성을 지닌 분이시다.[35] 요한복음 1:14의 유명한 말씀을 사용하면, 그리스도는 육신이 된 하나님의 말씀이다. 요셉 지틀러가 분명하게 주장하듯이, "기독교의 메시지 한가운데에는, 하나님께서 친히 우리의 죽음 속으로 들어오셨다는 증언, 곧 만물의 창조주이시고 모든 생명체의 생명이신 하나님께서 친히 우리 인간이 겪는 가장 미천한 일을 감당하셨다는 증언이 자리 잡고 있다. 그분에 대해 교회가 말하는 것 가운데 하나가 "하나님의 완전함이 그분 안에 거하시고", 죽으셨을 뿐만 아니라 십자가에 달리신 죄인으로 죽으셨다는 것이다. 인간이 경험하는 것 가운데서 하나님의 경험 외부에 있는 것은 아무것도 없다는 것이 기독교 신앙의 내용이다."[36] 따라서 "당신이 십자가에 달리신 하나님을 모른다면, 정말 크신 하나님도 모르는 것이다."[37] 인격으로 나타나신 하나님은 우리 한가운데 자신의 거처를 정하신다. 이보다 더 좋은 소식은 없다.

그러므로 그리스도의 본성과 그리스도께서 행하신 사역으로 말미암아 우리와 지구를 위한 복음이 존재한다. 그리스도는 자기 안에서 만물을 하나로 묶으시는 분이며, 그 때문에 우리는 이 세상이 혼돈이 아니라 우주라는 사실을 안다. 그리스도께서 인간의 몸을 입으셨기에 우리는 물질이 중요하다는 사실을 믿는다. 그리스도께서 십자가에서 죽으셨기에 우리는 땅을 포함해 다른 사람을 지배하는 일을 멀리하고, 그와는 반대로 섬김으로써 다스리게 된다.[38] 부활은 그리스도의 사역뿐만 아니라 피조물의 선함을 보증해 주며, 그 때문에 우리는 두려움 없이 십자가의 길을 증언하고 이 세상에서 사는 삶이 선하다고 주장하게 된다. 그리스도께서 추수의 첫 열매가 되셨기에 우리는 하나님의 좋은 미래가 이르리라는 것을 확신한다. 그리고 그리스도 안에서 이미 피조물의 회복과 갱신이 시작되었기에 우리는 고통을 감내하는 선견자가 되어, 하나님께서 여시는 평화롭고 좋은 미래가 완전히 실현될 그날을 갈망한다.

하나님의 좋은 미래에 대한 비전

만일 우리에게 있는 소식이 참으로 좋은 것이라면, 우리는 올바른 기독교 미래관을 받아들여야 한다. 정통적 기독교 종말론은 세상의 소멸이 아니라 갱신과 회복을 가르친다. 기독교의 미래관은 세상을 부정하지 않고 긍정한다. 우리는 주의 기도를 따라 하나님의 뜻이 "하늘에서 이루어진 것 같이 땅에서도" 이루어지기를 기도한다. 사도신경을 따라 "몸의 부활과 영생"을 믿노라고 고백한다. 또 송영을 따라 "이 땅 위의 만물"이 하나님을 찬미한다고 노래한다. 제임스 내쉬가 제대로 말한 것처럼, 기독교의 희망은 "육체에서 구원받기를 구하는 것이 아니라 전체 피조물의 구속을 바라는 것이다."[39] 이 점과 관련해서, 세상의 변형을 강조하는 동방정교회 전통이 특히 도움이 된다. 유명한 정교회 신학자인 티모시 웨어

(Timothy Ware)는 이러한 견해를 다음과 같이 요약해 말한다. "결국에는 인간의 몸만 아니라 물적 피조물 전체가 변형될 것이다. '나는 새 하늘과 **새 땅**을 보았습니다. 이전의 하늘과 이전의 땅이 사라지고, 바다도 없어졌습니다'(계 21:1). 구원받은 인간만이 나머지 피조물에서 떨어져 사라지는 것이 아니라, 그와 함께 모든 피조물이 구원에 이르고 영화된다."[40] 이레네우스와 아우구스티누스에서 루터와 깔뱅과 웨슬리에 이르기까지 주류 기독교 전통에 속하는 많은 탁월한 신학자들이 주장해 온 것처럼, 우리는 모든 피조물의 구속을 소망한다. 복음의 한가운데는 우주적 구속이 자리 잡고 있다.

그러므로 기독교 종말론은 세상을 긍정한다. 세상은 불타버리는 것이 아니라 용광로의 불속에서 단련되듯 정결하게 될 것이며, 그 때문에 우리는 오늘 우리의 행동이 헛된 것이 아니라는 확신을 가지고 일할 수 있다. 우리는 새로워질 하늘과 땅을 갈망하며, 지금 여기서 우리가 하는 신실한 행위가 종말의 때에 열매 맺게 되리라는 기대를 품고 일할 수 있다. 우리는 인간의 재능이나 기술이 아니라 하나님의 약속과 신실하신 성품을 의지하며, 그 때문에 우리의 고향별이 파괴된 현실에서도 찬송가에서 노래하듯이, 온 세상이 주님의 손안에 있음을 안다. 구체적인 표현으로 말해, 우리의 소식이 진정 좋은 소식이라면, 물품을 재활용하고 퇴비를 제조하고 자전거로 출근하는 일은 결코 위험에 처해 침착한 척하려는 몸부림 같은 것이 아니다. 오히려 그 일들은 세상을 사랑하시고 회복하시는 하나님의 방법에 보조를 맞춰 희망을 품고 사는 방식이다.

신앙 공동체

마지막으로 그러나 앞의 것들에 못지않은 것으로, 만일 우리의 좋은 소식이 진정 좋은 것이라면, 기독교인을 자처하는 우리는 하나님께서 원하시는 공동체를 이루어야 한다. 우리가 뿌리내리고 있는 기독교의 이야기—성경과 전통—가 우리 교회론의 형태를 결정해야 한다. 여기서는 많은 것들이 문제가 되는데, 그 이유는 폴 샌트마이어가 지적한 다음과 같은 사실 때문이다. "교회의 행함은 교회의 존재로부터 흘러나온다. 교회의 사역은 교회에 부어진 은혜로부터 나온다. 신실한 제자도의 삶은 신앙 공동체의 제의라는 풍부한 토양에서 자라난다. 행동하는 교회는 전적으로 예배하는 교회에 달려 있다."⁴¹ 기독교 공동체는 자기 자신을 "순교자 교회"로 꿈꾼다고 말한 샌트마이어의 주장은 참으로 의미심장하다.

자신의 소명에 충실한 교회의 삶 속에서 나는 태초의 에덴동산에서 하나님께서 인간과 자연에게 정해 주셨던 그 관계가 모습을 드러내는 것을 본다. 예수 그리스도의 십자가를 통해 우리의 죄악된 역사 속으로 들어오신 하나님께서 우리와 하나님, 다른 인간, 나아가 전체 자연 세계 사이의 관계를 바르게 회복하셨기 때문이다. 또 전례가 없고 완전히 새로운 교회, 곧 에덴적 존재인 우리에게는 허락되지 않았던 교회, 그 교회의 삶 속에서 나는 자연과의 연합을 보여주는 표지들, 곧 하나님께서 만유의 주로 다스리게 될 새 하늘과 새 땅의 표지들을 단편적으로 볼 수 있다. 그 이유는, 하나님께서 예수 그리스도의 부활을 통해 죽음에 매인 우리 역사 속으로 개입하셔서, 장차 이르게 될 영원한 도시와 영원한 창조를 미리 맛보게 하셨기 때문이다.

십자가의 길을 걸으며 부활의 능력을 힘입어 나가는 공동체인 교회는, 하나님의 은총으로 살면서 하나님께서 그리스도 안에 허락하신 구속과 미래에 대한 지식을 함께 구체화하며 증언하게 된다.[42]

이렇게 해서 교회는 십자가의 사랑과 부활의 능력을 선명하게 드러내는 증언 공동체—어원적인 의미로는 순교자 교회—가 된다.

샌트마이어는 자신의 생각을 구체화하여 자연 세계와 관련된 교회의 소명을 다음과 같이 네 가지로 말한다. 종교적 차원에서 자연과 협력하기, 섬세하게 자연을 돌보기, 감사하는 마음으로 자연에 경탄하기, 기쁜 마음으로 하나님의 통치를 바라기. 예를 들어 말하면, 오늘날 교회의 사명을 다하기 위해서 우리는 결코 땅을 혹사하거나 노동자의 임금을 갈취해서는 안된다. 황무지를 보전하며 농경지를 보살피고, 도시 계획과 생태계 디자인을 하나님의 뜻을 이루는 과학으로 볼 수 있어야 한다. 정신없이 돌아가는 삶에서 잠시 멈추어 서서 들판에 피어 있는 백합을 살펴보는 것이 필요하다. 성례전—성만찬과 세례—을 거행하여 장차 있게 될 영광스러운 샬롬의 잔치를 미리 맛보는 것도 필요하다.[43] 샌트마이어는 다음과 같이 결론을 내린다.

기독교인으로 사는 일은 언제나 쉬운 일이 아니었다. 오늘날이라고 해서 더 쉬운 것도 아니다. 그러나 생태학적이고 우주적인 제의의 실행에 의해 형성되고 생태학적이고 우주적인 새 영성에 의해 힘을 얻은 이 순교자 교회는, 하나님의 은총을 힘입어 오늘날의 이러한 역사적인 현실에 능히 맞서 일어설 수 있다. 그렇게 해서 전례가 없는 소명에 응답하고, 하

하나님을 사랑하면서 동시에 거대하고 영광스러운 대가족인 하나님의 모든 피조물을 사랑하며, 나아가 세상 나라들을 향해 빛이 되고 언덕 위에 우뚝 서서 모범을 통해 분명하게 증언하는 도시가 된다.[44]

신실하고 기쁜 마음으로 이러한 소명들을 실천함으로써 그리스도의 몸은 생태 시대를 위한 복음적 교회가 될 수 있다.[45]

지금까지 살펴본 것들이 내가 제시하는 생태신학의 뼈대다. 그것들은 전통적인 교리 주제들 전반을 살피면서 교회론과 관련한 신학에서 뽑은 것들로, 복음주의적인 지구 돌봄의 신학의 핵심을 이루는 것들이다. 나는 이것이 우리와 위기에 처한 지구를 위한 복음—좋은 소식—이라고 믿는다. 그렇다면 이 신학에 의해 형성된 윤리는 어떤 모습이 될까? 이번 장의 나머지 부분과, 특히 다음 장에서 나는 지구 돌봄의 생태윤리를 구체적으로 제시하려고 한다.

생태윤리와 지구 돌봄

생태윤리를 살펴보면, 수많은 견해들이 폭넓게 스펙트럼을 이루고 있음을 보게 된다. 나는 이 책의 목적에 맞춰 서로 연관된 두 가지 질문을 기준으로 여러 견해들을 분류한다. 첫째, 도덕적으로 가치 있는 것은 무엇인가? 전문 용어로 말하면, 도덕적 고려의 대상이 되는 것은 무엇인가? 도덕상 의사 결정 과정에서 다루어야 할 것은 무엇인가? 도덕적인 수혜자의 자격을 지니는 것은 무엇인가?[46] 둘째, 인간 이외의 피조물들은 어떤 가치가 있는가? 그것들은 단지 도구적 가치, 곧 그것들이 인간에게 유용하기 때문에 소유하는 가치만을 지니는가? 아니면 그것들도 내재적 가치, 곧 그것들이 인간에게 어떤 유익이 있느냐와 상관없이 그 자체로 소유하는 가치를 지니는가?[47] 첫 번째 질문은 도덕적인 고려의 범위와 관계있으며, 두 번째 질문은 상대적 가치 곧 고려되는 대상의 상대적 가치나 값어치와 관계가 있다. 첫 번째 문제는 무엇이 중요한지를 물으며, 두 번째 질문은 그것이 얼마나 중요하며 또 왜 중요한지를 묻는다. 이 두 가지 질문을 염두에 두고서 우리는 적어도 일곱 개의 서로 다른 견해를 구별할 수 있다.[48]

현명한 이용

최선의 윤리는 천연자원을 지혜롭게 이용하는 것과 관계가 있다고 주장하는 사람들이 있다. 환경보존론(conservationism)이라는 이름으로도 알려진 이 윤리는, 흔히 (이 견해의 옹호자들에 의해서도) "현명한 이용 운동"이라고 불린다.[49] 이 견해는 20세기 초에 미국 산림청의 초대 청장이었던 기포드 핀쇼가 펼친 자원 보존(resource conservation) 운동에 의해 유명해졌다.[50] 위에서 지적했듯이, 자연 세계는 인간이 인간의 유익을 위해 가능한 한 신중하게 관리해야 할 "천연자원"이라고 정의되고 다루어진다. 인간 이외의 피조물은 내재적 가치를 지니지 못한다. 피조물의 가치는 전적으로 그들이 인간에게 어떤 유용성이 있느냐에 의해 결정된다. 즉 나무는 목재로 쓸모가 있고, 물은 인간의 소비를 위해, 초원은 가축을 먹이기 위해 쓸모가 있다. 자연 세계는 인간의 이해관심을 충족시켜 주는 도구로써만 가치가 있다. 도덕적으로 고려할 대상의 범위는 상대적으로 협소해서, 인간만이 도덕적으로 중요하게 다루어지며 그것도 대체로 지금 여기에 살고 있는 인간만이 관심의 대상이 된다.

현대의 환경운동가들이 흔히 이 견해를 조롱하는 것을 볼 수 있는데, 사실 이 견해를 부당하게 비판해서는 안된다. 그 당시 이 운동은 자연 세계의 약탈과 착취와 파괴를 정당화하던 사회 일반의 사고방식에 항거한 진일보한 태도를 보여주었기 때문이다. 그 시대에 핀쇼와 그의 동료들은 부족한 자원들을 보존하기 위해 애쓰면서, 당시 팽배했던 세태에 맞서 싸웠던 진보주의자들로 여겨졌다. 긍정적인 면에서 볼 때 오늘날의 환경보존론은 그 이름이 뜻하는 대로, 생각 없이 닥치는 대로 자연 세계를 착취하는 일을 옹호하는 모든 사고방식에 맞서 싸우고 있다.

그렇기는 하지만 많은 사람이 지적하듯이, 이 견해에는 매우 부적합한 면이 있다. 지나칠 정도로 인간중심적이기 때문이다.[51] 자연 세계가 인간의 이해관심을 채워 주기 때문에 가치 있는 것이 맞기는 하지만, 또한 성경이 주장하듯이, 자연 세계는 인간에 대한 효용성 여부와는 상관없이 가치를 지닌다. 자연 세계가 가치 있는 이유는, 단지 하나님께서 그것을 창조하시고 지탱하시며 사랑하시기 때문이라는 것이 기독교의 주장이다. 간단히 말해, "현명한 이용"을 내세우는 사람들은 여전히 효용만이 유일한 가치라고 주장하는데, 사실은 결코 그렇지 않다. 도덕적으로 가치 있는 것의 범위에는 현존하는 인간만이 아니라 그 외의 많은 것들도 포함되어야 한다. 하나님은 창세기에서 거론된 수많은 피조물을 다 돌보시며 우리에게도 그것들을 (대부분을) 돌보라고 명령하신다. 그러므로 환경보존론은 그것이 이룬 좋은 일에도 불구하고 심각한 결점을 지닌다.

자손들에 대한 의무

두 번째 관점은, 미래 세대의 권리를 옹호하는 사람들의 견해다. 이 견해를 주장하는 사람들에 의하면, 우리는 지금 여기에 사는 인간의 권리 및 이해관심뿐만 아니라 미래에 살게 될 인간의 권리까지도 고려해야 한다. 우리는 우리 자식들만 아니라 손자손녀, 나아가 그들의 자녀들까지 배려해야 하며, 장차 그들이 일하고 살아갈 세상에 관심을 기울여야 한다. 그러므로 우리가 족제비와 휘파람새와 습지에게 직접적인 의무를 지지는 않지만, 그런 것들이 없다면 우리의 자손들이 번성할 수 없기 때문에 그것들에게 간접적인 의무를 진다.[52] 또 어떤 사람들이 주장하듯이, 우리는 여러 세대를 포괄하는 공동체의 일부이며, 따라서 아직 태어나지는 않았으나 우리 뒤에 올 사람들에 대한 의무가 있다. 사랑이 아니라 (세대 사이의) 정의가 미래 세대에 대해 우리가 져야 할 의무의 기초가 된다.[53] 간단히 말해, 우리는 자손들에 대한 의무가 있다.

이 견해에 의하면, 인간 이외의 피조물들은 내재적 가치를 지니지 못한다. 다른 피조물도 가치가 있기는 하지만, 그 가치는 어디까지나 인간의 번영에 얼마나 도움이 되는지에 따라서 결정된다. 하지만 이 견해는 도덕적으로 가치 있는 것의 범위에 시간적으로 멀리 떨어져 있는 인간들까지 포함하며, 그렇게 해서 도덕적 고려가능성의 테두리가 상당히 넓게 확장된다. 1987년 환경과 개발에 관한 세계위원회(WCED)가 제안하여 오늘날 널리 사용되는 지속가능성(sustainability)에 대한 정의를 빌려 말하면, 우리는 "미래 세대가 자신들의 필요를 채울 여력에 손상을 가하지 않으면서 현 세대의 필요"에 부응하기 위해 노력해야 한다.[54] 지속가능성이라는 개념에는 후손들에 대한 의무라는 사고방식이 반영되어 있다.

이 견해는 여러 가지 이유로 자주 비판을 받는다. 이 견해가 앞서 살펴본 견해와 마찬가지로 지나치게 인간중심적이라고 주장하는 사람들이 많다. 이 이론이 오직 인간의 복리에만 관심을 두면서, 자연 세계가 비도구적 가치를 지닌다는 점을 인정하지 못한다는 것이다.[55] 어떤 사람들은, 아직 태어나지 않은 사람들의 권리를 논하는 것은 의미 없는 일이라고 주장한다.[56] 또 다른 사람들은 아예 권리를 논하는 언어 자체가 도움이 안되거나 불필요하다고 보아 무시해 버린다.[57] 이러한 비판 가운데 많은 것들이 적절하다. 그러나 적어도 두 가지 이유에서, 이 견해는 진정한 진보를 뜻한다. 첫째, 이 견해는 일반적이고 합당한 도덕적 직관을 담고 있다. 즉 우리는 우리 뒤에 태어나는 사람들을 돌봐야 한다는 것이다. 둘째, 우리는 여러 세대에 걸쳐서 공의를 실천해야 한다는 성경의 명령을 담고 있다. 다시 말해, 우리는 공간뿐 아니라 시간적으로도 우리에게서 멀리 떨어져 있는 사람들의 필요를 진지하게 배려해야 한다.

동물 복지

세 번째로 살펴볼 견해는, 동물의 복지를 옹호하는 사람들이 내세우는 주장이다. 이 견해에서 우리는 인간중심적 관점, 곧 인간 위주의 사고방식을 넘어서는 탈인간중심적 관점을 만나게 된다. 동물 복지 이론의 주장에 따르면, 우리 인간은 일부 비인간 피조물에게 책임을 지기 때문이다. 이러한 책임을 논하는 가장 일반적인 방식 가운데 하나가 권리의 측면을 다루는 것이다. 즉 일부 동물들은 우리 인간들이 존중해야 할 권리를 지닌다.[58] 예를 들어, 당신은 집에서 기르는 애완견을 학대해서 적절하게 보호받을 개의 권리를 침해하고 동물을 비인도적으로 대우하는 죄를 저질러서는 안된다. 흰돌고래를 포획하여 마을 수족관에 전시해서는 안된다. 그 것들은 넓은 바다에서 자유롭게 헤엄칠 권리가 있기 때문이다. 이러한 형 태의 동물 복지 전통에서 표어로 내세우는 것이 동물의 권리다.[59]

동물 복지 이론에 속한 또 다른 견해는, 권리의 존중이 아니라 결과에 대한 고려를 중요하게 여긴다. 이 견해에서 내세우는 핵심 강령은, 어떤 동물들은 감성이 있다는 것이다. 그 동물들이 고통을 느끼고 자기들이 당 하는 고통을 의식한다는 주장이다. 19세기에 제러미 벤담과 존 스튜어트 밀이 지적한 대로, 동물이 생각할 수 있는가가 아니라 고통을 느낄 수 있 는가가 올바른 질문이다. 만일 어떤 동물들이 감성이 있다면, 모든 감성 있는 존재는 그 나름의 고려받을 이해관심을 가진다면, 그리고 도덕적으 로 옳은 행위란 감성 있는 존재들을 위해 최대한 좋은 결과를 낳는 행위 라고 한다면, 인간과 어떤 동물들을 고통을 당하게 되는 상황에서 동등한 가치를 지니게 되며, 인간과 마찬가지로 감성 있는 동물들이 불필요하게 고통을 당해서는 안된다. 이처럼 도덕적으로 가치 있는 것의 범위가 인간 이외의 감성 있는 동물을 포함하는 데까지 확장되며, 적어도 이 피조물들 은 내재적 가치를 지니는 것으로 인정된다.

이 두 가지 유형의 동물 복지 이론 모두에 대해 제기되는 주요한 비판 은, 그것들이 지나치게 개체론적이라는 점이다. 이 이론들은 동물들을 둘 러싼 더 큰 생태계의 맥락은 무시한 채 오직 개별적인 동물들만을 다룬 다.[60] 달리 말해, 이 견해가 인간중심적이지는 않지만 그렇다고 해서 생태 중심적이지도 않다. 예를 들어, 미시간 주에서 사슴을 죽이는 일이 도덕 적으로 허용되는지의 문제는, 그 사슴들을 주요한 구성요소로 포함하는 커다란 생태계를 고려해야 할 뿐만 아니라 전체 사슴의 개체수를 염두에 둘 때에야 제대로 된 답을 얻을 수 있다. 이렇게 중요한 비판이 제기됨에도 불구하고, 동물 복지 이론은 도덕적으로 가치 있는 것의 범위를 넓혀 주었으며, 그렇게 해서 우리의 생태학적 상상력도 넓혀 주었다. 7장에서 다시 논하겠지만, 동물 복지 논증이 지구 돌봄을 지지하기 위해 제시된 논증들 가운데서 가장 약한 편에 속하기는 하면서도, 그것이 우리로 하여금 도덕적 고려가능성의 범위를 넓혀 일부 비인간 피조물까지 아우르게 한다는 점에서는 옳다.

생명 존중

생태윤리의 여러 형태 중에서 네 번째 이론은 생명 존중 또는 생명 경외를 주장한다.[61] 미래 세대의 인간이나 감성 있는 동물들뿐 아니라 살아 있는 모든 것이 우리의 존중과 돌봄을 받을 자격이 있다. 이 견해는 생명중심주의(biocentrism, *bios*는 그리스어로 '생명'을 뜻한다)라 불리며, 일반적으로 생명 있는 모든 유기체는 고유한 가치를 지닌다는 기본적인 주장을 한다. 모든 개체 동물과 식물은, 누가 그것들을 가치 있게 여기는지와 상관없이 가치를 지닌다. 따라서 그것들은 우리에게서 도덕적 배려를 받을 자격이 있으며, 우리는 그것들의 유익을 위해 일할 조건부 의무를 진다. 이렇게 해서 도덕적으로 가치 있는 것의 범위는 살아 있는 모든 유기체를 포함하는 데까지 확장되며, 확장을 통해 살아 있는 모든 것이 내재적 가치를 지닌다는 사실이 분명해진다. 생명체들에 대한 우리의 의무는 우리가 다른 인간에게 지는 의무에서 도출되는 것이 아니다. 그와는 달리, 그 의무는 유기체들이 단지 살아있음으로 해서 소유하는 가치에서 나온다. 이러한 견해를 대표하는 가장 유명한 인물은 앨버트 슈바이처

(Albert Schweitzer)—독일의 성경학자이며 음악가, 선교사—로서, 그는 "생명 경외"에 관한 글을 쓰고 그대로 살려고 노력했다.[62] 슈바이처의 발자취를 따르는 현대 사상가들 가운데는 폴 테일러가 가장 중요한데, 그의 "자연 존중"의 윤리에서 생명중심적 관점이 가장 철저하고 진지하게 논의되었다.[63]

생명중심주의에는 많은 비판이 다양한 형태로 제기된다. 그러한 삶의 철학을 있는 그대로 따라 사는 것은 불가능하며, 그렇기에 그 견해는 매우 비현실적이라고 많은 사람들이 주장한다. 어쨌든 사람은 누구나 먹어야 하는 것이다. 그러나 훨씬 더 체계화된 형태로 등장한 생명중심주의 이론들은 우리가 다른 생명체를 소비하지 말아야 한다고는 주장하지 않는다. 이에 따르면, 생명중심주의의 비현실성에 대한 비판은 허수아비를 공격하는 것과 같다. 또 다른 사람들은, 이 이론이 개별 유기체만을 중요하게 다루지만 자연 세계 내의 다양한 관계들은 무시하기 때문에 생태학적인 면에서 볼 때 여전히 불충분하다고 주장한다.[64] 이 비판의 문제 제기는 정확하다. 생명중심주의가 생명을 중심으로 다루기는 하지만 여전히 생태계를 인정하지 않기 때문이다. 모든 생명체들이 속한 체계와 과정에는 관심을 기울이지 않고 생명만을 집중적으로 다루는 관점은 세상이 어떻게 움직이는지에 대해 제대로 밝혀 줄 수 없다. 마지막으로, 신중심적인 관점에서 볼 때 만물의 중심에다 생명을 놓는 견해는 부적절한 것으로 판정될 수밖에 없다. 생명이 아니라 하나님이 만물의 중심 자리에 계신다. 이러한 문제들이 있기는 하지만, 생명중심주의는 동물 복지 이론과 마찬가지로, 우리의 도덕적 상상력을 확장하여 인간 이외의 많은 것들까지 포괄하게 해주는 무시 못할 장점도 지닌다.

야생지 보전

다섯 번째로 살펴볼 이론은 야생지 보전론(wilderness preservation)이다. 시에라 클럽과 야생지 협회(Wilderness Society) 같은 모임에 의해 오랜 세월 표명되어 온 이 관점은, 야생의 장소를 보전하고 파괴되지 않은 자연을 보호할 필요성을 강조한다. 보존(conservation)이 아니라 보전(preservation)을 구호로 내세운다.* 이 이론의 옹호자들은, 인간에게 휴양의 장소를 제공하고 자연의 서비스를 지속시키며 멸종위기에 처한 동식물의 서식지를 보호한다는 등의 여러 가지 이유를 내세워 우리가 야생의 땅을 보전해야 한다고 주장한다. 1964년에 제정된 야생지 보호법(Wilderness Act)을 인용하면, "땅과 그곳에 형성된 생명 공동체가 인간에 의해 훼방당하지 않는 곳, 인간은 거주자가 아니라 단지 방문객이 되는 곳", 그런 장소들이 특히 중요하다.[65] 인간의 손길을 타지 않은 장소들에서는 내재적 가치가 발견된다. 야생의 땅속과 그 위에 사는 유기체들뿐 아니라 넓은 야생 지역들이 도덕적으로 가치가 있다. 이 견해를 대표하는 가장 유명한 사람들은, 미국 문학의 고전이 된 「월든」(*Walden*)을 지은 헨리 데이비드 소로(Henry David Thoreau)와 불굴의 등산가이자 시에라 클럽의 창시자이며 야생지의 보전을 끈질기게 옹호한 사람인 존 뮤어다.[66]

야생지 보전 이론에서 우리는 최초로 진정한 생태중심적 견해를 만나게 된다. 개체 피조물뿐 아니라 전체 생태계 속에도 내재적 가치가 들어

---

* preservation과 conservation이라는 용어는 우리말로 확정된 번역어가 없어 학자들에 따라 달리 번역되고 있다. 이 책에서는 preservation을 '보전'으로, conservation을 '보존'으로 옮긴다. 이 두 용어는 1900년대 초, 미국 요세미티 국립공원 내 헤츠헤치 계곡에 댐을 건설하는 문제를 두고, 보존을 주장하는 산림청장 기포드 핀쇼와 보전을 주장하는 존 뮤어가 대립하면서 환경운동의 두 흐름을 대표하는 주요 개념으로 나타났다.

있다. 이러한 주장은, 월든 호수 주변에서 지낸 삶을 상세한 기록으로 남긴 소로나, 시에라 산맥을 탄 경험을 열정적으로 보고하는 뮤어가 자신들의 글에 더 광범위한 체계와 과정들에 대한 관심을 담아낸 데서 분명하게 발견된다. 그러나 일부 비평가들은 이 견해가 야생의 땅, 그것도 국립공원에서 볼 수 있는 경치가 빼어난 야생지를 중요하게 여기기 때문에 생태학적 면에서 보면 충분하지 못하다고 주장한다. 이 이론은 미적인 면에서 만족스럽지 못한 장소들이 지닌 중요하고 진정한 생태적 가치를 간과한다. 주로 장엄한 풍경과 경외심을 불러일으키는 경관만을 귀하게 여기고 발에 밟히는 토양이나 도심 가운데 있는 공원은 무시하는 경향이 있다. 게다가 현대인들이 야생지를 생각하는 개념은, 야생의 장소를 온화하고 정적이며 청순한 곳으로 그리는 "낭만적 야생지 신화"에 의해 왜곡되는 경향이 있다.[67] 사실 청순한 곳이 있더라도 극히 적고, 정적인 곳은 아예 없으며, 자연 세계는 언제나 온화함과 난폭함이 뒤섞여 있는 곳이다. 그렇기는 하지만 야생지 보전을 강조하는 이 운동은 욥기에서 야생의 자연을 노래하는 시가의 정신과 일치한다. 대체로 이 운동은 인간을 만물의 중심이 되는 위치에서 밖으로 밀어내어, 겸손한 자세와 비인간 이웃들에게 친절한 태도를 취하게 하는 견해를 대표한다.

대지의 윤리

지금도 널리 읽히면서 큰 영향을 끼치는 책 「모래 군의 열두 달」(*A Sand County Almanac*)에서, 알도 레오폴드가 최초로 제안한 대지의 윤리(land ethic)는 온전한 형태를 갖춘 생태중심적 이론이다.[68] 이 이론은 영양 단계와 먹이그물, 에너지 흐름과 순환 체계, 생물들이 서식지와 군집과 생태계 안에서 차지하는 생태적 지위에 관한 지식을 통합한다. 예를 들어, 레오폴드는 우리가 산처럼 생각하는 법을 배워야 한다고 주장한다. 즉 자연 세계의 상호 의존성을 이해하고, 죽음을 생명의 필수적인 부분으로 여기며, 지구와 그 안의 진화를 긴 안목에서 봐야 한다고 말한다. 이 이론에서는 대지의 유기적 관계를 강조한다. 레오폴드의 유명한 도덕적 준칙을 인용해 말하면, "어떤 것이 생명 공동체의 온전함과 안정과 아름다움을 보전하는 데 이바지한다면, 그것은 옳다. 그렇지 않다면 그르다."[69] 생태계 내의 동식물과 무생물뿐만 아니라 대지 공동체 자체에도 도덕적인 지위가 부여된다. 그리고 대지와 그 안에 있는 모든 피조물이 내재적 가치를 지닌다.

전문 용어로 생태중심적 전체론(ecocentric holism)에 속하는 이 이론에는 많은 장점이 있다. 이 이론은 세상이 작동하는 방식과도 어울린다. 또 성경이 가르치는 많은 지혜들을 담고 있다. 땅과 그 안의 많은 피조물은 인간에게 유용하기 때문만이 아니라 그 자체로도 가치가 있다. 모든 피조물은 도덕적 행위의 수용자가 되며, 따라서 도덕적으로 존중받을 자격이 있다. 물론 피조물들 사이의 도덕적 가치들을 어떻게 차등화할 것인가는 별개로 판단할 문제다. 표범과 아비새가 반드시 라즈와 루시(라는 사람)와 동일한 도덕적 가치를 지니는 것은 아니다. 가치의 면에서 일정한 계급구조가 있음이 인정된다.

하지만 대지의 윤리에 대해 비평가들은 두 가지 중요한 비판을 가한다. 첫째, 어떤 이들은 레오폴드와 그의 동료들이 자연주의 오류를 범했다고, 그릇되게 사실에서 당위로 나가는 잘못을 저질렀다고 비판한다. 달리 말해, 이 비판은 레오폴드가 생태학적 사실에서 윤리적 가치를 끌어내고, 과학적 서술에서 규범적 규칙들을 도출했다고 주장한다. 사실 판단 (예를 들면, 사슴의 개체수가 감소하고 있다)에서 가치 판단(예를 들면, 사냥은 도덕적으로 그르다)을 끌어낼 수 없다는 것이다. 그러나 이 비판이 그 자체로 자명한 것이라고는 말할 수 없다. 홈스 롤스턴의 주장대로, 우리는 생태계에 대한 서술로부터 윤리적 규칙들을 도출할 수 있고 또 그래야 한다.[70] 우리의 도덕적인 의무는 부분적으로 이 세상이 어떻게 움직이는가에 대한 지식으로부터 생겨나며, 따라서 가치와 사실이 반드시 별개여야 (그럴 때도 있지만) 하는 것은 아니다.

또 다른 주요 비판은 대지의 윤리가 "환경 파시즘"의 한 유형이라는 것이다.[71] 다시 말해, 대지의 윤리는 생명 공동체에만 초점을 맞춤으로써 그 공동체 내의 (인간과 비인간) 개체들의 권리를 가볍게 여긴다. 그 결과 생명 공동체의 유익을 위해 개체의 이익이 희생당할 수도 있는 심각한 위험이 따르게 된다고 말한다. 내가 보기에, 이 비판은 강력한 힘이 있으며, 따라서 이 윤리에 속한 일부 이론들에게는 심각한 문제가 될 수도 있다. 그러나 이것은 해결불가능한 문제가 아니며, 또 대지의 윤리를 옹호하는 여러 사람들이 이처럼 지적된 레오폴드 윤리의 단점들을 해결하기 위해 노력하고 있다.[72]

심층 생태론

생태윤리의 스펙트럼에서 일곱 번째이자 마지막 견해는 심층 생태론이다. 이 이론은 "급진적 생태철학"에 속하며 다양한 형태를 포괄하는 복합적인 운동으로서, 노르웨이 철학자인 아느 네스(Arne Naess)의 저술에서 최초로 시작되었다. 네스는 1973년에 발표한 중요한 한 논문에서 표피적

(shallow) 환경운동 관점과 심층적(deep) 환경운동 관점을—본질 면에서는 인간중심적 견해와 탈인간중심적 견해로—구분했으며, 생태계 파괴의 근원에 대해 다시 고찰할 것을 요구했다.[73] 네스는 빌 드볼(Bill Devall), 조지 세션즈(George Sessions)와 힘을 합쳐 기본적 원리들의 기초를 다졌으며, 특히 인간 이외의 생명 형태들의 내재적 가치를 긍정하면서 비인간 유기체들의 다양성과 풍성함이 중요하다는 사실을 외치고, 나아가 인간은 생명 유지에 필요한 경우 외에는 비인간 생명체의 다양성과 풍성함을 파괴할 권리가 없다고 주장했다.[74] 무엇보다 중요한 것이 생명중심적 평등 개념, 곧 인간, 동물, 식물, 세균, 산, 강, 호수 등 모든 것이 존재 자체로 평등한 권리를 지닌다는 개념이다. 달리 말해, 심층 생태론은 자연 세계의 내재적 가치를 긍정하며 또 인간 이외의 유기체들이 도덕적으로 가치 있을 뿐만 아니라 평등한 가치를 지닌다고 주장한다.

심층 생태론에는 많은 비판이 제기된다. 심층 생태론이 개념적으로 모호하다고 주장하는 사람들이 있는가 하면, 어떤 이들은 그 이론이 인간에 대해 부정적이라고 생각하거나, 또 다른 이들은 그 이론이 서구 제국주의의 냄새를 풍긴다고 주장한다.[75] 내가 보기에, 이러한 비판들에는 그 나름대로 장점이 있다. 그러나 심층 생태론에 대한 가장 중요한 비판은, 심층 생태론이 생명중심적 평등을 외친다는 사실과 관계가 있다. 이 이론의 옹호자들은 모든 유기체가 동등한 가치나 중요성을 지닌다고 주장하지만, 상충하는 이해관심이나 이익을 어떻게 판정할 것인지에 대해서는 분명하게 말하지 않는다. 조셉 데자르뎅(Joseph DesJardins)의 말대로, "환경적 쟁점들에서 흔히 문제가 되듯이, 인간의 이해관심과 비인간 세계의 이해관심이 충돌한다면 어떻게 처신할 것인가?"[76] 게다가 이러한 이론을 일관되게 실천에 옮기는 것이 어떻게 가능하겠는가? 철학의 용어로 말해, 이 이론은 수행적 모순을 수반하는데, 믿는 대로 행동하는 것이 불가능하기 때문이다. 그러나 우리는 행동할 수밖에 없으며, 그러한 행동은 가치상의 계급구조, 곧 등급을 당연한 것으로 전제하고 이루어진다. 모든 유기체가 동등한 가치를 지닌다고 고집하기보다는 가치상의 등급이 어떤 형태로 이루어져 있는지를 솔직하게 인정하는 것이 더 낫다.

다시 대지의 윤리를 살펴보다

현명한 이용, 자손들에 대한 의무, 동물 복지, 생명 존중, 야생지 보전, 대지의 윤리, 심층 생태론. 이것들은 현대 생태윤리의 지평을 이루는 (대부분의) 요소들이다. 앞서 살핀 내용에서도 드러났지만, 나는 이 일곱 가지 관점 가운데 어떤 것은 다른 것보다 더 설득력이 있다고 생각한다. 다음 장에서 지구 돌봄이라는 내 나름의 윤리를 좀 더 구체적으로 발전시킬 것이기 때문에 여기서는 간략하게 내 생각의 윤곽만을 살펴보겠다.

1장에서는 세상이 어떻게 움직이는지에 대해, 2장과 3장에서는 세계가 어떻게 신음하는지 그 이유가 무엇인지에 대해, 4장에서는 성경 가운데서 구체적인 몇 개의 본문이 증언하는 내용에 대해, 그리고 이번 장의 전반부에서는 신학적인 주장들을 살펴보았다. 이렇게 살핀 모든 것을 생각할 때 (위에서 제시한 윤리적 관점들 가운데서) 가장 적합한 이론이 '대지의 윤리'라는 것이 내 판단이다. 알도 레오폴드의 대지 공동체라는 비전은, 몇 가지를 수정하고 첨가하기만 하면 가장 포괄적인 이론이 될 수 있다고 생각한다. 이 첨가와 수정에는 최소한 다음과 같은 것들이 포함된다.

첫째, 대지의 윤리라는 말은 물의 행성에 사는 우리 같은 피조물들에게는 매우 불완전하다. 지구 표면의 대략 70퍼센트가 물로 덮여 있으므로 대지의 윤리는 이 청록별에 있는 거대한 수역들까지 포괄하는 방향으로 확대될 (또는 이름을 바꿀) 필요가 있다. 레오폴드는 "대지의 윤리는 공동체의 울타리를 확장해 토양과 물과 동식물들까지, 곧 전체 대지까지 포함한다"[77]고 주장함으로써 암묵적으로 땅 이상의 것을 포괄하지만 이 주장을 좀 더 분명하게 다듬을 필요가 있다. 대지의 윤리는 대양 그리고 내륙에 있는 거대한 호수들까지 포함하는 것으로 확대되어야 한다. 우리가 찾는 윤리는 지구 전체를 위한 윤리이기 때문이다.

둘째, 인간 개인의 권리를 보호할 수 있는 몇 가지 조항을 추가해야 한다.[78] 앞에서 살펴본 비판, 곧 전체 공동체의 이익을 위해 특정한 한 사람의 이익이 잘못 희생될 수도 있다는 비판을 진지하게 받아들일 필요가 있다. 따라서 개인의 적법한 이익과 권리와 이해관심을 확실하게 보호하기 위해 기본적인 인간의 권리들이 승인되어야 하며, 그 권리들을 보호하는 의무들을 포괄적인 윤리적 틀 속에 삽입해야 한다. 베어드 캘리콧(Baird Callicott)은 대지의 윤리가 바로 그 일을 한다고 주장한다. 즉 우리에게 공동체 안의 비인간 구성원들을 존중할 것을 요구하면서도 동시에 인간의 권리를 인정한다고 말한다.

그러므로 대지의 윤리는 가혹하지도 않으며 파시스트적인 것도 아니다. 그것은 인간의 도덕을 폐기하지 않는다.…… 분명 대지의 윤리는 인간의 도덕을 폐기하지 않으면서도 동시에 제멋대로 내버려 두지도 않는다. 또한 대지의 윤리는 몰인정하지도 않다. 생명 공동체에 속한 비인간 구성원들은 "인간의 권리"를 지니지 못한다. 정의상 그들은 인간 공동체의 구성원이 아니기 때문이다. 그럼에도 그들은 생명 공동체의 동료 구성원으로서 존중받을 자격을 지닌다.[79]

캘리콧은 레오폴드의 윤리가 결과를 도출하는 논법에 치우침으로써 의무를 가볍게 여기는 인상을 주지만 사실은 의무들에 우위를 둔다고 주장한다.[80] 대지의 윤리에 대한 캘리콧의 주장이 참이든 아니든, 의무와 권리에 대한 관심을 이익과 결과에 대한 관심과 통합하여 다루는 윤리학이, 그 둘 가운데 어느 하나만을 다루는 윤리학에 비해 훨씬 더 적합하다는 점은 분명하다.[81]

셋째, 가치를 등급에 따라 나누는 것은 불가피한 일이다. 대지의 윤리와 같은 생태중심적 이론들도 그 나름대로 가치의 등급을 인정할 필요가 있다. 생명 공동체 안에서는 도덕적 차별을 당연한 일로 인정할 수밖에 없기 때문이다. 여러 가지 면에서 레오폴드를 따르는 홈스 롤스턴이 이 점을 특히 잘 보여준다. 그는 생명중심주의와 인간중심주의 모두를 논박하면서, 자연 세계를 "생명 체계적이면서 인간이 정점에 위치한" 것으로 설명한다.

> 이 체계(생태계)는 무차별적으로 생명을 중심으로 삼고 한 생명을 다른 생명과 대등한 것으로 여기지 않는다. 또 기능적인 면에서도 인간을 중심으로 삼지 않는다. 생태학적인 의미에서 보면 인간은 이 체계 내에서 미미한 역할을 한다. 도구라는 면에서 보면 미생물이 인간보다 훨씬 더 중요하다. 일부 가치라면 몰라도 모든 가치가 다 인간에게 "집중"되는 것

은 아니다. 존재하는 가치가 모두 인간을 "위한" 것은 아니다. 인간은 자기 고유의 가치를 옹호하면서, 또 자신 외부에 있는 이러한 가치들을 인정할 필요가 있다. 그렇기는 하지만 인간은 생태계의 가장 정교한 산물이라는 점에서 볼 때 최고의 가치를 지닌다.[82]

특정한 가치에서 보면 인간이 최고의 자리(정점에 위치하는 인간)에 있기는 하지만, 전체 **생명** 곧 생물계를 도덕적으로 의미 있는 것으로 대우해야만 한다(생명 체계적). 이 주장은 가치가 등급으로 이루어져 있음을 전제로 하며, 롤스턴은 그 자신이 정교하게 다듬은 "내재적, 도구적, 체계적 가치 모델"을 신중하게 고려할 것을 제안한다.[83]

넷째, 기독교의 눈으로 볼 때, 생태중심적 관점은 모두 신중심적 관점으로 바뀔 필요가 있다. 우리의 집인 지구는 아무리 중요하다고 해도 결코 만물의 중심이 될 수 없기 때문이다. 중심에는 하나님이 계시며, 만물은 땅 위에 있는 것이든 하늘에 있는 것이든, 모두 하나님을 찬양하기 위해 존재한다. 이렇게 바꾸는 작업이 가능한지 또는 바람직한 일인지에 대해 의혹을 품는 사람들이 있겠지만, 내가 보기에 이 일은 시도해 볼 만한 가치가 있는 일이다. 롤스턴이 「환경윤리」(*Environmental Ethics*)와 기타 여러 글을 통해 하고 있는 작업은, 레오폴드가 시작하고 다양한 방식으로 변형되고 조정되어 온 윤리가 어떤 것인지 잘 보여준다. 이런 식으로 대지의 윤리는 명백하게 신중심적 관점으로, 좀 더 구체적으로 말해 기독교의 신학적 관점 속으로 통합될 수 있을 것이다.

다섯 번째이자 마지막으로, 대지의 윤리가 특정한 생태학적 감수성과 역량들을 중요하게 여기기는 하지만, 덕으로 알려진 성품 특성들에는 뚜렷하거나 한결같은 관심을 거의 기울이지 않는다. 다음 장에서 논하겠지만, 가장 적합한 윤리는 규칙과 결과 모두에 관심을 기울이면서도 더 나아가 특정한 덕들을 가장 중요한 위치에 놓아야 한다. 레오폴드의 대지의 윤리가 수정되고 보완되어 발전하기 위해서는 겸손과 존중 같은 덕들을 간간히 언급하는 데서 끝날 것이 아니라, 기독교적 관점에서 덕들을 더욱 철저하게 다듬는 것이 필요하다.

우리 앞에 있는 도전

지금까지 지구의 아름다움과 신음하는 상태를 파악하고 또 성경과 교회의 가르침을 깊이 살펴보았는데, 이를 기초로 형성된 생태신학과 생태윤리는 우리에게 지구를 돌보는 자가 될 것을 요구한다. 우리에게 지구를 더욱 깊이 돌보는 삶을 살라고 도전한다.[84] 이 일은 선택할 수 있는 일이 아니다. 우리는 순종과 감사의 마음으로 이 부름에 응답해야 한다. 그렇지 않으면 악하고 게으르게 행동하여 하나님께서 원하시는 샬롬을 이루는 데 실패할 수밖에 없다. 따라서 윌리엄 더니스(William Dyrness)의 주장처럼, "우리가 기독교인으로서 받은 소명에서 지구에 대해 도덕적 책임을 지는 일을 빼버릴 수는 없다."[85] 지구에 관심을 기울이는 일이 진정한 기독교 제자도에 적합한 특성이 아니라고 주장하는 것은, 지구를 돌보는 일이 그리스도의 제자가 되는 데 필요한 전부라고 주장하는 것만큼이나 그릇된 것이다. '창조 세계의 돌봄에 관한 복음주의 선언'(Evangelical Declaration on the Care of Creation)에서 말하는 대로, "우리는 복음이 인간 이외의 피조물을 돌보는 일과 아무런 관계가 없다고 주장하는 이데올로기들과 또 복음을 그 피조물을 돌보는 일에 불과한 것으로 끌어내리려는 이데올로기들 모두에 반대한다."[86] 분명 복음은 땅을 돌보는 일보다 훨씬 크지만, 그렇다고 해서 그 일을 제외해서도 안되는 것이다.

우리 앞에 놓인 도전은, 지구를 돌보는 일이 진정한 기독교 제자도에 필수적인 요소가 된다는 점을 기독교인들에게 납득시키는 일이다. 지구를 돌보는 일이 복음의 전부는 아니지만 그 일을 빼면 복음은 더 이상 복음일 수 없다. 예수께서 분명히 구원하신다. 그러면 어디로부터 무엇을 위해 우리를 구원하시는가? 예수는 당연히 주이시다. 그러면 누구에게 또 무엇에 대해 주가 되시는가? 틀림없이 예수는 다시 오신다. 그러면 우리는 어떤 종류의 미래에 대해 희망을 품어야 하는가? 이러한 근원적인 물음들에 답하기 위해 우리의 신학과 윤리를 바르게 세울 필요가 있다.

캘빈 드윗이 "지구 위기의 상황에서 뒤틀려 버린 퍼즐"에 관해 말하면서 우리 앞에 놓인 이 쟁점을 명료하게 밝힌다. 그는 다음과 같이 주장한다. "그리스도는 창조주이시며 화해자이시며 온전케 하시는 분이다. 그런데도 그의 이름을 부르는 많은 사람들이 피조물을 남용하고 무시하고 전혀 배려하지 않는다. 이 역설의 상황은 누가 보더라도 분명하다. 말로는 창조주를 경외하면서도 행동으로는 하나님의 작품을 파괴한다. 모든 복의 근원이신 하나님을 찬양하면서 바로 여기 있는 하나님의 피조물을 무시하고 파괴한다. 퍼즐의 조각들이 제대로 들어맞지 않는다! 한 조각은 '우리는 크신 주님을 경외한다!'고 말한다. 다른 조각은 '우리는 그분의 위대한 작품을 경멸한다!'고 말한다."[87] 어찌 이런 일이 있을 수 있는가? 송영을 노래하는 사람들이 어떻게 바로 여기 있는 피조물들을 돌보지 않을 수가 있을까? 우리가 주님의 위대한 작품을 돌보지 않으면서 어떻게 그분을 공경할 수 있을까? 드윗은 그의 글을 끝내면서 복음주의 기독교 인들에게 이렇게 도전한다. "우리가 창조주를 갈라놓았음을 인정하고, 다시 주님을 새롭게 기억하도록 하자. 우리의 창조주를 새롭게 기억하고 주님의 창조사역과 구속사역을 다시 하나로 묶을 때, 우리는 비로소 두 번째로 큰 질문을 던질 수 있게 된다. 창조는 실패로 끝난 일인가? 이제 우리는 결코 그렇지 않다고 답할 수 있다."[88]

6장. 우리는 어떤 사람이 되어야 하는가

지 구 돌 봄 과 성 품

> 그러한 덕의 특성들을 갖추지 않고서도, 지구의 울타리 안에서 살아가면서 필연적으로 마주치게 되는 어려운 일들을 제대로 해낼 수 있을까?   _데이비드 오어[1]

폴은 16만 6천 제곱미터에 이르는 숲을 소유하고 돌본다. 그는 수목을 헤아리는 제 눈썰미를 따라 솎고 다시 심으면서 긴 안목으로 내일을 바라다본다. 오늘 심은 나무들이 다 자라려면 40년이나 남았고, 지금 중년기를 보내는 그로서는 그 나무들을 살아서는 보지 못할 것이기 때문이다. 이러한 태도를 통해 그는 지혜와 희망이라는 덕을 나타내 보인다. 카렌은 야생수목보다는 원예식물을 가꾸기 좋아한다. 그녀의 정원은 붓꽃과 튤립과 수선화로 가지런하게 채워져 있는데, 그것들은 다 직장의 사무실을 향기롭게 장식하기 위해서다. 짙푸르게 물든 손가락으로 자기 집 뒷마당 정원을 정성들여 가꾸는 그녀의 모습에서는 흙과 꽃에 능숙한 지식이 풍겨난다. 이러한 그녀의 모습은 선행과 사랑의 미덕을 드러낸다. 켄트는 교회 수양관을 운영한다. 그는 태양광 발전기를 설치하고, 비료로 재활용하는 화장실을 세우고, 아디론댁 산지의 거친 토양에서 유기농 밭을 가꾼다. 그는 어디서 만족해야 하는지를 알며, 그래서 많을수록 더 좋다는 사고방식에 끌려다니지 않는다. 그는 절제와 검약이라는 "전통적인" 덕들을 보여준다. 지혜와 희망, 선행과 사랑, 절제와 검약. 이것들은 내가 "생태학적 덕"이라고 부르는 것들 가운데서 극히 적은 부분일 뿐이다.

존 뮤어, 알도 레오폴드, 레이첼 카슨(Rachel Carson)처럼 훨씬 더 유명한 지구 지킴이들을 예로 들 수도 있다. 그러나 그렇게 유명하지는 않더라도 현실 속에서 살아가는 내 친구들이 지구를 돌보는 일에 필요한 다양한 덕들이 어떤 것인지를 잘 보여준다. 그런데 이처럼 현장 속에서 지구 지킴이로 살아가는 이들의 모습을 보면서 다음과 같은 질문을 떠올린다. 우리는 어떤 종류의 사람이 되어야 할까? 지구를 제대로 돌보기 위해서 우리는 어떤 사람이 되어야 할까? 또 이번 장의 제사로 인용한 데이비드 오어의 말처럼, 덕의 사람들이 되지 않고서도 우리의 고향별에서 사는 것이 가능할까?

근래에 들어와, 기독교 생태윤리까지를 포함해 생태윤리에 관해 많은 책이 출판되었다. 이 분야의 학문은 대부분 두 가지 기본적인 윤리적 관점, 곧 규칙과 의무에 초점을 맞추는 관점이나 이익과 결과를 중요하게 여기는 관점 가운데서 하나를 따른다. 그러나 덕 이론, 특히 기독교적인 덕 이론의 관점에서 생태윤리를 전개하는 작품들은 상대적으로 소수였다.[2]

이번 장에서는, 중요함에도 불구하고 무시되어 온 이 연구 분야—기독교의 생태학적 덕 윤리—를 지향하여 지구 돌봄에 관한 논의를 전개한다. 이 윤리에서는 우리가 무엇을 해야 하는지라고 묻는 대신에 우리는 어떤 사람이 되어야 하는지를 묻는다. 이 윤리는 행동에 초점을 맞추는 대신에 성품에 관심을 기울인다. 좀 더 정확히 말해, 이 윤리에서는 다음과 같은 질문들을 묻는다. 성경에 기초한 기독교 생태윤리에서 특별히 내세우는 미덕들은 어떤 것이 있는가? 또 그것들은 얼마나 중요한가? 그 덕들은 그저 있으면 좋은 것인가, 아니면 없어서는 안될 것인가? 지구촌 가족의 건강에 결정적으로 중요한 미덕들은 무엇인가? 내가 주장하는 것은, 기독교인들이 지구 지킴이로서 자신들의 소명을 책임지고 완수하려고 할 경우 반드시 받아들여야 할 특정한 덕들이 있다는 사실이다. 어떤 성품 특성들은 지구를 돌보는 일에서 중요한 역할을 한다.

덕의 본질

덕이란 포르노그래피나 종교의 경우처럼, 그에 대해 언급하려 할 때 "뭐라고 정의할 수는 없지만 보면 알 수 있다"고 말하게 되는 현상들 중의 하나다. 우리는 누구나 덕이 어떤 것인지, 좀 더 구체적으로 말해 용기와 정의와 겸손과 같은 특정 덕들이 어떤 것인지 정의하는 일이 까다롭다고 생각하지만 직관적인 감각으로는 그것들이 무엇인지 안다. 그러면 정확하게 말해 덕이란 어떤 것인가? 덕을 어떤 식으로든 정밀하게 정의할 수 있을까? 만일 그렇다면 덕이란 무엇인가?

「니코마코스 윤리학」(*Nicomachean Ethics*) 제2권에 나오는 덕에 관한 유명한 논의에서, 아리스토텔레스는 덕(*aretē*, '탁월성'으로 옮기는 것이 더 낫다)이란 정념이나 능력이 아니라 성품의 상태라고 주장한다.[3] 감정을 느끼거나 능력을 지니는 것은 선택할 수 있는 일이 아니기에 그렇다. 예를 들어, 분노와 두려움 같은 정념들은 그러한 정념들을 느끼게 하는 능력과 마찬가지로 우리 인간이 태어나면서 자연스럽게 소유하는 자질에 속하며 그 자체로 칭찬받거나 비난받을 일이 아니다. 반면에 덕과 악덕들은 "선택의 양상들로, 달리 말해 선택에 의해 이루어지는 것들이다."⁴ 우리는 어떤 기준에 따라 칭찬을 듣거나 책망을 받게 되는데, 그 기준에 따라 행동하려는 기질이 덕과 악덕이다. 간단히 말해, 덕이란 탁월하게 행동하려는 습성화된 기질, 오랜 시간에 걸쳐서 형성된 칭찬할 만한 성품의 상태를 가리킨다.

이 사실은 아리스토텔레스가 내린 또 다른 결론으로 이어진다. 덕, 특히 도덕적 덕들은 습관적 행동에 의해 형성된다는 것이다. 우리는 특정한 좋은 습관들을 익힘으로써 덕의 사람이 된다(또 나쁜 습관에 젖음으로써 부도덕한 사람이 된다). 우리는 의로운 행동을 함으로써 의롭게 되며, 용기 있는 행동을 함으로써 용기 있는 사람이 된다. 달리 말해, 우리의 행동이 우리의 존재를 형성하며, 우리의 행위가 우리의 성품을 세운다.

또 아리스토텔레스에게서 덕은 두 개의 극단 사이에 놓인 중용으로 설명될 수 있다. 예를 들어, 용기란 어떤 사람이 두려움에 휩싸일 때 무모하게 행동하거나 비겁하게 행동하는 일이 없도록 이끄는 성품의 탁월성을 뜻한다. 절제는 여러 가지 쾌락에 마주쳐서 방탕하게 행하지도 않고 무감각하게 행동하지도 않도록 이끄는 성품의 탁월성이다. 뒤에 가서 나는 덕을 두 개의 극단 사이에 있는 중용이라고 보는 것이 언제나 맞는 말은 아니라고 주장하겠지만, 대부분의 경우 옳다고 볼 수 있다. 그리고 구체적인 모든 상황에서 무엇이 중용인지를 결정할 수 있는 알고리즘 같은 것은 없으며, 그렇기 때문에 아리스토텔레스의 유명한 말대로 "마땅한 만큼, 마땅한 때에, 마땅한 목적을 위해, 그리고 마땅한 방식으로" 행동하는 법을 알기 위해서는 덕을 잘 보여주는 모범 인물이 우리에게 필요하다.⁵ 우리는 모범이 되는 사람, 곧 그에게 기대어 안내와 통찰력을 얻을 수 있는 덕의 사람이 필요하다.

이 다양한 생각들은 아리스토텔레스가 덕에 대해 내린 마지막 정의에서 하나로 정리된다. "그러므로 덕이란 선택에 의해 이루어지는 성품 상태로, 중용 곧 우리에게 적합한 중용에 이른 것을 가리킨다. 이때 중용은 이성적 원리에 의해, 실천적 지혜를 지닌 사람이 인정할 만한 원리에 의해 결정된다."[6] 달리 말해(지적인 덕과 관련된 쟁점은 제쳐두고), 도덕적 덕이란 긴 시간에 걸친 의식적인 선택에 의해 형성된 탁월한 성품이며, 따라서 그것을 지닌 사람은 칭찬받게 되고 또 당연히 그래야 한다. 탁월한 성품은 사람들로 하여금 양극단을 피하여 행동하도록, 즉 간략하게 말해 지혜로운 사람이 행할 만한 모습으로 행동하도록 이끈다.

아리스토텔레스가 덕의 본질을 밝혀 주고는 있으나 훨씬 최근의 사상가들에게서 더 명료한(그리고 수정된) 내용을 얻을 수 있다. 필리파 푸트(Philippa Foot)는, 덕이 기억과 집중력과 같은 다른 유익한 특성들과 어떻게 다른지를 묻는다. 그녀는 덕이 의도들과 관계가 있는 것 못지않게 기질과 욕구와 태도들과도 밀접한 관계가 있다고 결론을 내린다.[7] 그녀는 "덕을 의지에 속한 것으로 생각하는 것이 잘못이 아니"기는 하지만, 여기서 의지는 "넓은 의미로 생각해서, 추구하는 것뿐 아니라 소망하는 것까지를 포함하는 것으로 보아야 한다"고 주장한다.[8] 로버트 로버츠(Robert Roberts)도 같은 의견을 말한다. 덕에는 단순히 의지에 속하는 것을 넘어서는 많은 것이 포함된다. 어떤 덕들, 예를 들어 감사와 희망, 평화, 동정심과 같은 것들은 감정과 관계가 있으며, 용기, 절제, 인내심과 같은 다른 덕들은 상당 부분 기술과 관계가 있기 때문이다.[9] 따라서 덕들은 의지의 수준을 훨씬 뛰어넘어 인간의 많은 부분을 포괄한다.

게다가, 덕을 성품의 특성이라고 보는 것이 맞기는 하지만 이 글의 맥락에서 성품은 우리를 다른 사람과 구분하게 해주는 자질이나 속성들의 묶음, 곧 우리를 있는 그대로의 인격체로 보여주는 특성들의 집합을 가리킨다. 따라서 성품은 단순히 우리가 행하는 모든 것을 합해 놓은 것을 뛰어넘는다. 오히려 성품은 "우리의 정신작용이 다른 방식이 아니라 이러한 방식으로 행하기로 선택함으로써 습득하는 특정한 경향"을 나타낸다.[10] 덕을 이런 식으로 해석함으로써 덕과 비전 사이의 밀접한 관계—아리스토텔레스의 덕에 관한 설명에서는 간과된 특성—가 분명하게 드러난다. 덕은 "우리가 참여하고 있는 행위들을 우리가 어떻게 묘사하는가에, 우리가 행하는 것을 우리가 어떻게 생각하는가에, 그리고 우리가 행하는 것에 대해 우리가 어떤 중요성을 부여하는가에 영향을 미친다."[11] 그래서 길버트 메일랜더(Gilbert Meilaender)의 말처럼, "우리가 무엇을 의무로 파악하는가는(심지어 무엇을 딜레마로 이해하는가까지도) 어떤 덕이 우리 세계의 비전을 형성하는지에 달려 있다."[12] 우리는 우리의 성품을 구성하는 덕에 따라 세상을 다른 방식으로 이해한다. C. S. 루이스는 「나니아 연대기」(*The Chronicles of Narnia*)에서 이 점을 탁월하게 표현한다. 아슬란이 이룬 나니아의 창조에 대해 앤드루 외삼촌은 어린아이들이 보는 것과는 전혀 다르게 보고 느낀다. 아이들은 그것이 아름답다고 생각하고 동물들이 하는 말을 알아듣는 데 반해, 앤드루 외삼촌은 두려움으로 몸을 움츠리고 기껏해야 짖어대고 윙윙거리는 소리밖에 듣지 못한다. 그는 악한 성품으로 인해 창조자 아슬란과 피조물들의 참 본성을 바로 이해하지 못한다. 해설자의 설명대로 "여러분이 보고 듣는 것은 대부분 여러분이 지금 어디에서 있느냐에, 그리고 여러분이 어떤 사람이냐에 달려 있다."[13] 덕은 비전을 열어 주고, 비전은 행동을 결정한다.

(이 글이 목적으로 삼는) 그림 전체를 제대로 완성하기 위해서는 두 개의 퍼즐조각을 덧붙일 필요가 있다. 위에서 언급했듯이, 덕은 비전을 형성하고 비전에 의해 형성되기도 한다. 또 부분적으로 덕은 인정받는 지혜를 지닌 사람들을 모방함으로써 형성된다. 이 두 진술은 각각 덕을 양성하는 일에서, 이야기(narrative)와 공동체가 지니는 중요성을 가리킨다.[14] 첫째, 이야기를 살펴보자. 우리가 어떻게 사느냐는 우리가 누구인가에 달려 있으며, 우리가 누구인가는 우리가 일체감을 품는 이야기들에 달려 있다. 실천은 성품에 뿌리를 두고 있으며, 성품은 이야기에 뿌리를 두고 있다. 바탕이 되는 이야기들이 우리의 열망과 태도, 나아가 삶에 대한 우리의 기본적인 비전을 결정한다. 우리가 듣는 이야기들—아메리칸 드림, 물질적 번영, 나사렛 출신의 목수에 관한 이야기들—이 우리의 성품을 형성하고 규정한다. 이야기는 덕의 형성에서 핵심적인 역할을 담당한다. 또 두 번째로, 공동체를 생각해 보자. 이처럼 의미를 제공하는 장엄한 이야기들은 그 이야기에 등장하여 우리의 역할 모델이 되어 주는 사람들처럼, 우리가 속한 공동체를 이루는 필수적인 요소가 된다. 우리가 현재의 우리가 된 것은 (우리가 알든 모르든, 또 좋아하든 싫어하든) 상당 부분 우리가 소속하여 살아온 여러 공동체들 때문이다.

요약하면, 덕이란 오랫동안 습관에 의해 형성된 칭찬할 만한 성품의 상태로서, 우리로 하여금 탁월한 방식으로 행동하도록 이끄는 힘이다. 어떤 방식이 진정 탁월한 방식인지 알기 위해서는, 덕스러운 사람들을 역할 모델로 삼아 본받고, 또한 우리의 인생 이야기를 우리가 의미를 발견하는 커다란 이야기 속에 놓고 살펴봄으로써 극단적인 악덕들을 피하는 것이 필요하다. 옳게 행동하려는 습관화된 기질에 의해 우리는 진정 우리 자신이 되어 가는데, 그러한 기질은 우리가 귀 기울여 듣는 이야기와 우리가 속한 공동체에 의해 형성된다.

생태학적 덕

이제부터 다룰 각 항에서, 나는 먼저 성경 이야기를 살핀다. 정확하게 말하면, 우리가 지금 다루는 쟁점과 직접적인 관계가 있는 본문들(대부분 이 책의 앞부분에서 다루지 않은 것들이다)을 탐구한다. 그렇게 살펴볼 내용은 간단하겠지만, 뒤이어 제시하는 윤리적 주장들의 성경적 기초를 제공하는 데는 부족하지 않을 만큼 깊이가 있을 것이다. 그 다음으로, 성경 이야기에서 도출되는 특정한 신학적 주제들을 살펴본다. 이 신학적 주제들은 완전한 체계를 갖춘 교리가 아니기는 하지만, 교리들처럼 축약된 이야기라는 점에서 교리와 같은 기능을 한다.[15] 다시 말해, 그것들은 성경 본문이 들려주는 것을 한 단어나 표현으로 요약해 보여준다. 셋째, 나는 신학적 주제들로부터 윤리적 원리와 도덕적 의무들을 도출한다. 그리고 마지막으로, 그 신학적 주제와 윤리적 원리들에 상응하는 도덕적 덕(그리고 악덕들)을 밝힌다.

존중과 수용성

최초의 일들을 다루는 책인 창세기가 우리의 출발점이 되는 것이 당연하겠다. 이 책의 4장에서 분명하게 밝혔듯이, 창세기의 첫 장은 풍부하고 다양한 면모를 지닌 이야기다. 근본이 되는 이 본문은, 우리가 누구이며 하나님은 어떤 분이신지에 대해서뿐만 아니라 하나님께서 창조하시고 지탱하시는 것들의 특성에 관해서도 많은 것을 말해 준다. 이 글의 목적에 따라, 주로 창조 세계에 관한 사실들을 살펴보는 것이 중요하다.

첫째, 창조 세계는 다양한 피조물을 품는다. "내어라" 하시는 하나님의 말씀을 통해 땅에서는 새와 물고기, 집짐승과 들짐승, 새와 길짐승과 바다 괴물까지 모든 종류의 생물들이 생겨난다. 본문은 계속해서 하나님께서 많은 종류의 생물을 지으신다고 말한다. 둘째, 피조물이 이렇게 풍성한 것은 좋다. 하나님은 지은 것들을 보시고 좋다고 말씀하신다. 창세기 1:31에서, 하나님은 지으신 모든 것(인간만이 아니다)을 보시고는 참 좋다(tôb mě ōd)고 선언하신다. 창조 세계는 아름다움과 복과 기쁨의 자리다. 셋째, 창조 세계 전체는 온전함과 건실함을 드러낸다. 하나님의 지혜롭고 질서정연한 창조 행위로 인해 다양한 피조물들은 하나로 어울려 조화로운 전체를 이룬다. 창조 세계는 풍성한 어울림의 자리다. 간단히 말해, 생물다양성은 하나님의 지혜롭고 질서정연한 창조 행위의 당연한 귀결이다.

창조 세계의 온전성과 의존성을 보여주는 이러한 그림은 여러 시편들에서 재차 강조된다. 예를 들어, 시편 104편은 만물을 하나님이 지으신 것이라고 말한다. 하늘과 땅에 있는 모든 것들이 하나님의 창조 행위의 결과다. 또한 하나님이 지으신 세상은 우주, 곧 의미로 가득한 질서 있는 전체다. 게다가 이 우주는 자율적인 것이 아니다. 그와는 달리, 우주는 창조주인 하나님께서 지속적으로 돌보시고 지키실 때에만 존재할 수 있다. 들나귀와 레바논의 백향목, 바위너구리, 젊은 사자 등 모든 피조물이 하나님께 의지해서 생존하고 번성할 힘을 얻게 된다.

또 하나님께서 지으신 피조물 가운데서 어떤 것들은 인간에게 쓸모가 있고 심지어 필수적이기까지 하지만, 그 피조물들이 가치가 있는 것은 인간에게 유용하기 때문이 아니다. 오히려 삼나무는 새가 둥지를 틀 장소로서 가치가 있으며 산은 야생 염소가 쉴 장소로서 가치가 있듯이, 피조물은 서로에게 가치가 있다. 무엇보다도 중요한 사실은 바위와 나무, 새와 짐승들은 단지 하나님께서 그것들을 지으셨기에 가치가 있다. 그것들의 가치는 인간의 특정한 목적에 맞는 도구가 되는 데 있는 것이 아니라, 가치를 주시는 하나님의 피조물로 존재한다는 데 있다. 마지막으로, 이 시편을 주의 깊게 읽어 보면, 인간은 하나님의 많은 피조물에 속한 하나의 피조물에 불과하다는 사실이 드러난다. 우리가 땅을 경작하기는 하지만, 어디까지나 다른 피조물들의 필요에 맞추어서 경작해야 하며, 나아가 모든 피조물이 창조주 하나님을 찬양할 수 있도록 떠받들어 주는 방식으로 경작해야만 한다. 모든 피조물의 주된 목적이 하나님을 영화롭게 하는 데 있기 때문이다.

시편 148편은 피조물의 목적을 이렇게 밝히고 나서 덧붙인 강력하고 탁월한 감탄부호와 같다. 여기서 시편 기자는 모든 피조물에게 그들을 지으신 분인 하나님을 찬양하라고 요청한다. 천사와 하늘의 군대, 해와 달과 별, 불과 우박, 눈과 서리, 물과 바람, 산과 언덕과 과일나무, 들짐승과 길짐승, 왕과 고관과 재판관들, 남자와 여자, 그 누구도 예외일 수 없다. 하나님의 영광은 비길 데 없으며, 모든 피조물은 그분을 찬양하는 교향곡에 참여하여 노래할 의무가 있다.

간단히 말해, 위에서 살펴본 본문들 속에서 우리는 **창조 세계의 온전**

성이라는 신학적 주제를 발견한다. 각각의 피조물과 지구 전체는 하나님께서 지으셨기에 온전성을 지니며, 그 자체로 단순한 도구적 가치를 훨씬 뛰어넘는 가치를 지닌다. 피조물은 하나님을 찬양하기 위해 존재하며, 인간의 이용과는 상관없이 가치가 있다. 이 신학적 주제로부터 **내재적 가치**라는 윤리적 원리가 도출된다. 생물 종들은 내재적 가치를 지니며, 따라서 도덕적 지위를 소유한다. 인간과 마찬가지로, 모든 종이 도덕적으로 가치가 있다. 물론 모든 종이 동등한 중요성을 지니는 것은 아니지만, 인간 이외의 피조물들도 중요하며 따라서 인간이 윤리적인 결정을 내릴 때 고려되어야 한다. 또한 모든 피조물이 도덕적 지위를 갖는 까닭에, 인간은 다른 종들을 고려하는 의무를 질 뿐 아니라 다른 종들에게 **직접** 의무를 지기도 한다. 우리가 우리의 분수계를 보호해야 할 책임을 지는 까닭은 그곳에 사는 사람들이 마실 물을 안전하게 보전하기 위해서이기도 하지만, 그 분수계에 서식하는 송어와 왜가리와 사향쥐에게 직접적인 의무를 지기 때문이기도 하다.

 이에 더해, 각각의 종류들이 독특하며 다른 것으로 대체할 수 없는 역동적인 자연종이라는 사실을 전제로 해서 나는 다음과 같은 도덕적 준칙을 제안한다. **다양한 종류의 생명체를 보전하는 방향으로 행동하라.** 좀 더 정확하게 말해, 우리는 인간 이외의 종들을 보호하고 보전해야 하는 조건부 의무를 진다. 즉 이 의무보다 더 중요하거나 우선하여 처리해야 할 다른 도덕적 고려사항이 없을 경우, 우리는 인간 이외의 종들을 보전해야 할 책임이 있다.[16] 그리고 그러한 종들은 거처가 없이는 존재가 불가능하기 때문에 우리는 또 서식지를 보전할 책임이 있다. 알도 레오폴드의 유명한 말처럼, "땅의 유기적 성격의 복잡성"을 고려할 때, "나사와 바퀴 모두를 보호하는 일이 지혜로운 수선작업에서 가장 먼저 취해야 할 조처다."[17]

창조 세계의 온전성이라는 신학적 주제와 내재적 가치라는 윤리적 원리에 상응하는 중요한 도덕적 덕이, 존중과 수용성이라는 성품의 탁월성이다. **존중**(respect)이란 다른 피조물들의 온전성과 안녕을 이해하고 적절하게 배려해 주는 태도다. 존중할 줄 아는 사람은 다른 이의 고유한 특성이나 본성을 인정하기 때문에 그를 귀하게 여기고 존경한다. 내재적 가치를 지닌 존재는 되살핌(re-specting)의 행위, 곧 다시 돌아보아 하나님께서 부여한 가치를 확인하고 존중해 주는 행위를 불러일으킨다. 존중할 줄 아는 사람은 무시하거나 대충 넘겨보는 법이 없다.

존중의 덕에 대응하는 두 개의 악덕이 있다. 모자람의 악덕은 **독단**(conceit)인데, 독단이란 다른 피조물에 대해 무지하고 그것들을 경멸하는 태도를 말한다. 독단은 타자를 타자로 인정하지 못하며, 적절한 배려를 베풀지 못하는 것이다. 독단적인 사람들은 다른 사람들에게 진정한 관심을 보이지 않으며, 자기본위의 이익을 채우는 데 필요하다면 다른 존재—인간과 비인간—의 온전성을 침해하기도 한다.

지나침의 악덕은 **숭상**(reverence), 곧 다른 대상을 과도하게 존중하는 것이다. 여기서 내가 숭상이라는 말로 뜻하는 것은, 경배받을 자격이 없는 것을 숭배의 대상으로 떠받드는 것이다. 이런 의미에서의 숭상은 과장되거나 잘못된 수준에서 이루어지는 존경이다. 창조주 대신 피조물이나 창조 세계를 경배하는 사람들이 있다.

수용성(receptivity)이란, 간단히 말해 인간이 다른 피조물과 상호 의존적인 관계에 있다는 사실을 인정하는 태도다. 이 말의 의미는 우리가 인간과 비인간 이웃들과 밀접한 결속 관계로 얽혀 있음을 인정하는 것, 곧 우리가 서로에게 의존한다는 사실을 기꺼이 받아들이는 것이다. 또 수용성이라는 말은 다른 존재를 향한 응답성을 내포하기도 한다. 그러면서도 타자를 타자 그대로 인정해 주는 태도, 그 다른 존재를 품어 주는 태도가 수용성이다. 달리 말해, 수용성은 포용성의 한 형태다.

수용성에 대응하는 모자람의 악덕은 자율(autonomy), 곧 자신에게는 다른 이들이 필요 없다는 듯이 행동하는 기질이다. 이러한 악덕을 지닌 사람들은 마치 자신들이 불완전한 피조물이 아니라 자기 세계와 운명의 창조자나 되는 듯이, 다른 피조물과 떨어져 살 수 있고 번성할 수 있다고 생각한다. 자율적인 사람들은 스스로에게 법이 된다. 그들은 자신들도 불가피하게 자연 세계에 의존할 수밖에 없다는 사실을 무시하고 독단적으로 행동한다. 그들은 마치 그들을 떠받치는 공기와 물과 토양과는 상관없이 독립적으로 존재하는 듯이 살아간다.

지나침의 악덕은 집착(addiction), 곧 다른 것에 지나치게 의존하는 건강하지 못한 태도다. 수용성이 기형적인 형태로 나타난 것인 집착은 한계를 알지 못한다. 받아들이되 끝을 알지 못하는 태도, 곧 은혜와 자유가 아니라 두려움과 염려에 이끌려 움켜쥐는 태도가 집착이다. 고립의 특성을 지니는 자율과는 달리, 집착은 다른 피조물들을 있는 그대로 내버려 두지 않으려는 태도나 그렇게 하지 못하는 태도를 뜻한다.

요약하면, 피조물은 하나님께서 주신 온전성과 가치를 지닌다. 인간은 인간 이외의 종들을 보호하고 보전할 도덕적 의무를 진다. 그러므로 우리는 성품을 다듬어서 존중과 수용성의 덕은 함양하고 독단과 숭상, 자율과 집착의 악덕들은 적극적으로 억눌러야 한다.

절제와 검약

또한 창세기의 창조 이야기는 이 세상이 유한하다고 분명하게 말한다. 그 구절이 수많은 개체 피조물과 피조물 종류들을 언급하면서 수가 넘치는 것처럼 말하고 있지만, 하나님의 피조물이나 지구 자체가 무한하다고는 말하지 않는다. 창조 세계는 분명 한계가 있다. 게다가 인간의 생육과 번성을 원하시는 하나님의 말씀이 담긴 1:28은 어떤 사람들이 주장하듯이, 지구가 계속 늘어가는 인구를 떠받치는 무한정한 "자원" 공급처가 된다고는 말하지 않는다.

첫째, 하나님은 이 말씀을 다른 모든 생명체들에게도 하셨다(1:22)는 사실이 흔히 무시된다. 커다란 바다 짐승과 물고기와 새, 참으로 모든 생명체가 그 종류대로 이러한 초청을 받는다. 번성하라는 명령은 인간에게만 허락된 별난 특권이 아니다. 둘째, 이 명령은 사실상 명령이 아니라 하나님의 창조적 말씀에 의해 지어진 수많은 생명체들에게 하나님께서 내리는 복이다. 수잔 브래튼(Susan Bratton)의 말대로, 하나님의 복은 "윤리적 명령이 아니며 차고 넘침으로 하나님을 기쁘게 하는 방법도 아니다." 이와는 달리 하나님의 복은, 유한한 지구 위에서 모든 피조물이 번창할 수 있도록 도우라고 부어 주신 번성하는 능력을 뜻한다. 브래튼은 "증가하는 인구를 지탱하기 위해 우주를 손상하거나 더럽힐 권한이 인간에게는 없다"고 결론 내린다.[18] 창조 세계는 유한하며, 또 성경은 우리 인간이 마치 세상이 무한한 듯이 행동해도 좋다고 허용하지 않는다.

이 주제는 다른 성경 본문 속에서도 발견된다. 이스라엘이 이집트에서 탈출한 후 약속의 땅으로 가는 길에 광야에서 방황했던 일을 예로 들어 보자. 출애굽기 16장에 언급되는 것처럼, 하나님은 빵과 고기―만나와 메추라기―를 그들에게 식량으로 주셨으나 한 번에 하루치의 양만 주셨다. 그 양은 딱 그날에 필요한 만큼이었다. 결코 남는 것은 없었다. 이처럼 자원에 제한이 있었던 것은, 이스라엘이 자신들을 구원하시고 지속적으로 보호하시는 하나님을 의지하는 일을 잊지 않게 하려는 것이었다.

예수는 자기를 따르는 사람들에게 무엇을 어떻게 기도해야 하는지에 대해 가르치시면서, 위에서 언급한 광야의 경험을 떠올리게 하셨다. 예수는 세 구절로 하나님의 영광을 높이고 나서, 뒤이어 사람들이 필요로 하는 것을 하나님께 구한다. 가장 먼저 "오늘 우리에게 필요한 양식을 내려 주시고"(마 6:11)라고 기도하신다. 달리 말해, 우리는 주님의 기도를 통해 출애굽 때 양식을 공급하신 하나님께서 오늘 우리에게도 필요한 양식을 주시기를 구한다. 이스라엘이 그들의 일용할 양식을 받았듯이, 우리는 그날에 족한 양식을 구하고 또 감사함으로 받아야 한다. 이 본문은 유한성과 만족이라는 주제를 가르친다. 성경 본문이 증언하는 내용은 우주 공간에서 찍은 사진들이 보여주는 것, 곧 우리가 사는 이 청록색 지구가 유한하다는 사실을 확증해 준다.

요약하면, 위의 본문들은 우리에게 **피조물의 유한성**이라는 신학적 주제를 제시한다. 지구는 유한하다. 모두에게 딱 맞게 돌아갈 만큼만 있을 뿐이다. 겉보기에 무한한 물적 자원은 태양에서 얻는 에너지뿐이며, 그것은 지구 위의 모든 생명체에게 필수적인 것으로 하나님께서 공급하시는 것이다. 그 외의 모든 것은 한계가 있다. 빌 맥키벤은 "이제 세계와 관련해 새로운 사실이 드러난다.······ 자연 환경이 우리의 태도에 분명한 제약을 가한다는 사실이다"라고 단언한다.[19] 이 신학적 주제로부터 **만족**(sufficiency)이라는 윤리적 원리가 나온다. 그만하면 충분하다고 여긴다. 다른 사람의 (기초적인) 필요가 우리의 (탐욕스러운) 욕구보다 우선한다. 우리가 이 원리를 받아들이지 않고 버틸 때 미래는 훨씬 더 힘든 시대로 다가올 것이다. 우리가 한계를 무너뜨릴 때 그 결과는 필연적으로 우리 자신(그리고 지구)의 재난으로 나타나기 때문이다.

지구가 유한하다는 사실을 인정하고 그것을 만족이라는 윤리적 원리로 구체화할 때 나는 두 번째 도덕적 준칙으로, **여러분이 소유한 수단 내에서 살기 위해 행동하라**는 것을 제안한다. 좀 더 구체적으로 말해, 우리는 재생불가능한 자원들은 보전하고 재생가능하기는 하지만 희귀한 자원들은 보존해야 할 조건부 의무를 진다. 이 의무는 에너지에서 생물 종까지 아우르는 광범위한 영역에 적용된다. 예를 들어, 우리는 석탄과 석유와 천연가스 같은 화석연료를 보존해야 한다. 그러한 태양 관련 예금계좌는 한번 고갈해 버리면 다시 채워지는 데 아주 오랜 시간이 걸리기 때문이다. 이와 마찬가지로, 우리는 생물 종들을 보전해야 한다. 이 "자원"은 한번 사라지면 다시는 회복되지 않기 때문이다.

피조물의 유한성이라는 신학적 주제와 만족이라는 윤리적 원리에 상응하여, 절제와 검약이라는 도덕적 덕이 나온다. 그리스인들의 기본 덕목 가운데 하나인 **절제**(self-restraint)는 지나친 욕구를 제어하는 것을 뜻한다. 절제의 목표는 모든 욕구를 (가능하기나 하듯이) 없애는 것이 아니라 욕구를 다스리는 데 있다. 이 미덕을 옛날식 용어로 말하면 극기, 곧 자신의 욕망을 제어하는 태도가 몸에 밴 것을 말한다. 생태학적 의미에서 절제하는 사람들은 (즐거운 마음으로) "내게 있는 것으로 나는 만족한다"라고 말한다.

절제와 대립하는 위치에 있는 모자람의 악덕은 **방탕**(profligacy), 곧 통제되지 않는 욕구다. 방탕한 사람들은 충분한 만큼의 자제심을 지니지 못한다. 그들은 지나치게 방종한다. 아리스토텔레스의 말에 의하면, "이런 사람들은 대식가(belly-gods)라 불리는데, 이 말은 적정한 도를 넘어서까지 자기네 배를 채운다는 것을 뜻한다."[20] 생태학적인 의미에서 방탕한 사람들은, 자신들이 정말 필요로 하거나 지구가 제대로 감당할 수 있는 수준을 고려하지 않고 지구를 먹어치운다.

지나침의 악덕, 곧 과도하게 자신을 억누르는 태도는 **금욕**(austerity)이다. 지나치게 자기를 억제하는 사람들은 마조히즘을 절제라고 착각한다. 금욕이라는 말에는 정념이란 본래 악한 것이라는 의미가 함축되어 있다. 욕구는 그 자체가 위험한 것이다. 금욕의 사람들을 보면, 선한 창조 세계에 깃들어 있는 모든 즐거움을 삶에서 완전히 몰아내거나 또한 하나님의 좋은 선물을 알맞게 사용하는 기쁨과는 담을 쌓고 산다.

검약(frugality)이란 유용성의 경제, 곧 이용할 수 있는 재화가 한정된 상태에서 효율적으로 사용하는 것이다. 이 말의 어원이 뜻하는 대로, 검약한다는 것은 하나님께서 우리에게 주신 유한한 재화를 적절하게 사용하기를 즐긴다(*frui*)는 것이다. 따라서 검약은 아주 인색하게 아끼거나 틀어쥐려는 마음이 아니라, 다른 이들을 살리고 번성하게 하라고 하나님께서 주신 것을 아껴서 사용하려는 열망을 특징으로 한다. 그러므로 올바로 이해하면 검약은 관대함의 한 형태다.

검약에 대응하는 모자람의 악덕은 **탐욕**(greed), 곧 자기가 필요로 하는 것 이상으로 과도하게 손에 움켜쥐려는 성향이다. 창조 세계가 본질상 유한하다는 사실에는 눈감은 채 무조건 그러쥐려는 욕구를 뜻한다는 점에서 보면 야욕(avarice)이라는 말이 더 적절해 보인다. 탐욕스러운 사람은 욕망에 이끌려 살며 세상의 유한성 따위에는 아예 관심이 없다.

지나침의 악덕은 **인색함**(stinginess), 다시 말해 절약 자체를 목적으로 삼는 절약이다. 쩨쩨할 정도로 아끼는 인색한 사람들은 후하게 베풀 줄 모른다. 인색한 사람들은 넘치도록 채우는 일만 염려하여 아끼거나 틀어쥔다. 절약을 위한 절약이 그들이 내세우는 처세훈이다. 이 두 악덕에서는 하나님께서 공급하신 것을 즐기는 일 따위는 존재하지 않는다.

지구는 유한하다. 우리는 하나님께서 허락하신 자원을 보전하면서 우리에게 있는 수단 내에서 기쁘게 살아야 할 도덕적 책임이 있다. 따라서 우리는 절제와 검약의 미덕을 함양해야 하며, 나아가 오늘날 널리 퍼져 있는 방탕과 탐욕의 악덕들은 줄이고, 금욕과 인색함의 악덕들은 피하려고 노력해야 한다.

겸손과 정직

만일 창조 세계가 유한하고 우리는 피조물이라면, 우리가 유한하다는 결론이 나온다. 이 점은 너무나 당연하기에 특별히 신경을 쓸 필요가 없어 보인다. 하지만 우리는 우리 존재의 핵심을 이루는 이러한 특성을 쉽게 망각하는 경향이 있다. 정말이지 우리에게는 우리 자신의 유한성, 특히 시간적 유한성인 죽음의 운명을 정면으로 바라보기를 피하려는 강한 욕구가 있다.[21] 우리 존재의 유한한 본질을 인정할 때 불안을 느끼며 심지어 두려움에 사로잡히기도 한다. 물론 그 사실을 인정하는 데서 죽음이 과연 삶의 종말인지, 또는 우리의 삶을 생물학적인 죽음 너머까지 보존하시는 분, 불안과 두려움 가운데서도 우리를 품어 쉬게 해주시는 분이 계시는지를 묻는 질문이 나오기도 한다.[22]

성경이 반복해서 인간의 유한성에 대해 말한다는 것은 놀랄 일이 아니다. 예를 들어, 창세기 2장의 이야기는, 피조물인 인간이 흙을 재료로 만들어졌고 생명을 부어 주는 하나님의 호흡에 의해 살아 움직이게 되었다고 말한다(7절). 우리는 아다마('ādāmâ)—하나님의 영에 의해 살아 움직이게 된 흙덩어리—이며 그렇기 때문에 아담('ādām)—흙의 피조물—이다. 하나님의 모든 피조물처럼 우리도 유한하다.

이 책 4장에서 밝혔듯이, 욥기에서는 인간의 유한성이 크게 강조된다. 하나님께서 폭풍 가운데서 퍼붓는 질문들 앞에서 욥은 무엇보다도 자신의 유한성을 분명하게 깨닫는다. 욥은 눈이 쌓여 있는 곳에 들어가 보지 못했으며 까마귀를 먹이지도 못한다. 그는 산에 사는 염소가 언제 새끼를 낳는지, 또 누가 들나귀를 자유롭게 해주는지도 알지 못한다. 매가 하늘을 날고 독수리가 높이 치솟는 것도 욥이 하는 일이 아니다. 욥의 힘과 지식은 한계가 있다. 그는 피조물이다.

인간이 하나님보다 조금 못하게 지어지고 영광과 존귀의 왕관을 썼다고 말하는 시편 8편조차도, 우리가 피조물이며 따라서 유한하다는 사실을 지적한다. 우리는 하나님께서 주신 존엄성과 소명이 있음에도 불구하고 한계가 있다. 오로지 하나님만이 무한하시다. 오직 하나님만이 찬양받으시기에 합당하며, 온 땅 위에 그 이름이 지극히 높으신 분이다.

그러나 우리의 문제는 유한성에서 끝나지 않는다. 우리에게는 흠도 있다. 이 두 가지는 흔히 혼동되기도 하지만 같지 않다. 유한성은 인간 실존의 긍정적인 특성이다. 그것은 다만 하나님께서 우리를 어떻게 지으셨는지를 뜻하는 것으로, 우리가 기꺼이 받아들여야 할 인간됨의 특성이다. 그러나 흠은 하나님께서 원하신 것이 아니다. 우리 속에서 그리고 우리 주위 어디서나 보게 되는 분열상은, 우리가 애통한 마음으로 인정해야 할 문제요 하나님의 은혜를 힘입어 극복하려고 애써야 할 문제다.

이러한 인간 실존의 모습은 창조 이야기 속에서도 두드러지게 묘사된다. 창세기 3장에서 우리는, 아담과 이브가 피조물인 자신들의 유한성을 초월해 하나님처럼 모든 것을 알게 되기를 바라는 것을 본다. 그러나 이 일을 통해 그들은 하나님에 대한 믿음을 저버리고 그 결과 하나님에게서 멀어진다. 하나님과 그들 사이의 관계가 깨진다. 그 둘 사이의 관계도 멀어지고 서로에게 책임을 전가하려 한다. 그들은 그들 본래의 최상의 진정한 자아로부터 단절되고, 숨어서 자신들의 행위를 감추려고 한다. 또한 그들은 땅과 어울렸던 관계에서도 어긋나고, 그 결과 땅을 경작하는 일이 무거운 짐이 되어 버린다. 이처럼 네 가지 모양으로 아담과 이브 그리고 우리는 하나님으로부터 소외되고, 서로에게서 소외되며, 우리 자신으로부터 또 땅으로부터도 소외된다. 우리의 삶은 죄라는 이름의 전염병에 걸렸으며, 알게 모르게 거기에 얽매여 살아간다. 성경은 우리가 마음속으로 알고 있는 사실, 곧 세상은 마땅히 되어야 할 상태에 있지 못하다는 것을 분명하게 폭로한다.[23]

위의 본문들과 그 외의 많은 성경 본문 속에서, 우리는 **인간의 유한성과 흠**이라는 신학적 주제를 만난다. 인간으로서 우리는 피조물, 곧 시간과 공간뿐만 아니라 힘과 지식에서도 한계가 있는 존재다. 우리는 'ādāmâ에서 나온 'ādām이며 humun에서 나온 humans다. 우리는 하나님의 소유이지 하나님이 아니다. 우리는 하나님, 다른 인간, 우리 자신, 그리고 땅으로부터 소외된, 흠 있는 피조물이다. 우리는 하나님이 아님에도 너무나 자주, 우리가 마치 하나님인 것처럼 생각하고 행동한다. 이 신학적 주제에서 **책임**(responsibility)이라는 윤리적 원리가 나온다. 우리 인간의 지식과 능력에 한계가 있는 것이 확실하다면, 우리는 마땅히 신중하게 처신하고 조심스럽게 행동해야 한다. 이러한 한계들을 인정하지 않으려는 완고한 태도가 우리에게 있음을 인정한다면, 우리는 당연히 행동에 책임을 지려고 노력해야 한다.

따라서 우리 행동이 장차 어떤 결과로 나타날지 아는 능력에 한계가 있음을 분명히 인정하고, 또 우리에게는 자기를 부풀리고 스스로 속이는 성향이 강하다는 사실을 솔직히 인정하는데서, 세 번째 도덕적 준칙인 **신중하게 행동하라**가 나온다. 좀 더 구체적으로 말하면, 우리는 지구를 돌보는 일과 관련해 어떤 결정을 내리기 전에 예측되는 결과를 가능한 한 철저하게 조사해야 할 조건부 의무를 진다. 이 말은 하나님의 눈으로 사물을 본다든지 완전에 대한 비현실적인 기대감을 말하는 것이 아니라, 대안을 모색하고 사각지대를 찾아내며 최악의 사태에 대한 시나리오를 고려할 의무가 우리에게 있다는 것이다. 예측하지 못한 결과와 의도하지 않은 결과들에 대한 명백한 증거를 받아들이고, 지나치게 빨리 서두르거나 원칙을 무시하거나 반대 관점들을 간과하는 일이 있어서는 안된다. 우리는 모든 것을 다 알지 못하며(흔히 다 안다고 착각한다), 우리의 우둔하고 불안정한 자만심은 우리에게서 최상의 것을 빼앗아 버린다. 그러므로 우리는 신중해야 하며, 조심스럽게 행동하고 천천히 나아가야 한다.

인간의 유한성과 흠이라는 신학적 주제와 책임이라는 윤리적 원리는 겸손과 정직이라는 도덕적 덕들을 전제로 한다. **겸손**(humility)이란 자신의 가능성과 능력을 올바로 평가하는 것이다. 겸손은 인간인 우리가 땅에 속한 피조물이라는 사실을 솔직히 긍정하는 태도다. 따라서 겸손이란 자기 자신을 아는 것, 특히 자신의 지식에 한계가 있음을 아는 것을 뜻한다. 자신의 무지를 인정하는 겸손한 사람은 자기가 실제로 아는 것 이상으로 아는 체하지 않는다. 겸손은 또 진정성을 뜻한다. 겸손한 사람은 자신의 강점과 약점을 알기에 자신을 실제 모습 이상으로 치장하지 않는다.

모자람의 악덕은 **오만**(hubris), 곧 과도한 자신감이나 지나친 자존심이다. 오만이란 자기 자신의 한계를 인정하지 않는 태도로, 흔히 관련된 모든 이들에게 비극적 결과를 가져온다. 자기 능력을 과대평가하는 교만한 사람들은 허영심이 있고 뽐내기를 좋아한다. 그들은 스스로 모든 것을 할 수 있다고 생각해서 자신과 다른 사람들에게 엄청난 피해를 주는 어리석은 결정을 내린다. 생태학적 오만은 인간을 중심 자리에 놓으며, 자신들이 가장 잘 안다는 확신과 자부심을 품게 한다.

지나침의 악덕은 **자기비하**(self-deprecation)다. 이러한 악덕을 지닌 사람들은 자신의 실제 능력을 얕잡아 보며, 자기가 이룬 정당한 업적을 깎아내린다. 이런 사람들은 자신의 실제 재능을 알아보지 못하거나 자신이 지닌 진정한 장점을 제대로 평가하지도 못한다. 아리스토텔레스는 자신들의 진정한 능력을 부인하거나 우습게 여기는 사람들의 태도를 가리켜 위선적 겸손이라고 말한다.[24]

정직(honesty)이란 다른 사람이나 자기 자신, 하나님을 속이지 않으려는 태도다. 정직한 사람은 교활하지 않다. 그들은 아예 속일 줄을 모른다. 그들의 의도는 올곧고 행실은 바르다. 생태학적인 정직은 솔직함과 투명성을 동반한다. 은밀한 밤에 일을 벌일 필요도 없고, 은폐할 일이나 비자금이나 비밀 따위가 필요 없다. 정직은 밝은 대낮과 개방된 분위기를 좋아하고 진리를 말하기를 즐긴다.

정직에 대응하는 모자람의 악덕은 **기만**(deception), 곧 진실성을 찾아보기 힘든 악한 태도다. 기만은 고의로 속이는 일이다. 단테의 「신곡」 지옥편의 가장 낮은 환계에서 나오듯이, 기만은 개인적인 이득을 노리고 진리를 왜곡하는 것이다. 기만이란 대체로 질투나 앙심이 동기가 되어 교활하게 속여서 거짓을 저지르는 태도다. 기만적인 사람은 앙갚음하려는 마음으로, 자기 적들이 해를 당하고 모욕당하는 것을 보기 위해 다른 사람들을(그리고 자기 자신까지도) 속인다. 생태학적인 면에서 기만적인 사람들은 데이터를 왜곡하고 불리한 사실을 은폐한다.

지나침의 악덕은 **무절제한 솔직함**(uncontrolled candor)이다. 이 악덕은 뭐라고 이름 붙이기는 어렵지만 누구나 다 알고 있는 것으로, 이 악덕을 지닌 사람은 자기 안에 말하지 않고 숨겨 두는 비밀 같은 것을 아예 모른다. 이런 유형의 사람들은 알짜배기 녹지에 대한 제시 가격으로 비밀리에 정해 놓은 것을 개발업자에게 누설하는 한이 있더라도 꼭 "진실"을 말해야 한다고 고집하는 사람들이다. 지나치게 정직하기를 고집하는 사람들은, 디트리히 본회퍼(Dietrich Bonhoeffer)가 고전적인 글 "'진실을 말한다'는 것의 의미"(What Is Meant by 'Telling the Truth')에서 언급한 유명한 말처럼, 자신이 말하는 진실과 연관된 맥락에는 전혀 신경 쓰지 않는다.[25] 지나치게 솔직한 사람들에게, 진리는 진리일 뿐이며 상황이 어떻든 반드시 말해야 하는 것이다.

간단히 말해, 인간인 우리는 유한하며 동시에 흠이 있다. 그러므로 우리에게는 책임을 지고 신중하게 행동해야 할 도덕적인 의무가 있다. 겸손과 정직의 덕은 함양해야 하는 반면에, 오만과 자기비하, 기만과 무절제한 솔직함의 악덕은 억눌러야 한다.

지혜와 희망

앞에서 우리는, 하나님께서 인간뿐만 아니라 모든 피조물에게 번식하는 능력을 복으로 주셨다고 말씀하는 창세기 본문들을 살펴보았다. 알다시피 창세기 1:22과 1:28에서 하나님은 물고기와 새와 인간이 생육하고 번성하기를 원하신다. 열매를 맺는 능력, 곧 자기 종의 다른 개체를 낳는 능력은 번창하는 피조물의 중요한 특성이다. 캘빈 드윗이 지적한 대로, "하나님의 뜻은 인간만이 아니라 **전체 피조물**이 생육하는 것이다. 따라서 인간의 생육을 핑계로 하나님께서 다른 피조물에게 주신 생육의 복을 빼앗을 수 없다."[26]

번식에 대한 이러한 관심은 구약성경의 판례법—일상생활 속에서 유대인들을 지도하기 위해 세운 다양하고 구체적인 지침들—에서도 분명하게 나타난다. 예를 들어, 신명기 22:6-7은 "당신들은 길을 가다가, 어떤 나무에서나 땅에서 어미 새가 새끼나 알을 품고 있는 것을 만나거든, 새끼를 품은 어미를 잡지 마십시오. 어미 새는 반드시 날려 보내야 합니다. 그 새끼는 잡아도 됩니다. 그래야만 당신들이 복을 받고 오래 살 것입니다"라고 말씀한다. 우리는 땅의 열매들을 이용할 수는 있지만 땅의 생육하는 능력을 파괴해서는 안 된다. 스스로 번창하는 땅의 능력을 보전해 주는, 이런 식의 현명한 이용은 행복한 삶을 유지하는 데 중요한 요소가 된다.

땅의 생육이 얼마나 중요한지를 잘 말해 주는 가장 유명한 구절은 창세기 6-9장에 나오는 홍수 이야기일 것이다. 이 이야기를 보면, 슬픔에 잠기신 하나님께서 한 사람의 가정을 구하실 뿐 아니라 모든 생물을 암수 한 쌍씩 보전하기로 정하시는데, 이에 대해서는 앞의 4장에서 다루었다. 노아는 하나님의 지시에 순종하여 새와 들짐승과 길짐승 등 모든 피조물을 불러 모아 그들의 생명과 함께 그들의 번식 능력도 보전한다. "살과 피를 지닌 살아 숨쉬는 모든 것들"(7:15)이 노아와 그의 가족과 함께 방주로 들어갔다. 이 이야기에서 사람들이 별로 관심을 두지 않는 부분인 전환점(8:1)에 이르면, 하나님께서는 방주에 있는 인간과 비인간 피조물 모두를 기억하시고 구속의 바람, 곧 그의 성령을 보내셔서 혼돈한 땅을 다시 질서 있게 세우신다.

게다가 하나님은 물 위를 떠도는 이 종(species) 보전선(船) 안에 있는 모든 피조물과 언약을 맺으신다. 창세기 9:8-17에서는, 하나님의 언약이 인간과만 맺은 것이 아님을 여섯 차례나 말씀하고 있다. 13절에서는 하나님의 영원하고 무조건적인 언약이 "땅"과 맺은 것임을 분명하게 밝히고 있다. 그리고 무지개는 우리에게 하나님의 신실하신 약속을 기억하게 해주는 표지이며, 하나님에게는 자신이 하신 언약을 잊지 않게 해주는 표지다. 하나님은 인간을 넘어 많은 것들과 언약을 맺으시며, 그렇게 하심으로 크고 작은 피조물들의 생육을 보전하신다.

이 본문들 속에서 우리는 **생육**(fruitfulness)이라는 신학적 주제를 발견한다. 땅은 하나님께서 공급하시는 것에 의지해 생육한다. 피조물은 스스로 번식하며 또 다른 피조물을 위한 양식을 생산한다. 이렇게 순환과 체계를 이루어 상호 의존하는 세상 속에서는 "하찮은" 종과 "추한" 생물조차도 가치가 있다. 이 신학적 주제로부터 나는 **지속가능성**(sustainability)이라는 윤리적 원리를 끌어낸다. 우리는 우리의 존재를 지탱해 주고 유지시켜 주며 영양을 공급해 주는 것을 훼손하거나 완전히 파괴해서는 안된다. 또한 다른 피조물들이 스스로 지속해 가는 능력을 불필요하게, 생각 없이 손상시켜서도 안된다.

이것에서 네 번째 도덕적 준칙, 곧 **생명체들이 스스로 존속하고 번식할 수 있는 능력을 보전할 수 있는 방식으로 행동하라**는 원칙이 나온다. 좀 더 정확히 말해, 우리는 그러한 피조물들을 돌보고 현명하게 이용하여 미래의 세대에게 물려주어야 할 조건부 의무를 진다. 우리가 생존하고 존재를 이어 가기 위해서는 식물과 동물을 이용할 필요가 있으며, 모든 피조물과 마찬가지로, 우리도 다른 유기체들을 소비함으로써 부분적으로 우리의 환경에 영향을 끼친다. 그러나 우리에게는 인간의 후세뿐만 아니라 우리에게 재화와 서비스를 제공해 주는 비인간 피조물들의 후세까지도 부양해야 할 책임이 있다.

생육이라는 신학적 주제와 지속가능성이라는 윤리적 원리에 따라 나오는 덕이 지혜와 희망이다. **지혜**(wisdom)란, 오랜 경험을 통해 단련되고 뛰어난 기억력에 의해 다듬어진 비범한 통찰력을 기초로 삼아 건전하고 실제적인 판단을 내리는 능력이다. 지혜는 사람들에게 진정 선한 삶이 어떤 것인지 알게 해주고 또한 그렇게 살 수 있게 해주는 지적인 탁월성이다. 구약성경의 지혜 문학이 주장하듯이, 기독교인들에게 지혜는 하나님을 경외하는 데서 생겨난다.[27] 달리 말해, 성경적 관점에서 보면 지혜는 하나님을 온전히 예배하고 하나님의 방식을 아는 데 뿌리를 두고 있다. 그러므로 생태학적으로 지혜로운 사람들은 하나님께서 만물의 중심이 되신다는 것을 알며, 하나님의 좋은 미래에는 지구의 번성이 포함된다는 사실도 안다. 따라서 지혜로운 사람들은 자신의 삶을 통해 그러한 미래를 증언하면서 장기적인 안목으로 피조물의 생육을 위해 일한다.

내가 아는 한, 지혜는 중용이 아니다. 따라서 악덕은 둘이 아니라 하나뿐이다. 지혜에 대응하는 악덕은 **어리석음**(foolishness), 곧 건전한 판단력을 아예 찾아보기 힘든 상태다. 어리석은 사람은 분별력이 없다. 그런 사람은 안목도 없으며, 과거로부터 배우려고 하지도 않는다. 생태학적으로 말해서 어리석음이란, 마치 지구를 한없이 착취하고 소모해도 되는 것처럼 행동하는 경향을 말한다. 자연 속에서 물이 정화되는 것과 같은 생태계의 서비스는 눈에 들어오지 않으며, 공기오염과 같은 생태학적 손실들은 "나와는 무관한 일"로 여긴다. 오늘만을 위해 살아가는 어리석은 사람이 행동하는 것을 보면 미래 따위는 중요할 것이 없다고 여기는 것 같다. 그는 종자로 남겨둔 마지막 곡식까지 먹어 치운다.

희망(hope)이란 장래의 좋은 일을 확신을 품고 기대하는 것이다. 좋은 미래를 상상하면서, 그런 미래가 가능하다는 믿음과 그런 미래가 실현되기를 바라는 열망을 굳게 붙잡는 것이 희망이다.[28] 기독교인들에게 이런 기대는 하나님의 약속과 약속을 지키는 분이신 하나님의 성품에 굳건히 뿌리를 두고 있다. 기독교인들은, 피조물과 맺은 당신의 언약을 지키시며 또 예수를 죽음에서 일으켜 장차 이루어질 만물의 회복에 대한 징표로 삼으신 하나님을 예배하며, 바로 그 사실 때문에 희망을 품는다. 전형적인 신학적 덕목 가운데 하나며 고린도전서 13장에서 믿음, 사랑과 함께 언급되는 희망은 삶 자체에 없어서는 안될 것이다.[29] 생태학적인 의미에서 희망은, 하나님의 선하신 손안에 좋은 미래가 달려 있다는 확신을 품고 샬롬을 갈망하는 것이다. 하나님께서 무지개를 기억하시듯이, 생태학적 희망도 무지개를 마음에 둔다.

희망의 덕과 대립하는 모자람의 악덕은 **절망**(despair)이다. 절망이란 좋은 미래에 대해 전혀 기대하지 않는 것이다. 어원이 말해 주듯이, 절망은 모든 희망의 상실이다. 절망은 신뢰하기를 거부하거나 신뢰할 힘이 없음을 의미한다는 점에서 극단적인 냉소주의에 속한다. 쇠얀 키르케고르(Søren Kierkegaard)가 명료하게 지적했듯이, 절망이란 죽음에 이르는 병을 일으키는 희망 없음이다.[30] 생태학적인 의미에서 절망은, 우리의 고통당하는 지구 앞에서 아무런 희망도 지니지 못하는 것이다. 또한 만물의 궁극적 구속에 대한 믿음을 포기하는 것이다.

지나침의 악덕은 **망상**(presumptuousness)으로, 이것은 두 가지 형태로 나타난다. 우선 이것은 우리가 종종 주제넘은 태도라고 부르는 것과 관계가 있다.[31] 참된 희망에서 우러난 확신에 찬 기대와는 달리, 이러한 형태의 거짓 희망은 과도한 자신감을 낳고 좋은 미래를 당연한 것으로 여기는 경향이 있다. 이것은 신뢰할 수 없는 무모한 믿음이다. 이러한 형태의 망상을 지닌 사람들은 피조물의 구속을 기정사실로 여겨서 상처 입은 세상을 위해 아무런 일도 하지 않는다.

또 다른 형태의 망상은, 확신의 정도가 아니라 믿음의 근거와 관계가 있다. 희망의 대상이라고 해서 모두 신뢰할 만한 가치가 있는 것이 아니다. 우리가 살아가는 극히 불안한 세상에는 수많은 사이비 희망들이 넘쳐난다. 손쉬운 믿음을 외치는 예언자들이 (그리고 그러한 믿음이 주는 유익이) 거의 모든 곳에서 활개를 친다. 거짓 희망이 판을 친다. 예를 들어, 크리스티안 베커(J. Christiaan Beker)는 "희망 없는 고난이 수동적인 체념이나 냉소주의, 절망으로 변하듯이 고난과 관계 없는 희망은 거짓 희망으로 변질된다"고 말한다.[32] 이러한 유형의 망상을 지닌 사람들은 생태계의 치유가 고통 없이 이루어지고 또 우리에게서 아무런 희생도 요구하지 않을 것이라고 생각한다. 이러한 태도를 고집하는 사람들은 "우리가 차를 덜 타거나 더 많이 재활용하려고 애쓸 필요가 없다. 과학기술이 우리를 구해

줄 것이다"라고 말한다.

간단히 말해, 지구는 생육한다. 우리에게는 지구가 베푸는 결실을 지속가능한 방식으로 이용해야 할 도덕적 책무가 있다. 따라서 우리는 사람들이 지혜와 희망의 덕은 늘리고 어리석음과 절망과 망상의 악덕은 줄여서 성숙할 수 있도록 이끌어야 한다.

인내와 평정

성경의 가르침에 의하면, 노동은 좋은 것이다. 우리 인간은 일하고 땅을 경작하는 사명을 받았으며(창 2:15), 또 그 일 속에서 기쁨과 복을 찾도록 정해졌다.[33] 인간이 타락해서 받은 벌은 이제 일을 하게 되었다는 것이 아니라, 우리가 하는 그 일이 수고와 고역이 되었다는 것이다. 노동이 더 이상 이웃을 위한 의미 있는 봉사가 되지 못하고, 더 이상 하나님을 예배하는 행위가 아니게 되었다. 하나님께서도 일하신다. 창조 행위 자체가 하나님의 일이다. 그리고 하나님은 쉬신다. 창세기 2:1-3에서는 하나님께서 하늘과 땅과 그 가운데 넘치는 피조물을 지으신 후에 쉬시고 "그날을 복되게 하시고 거룩하게 하셨다"고 말씀한다. 하나님은 일하시고 쉬시며, 우리와 우리가 돌보는 피조물들 역시 그렇게 해야 한다. 이를테면 안식일의 쉼은 세상을 떠받치는 골격이며, 피조물인 우리에게 하나님께서 허락하신 복된 특성이다.

십계명에서도 이러한 가르침을 보게 된다. 출애굽기 20:8-11에서 "안식일을 기억하여 그날을 거룩하게 지켜라"고 명령하는데, 그 이유는 이렇다. 일곱째 날은 하나님의 안식일이기 때문에, 그날에 "너희는 어떤 일도 해서는 안된다. 너희나, 너희의 아들이나 딸이나, 너희의 남종이나 여종만이 아니라, 너희 집짐승이나, 너희의 집에 머무르는 나그네라도, 일을 해서는 안된다." 이 말씀의 목적과 관련해서 주목할 것은, 안식일에 짐승을 쉬게 하라는 명령이다. 소와 말과 노새들도 쉴 필요가 있다.

이스라엘 사람들은 삶을 어떻게 꾸려 가야 하는지에 관해 특별한 교육을 받았다. 예를 들어, 레위기 25장을 보면 7년마다 땅을 쉬게 하라고 가르치신다. 7년째 되는 해에는 "밭에 씨를 뿌려도 안되며, 포도원을 가꾸어도 안된다. 거둘 때에, 떨어져 저절로 자란 것들은 거두지 말아야 하며, 너희가 가꾸지 않은 포도나무에서 저절로 열린 포도도 따서는 안된다." 그 이유는 "이것이 땅의 안식년"이기 때문이다(4-5절). 그에 더해 7년을 일곱 번 지난 후에는 희년을 지켜야 한다. 50년째 되는 해에 "너희는 전국의 모든 거민에게 자유를 선포하여라", 그리고 "이 해는 너희가 유산, 곧 분배받은 땅으로 돌아가는 해이며, 저마다 가족에게로 돌아가는 해이다." 안식년에 그런 것처럼 희년에도 "씨를 뿌리지 말고, 저절로 자란 것을 거두어서도 안되며, 너희가 가꾸지 않은 포도나무에서 저절로 열린 포도도 따서는 안된다"(10-11절). 이러한 규정들을 정한 목적은, 본문에 분명하게 나타나 있듯이 "땅은 소출을 낼 것이고, 그것으로 너희가 넉넉히 먹을 수 있을 것이며, 거기에서 안전하게 살 수 있"게 되는 데 있다(19절). 하나님의 명령에 순종할 때 이 땅에서 살아가는 삶이 더 좋아진다.

샬롬으로 충만한 삶에 대한 이러한 가르침이 별스럽거나 시대에 뒤진 것—구약성경(에만 나오는) 유물—이 아니라는 점은 누가복음 4장에 나오는 예수의 취임 연설을 살펴보면 알 수 있다. 예수는 공적 사역을 시작하시면서 고향 마을의 회당에서 이사야 예언서 61장을 인용하시고는, 그 예언서 본문이 성취되었다고 힘 있게 선언하신다. 성령의 능력을 힘입어 예수께서는 자신이 "가난한 사람에게 기쁜 소식"을 가져왔으며 "포로된 사람들에게 해방을 선포하고, 눈먼 사람들에게 눈 뜸을 선포하고, 억눌린 사람들을 풀어 주고, 주님의 은혜의 해를 선포"하기 위해 왔다고 선언하신다(눅 4:18-19). 달리 말해, 예수는 자신의 인격 안에서 메시아 시대가 열렸다고 선포하신다. 희년, 곧 주의 은혜의 해가 현실로 나타났다. 요약하면, 메시아인 예수께서는 자신이 와서 시작한 하나님 나라는 재분배와 쉼으로 이루어지는 통치라는 사실을 극적으로 재천명하신다. 가난한 사람들은 위로받고, 핍박당하는 사람들은 자유를 얻으며, 지친 사람들은 쉼을 누리게 된다. 안식일은 복음이다.

위에서 살펴본 본문들은 **안식일**(sabbath)이라는 신학적 주제를 보여준다. 하나님께서는 인간에게 그들의 일을 내려놓고 쉬라고 말씀하신다. 하나님께서는 사람들에게 그들이 돌보는 사람들이나 동물, 땅에게 정기적으로 쉼과 회복의 기회를 베풀어야 한다고 명령하신다. 이 신학적 주제에서 **재충전**(rejuvenation)이라는 윤리적 원리가 나온다. 우리는 누구나 쉼을 필요로 한다. 이처럼 의도적으로 인간과 비인간 피조물을 쉬게 하고 힘을 북돋아 주는 일은 우리의 본성과도 일치할 뿐만 아니라, 현대 사회를 휩쓸고 있는 끊임없는 이용과 착취에 항거하는 일이 된다.

이 주제와 원리에서부터 다섯 번째 도덕적 준칙, 곧 **당신이 돌보고 있는 피조물들에게 필요한 쉼을 제공할 수 있는 방식으로 행동하라**는 원칙이 나온다. 좀 더 정확하게 말해, 우리는 땅과 그 거주자들이 그들의 필요에 합당한 방식으로 쉴 수 있도록 해주어야 하는 조건부 의무를 진다. 이 의무는 주로 농경지와 동물을 대상으로 다루어지지만, 상상력을 조금만 발휘한다면, 얼마든지 다른 생물 종과 그들의 서식지를 포함하는 데까지 확장될 수 있다.

안식일이라는 신학적 주제와 재충전이라는 윤리적 원리에 상응하여 인내와 평정이라는 도덕적 탁월성이 온다. **인내**(patience)란 침착한 마음으로 참는 것이다. 이것은 우리가 순간적인 충동에 저항할 수 있게 해주는 성품 특성이다. 인내는 우리를 강하게 다듬어서 서둘러 성공하려는 유혹에 맞서 싸울 수 있게 해준다. 인내에는 긴 안목으로 보는 태도가 필요하다. 하룻밤 사이에 도토리가 큰 참나무가 될 수는 없다. 습지가 한 주 만에 복원될 수는 없다. 위험에 처한 종이 1년 사이에 회복되지는 않는다. 카디널 뉴먼(Cardinal Newman)이 말한 것처럼, "위대한 행위는 시간이 걸린다." 우리가 이 경구에 담긴 진리를 배울 수 있도록 돕는 것이 인내다. 기독교인들에게 인내는 오래 참으시는 하나님의 자비(벧후 3:9)에 기초한다. 하나님께서는 아무도 멸망하지 않기를 원하셔서 오래 참으신다.

이와 대조적으로, 인내에 대응하는 모자람의 악덕은 **성급함**(impetuousness)이다. 이것은 미래에 대한 불안에서 생겨나는 충동적인 태도로, 우리로 하여금 다른 이의 정당한 필요 따위에는 아랑곳하지 않은 채 지금 이 순간의 내 욕구만을 채우게 만든다. 이러한 악덕을 지닌 사람들은 기다릴 줄 모른다. 그들은 야생지라는 만찬 식탁에 앉으면 앞뒤 가리지 않고 먹고 본다. 이들은 현금으로 살 수 있을 때까지 물건 구입을 미루는 법이 없이, 지금 당장 외상으로라도 사고 마는 사람들이다.

지나침의 악덕은 **소심함**(timidity)으로, 지나칠 정도로 인내하는 기질, 곧 더 이상 기다려서는 안되는데도 기다리기만 하는 태도를 말한다. 이것은 즉각적인 행동을 요구하는 상황에서도 적절하게 행동하지 못하는 것을 의미한다. 소심함은 용기에 대응하는 모자람의 악덕인 비겁과도 비슷하지만, 그러한 비겁한 행동보다는 용기와 결단력이 훨씬 더 부족한 태도를 가리킨다. 생태학적 면에서 소심한 사람은 뛰어들어 편지를 쓰거나 산길을 고치는 일이 필요한데도 팔짱을 끼고 바라보기만 한다.

평정(serenity)은 냉정함을 잃지 않는 평온한 상태, 곧 혼돈 한가운데서 내적 평안을 지키는 태도다. 그것은 포효하는 바다에 둘러싸여서도 흔들림이 없는, 상대적으로 희귀한 능력이다. 그것은 스토아학파의 무관심, 무감동에서 나오는 것이 아니라, 하나님의 은혜에 대한 확신에서 자라나는 평온이다. 이런 성품 특성을 지닌 사람들은 하나님께서 혼돈의 질서를 바로잡으시고, 찢긴 마음을 치유하시며, 소외된 이들을 화해시키면서 이 세상 속에서 계속 일하신다는 것을 알기에, 흔들리지 않는 확신을 품고서 자신들에게 맡겨진 지구를 지키는 사명에 최선을 다한다. 한마디로 말해 평정이란, 아우구스티누스가 말한 대로, 하나님의 품에 안겨 마침내 안식을 누리는 마음이다.

모자람의 악덕은 **초조함**(restlessness)이다. 방향 감각도 없고 우왕좌왕하는 행동을 특징으로 하는 이 악덕은, 어떤 일을 할 때 뚜렷한 목적도 없이 그저 그게 일이니까 하는 태도다. 초조해 하는 사람은 내적 평화를 전혀 느끼지 못해서 아주 작은 어려움이나 불만이 생겨도 혼란에 빠진다. 초조함이란 마치 고향을 완전히 잃어버리기나 한 것처럼 살아가는 것을 말한다. 그렇게 고향을 잃어버린 나그네는 항상 길 위에 있거나 쫓긴다고 느끼며, 결코 어떤 장소에 대해 배우거나 거기에 뿌리를 내리거나 자신을 둘러싼 환경에 애정을 품는 일이 없다. 그는 결코 한곳에 뿌리를 내린 지구 지킴이가 될 수 없다.

지나침의 악덕은 **수동성**(passivity)이다. 냉정을 잃지 않는 침착함은 불의나 슬픔, 기쁨에 대해 무관심하고 냉담한 태도로 퇴보할 수가 있다. 사후 경직과 같은 모습을 보이는 내적 평안에서는 어떤 덕도 찾아 볼 수 없다. 평온이란 혼수상태에 빠진 것을 뜻하지 않는다. 평정심을 지닌다는 것은 수동적인 자세와 같은 것이 아니다. 생태학적인 면에서 수동적인 사람은 마을의 습지를 복원하는 일이나 지역 농산물 직거래 시장을 활성화하는 일에서 아무런 일도 하지 않는다.

간단히 말해, 모든 피조물은 안식일의 쉼을 필요로 한다. 우리에게는 땅과 그 안에 있는 피조물들을 쉬게 하고 재충전시킬 도덕적 의무가 있다. 따라서 우리는 인내와 평정심의 덕들은 계발하고, 성급함과 소심함, 초조함과 수동성의 악덕들은 적극적으로 없애야 한다.

선행과 사랑

창세기 해석의 역사에서는 주로 1:26-28에 관심이 집중되어 왔다. 이 본문에서 우리는 물고기와 새, 가축, 들짐승, 길짐승을 다스리는 권세가 인간에게 부여되는 것을 본다. 많은 사람들은 이 본문의 의미를, 인간이 지구의 비인간 피조물을 마음대로 착취해도 된다고 허가하는 것으로 이해한다. 다시 말해, 다스림을 지배로 이해한다. 그러나 이 책의 3장과 4장에서 논한 것처럼, 이러한 해석은 자기중심적인 것은 물론이요 매우 잘못된 것이다. 다스림이란 지배가 아니라 책임을 다하여 돌보는 것을 뜻한다. 앞에서 말했듯이, 창세기 1:28은 하나님께서 인간을 데려다가 에덴동산에 두시고 "그곳을 맡아서 돌보게 하셨다"고 말하는 창세기 2:15과 나란히 놓고 보아야 한다. 경작한다('ābād)는 말은 땅 자체의 유익을 위해 땅에 봉사하는 것을 뜻하며, 지킨다(šāmār)는 말은 소중한 것을 조심스럽게 보호하듯이 땅을 보호하는 것을 뜻한다. 백성을 복 주시고 지켜 주실 것을 하나님께 구하는 아론의 축복기도(민 6:22-26)에서, 우리는 지키는 자가 된다는 것이 어떤 의미인지를 보게 된다. 우리는 지구 자체의 유익을 위해 지구에 봉사하고, 하나님께서 우리를 보호하시듯 창조 세계를 보호해야 한다. 캘빈 드윗은 이 본문의 메시지를 요약하면서 그 점을 다음과 같이 분명하게 밝힌다. "여기서 지킨다는 것은 병 속에 오이절임을 담아 두는 것처럼 보존하는 것이 아니다. 그것은 우리가 하나님께 우리를 지켜 주시기를 구하는 것과 같은 것이다. 우리가 창세기 2:15의 말씀대로 창조 세계를 지킨다는 것은, 곧 우리의 보호 아래 있는 피조물들이 그들 고유의 모든 관계—같은 종 안의 개체들과 맺는 관계, 영향을 주고받는 다른 많은 종들과의 관계, 그리고 그것들이 의존하는 토양과 공기와 물과의 관계—를 온전한 상태로 유지할 수 있도록 해주는 것이다."[34] 간단히 말해, 우리는 하나님에게서 지구 지킴이로 살라는 부름을 받았다.

지구는 하나님의 소유이며 우리는 그것을 지켜야 할 의무가 있다는 사실은 많은 시편들 속에서 거듭 언급된다. 시편 24:1은 "땅과 그 안에 가득 찬 것이 모두 다 주님의 것, 온 누리와 그 안에 살고 있는 모든 것도 주님의 것이다"라고 선포한다. 사람들이 흔히 생각하는 것과는 달리, 땅과 그 안에 있는 피조물들은 우리의 소유가 아니다. 하나님께서 땅의 주인이시다. 땅을 지으시고 계속 지탱하는 이가 하나님이시기 때문이다. 시편 95편은 우리에게 하나님께 소리 높여 외치라고 가르치는데, 그 까닭은 하나님이 우리의 구주이시기 때문만은 아니다. 훨씬 더 중요한 이유를 이렇게 말한다. "땅의 깊은 곳도 그 손안에 있고, 산의 높은 꼭대기도 그의 것이다. 바다도 그의 것이며, 그가 지으신 것이다. 마른 땅도 그가 손으로 빚으신 것이다"(4-5절). 또 지구 지킴이로 사는 우리의 소명을 가장 확연하게 깨우쳐 주는 본문인 홍수 이야기에서 살펴보았듯이, 하나님께서는 인간을 뛰어넘어 많은 것들과 언약을 맺으신다. 모든 피조물, 곧 지구 자체가 언약 안에서 하나님과 연결된다. 옛날이나 오늘이나 신실하게 애쓰는 "노아와 같은 이들"이 있어서 모든 생물이 보호받고 보전된다.

요약하면, 위에서 언급한 본문들은 지구 지키기라는 신학적 주제를 보여준다. 지구의 정당하고 적법한 소유자는 하나님이시지만, 하나님께서는 우리에게 지구 지킴이가 되는 소명을 허락하셨다. 우리에게는 지구라는 동산을 사랑으로 돌보고 그 복잡한 전체와 역동적인 관계를 온전하게 지켜야 하는 책임과 기쁨이 허락되었다. 이 신학적 주제에서 **자선**(beneficence)이라는 윤리적 원리가 나온다. 다른 이들의 유익을 위해 선을 행하는 것이 지구를 섬기고 지키는 일의 핵심이 된다. 지구에 이익이 되는 일을 실천하는 것은 하나님께서 우리 인간에게 주신 소명이다.

이 신학적 주제와 여기에 따르는 윤리적 원리가 우리에게 명하는 것을 여섯 번째 도덕 준칙으로 정리하면, **지구의 피조물들, 특히 곤경에 처한 피조물들을 돌보기 위하여 행동하라**가 된다. 예를 들어, 비인간 생물 종들과 관련해서 우리는 멸종위기에 처한 종들을 적극적으로 보전해야 하는 조건부 의무를 진다. 달리 말해, 그저 해를 가하지 않는 것만으로는 충분하지 않다. 때에 따라서는 선을 행하는 것이 우리에게 도덕적으로 요구되기도 한다. 우리에게는 행하지 말아야 할 의무뿐만 아니라 행해야 할 의무도 있다. 따라서 선을 촉진하지 못할 때 우리는 도덕적으로 비난을 받게 된다.

지구 지키기라는 신학적 주제와 자선이라는 윤리적 원리에 따라 나오는 도덕적 덕들이 선행과 사랑이다.[35] **선행**(benevolence)이란, 자발적으로 다른 이들을 더 행복하게 해주려는 태도다. 자애로운 사람들은 친절하게 행하기를 좋아한다. 그들은 선한 의지가 있으며, 그래서 대체로 선한 행위, 곧 유익을 베푸는 행위들을 한다. 게다가 그들은 애정을 느끼지 않는 대상에게도 기꺼이 이런 선한 행위를 베푼다. 우리에게 서로 사랑하라고 가르치신 예수의 명령(마 22:34-40, 막 12:28-34, 눅 10:25-28)은 바로 이런 의미로 이해해야 한다. 애정이라는 것이 명령해서 생겨나는 것은 아니지만, 우리가 마음을 먹으면 얼마든지 가능한 일이기 때문이다. 우리는 원수와 같이 좋은 감정을 느끼지 못하는 사람들에게까지 선을 베풀어야 하며 또 그럴 수 있다(마 5:44, 롬 12:19-20). 우리는 현재와 미래의 사람들, 가축이나 야생의 동물들, 가깝거나 멀리 떨어진 생태계에게 선을 행하여야 하며 또 얼마든지 그럴 수 있다.

이 덕에 대응하는 악덕은 하나뿐이다. 지혜와 마찬가지로 선행은 중용이 아니라 지나침이 아예 존재하지 않는 본래적인 선이기 때문이다. 선행에 대응하는 악덕은 **앙심**(malice)이다. 앙심이나 악의는 의도적으로 악을 행하거나 해코지하려는 태도다. 앙심은 심술궂은 마음이다. 그것은 고의나 나쁜 의도로 샬롬을 깨뜨리는 일이다. 앙심은 흔히 특정한 사람에 대한 시기심과 원한 때문에 생겨나기도 하지만, 고통을 주거나 괴롭히고 싶은 설명할 수 없는 욕구에 의해 발생하기도 한다. 여기서 설명할 수 없다고 말하는 것은, 그러한 행동을 하려는 의도에 대상에 대한 분노나 원한의 감정이 전혀 수반되지 않는다는 의미다. 악의를 품은 사람은, 예를 들어 불특정인에게 악행을 가하는 테러리스트처럼 무차별적으로 행동할 수가 있으며 또 흔히 그렇게 행하는 것을 보게 된다. 생태학적인 면에서 볼 때 앙심은 비인간 세계를 의도적으로 파괴하는 태도다. 동물을 학대하고, 서식지를 파괴하고, 생명 체계를 무너뜨린다. 모두 샬롬의 파괴라는 공통적인 모습을 지닌다.

여기서 사용하는 **사랑**이라는 말은 다른 이를 향한 강한 애정을 의미한다. 사랑이란 우리가 돌보는 대상이 유익을 얻도록 사심 없이 관심을 베풀어 주는 것이다. 애정과 돌봄으로 이루어지는 이러한 결속은 동류의식이나 우정과 같은 개인적인 관계에서 생겨나며, 따라서 사랑은 그러한 감정이 전혀 필요 없는 선행과는 대조를 이룬다. 간단히 말해 사랑은 자기와 친숙한 관계에 있는 이들을 돌봐 주고자 하는 성향이다. 그리고 사람뿐만 아니라 애완동물과 아끼는 화초 같은 동식물, 또 강과 숲과 사막 같은 특정한 장소들도 사랑의 대상이 된다. 마음속에 깃든 이러한 장소들은 충성과 애정과 관심을 불러일으킨다.[36]

선행이나 지혜와 마찬가지로, 사랑도 중용이 아니다. 사랑에는 지나침은 없고 모자람만 있기 때문이다. 이러한 사랑의 개념을 놓고 볼 때 그에 대응하는 악덕은 **무관심**(apathy)이다. 사랑하지 않는 것은 감정을 느끼지 못하는 것(a-pathos)이다. 사랑하지 않는 것은 관심을 갖지 않는 것이다. 사랑의 반대는 증오가 아니라 무관심으로, 요한계시록에서 요한이 라오디게아 교회를 책망하면서 지적한 악덕이 바로 그것이다(계 3장). 생태학적인 면에서 무관심은 다른 피조물이나 장소들에 대해 전혀 애정이 없는 상태를 말한다. 생태계에 무관심한 사람은 지구를 덮친 큰 혼란을 의식하지 못하고 또 그에 관심도 없다. 그들은 정말 살기에 좋은 장소 같은 것은 아예 모르며, 그래서 유토피아—존재하지 않는 장소—에 사는 사람들이다. 그런 사람들은 상실감도 느끼지 못하며 자연스러운 것이 사라져도 슬퍼하지 않는다. 이와는 대조적으로, 알도 레오폴드는 애통해 하면서 "생태 교육에 따르는 대가 가운데 하나는 상처 입은 세상에서 홀로 살게 되는 것이다"라고 말한다.[37]

요약하면, 지구는 주님의 것이며 바로 그 때문에 완전하다. 우리 인간은 주인이 아니라 지구를 지키는 사람이다. 우리에게는 우리가 돌보는 피조물들, 특히 생존이 위협당하는 피조물들을 보호할 책임이 있다. 따라서 우리는 사람들을 잘 이끌어서 앙심과 무관심의 악덕은 억제하고 선행과 사랑의 덕은 높이도록 양육해야 한다.

정의와 용기

성경에 가장 많이 나오는 단어 두 개가 "의로움"과 "정의"다. 구약성경에서 하나님은 당신의 백성에게 자비와 긍휼과 더불어 의로움($ṣēdāqâ$)과 정의($mišpāṭ$)를 요구하신다. 예를 들어, 십계명의 후반부를 보면 인간 사이의 정의가 인간이 번성하는 데 핵심적인 요소가 된다고 말씀한다(출 20:12-17). 이를테면 도적질이나 위증은 정의를 깨뜨리는 일이 된다. 그러한 행위들은 다른 사람의 정당한 소유, 곧 물적 재산과 명예를 훔치는 일이다. 레위기와 신명기에 나오는 언약 규정들을 보면 정의를 실천하되 특히 과부와 고아와 나그네에게 정의를 베풀라는 명령이 자주 나오는데(예를 들어, 레 19:15, 33; 신 10:18; 16:20; 24:17), 그 까닭은 그러한 행위가 하나님의 성품과 일치하기 때문이다.

마찬가지로, 예언자들도 하나님의 정의를 행하라고 계속해서 부르짖는다. 아모스는 "공의가 물처럼 흐르게 하고, 정의가 마르지 않는 강처럼 흐르게 하여라"고 외친다(암 5:24). 미가는 의로운 삶의 필요조건들을 요약해서 "오로지 공의를 실천하며 인자를 사랑하며 겸손히 네 하나님과 함께 행하는 것"이라고 말한다(미 6:8). 또 예레미야의 뼈는 정의의 메시지로 불타오른다(렘 7:1-7). 우리는 지혜 문학에서도 이러한 정의에 대한 관심이 웅변적이고 열정적으로 언급되고 있음을 본다. 예를 들어, 시편 72편의 첫 네 절에서 시편 기자는 다음과 같이 기도한다.

> 하나님, 왕에게 주의 판단력을 주시고
> 왕의 아들에게 주의 의를 내려 주셔서,
> 왕이 주의 백성을 의로 판결할 수 있게 하시고
> 불쌍한 백성을 공의로 판결할 수 있게 해주십시오.
> 왕이 의를 이루면 산들이 백성에게 평화를 안겨 주며,
> 언덕들이 백성에게 정의를 가져다 줄 것입니다.
> 왕이 불쌍한 백성을 공정하게 판결하도록 해주시며,
> 가난한 백성의 자녀를 구원하게 해주시며
> 억압하는 자들을 꺾게 해주십시오.

이 시편은 이러한 정신을 계속 외치면서, 정의에 대한 호소와 풍성하고 비옥한 땅에 대한 희망을 하나로 결합한다. 이사야 24장을 비롯한 여러 본문에서처럼, 이 시편에서도 사람들 사이의 정의는 땅의 건강 및 생육과 밀접하게 연계된다. 사회정의와 생태계 건강이 하나로 묶인다.

신약성경을 보면, 예수의 말과 행위, 사도 바울의 메시지도 역시 의로움과 정의에 관해 말씀한다. 예를 들어, 예수께서는 그 시대의 사람들에게 참된 의로움이 어떤 것인지를 새롭게 가르치신다. 마태복음 5-7장에

상세히 기록된 산상설교에서, 예수는 인상적인 대조법을 되풀이 구사하면서 참된 신앙은 마음의 문제임을 강조하신다. 참된 의로움은 겉모습으로 결정되는 것이 아니라 의도의 순수함과 정의에 대한 갈망에 달린 문제다. 한 유명한 훈계에서 예수께서는, 당신을 따르는 이들에게 먼저 하나님의 나라와 그의 의(dikaiosynē, 마 6:33)를 구하라고 명령하시고, 그러면 필요한 양식과 옷을 받게 될 것이라고 가르치신다. 이미 앞에서 살펴보았듯이, 누가복음 4장에 나오는 취임 연설에서 예수께서는 억압당하는 사람들에게 정의를 베푸는 일이 자신의 사명이라고 밝히신다. 예수가 가르치고 증언한, 밝아 오는 새 시대는 정의 위에 세워진다. 아무리 많은 해석학적 기교를 동원한다 해도 복음서들에서 사회정의에 관한 예수의 관심을 제거할 수는 없다.

다음으로 바울을 살펴보면, 사람들은 바울의 복음 이해에서 핵심을 이루는 것이 의로움(dikaiosynē)이라고 말해 왔다.[38] 물론 바울에게서 가장 중요한 것은 하나님의 정의 및 의로움, 다시 말해 우리가 내 힘으로는 이룰 수 없고 예수께서 죽음을 통해 우리 대신 성취하신 의로움(빌 3:9)이다. 그러나 이렇게 의로움을 은혜나 하나님의 도우심으로 보는 개념이 중심을 이루기는 하지만, 바울이 의로움이라고 말할 때 거기에는 필연적으로 사회적 차원이 포함된다. 사람들 사이의 정의, 특히 유대인과 이방인 사이의 정의 역시 바울에게는 중요하다. 제임스 던의 말대로, "기독교의 신앙칭의 교리는 바울이 개인적인 죄인으로서 유대교의 율법주의에 항거한 일이 아니라, 이방인을 편들어 유대교의 배타주의에 항거한 일에서 출발한다."[39] 바울을 분노하게 만든 것은 유대인들이 자신들과 비유대인들을 가르고, 우리 대 그들이라는 사고방식을 조장한 일이었다. 그러므로 칭의를 "개인적인 구원 체험의 수준으로 끌어내려서 마치 그것이 전부인 것처럼 생각해서는 안된다." 그것과는 달리, "하나님께서는 특별한 사람들에게만 구원의 은혜를 베푸신다는 사고에 바울이 강하게 항거한 것이 신앙칭의다."[40]

요약하면, 위의 본문들을 비롯해 유사한 많은 본문들이 의로움(right-eousness)이라는 신학적 주제를 제시한다. 성경의 하나님은 의롭고 정의로우시며 그렇기 때문에 하나님을 따르는 사람들도 당연히 의롭고 정의로워야 한다. 불의하게 대접받기 쉬운 사람들, 권리가 없고 힘이 없고 집이 없는 사람들에게 특별히 관심을 가져야 한다. 이러한 관심이 주로 인간에게 베풀어지는 것이 당연하겠지만, 인간의 귀로는 그 외침을 들을 수 없는 비인간 피조물들도 역시 이 관심 대상에 포함되어야 한다. 이 신학적 주제에서 공평(equity)이라는 윤리적 원리가 나온다. 공평은 정의의 한 형태다. 좀 더 정확히 말해, 공평이란 일종의 배분적 정의로서, 재화를 시장 원리나 공로에 따라 배분하거나 심지어는 평등의 원리로 분배하는 것이 아니라, 필요의 정도를 고려해 공정하게 분배하는 것을 뜻한다.[41]

정의의 관념을 공평으로 이해하면서, 나는 일곱 번째이자 마지막 도덕 준칙으로, **인간이나 비인간을 포함해 다른 이들을 공정하게 대우할 수 있도록 행동하라**는 원칙을 제안한다. 더 정확하게 말해, 우리는 동등한 것들은 동등하게 대우하고 동등하지 않은 것들은 서로 다르게 대우해야 할 조건부 의무를 진다. 달리 말하면, 공평(equity)은 평등(equality)과 같지 않다. 평등은 동일함을 의미한다. 즉 구체적인 정황은 고려하지 않고 모든 이들을 동일하게 대우하는 것이다. 반면에 공평은 공정함을 지키기 위해 사정에 따라서 서로 다르게 대우하는 것을 의미한다. 부모라면 누구나 알고 있듯이, 공평하게 하기 위해서는 비슷한 자녀들을 비슷한 상황에서는 똑같이 대우해야 하지만, 비슷하지 않은 상황에서는 다른 자녀들을 다른 방식으로 대해야 한다. 여러분 자녀의 생일 파티에 참석한 일곱 살짜리 아이들에게는, 불공평하다고 부르짖는 소리를 들을 각오를 하고 모두 같은 양의 아이스크림을 주어야 한다. 그러나 일곱 살짜리 아이들은 네 살짜리 아이들이 누리지 못하는 특권(그리고 책임)을 갖는다.

의로움이라는 신학적 주제와 공평이라는 윤리적 원칙에 상응하는 도덕적 덕이 정의와 용기다. 정의(justice)란 편파적이지 않고 공정하게 행동하는 성향이다. 정의는 동등한 것들은 동등하게 대우하고 동등하지 않은 것들은 서로 다르게 대우해야 할 때가 언제인지 분별하는 능력을 포함하며, 따라서 일종의 실천적 지혜를 의미한다. 루이스 스미디즈(Lewis Smedes)의 말대로, 정의는 존중, 곧 다른 이들의 권리를 존중하는 것을 의미한다.[42] 정의로운 사람은 다른 사람의 권리를 존중할 뿐만 아니라 다른 사람들의 권리(그리고 필요)가 서로 상충할 경우 그 권리들을 어떻게 공정하게 존중해야 하는지도 안다. 생태학적 정의란, 인간과 비인간 피조물들, 위기에 처한 종과 파괴된 생태계들 사이에서 요구가 서로 상충할 때 공정하게 행동하는 자질을 가리킨다.

지혜나 선행, 사랑과 마찬가지로, 정의는 중용이 아니다. 따라서 그에 대응하는 악덕은 단 하나, 불의(injustice)뿐이다. 불의란 편파적으로 처신하는 기질, 곧 타당한 이유 없이 또 더 심하게는 개인적인 이득을 노리고 자기가 좋아하는 일을 행하는 기질을 가리킨다. 불의는 사람들에게 그들의 정당한 몫을 주지 않는 것이다. 불의는 비인간 피조물을 포함해 다른 이들의 권리를 의도적으로 끈질기게 침해하는 행위로 나타난다. 혹 여러분이 비인간 피조물은 아무런 권리가 없다고 생각하는 사람이라면, 이때 불의란 내재적 가치를 지니고 있어서 우리의 관심 대상에 포함되는 피조물들에 대해 우리의 의무를 제대로 실천하지 못하는 도덕적 처신을 뜻한다.

용기(courage)란 위험에 맞서는 도덕적 힘이다. 용기는 반대에 항거하는 강인함이다. 또 역경에 맞서는 굳건한 끈기다. 그리스인들의 네 가지 기본 덕목 가운데 하나인 용기는, 위험 앞에서 두려움을 느끼면서도 마음이 흔들리지 않고 정신이 굳건한 태도를 의미한다. 고대 세계에서 특히 병사들이 추구했던 덕인 용기는 기독교 전통에 들어와서 의기(fortitude)로 바뀌었다. 용기는 생태학적 무관심과 무지와 두려움에 맞서서 지구를 돌보는 일을 끝까지 이루어 내려는 확고한 투지다.

모자람의 악덕은 **비겁**(cowardice), 곧 신중하게 두려움을 극복하는 능력이 없음을 말한다. 비겁한 사람은 단호하고 신속한 행동이 필요한 상황에서도 두려움에 사로잡혀 제대로 행동하지 못한다. 위험 앞에서 무너져 내린다. 생태계의 위기는 참으로 엄청난 일―압도적이고 두렵고 겁나는 일―인 까닭에 비겁한 사람은 그에 대해 아무 일도 할 수가 없다.

용기와 연관된 지나침의 악덕은 **무모함**(rashness)이다. 용기 있는 사람들은 두려움에 정직하게 대면하며 때로는 파괴적인 결과가 온다고 하더라도 끈질기게 버티는 데 반하여, 무모한 사람들은 두려움을 인정하지 않는다. 따라서 성급하게 또는 신중하지 못하게 행동한다. 그들은 그렇게 행동함으로써 자기 자신 또는 다른 사람을 위험에 빠뜨릴 때가 많다. 허세 부리기를 좋아하는 이 악덕은 어리석게도 위험의 징조를 무시해 버리는 신중하지 못한 태도다. 생태학적으로 무모한 사람은 두려움 따위는 무시하고 "지구를 구하기 위해" 박차고 일어서지만, 그러한 행동으로 유익보다는 손해를 낳을 때가 더 많다.

간단히 말해, 의로움과 정의는 샬롬으로 이루어지는 하나님의 세계에 필수적인 특성이다. 우리는 다른 이들을 공정하게 대우하면서, 상황에 따라 어떤 피조물들에게는 더욱 특별한 돌봄을 베풀어야 하는 도덕적인 의무를 진다. 그러므로 우리는 개인적이고 집단적인 성품의 형성을 통해, 불의, 비겁, 무모함의 악덕들은 줄이고, 반면에 정의와 용기 같은 도덕적 탁월성은 계발해야 한다.

지구를 돌보는 사람

우리는 어떤 사람이 되어야 하며, 또 왜 그런 사람이 되려고 노력해야 하는가? 첫째, 지구 위에 사는 다양한 종류의 동식물들은 하나님께서 지으셨고, 따라서 그것들은 우리에게 쓸모 있느냐와 상관없이 그 자체로 가치가 있다. 그러한 가치를 지닌다는 사실이 뜻하는 것은, 우리가 우리의 보호 아래 있는 그 종들을 불필요하게 상하게 해서는 안된다는 것이다. 우리는 비인간 이웃들을 존중해야 하며, 또 수용성을 지님으로써 우리와 그들이 똑같이 하나님께 의존한다는 사실을 인정해야 한다. 둘째, 지구와 그 안에 있는 피조물은 유한하다. 따라서 우리는 우리가 소유한 수단 안에서 살려고 애써야 하며, 절제와 검약을 실천하면서 우리의 자원을 보존하고 보전해야 한다. 그렇게 행함으로써 우리는 관대함을 나타낸다.

셋째, 우리는 이 세상을 이해하는 방식에서 한계가 있으며 자기 기만적일 때가 많다. 우리는 흔히 미래에 대한 확실한 통찰력이 있다고 생각하지만, 사실 그렇지 않으며 결코 그럴 수가 없다. 따라서 우리는 신중하게 행동해야 하며, 지구와 그 안에 거하는 이들의 미래에 관해 결정을 내릴 때는 겸손하고 정직하게 행동해야 한다. 넷째, 하나님께서 지으신 세상은 생육하며 스스로 지속해 갈 수 있다. 우리는 우리의 보호 아래 있는 피조물들을 미래 세대들에게 물려줄 수 있도록 지혜롭게 이용해야 한다. 마지막 남은 종자를 우리가 먹어치워서는 안된다. 우리는 지구의 생육을 보전해야 한다. 그렇게 행함으로써 우리는 하나님께서 우리 안에 부어 주신 희망에 대해 증언한다.

다섯째, 노동은 좋은 것이며 쉼도 역시 그렇다. 우리—사람, 동물, 땅—는 모두 일에서 벗어나 안식할 필요가 있다. 우리에게는 재충전을 위한 시간이 필요하다. 우리는 인내와 평정의 마음을 지니고, 멈출 줄 모르는 착취 욕구에 항거해야 한다. 여섯째, 지구는 하나님의 것이지 우리의 소유가 아니다. 우리는 소유자가 아니라 지구를 지키는 사람들로, 지구를 섬기며 보호하라는 소명을 받은 사람들이다. 우리는 이 동산 안에 사는 모든 이들의 행복을 늘리기 위해 기꺼이 일해야 한다. 우리는 선행과 사랑의 태도를 품고 앙심과 무관심에 맞서 싸우면서 그리스도의 모범을 따른다.

일곱 번째이자 마지막으로, 의로움과 정의를 구하는 사람들을 빈손으로 돌려보내서는 안된다. 공의로우신 하나님께서는 우리에게 고난당하는 사람들뿐만 아니라 고통당하는 지구에게도 정의를 행하라고 명하신다. 우리는 신념에 찬 용기를 품고 다른 이들을 의롭게 대우해야 한다. 집 없는 사람들, 상처받기 쉬운 땅, 희귀한 생물 종들처럼 특별한 대우를 필요로 하는 대상들은 특별하게 돌보고 대우할 책임이 우리에게 있다. 우리의 창조주이시며 구주이신 분, 하늘과 땅을 지으시고 여행길을 가는 우리

도표18. 생태학적 덕들

신학적 주제	윤리적 원리	덕	악덕(모자람)	악덕(지나침)
창조 세계의 온전성	내재적 가치	존중 수용성	독단 자율	숭상 집착
피조물의 유한성	만족	절제 검약	방탕 탐욕	금욕 인색함
인간의 유한성과 흠	책임	겸손 정직	오만 기만	자기비하 무절제한 솔직함
생육	지속가능성	지혜 희망	어리석음 절망	- 망상
안식일	재충전	인내 평정	성급함 초조감	소심함 수동성
지구 지키기	자선	선행 사랑	앙심 무관심	- -
의로움	공평	정의 용기	불의 비겁	- 무모함

에게 필요한 양식을 풍부하게 공급하시는 분, 그분을 우리의 모든 말과 행동을 통해 감사하는 마음으로 증언할 수 있어야 한다.

해야 할 일이 참으로 많다. 지구를 돌보는 일로 해야 할 좋은 일들이 많은 것이다. 생물학 분야에서 연구가 이루어져야 한다. 지하수를 개선하기 위한 실험도 이루어져야 하다. 창조 인식 센터들(creation awareness centers)도 세워야 한다. 학교 내 생태학 프로그램도 실시해야 한다. 빈 우유 상자를 재활용해야 한다. 전등을 꺼야 한다. 퇴비를 사용해야 한다.

그러나 지구를 지키기 위한 이 좋은 일들도, 위에서 살펴본 덕들을 구체적으로 실현하지 않고서는 제대로 이룰 수 없을 것이다. 따라서 이 주제가 어떻게 보면 이론적인 것 같지만 사실은 매우 실제적인 것이다. 어찌되었든, 덕들은 연구의 대상일 뿐 아니라 실천으로 옮겨야 할 것들이기 때문이다. 아리스토텔레스는 자신의 윤리학 책에서 이렇게 말했다. "속담에도 있듯이, 어떤 일들을 해야 할 때 목표는 그 일들을 조사하고 아는

데 있는 것이 아니라 그것들을 실행하는데 있다. 따라서 덕과 관련해서도 아는 것만으로는 충분하지 않고 그 덕을 소유하고 활용하려고 애써야 한다."[43] 또한 야고보가 신약성경에 실린 그의 글에서 말하듯이, "믿음에 행함이 따르지 않으면, 그 자체만으로는 죽은 것입니다"(약 2:17). 지구를 지키는 선한 사역은 존중과 수용성, 절제, 검약, 겸손, 정직, 지혜, 희망, 인내, 평정, 선행, 사랑, 정의, 용기가 없으면 불가능하다. 하나님께서 우리를 불러서 맡기신 일을 하기 위해서는 이와 같은 근본적인 성품 특성들이 꼭 필요하다. **지구를 돌보는 일에서 핵심적인 것은 성품이다.**

그러나 이러한 성품을 꼭 필요한 것으로 여기는 생각을 뛰어넘어 그것만으로도 충분하다고 여기는 잘못된 믿음, 곧 위에서 언급한 덕들만으로도 신음하는 지구를 치유하기에 충분하다는 믿음에 빠져서는 안되겠기에 웬델 베리는 지구를 돌보는 일이 우리가 홀로 감당하는 과업이 아니라고 말한다. 또한 우리의 가냘픈 어깨에 세상과 그 운명이 달려 있다고 생각해서도 안된다고 강조한다.

> 기쁨으로 예견하는 일은 어느 것이든
> 일상의 삶 속에서 살아내야 한다.
> 수많은 날을 애쓰고 수고할 때,
> 어둠 가운데서 비전이 열린다.
> 손이 고통을 견디고 얼굴에 땀이 가득할 때
> 창고에는 곡식이 가득 차게 된다.
>
> 그러나 잎이 무성하고 알곡이 풍성한 것은

우리 수고의 열매가 아니다.
밭을 가는 것은 우리의 일이나
그 다음 일은 은혜의 손길에 달렸다.
타작하는 것은 우리의 일이지만,
위대한 일은 우리가 잠든 사이에 이루어진다.

우리가 힘써 일할 때
안식일의 은혜가 우리의 날을 덮으며,
그렇게 해서 좋은 날은 이루어진다.[44]

7장. 왜 갈라파고스펭귄과 뱅크스소나무를 걱정해야 하는가

지 구 돌 봄 을 위 한 논 증 들

나는 줄다람쥐와 다람쥐, 하마, 은하수, 광년이라는 사실과 아무런 관련도 없는 신 관념을 결코 용인할 수 없었다.
_요셉 지틀러[1]

닥터 수스(Dr. Seuss)*의 동화들 가운데서 비교적 덜 알려진 이야기가 「로랙스」(*The Lorax*)다. 1971년에 처음 발행된 이 보물을 발견한 것은 우리 집에서 밤마다 아이들 침대 곁에서 치르는 의식으로, 세 딸에게 읽어 줄 이야기를 찾아 전집을 뒤지던 중이었다. 로랙스의 모습을 그려 보면 작은 키에 늙수그레하고, 갈색을 띠고 이끼가 달려 있으며, 목소리는 날카롭고 권위가 있었다. 그러나 그가 이런 모양을 한 까닭은 그가 맡은 일이 나무들을 대변하는 것이었기 때문이다. 트루풀라 나무들은 입이 없기 때문에 로랙스가 그들의 관심사를 대신 말해 주어야 했다. 그뿐만 아니라 갈색 바

---

* 닥터 수스(Dr. Seuss): 1904-1991. 본명은 Theodore Seuss Geisel. 미국 매사추세츠 주의 스프링필드에서 태어났다. 원래는 영문학을 공부했으나 만화를 그리고 어린이를 위한 그림책을 쓰면서 아동문학가로 유명해졌다. 어린이들을 위한 책을 50권이나 썼으며 어린이들에게 가장 사랑받는 작가 중 한 사람이다—옮긴이.

바루츠와 스위미 백조, 허밍 물고기 등 그리클 풀이 자라는 곳에서 번창하는 모든 생물들을 위해서도 그 일을 했다.

안타깝게도 로랙스의 외침은, 트루풀라 나무들을 쓰니드—모든 사람에게 필요한 다목적 용품—로 바꿔 버리는 탐욕의 상대가 되지 못했다. 그래서 도끼가 마지막 남은 트루풀라 나무를 찍어 내고 스위미 백조가 목에 가득 찬 짙은 연기로 인해 더 이상 노래할 수 없게 되자, 로랙스는 크게 상심하여 숲에 작별인사를 하고는 연기 속에 뚫린 구멍으로 흔적도 없이 사라져 버렸다. 그러나 우리는 그것이 사실이 아님을 안다. 로랙스는 뭔가를 뒤에 남겨 놓았기 때문이다. 해설자는 우리에게 로랙스가 여기 엉망진창인 곳에다가 "만일 않는다면"(Unless)이라는 글자가 새겨진 작은 돌무더기를 남겨 놓았다고 말한다. 그리고 근심에 사로잡힌 해설자 원슬러는 그 이야기를 들려주는 중에, 로랙스가 남긴 비밀스런 유산의 의미를 밝혀 준다. "이곳에 네가 있음으로 해서 로랙스가 남긴 말의 의미가 분명해지는 것 같구나. 만일 너 같은 사람들이 이 끔찍한 장소를 보살피지 **않는다면**(UNLESS) 그 어떤 것도 나아지지 않을 거야. 전혀 말이다."[2]

원슬러는 독자들에게 이러한 깨달음과 함께 마지막 남은 트루풀라 씨앗을 맡긴다. 그러고는 이야기의 결론으로, 우리가 만일 "새 트루풀라를 심어 정성껏 돌보고, 깨끗한 물과 신선한 공기를 주고, 숲을 가꾸고 도끼가 베지 못하도록 지킨다면, 로랙스와 그의 모든 친구들이 다시 돌아올 거야"라고 희망찬 말을 남긴다.[3]

누가 나무들을 대변하는가? 도대체 왜 나무들을 걱정해야 하는가? 특히 기독교인들은 어째서 로랙스처럼 우리에게 맡겨진 트루풀라 나무와 갈색 바바루츠와 허밍 물고기를 대변하는 일—그리고 보살피는 일—을 중요하게 여겨야 하는가? 어쨌든 생태환경에 대한 이 모든 관심들은 일시적인 유행으로 끝나 버리게 되는 것은 아닐까? 우리의 생태학적 문제들을 해결할 수 있는 새 기술이 발명되지 않을까? 근본적으로는, 예수가 다시 오시면 완전히 파괴될 세상을 우리가 왜 돌봐야 하는가? 게다가 누가 로랙스와 같은 사람이 되어서 불가능하고 실패할 것이 뻔한 일을 위해 싸우기를 원하겠는가? 왜 지구를 돌봐야 하는가?

    3장에서 나는 지구 돌봄과 어긋나는 다양한 주장들을 반박하고자 애쓰면서, 기독교에 대한 생태학적 고발을 지지하는 주요 주장들에 어떤 문제가 있는지 증명하려고 했다. 거기서 내가 취한 전략은 특정 논증들을 받아들일 수 없는 근거를 제시하는 것이었다. 겉으로는 그럴듯해 보이는 논증들이 실제로는 전혀 설득력이 없었다. 나는 그 생태학적 고발이 확고하게 반박되었다고 생각한다. 하지만 거기서 나는, 우리가 왜 지구를 돌봐야 하는지에 대한 이유는 제시하지 않았다. 끝에서 두 번째 장인 이번 장에서 훨씬 적극적이고 건설적인 이 과제를 집중적으로 다루려고 한다.

    신문과 대중 서적, 학문 서적과 논문에서 왜 우리가 더욱 신경 써서 지구를 돌봐야 하는지에 대한 많은 논증들이 제시된다. 여기서는 가장 잘 알려진 논증 열 가지를 살펴본다. 단순히 이런 논증들을 설명하고 분석하는 것이 내 목적은 아니다. 그와는 달리, 지구 돌봄을 지지하는 누적 사례를 제시하는 것이 내가 하려는 일이다. 여기서 누적이라는 말은, 그 논증들 전체가 하나의 동일한 결론을 지지한다는 의미로 사용한 것이다. 그 논증들 사이에 커다란 차이와 여러 가지 문제가 있기는 하지만, 그것들은 우리의 고향별을 좀 더 잘 돌보는 일을 지지하는 강력한 이론적 근거—이해관계에 근거한 것에서부터 신앙에 근거한 것까지—를 제공한다.[4] 논리학의 용어로 말하면, 이 열 가지 주장들은 하나로 엮여서, 우리에게 지구를 돌볼 책임이 있다는 주장을 지지하는 전도법 논증, 곧 수렴 지지 형태를 갖는 논증을 이룬다. 등산가의 몸무게를 버텨 낼 내구력을 얻기 위해 여러 가닥의 줄을 하나로 꼬아 만든 등산용 밧줄처럼, 하나로 엮인 이 논증들은 그 어느 논증보다도 훨씬 더 강하다.

나는 이 논증들 가운데서 어떤 것은 다른 것들에 비해 훨씬 더 설득력이 있다는 점을 인정한다.[5] 모든 논증들이 다 동일한 수사학적 가치를 지니지는 않는다. 예를 들어, 동물의 권리 논증은 내가 보기에 상당히 문제가 있다. 하지만 그 논증도 오늘날 이루어지는 논의에서 중요한 위치를 차지하며, 그러한 문제들에도 불구하고 반드시 고려해야 할 중요한 물음들을 제기한다. 여러분이나 내가 이 논증들 가운데서 어떤 것이 다른 것보다 훨씬 더 설득력 있다고 생각한다고 해서, 그 사실이 필연적으로 다른 것들이 유용하지 않거나 중요하지 않다는 것을 뜻하는 것은 아니다. 요약하면, 여기서 제시하는 논증들은, 어떤 것이 다른 것에 비해 더 힘이 있다고 해도, 그 모두가 가치가 있다.[6] 그렇다면 그 논증들은 정확히 말해 어떤 것인가? 왜 우리 기독교인들은 나무들을 대변해야 하는가?

당신이 숨을 쉬고 있다면 나무에게 감사하라

잘 알려진 환경 단체가 재정 지원을 요청하면서 보낸 서신에 "당신이 마시는 공기가 오염되고 있다"는 제목이 달려 있었다. 그 편지는 이어서, 좀 더 친환경적인 법률을 제정하려는 그들의 노력에 재정적으로 후원해 주기를 요청했다. 왜? 그 일이 우리의 이익과 관련되기 때문이다. 가장 널리 알려진 논증, 특히 대중 매체와 공공정책 논의에서 가장 두드러지는 논증이 자기 이익 논증, 내 식으로 표현하면 "당신이 숨을 쉬고 있다면 나무에게 감사하라" 논증일 것이다. 이 논증은 지구를 돌보는 일이 우리 자신의 이익과 관계가 있다고 주장한다. 지구와 그 안에 있는 다양한 피조물을 더 잘 돌보는 일은 개인(그리고 사회, 국가, 궁극적으로는 종)인 우리의 이해관심에 속한다. 예를 들어, 열대우림을 보호하는 일이 우리 자신의 이익과 연관되는 까닭은, 우리가 숨 쉬는 공기―더 정확히 말해 우리가 생존하는 데 필요한 산소―가 주로 지구의 나무들로부터 나오기 때문이다. 또 우리가 마시는 물의 양을 보전하고 수질을 보호하는 일이 우리의 이익과 연관되는 이유는, 부족한 물이나 오염된 물은 곧 인간 공동체의 곤경(파국까지는 아니더라도)을 의미하기 때문이다. 이 논증은 인간이 생존하는 데 필수적임에도 위협당하고 있는 다양한 "자원들"과 관련하여 사용되지만, 그 기본적인 형태는 같다. 만일 우리가 어떤 유기체나 군집, 생태계를 파괴하거나 심각하게 감소시킨다면 그것은 곧 우리 자신의 생존을 위험에 빠트리는 일이며, 그렇기에 우리는 지구를 돌봐야 한다.

이 논증은 간단하면서 많은 사람들에게 큰 호소력이 있다. 어쨌든 우리는 누구나 숨을 쉬어야 한다. 우리는 누구나 가장 기초적인 생명의 영약인 물을 필요로 하고 그것에 크게 의존한다. 따라서 인간의 생명, 특히 내 생명이 공기와 물과 같은 지구의 구성 요소들에 의존한다는 사실을 깨닫게 하는 것은 사고와 행동을 변화시키는 강력한 동기가 될 수 있다. 나도 공기와 물과 같은 기본적인 필수 요소들이 심각하게 훼손된 곳에서 살아 보았기 때문에 내 삶의 방식에 대해, 솔직히 말하면 **나 자신의** 풍요로운 삶을 이루고자 애쓰는 태도에 대해 다시 생각하게 되었다. 이 논증에서는 미래 세대의 인간이나 멸종위기에 처한 종의 건강에 전혀 관심을 기울이지 않는다. 그런데 인간에게 자기 이익을 추구하는 근원적인 성향이 있음을 생각한다면, 이해관계에 근거하는 이러한 논증들은 감수성 있는 대중들을 깨우쳐서 이 일들이 파국의 한 면이라는 사실을 인식시킬 수 있을 것이다.

그러나 자기 이익만을 근거로 삼는 대부분의 논증들이 그런 것처럼 "당신이 숨을 쉬고 있다면 나무에게 감사하라" 논증은 여러 가지 면에서 부족하다. 이 논증은 인간 본성에 대한 평가에서는 현실적일지 모르지만 인간의 윤리에 대한 이해에서는 부적합하다. 개인의 복지나 이해관계에 호소하는 것을 다 그릇되었다고 할 수는 없지만—심지어 인간에게는 자기 자신에게 지는 의무가 있다고 말하는 사람들도 있다—윤리를 논하는 자리에서 우리는 대체로 계몽된 자기 이익보다는 더 나은 것에 호소하기를 원하고 또 그렇게 하는 것을 당연하다고 여긴다. 우리는 많은 사람들이 도덕적 표준에 합당하게 살지 않을 것이라고 생각하면서도, 도덕적 논의를 다루는 일에서는 그러한 표준에 호소하는 것을 당연한 일로 여긴다. 또 우리는 많은 사람들이 도덕적인 선을 하찮게 여길 것이라고 생각하면서도, 도덕적인 도리를 따지는 일에서는 그러한 선에 기대는 것을 마땅한 일로 본다. 우리는 많은 사람들이 도덕적인 덕을 따라 살지는 않는다고 여기면서도, 도덕 행위를 분석하는 데서는 도덕적인 덕이 구현되는 것을 당연한 일로 생각한다. 오로지 자기 이익에만 호소하는 논증은, 그 이익이 아무리 계몽된 것이라 해도, 결함을 지닌 논증이라고 많은 사람들이 생각한다. 심리학적으로는 설득력이 있을지 모르나 도덕적으로는 불완전하다고 여긴다. 그러므로 이 논증은 단순하고 매력이 있을지는 모르나 충분하지 못하다. 우리는 단순한 이해관계를 넘어서야 한다.

우리 후손에게서 빌려 온 자산

또 다른 논증은 일반 대중을 위한 문헌과 전문적인 문헌 모두에서 흔히 발견되는 것으로, 자기 이익 논증의 결함을 극복하고 일반적인 도덕적 직관을 대변하려고 애쓴다. 나는 이것을 "우리 후손에게서 빌려 온 자산" 논증이라고 부른다. 전문적인 용어로는 "미래 세대를 위한 책임" 논증이라고 불린다. 이 논증의 기본적인 주장을 잘 보여주는 표현이, 우리는 지구를 조상에게서 물려받았을 뿐만 아니라 우리의 후손으로부터 빌려 왔다는 말이다. 또는 하우데노사우니(Haudenosaunee) 족의 큰 법(Great Law)을 다른 말로 바꿔 말해, 우리는 날마다 심사숙고하면서 우리의 결정이 우리 뒤에 올 일곱 세대에게 미칠 영향을 고려해야 한다. 땅은 우리의 자녀에게서 그리고 자녀의 자녀로부터 빌린 것이다. 우리는 땅과 거기에 속한 광물과 흙과 식물과 동물을 내 것으로 소유하지 못한다. 물론 우리는 그것들을 사용해야 한다. 그럴 수밖에 없는 것이, 모든 유기체는 생존하고 번성하기 위해서 다른 유기체들을 사용해야 하기 때문이다. 그러나 올바로 이해하면, 지구와 그 안에 있는 많은 것들이 우리 손에 맡겨진 것은 우리의 후손들도 번성할 수 있는 방식으로 사용하라고 위탁된 것이다. 이 논증의 핵심에는, 아직 태어나지 않은 자손까지 포함해 우리의 자손들도 거주할 만한 땅에 대한 권리가 있다는 주장이 놓여 있다. 이처럼 미래 세대가 살기 좋은 지구에 대한 권리를 갖는다는 사실은, 지금 우리가 어떤 의무나 책임을 져야 한다는 것을 의미한다. 간단히 말해, 우리는 지구를 우리 자손에게 돌려주어야 하기 때문에 지구를 돌봐야 한다.

이 논증은 꽤 설득력이 있다. 우리 가운데 미래 세대에게 물려줄 유산에 대해 생각하지 않을 사람이 있을까? 자기 아들이나 딸이 가능성과 희망으로 충만한 밝은 미래를 누리기를 바라지 않는 자애로운 어머니가 있을까? 사랑이 많은 아버지라면 자기 딸과 아들이 그들의 꿈을 실현할 수 있도록 자신의 삶을 희생하지 않을까? 가족과 종족과 국가라는 끈으로 엮인 우리가 우리 뒤에 올 후손들에게 훌륭한 유산을 물려주어야 한다는 의무감을 느끼는 것은 자연스러운 일이다. 이 논증의 배후에는, 널리 퍼져 있을 뿐 아니라 긴 전통을 지닌 도덕적 직관이 깔려 있다. 이 직관에 의하면, 소중한 신념이든 정체성을 간직한 이야기든 아니면 할머니의 피아노든, 자기의 유산을 물려주는 일은 부담스러운 "의무"가 아니라 기쁜 일이다. 그래서 이 논증은 우리가 지속가능한 방식으로 살아서 지구를 재충전하고 또 재충전이 가능한 상태로 우리 자녀들에게 물려줄 수 있어야 한다고 주장한다. 만일 우리가 자녀들을 진심으로 염려한다면, 당연히 그들이 살아갈 가장 크고 넓은 거주지인 지구를 보전하고자 애쓰지 않겠는가.

그러나 윤리학 이론의 정점에 우뚝 선 거창한 도덕 원리를 주장하는 것이 혼탁한 삶 속에 그런 원리를 적용하는 것과는 전혀 별개의 일이라고 주장하는 사람들도 있을지 모른다. 예를 들어 우리의 비판자는 계속 따라붙어 말하기를, 우리가 생태학적인 면에서 우리 자손들에게 빚진 것이 정확히 어떤 것이냐고 묻는다. 간단하지만 적절한 예로 배낭 여행자들을 생각해 보자. 어떤 이들은 등산을 하면서, 그들이 걷는 숲을 처음 발 디딘 때와 똑같은 상태로 뒤따라오는 사람들에게 넘겨주어야 한다는 도덕 준칙을 따른다. 달리 말해, 당신의 쓰레기는 챙기되 다른 사람이 버린 쓰레기까지 챙길 의무는 지지 않아도 된다는 것이다. 또 다른 사람들은 래튼스네이크 구릉을 오르거나 우칸티포베투 호숫가에서 야영을 할 때 그 숲을 이전보다 더 좋은 상태로 만들어 놓고 떠나야 한다는 준칙을 따른다. 그래서 그들은 누가 버렸는지를 따지지 않고 모든 쓰레기를 수거하며, 수고와 땀을 대가로 치르는 일도 마다하지 않는다. 이 두 번째 집단에 속하는 사람들이 볼 때, 앞의 집단에 속하는 사람들은 도덕의 최저기준을 간신히 지키는 것으로 만족하는, 도덕적 게으름뱅이들이다. 앞의 집단에 속한 사람들이 볼 때 뒤쪽 사람들은 마조히즘적 선행가들로서, 그들의 공덕이 그들을 생태적 천국으로 들어가게 해줄지는 모르나 그들이 보이는 의무감은 쓸데없이 과도하다. 간단히 말해, 어느 의무감이 **올바른** 의무감인가?

이 물음에는 무시하지 못할 힘이 있다. 권리의 시대, 누구나 자신들에게 거의 모든 것에 대한 권리가 있다고 생각하는 시대를 사는 우리는 권리의 범위를 지나치게 멀리까지 넓히는 일에 대해 조심해야 한다.[7] 범퍼 스티커를 통해 "성공은 내 신성한 권리다"라는 구호를 외치는 문화 속에서, 우리는 권리 주장들이 이치에 맞는지 의무는 적절한지 어떤지에 관해 철저하게 따져 물어야 한다. 그러나 사람들이 단순히 원하는 것을 그들에게 주어야 할 의무가 우리에게 있는지에 관해서는 의견일치가 거의 없는 데 반해, 사람들이 정말 필요로 하는 것을 그들에게 주어야 할 도덕적 의무가 우리에게 있다는 것은 전혀 논쟁의 여지가 없는 사실이다.[8] 공기와 물, 음식, 거주지 같은 기초적인 필수 요소들은 빼앗을 수 없는 것들이며, 그래서 "생존권"이라는 이름이 붙는다.[9] 자신들에게는 BMW를 탈 권리가 있다고 주장하는 이웃들을 보면서 회의가 드는 것이 당연하고 또 상충하는 도덕적 의무들을 놓고 논쟁하는 일이 골치 아프기는 하지만, 그것 때문에 우리가 다른 사람들에게 어떤 의무를 진다는 사실, 그리고 그 의무는 그 사람들이 우리에게 정당하게 요구할 권리에서 비롯된 것이라는 사실까지 무시해서는 안된다. 게다가 전 세계에서 하루에 필요한 영양분도 제대로 채우지 못하는 사람들이 10억 명—어깨를 대고 나란히 서면 적도를 따라 지구를 13번 이상 돌 수 있는 숫자다—이 넘는 형편을 생각하면, 과도하게 발전한 서구 세계에서 우리가 누리는 소비 행태에 대해 많은 사람들이 의문을 제기하는 것도 당연하다.[10] 수많은 사람들에게서 가장 기초적인 필수품조차 박탈하는 우리의 소비 행태에 대해 특히 기독교인들이 관심을 기울일 필요가 있다. 그러므로 여러 비판에도 불구하고 "우리 후손에게서 빌려 온 자산" 논증은 무시 못할 장점을 지니며, 많은 사람에게 지구를 더 잘 돌보라고 설득할 수 있는 근거가 된다.

단순하게 사는 것이 은혜입니다

현재 우리가 풍요로운 서구에서 누리는 생활양식에 대한 논의는 자연스럽게 세 번째 논증, 곧 내가 셰이커 교도들의 유명한 찬송가에서 빌려 온 말로 "단순하게 사는 것이 은혜입니다" 논증이라고 부르는 것으로 이어진다. 기쁨 충만한 단순성 논증이라고도 알려진 이 견해를 옹호하는 사람들은 그 이름에 어울리게 매우 단순하게 사고한다. 빌 맥키벤의 말대로, "환경 변화와 사회정의를 이루는 비밀 무기는 다른 것이 아니라, 소박한 품위를 지니고 사는 것이 우리 시대의 소비문화에 파묻혀 사는 것보다 훨씬 더 즐거울 수 있다는 사실이다."[11] 문화의 규범들이 내세우는 것과는 달리, 우리를 위해서나 지구를 위해서나 많이 소유하는 것이 반드시 더 좋은 것은 아니다. 사회심리학자인 데이비드 마이어스는 문헌들을 철저히 살피고 나서 부와 행복 사이에는 아무런 상관관계가 없다고 결론짓는다.[12] 이어서 그는 "행복이 부유하게 사는 것과는 다른 것임을 깨달을 때 자유를 얻게 된다"고 주장한다.[13] 단순한 생활방식은 "유명하고 부유한 사람들의 생활방식"을 쫓아가는 일에서 우리를 해방시켜 주며, 그리하여 진정한 행복을 찾을 수 있게 해준다. 셰이커 교도들의 찬송가 후렴에서 노래하듯이, "단순하게 사는 것이 은혜입니다. 자유롭게 사는 것이 은혜입니다. 당신이 있어야 할 그곳으로 내려가는 것이 은혜입니다. 그리하여 우리가 선 곳이 참으로 의로운 곳임을 발견할 때, 그때 우리는 사랑과 기쁨 가득한 골짜기를 걷게" 된다. 요약하면, 우리가 지구를 돌봐야 하는 까닭은, 지구 친화적인 생활방식이야말로 큰 기쁨이 넘치는 일이기 때문이다.

오늘날 점점 더 많은 사람들이 이 논증을 참된 것으로 받아들인다. 헨리 데이비드 소로는 오래전에 이것에 대해 다음과 같이 말했다. "대부분의 사치품과 삶을 편리하게 해준다는 많은 수단들은 꼭 필요한 것이 아닐 뿐더러 인류의 고결함에 크게 방해가 되기도 한다."[14] 그보다 몇 세기 전에, 방랑하는 어느 유대인 랍비는 말하기를, 사람이 아브라함과 이삭과 야곱의 하나님과 부의 하나님을 동시에 섬길 수 없다고 했다(마 6:24). 현대의 문화 전문가들도 이 고대의 지혜를 확증해 준다. 폴 워치텔(Paul Wachtel)은 「풍요 속의 빈곤」(*The Poverty of Affluence*)이라는 인상적인 제목을 단 통찰력 있는 책에서, "우리 사회가 지나치게 재화와 물질적 풍요에 집착하는 것은 심각하게 비합리적인 현상으로, 개인들 속에서 신경증적 방어기제를 자극하는 요인들과 유사한 욕구들을 불러일으킨다"고 주장한다. 달리 말해, 우리 사회는 병들었다. 모든 것을 움켜쥐고 소비해

대는 우리 시대의 소비문화는, 우리가 맞서기 겁내는 내적이고 정신적인 공허를 은폐하는 기능을 할 때가 너무 흔하다. 그래서 워치텔은 "우리가 경제적인 관점에서만 행복을 정의하고, 개인적이고 사회적인 정책을 결정할 때도 경제적인 고려를 주요 준거틀로 삼기를 고집하는 한, 우리는 불만족한 상태에서 벗어나지 못할 것"이라고 결론내린다.[15] "죽더라도 많이 가진 사람이 이기는 거다"라고 외쳐 대는 범퍼 스티커의 문구는 뻔뻔스러운 거짓말일 뿐이다. 단순성을 중요하게 여기고 그 정신에 따라 무엇이 진정 가치 있는지를 깨달아야 한다. 우리 삶의 복잡함을 벗어 버리는 것이야말로, 우리 시대의 근원적 특성이 되어 버린 이 심각하고 우려스러운 탐욕을 해결하는 해독제가 될 것이다.

기쁨 충만한 단순성 논증이 지니는 또 다른 이점은, 도덕적 생활에서 덕이 차지하는 중심위치를 의식의 차원으로 끌어올리는 데 있다. 단순성은 어느 현대 저술가가 말한 대로, 생태학적 덕들 가운데 하나이기 때문이다.[16] 앞 장에서 논증했듯이, 덕이란 탁월한 방식으로 행동하는 습관적 자질, 곧 칭찬받을 만한 성품 특성을 가리킨다. 위에서 암시한 대로, 단순성의 덕은 참으로 가치 있는 것을 분별하며, 나아가 순박한 만족감을 누리며 살려는 성향을 말한다. 예를 들어, 이 덕을 실천하는 사람들은 재생 불가능한 천연자원을 가능하면 적게 사용하는 방식을 실천함으로써 우리 문화의 탐욕스러운 흐름에 저항하며 산다. 요약하면, 이 논증은 우리에게 단순성, 존중, 절제, 검약, 평정, 정의, 겸손과 같은 생태학적 덕들로 이루어진 성품과 덕의 중요성을 깨닫게 해준다.

그러나 어떤 사람들은 "단순하게 사는 것이 은혜입니다" 논증이 자기중심적인 개인주의를 덮어 감추는 연막일 뿐이라고 반박한다. 이 논증이 자아에 대한 관심을 정당화해서 사람들을 자기 이웃에게서 고립되게 만든다는 것이다. 더 나아가 우리 사회의 질서를 지탱하는 기반 자체가 증대하는 재화 소비에 의존하고 있다는 주장으로 반론을 제기하는 사람들도 있다. 만일 너무 많은 사람들이 단순한 생활양식을 따라 산다면 우리네 삶의 방식은 붕괴하고 말 것이다. 그런 삶이 도덕적인 면에서는 탁월한 행동일지는 모르나, 정말 다수의 사람들이 자신들의 생활방식을 바꿀 것이라고 믿는 것은 비현실적인 생각일 뿐이다. 단순한 삶을 주장하는 사람들은 마치 돈키호테처럼 풍차를 향해 덤벼드는 격이다. 위대한 이념일지는 모르나 전혀 불가능한 이상일 뿐이라는 것이다.

위의 반론 가운데 후자는, 예상되는 결과나 성과를 궁극적인 도덕적 시금석으로 삼는 사람들에게는 효과를 발휘할지 모른다. 그런데 왜 그러한 가정을 내세워야 하는가? 왜 당신의 행동이 주목할 만한 결과를 낳아야만 도덕적으로 타당하다고 가정하는가? 우리 특히 기독교인인 우리는, 결과 따위는 신경 쓰지 않고 그저 옳은 일을 행해서는 안되는 것인가? 언제부터 기독교인들이 결과론자가 되었는가? 이처럼 소비 문제를 물고 늘어지는 반론은 널리 퍼진 불평, 곧 우리의 욕구와 소비 습관을 축소하려는 시도들이 경제를 침체에 빠지게 하고 "미국적인 생활방식"을 파괴한다는 불평을 대변한다. 그러나 사실을 말하면, 현재 우리가 누리는 생활방식은 여러 가지 면에서 지속불가능하며[17] 또 이미 붕괴의 조짐을 드러내고 있다.[18] 끊임없이 더 많은 소비재를 욕심내는 일에 우리의 생활방식을 맞추어서는 안될 것이다. 특히 기독교인들은 소비중심적인 물질주의가 진정 충성할 만한 가치가 있는지 물어야 한다. 과연 우리가 섬기는 하나님 앞에서, 녹슬고 좀먹는 것에 지나치게 욕심을 내는 우리의 생활방식이 정당하다고 내세울 수 있을까?

첫 번째 반론에 대해서는, 단순성의 진정한 목표는 고립이 아니라 공동체이며, 개인의 풍요가 아니라 곤경에 처한 이웃들을 향한 샬롬이라고 답할 수 있다. 오랜 격언에서처럼, "다른 사람들이 단순하게 살 수 있도록 단순하게 살라"는 것이다. 단순성이란 검약 자체를 위해 검약하게 살려는 욕구에 의해 이루어지는 것이 아니다. 그와는 달리, 우리가 단순하게 사는 이유는 참으로 중요한 일에 집중할 수 있도록 우리의 삶을 정돈하기 위해서다. 그러므로 "단순하게 사는 것이 은혜입니다" 논증은 폐기되어서는 안된다. 맥키벤이 예언한 대로, 단순성은 모든 것을 휩쓸어 버리는 우리 사회의 소비문화에 사로잡힌 영혼들을 해방하는 비밀 무기가 될 수 있을 것이다.

가난과 억압은 연결되어 있다

네 번째 논증은, 다양한 형태의 억압들 사이에 연결고리를 놓는다는 점에서 "가난과 억압은 연결되어 있다" 논증이라고 부를 수 있을 것이다. 좀 더 넓게 보아 이것은 생태정의(ecojustice) 논증이라고 불릴 수 있다. 그 근거를 정의에 대한 호소에 두기 때문이다. 이 논증은 구체적으로 다양한 형태를 지닌다. 예를 들어, 현대 기독교 여성신학자인 로즈매리 류터 (Rosemary Radford Ruether)는 "인간이 자연 위에 군림하는 계급체제를 철저히 비판하고 극복하지 않고서는 남성이 여성 위에 군림하는 계급체제를 비판할 수 없다"고 주장한다.[19] 달리 말해, 성차별주의(sexism)는 근본에서 인간중심주의와 얽혀 있으며, 인간중심주의는 환경 파괴로 이어진다.[20] 따라서 여성 억압을 해결하기 위해 싸우는 사람들은 그 노력의 성공 여부가 지구 착취를 종식시키는 투쟁에 달려 있다는 사실을 반드시 알 필요가 있다. 반대로, 생태 운동가들은 자신들이 하는 일이 여성 평등을 이루기 위해 투쟁하는 사람들과 밀접하게 연결된다는 사실을 알아야만 한다. 다수의 생태여성주의자들과 마찬가지로, 류터도 다음과 같이 주장한다. "여성들이 분명히 알아야 할 사실은, 지배 모델을 근본적인 인간관계 모델로 고집하는 사회 속에서는 여성의 해방도 없으며 생태 위기의 해결책도 찾아 볼 수 없다는 점이다. 이런 사회의 기본적인 사회경제적 관계와 중요한 가치들을 근원에서 뜯어고치기 위해서는 여성운동의 주장과 생태운동의 주장들을 하나로 결합해야 한다."[21]

이 논증에 속하는 다른 형태는 성차별주의가 아니라 인종차별주의(racism)에 관심을 기울인다. 1987년에 발표된 '미국의 유독성 폐기물과 인종 문제'(Toxic Wastes and Race in the United States)라는 폭로성 연구에 대해 논평하면서, 찰스 리(Charles Lee)는 다음과 같이 말한다. "한 지역의 인종 구성은 그 지역에 상업적인 유독 폐기물 처리시설이 존재할지를 가장 잘 설명해 주는 단일 변수가 된다. 그런 시설이 들어선 지역에는 소수 인종들, 특히 아프리카계와 라틴아메리카계 미국인들이 놀라울 정도로 집중되어 있다."[22] 이처럼 찰스 리를 비롯한 여러 사람들이 "환경적 인종차별주의"에 대해 말하면서 환경오염 문제와 인종적 불평등을 연계시킬 필요가 있다고 주장한다.[23] 생태학적 지속가능성과 사회정의를 밀접하게 연계된 목표로 보는 것이 필요하다.[24] 만일 우리가 불의하게 대접받는 사람들을 돌본다면 한 걸음 더 나아가 착취당하는 지구도 마땅히 돌봐야 한다. 간단히 말해, 우리가 지구를 돌봐야 하는 까닭은, 다양한 형태의 억압들이 서로 연결되어 있기 때문이다.

　갈수록 많은 사람들에게 인정받고 있는 이 논증은 설득력이 있고 중요하다. 예를 들어, 계속 늘어가는 경험상의 증거들이 환경적 인종차별주의가 존재한다는 사실을 보여준다.[25] 유독물 쓰레기장이 들어선 장소와 유색인종의 거주지 사이에는 밀접한 연관성이 있으며, 또 강력한 인과관계가 있다고 주장하는 사람들도 많다. 성차별주의, 인종차별주의, 지구의 착취가 서로 연결된 문제라는 것을 인정한다면, 그중 어느 하나에 관심을 갖는 일은 나머지 것들에도 관심을 기울이게 한다. 지금까지 너무 오랫동안 갈라져 있었고 때로는 갈등을 빚기도 했던 분야인 생태운동과 다양한 인간해방운동들은 이제 자신을 공통의 과제를 위해 일하는 동맹자로 볼 필요가 있다. 다행히도 이러한 인식이 점차 증가하고 있다.[26] 그 누구보다도 이 점을 분명하게 제시한 사람이 폴 호켄(Paul Hawken)으로, 그는 다음과 같이 말한다. "어떤 북아메리카 원주민이 나에게, 생태론과 인권을 나누는 것은 인위적인 구분일 뿐이며, 또 환경운동과 사회정의운동은 커다란 단일 딜레마의 두 측면을 다루는 것이라는 사실을 깨닫게 해주었다. 우리가 지구에 가하는 해는 모든 사람에게 그 결과가 돌아가며, 또 우리가 서로를 대우하는 방식은 그대로 우리가 지구를 대하는 방식에도 나타나게 된다."[27] 폴 호켄은 전 세계에서 이루어지는 큰 운동들을 철저하게 수집하고 설명했는데, 그 운동들의 "기초가 되는 세 가지 뿌리" 가운데 두 개가 환경운동과 사회정의운동(나머지 하나는 세계화에 반대하는 토착민운동)이다.

　그러나 이 논증은 근거에서는 타당하지만 구체적인 형태를 보면 그렇지 못한 점이 몇 가지 있다. 예를 들어, 인간과 비인간 사이에 또는 인간과 하나님 사이에 존재하는 모든 계급적 구조를 폐기하는 것이 여성과 남성의 평등을 이루기 위한 필수 조건이 된다고 주장하는 것은 불합리한 추론이다.[28] 마멋과 노간주나무와 사람이 평등한 도덕적 토대 위에 놓이기만 하면 저절로 성평등이 가능해진다는 결론이 나온다. 또 하나님을 완전히 내재적 존재로 파악하기만 하면 지구를 책임 있게 돌보는 일이 가능하다는 결론이 저절로 나온다는 것이다. 우리는 이러한 가치론적 평등주의를 인정하지 않으면서도 얼마든지 다양한 형태의 억압이 서로 연결되어 있다는 핵심 주장에는 동의할 수 있다.

또 어떤 사람들은, 이 운동들이 서로 밀접하게 연결되어 있다는 것은 인정해야겠지만, 그것들이 내세우는 명분 모두에 시간과 정력을 쏟는 것은 사실상 불가능한 일이라고 반박한다. 달리 말해, 사회정의와 생태계 조화—노숙자들에게 쉼터를 제공하는 일과 동네 강물의 수질을 보호하는 일—모두에 헌신하는 사람은 어떻게 그 일 모두에 충분한 시간을 낼 수 있겠는가? 우리의 시간과 힘은 한계가 있다. 둘 가운데 어느 하나에만 집중하는 것이 더 낫지 않을까? 이 물음은 진지하게 생각할 필요가 있는데, 그 이유는 진정한 관심을 가진 사람들이 묻는 질문이기 때문이다. 이 물음은 또 생태정의 논증에서 펼치는 이상한 논리, 곧 우리의 행위가 어떤 식으로든 생태계 파괴와 사회불의의 문제들과 연계하여 이루어지지 않는다면 그 행위들은 믿을 수 없는 것들이며, 따라서 일관성을 유지하기 위해서는 아무것도 하지 않는 것이 도덕적으로 더 나은 태도가 아니겠는가라는 가정을 예리하게 집어낸다. 내가 그릇된 일관성의 오류라고 부르는 것에 걸려 넘어지지 않도록 우리는 에드먼드 버크(Edmund Burke)가 말한, 모든 일을 다 할 수 없어 아무것도 하지 않는 사람만큼 큰 실수를 저지르는 사람도 없다는 현명한 말에 귀 기울일 필요가 있다. 우리는 생태계 파괴와 사회불의 사이에 밀접한 연관성이 있다는 것은 인정하면서도, 그중 한쪽의 문제와 씨름하는 일에만 집중적으로 힘을 쏟을 수가 있다.

요약하면, 여러 가지 비판이 따르기는 하지만 "가난과 억압은 연결되어 있다"는 논증은 이 책에서 쌓아 가는 누적 사례를 풍성하게 해주는 중요한 요소다. 정의를 향한 우리의 열정은 모든 피조물을 끌어안아야 하며, 정의에 목말라하는 인간과 비인간 이웃들 모두를 품어서 공의가 물처럼 흐르고 정의가 마르지 않는 강처럼 흐르게 해야 한다.

점박이올빼미에게도 권리가 있다

몇 년 전 북부 점박이올빼미가 처한 곤경을 둘러싸고 논쟁이 벌어지면서, 많은 대중매체들이 태평양 북서부 지역의 숲에 관심을 집중한 일이 있었다. 멸종위기 종으로 분류된 점박이올빼미 때문에 여러 군데의 숲에서 벌목이 금지되었으며, 대중매체들은 이 싸움에 "벌목꾼 대 올빼미"라는 제목을 붙여 떠들어 댔다. 그래서 나는 다섯 번째 논증을 "점박이올빼미에게도 권리가 있다" 논증으로 이름 붙이고, 동물의 권리에 초점을 맞추어 살펴본다.

동물의 권리 논증을 학문적으로 옹호하는 사람 가운데 가장 유명한 이가 톰 리건이다. 리건의 주장을 정리하면 다음과 같다. 만일 어떤 유기체가 생활의 주체—이해관심을 지닌 의식적 존재—라면, 그 유기체는 고유한 가치를 지닌다. 어떤 동물들은 사실상 생활의 주체들이다. 따라서 그 동물들은 고유한 가치를 지닌다. 만일 어떤 유기체가 고유한 가치를 지닌다면 그것은 도덕적 권리가 있다. 따라서 어떤 동물들은 도덕적 권리를 지닌다. 그러므로 자연권의 개념은 인간 이외의 특정 피조물들을 포함하는 데까지 확장되어야 한다.[29] 5장에서 지적했듯이, 만일 어떤 동물들이 인간이 지닌 것과 동일한 유의미한 특성을 지닌다면 그 동물들도 역시 동일한 권리, 곧 우리 인간에게 의무를 지우게 되는 권리를 갖는다는 것이 이 주장의 기본 논지다. 우리가 지구를 돌보거나 적지 않은 종류의 비인간 피조물을 돌봐야 하는 이유는, 그것들에게 돌봄을 받을 자격이 있기 때문이다.

우리는 이 논의에서 제기하는 주장들을 다 받아들이지 않고서도 이 논증이 지니는 직관적인 힘을 인정할 수 있다. 우리는 보통 도덕적 고려가능성의 범위를 우리와 가장 가까운 동물들을 포함하는 데까지 확장한다. 다시 말해, 우리는 도덕적으로 가치 있는 것의 테두리 안에다 특정 비인간 피조물들을 포함하는 것을 당연하게 여긴다. 예를 들어, 우리는 애완견 엘비스나 농장에서 기르는 암소 베시에게 우리가 어떤 의무를 진다는 것을 인정한다. 그런데 엘비스의 털 속에 있는 벼룩이나 베시의 머리 위를 맴도는 파리에게는 아무런 의무가 없다. 우리는 벼룩을 죽일 때는 양심의 가책을 전혀 느끼지 않지만 개를 죽이는 데서는 최소한의 타당한 이유가 없다면 당연히 도덕적 가책을 느끼게 된다. 이러한 양심상의 가책은 동물을 비인도적으로 대우하는 일을 금지한 법률 속에 명시되어 있기까지 하다. 달리 말해, 사실상 우리는 곤충이나 미생물 같은 생물에게는 허용되지 않는 권리를 애완동물이나 가축 같은 특정 생물들에게는 암묵적으로 허용하는 가치척도를 따라 산다.

하지만 많은 비판자들이 주장하듯이, 동물 권리 논증은 개체 동물들이 속한 훨씬 더 큰 생태계 맥락을 인정하지 못할 때가 많다. 환경 철학자인 홈스 롤스턴은, 개체 동물들은 그들이 속한 생태계를 배경으로 이해할 필요가 있는데, 그럴 때에야 비로소 다른 생물들이 지니는 정당하고 상충하는 필요를 제대로 다룰 수 있기 때문이라고 설득력 있게 주장한다.[30] 예를 들어, 야생 사슴을 죽이는 일이 도덕적으로 허용되는가? 롤스턴에게 이 질문의 답은 전적으로 그 사슴이 살고 있는 생태계에 달려 있다. 전체 사슴의 수는 얼마나 되는가? 존재하는 사슴의 개체수가 그 생태계 안에서 다른 동물이나 식물이 번성할 수 있는 능력에 어떤 영향을 미치는가? 사슴 사냥을 일절 금하는 동물의 권리 관점에서 볼 때, 지나치게 늘어난 사슴 수로 인해 생태계에 압박이 가해지면 사슴 사냥이 도덕적으로 허용될 뿐 아니라 심지어 의무가 되기까지 하는 경우를 생각한다는 것은 불가능하다. 리건의 표현으로 말하면, 사슴이 생활의 주체 자격을 지니며 따라서 살 권리를 가진다고 보는 것은 크게 그릇된 일이다. 가치의 소재는 개체 사슴들의 삶을 넘어선 곳에 존재하기 때문이다. 개체 동물들을 돌보는 일에 대한 결정은 더 넓은 생태계 맥락을 고려해서만 제대로 이루어질 수 있다. 간단히 말하면, 동물의 권리 이론은 지나치게 개체론적이다.

또 어떤 비판자들은, 인간이 특정 동물을 돌봐야 한다는 이러한 직관을 구체화하고 펼치기 위해서 반드시 권리 언어를 사용할 필요가 있는지 날카롭게 따져 묻는다. 권리가 상대방에게 의무를 지운다는 것은 분명하지만, 의무가 반드시 권리를 수반해야 한다는 것은 사실이 아니다. 달리 말해, 어떤 사람이나 대상이 정당한 권리를 가지느냐와 상관없이 내가 그 사람이나 대상에게 의무를 질 수 있다. 애완견 엘비스나 암소 베시가 어떤 도덕적 권리가 없다고 해도 나는 그들에게 의무가 있을 수 있으며, 또 권리 언어를 사용하지 않고서 그러한 의무에 관해 생각하는 것이 훨씬 더

사리에 맞을 수도 있다. 이러한 문제에도 불구하고 "점박이올빼미에게도 권리가 있다" 논증은 중요한 도덕적 직관을 담고 있으며, 우리에게 우리 대부분이 강력하게 지지하는 법체계의 도덕적 배경을 꼼꼼히 따져 보게 한다는 점에서 가치가 있다.

가치가 의무를 낳는다

생태계에 대한 책임을 논하는 데서 중심이 되는 질문—어쩌면 가장 중요한 질문—은 다음과 같다. 비인간 피조물은 인간에게 쓸모가 있는지와 상관없이 가치를 지니는가? 이 질문에 대해 "가치가 의무를 낳는다" 논증, 내재적 가치 논증은 큰소리로 그렇다고 답한다. 자연 세계 속에는 내재적 가치, 곧 비도구적 가치가 객관적으로 존재하며 또 그렇게 존재하는 가치가 인간 행위자에게 특정 의무를 부과하기 때문에 인간은 자연 세계를 돌볼 책임을 진다. 홈스 롤스턴의 말대로, "우리는 우리가 사랑하는 것에 관심을 가지며, 내재적 선에 대한 사랑은 언제나 도덕적 관계로 나타난다. 가치는 의무를 낳는다."[31] 동물 권리 논증과 달리 이 논증은 어떤 비인간 피조물이 권리를 지닌다는 사실에 근거하지 않는다. 롤스턴의 주장대로, 도덕적 행위자인 인간은 감성적 생명체와 유기체, 위기에 처한 종들, 나아가 전체 생태계에까지 의무를 진다는 사실을 기초로 한다. 그러므로 마멋과 세쿼이아, 점박이올빼미, 원시삼림이 인간에 대한 효용과는 상관없는 가치를 지닌다면, 우리는 그것들이 권리를 소유하느냐와 상관없이 그것들을 보호할 의무를 진다. 우리가 지구를 돌봐야 하는 까닭은, 동물과 식물과 전체 생태계가 그 자체로 가치가 있기 때문이다.

이 논증은 특히 내재적 가치라는 개념과 관련해서 많은 논의가 이루어져 왔다.[32] 앞에서도 언급했듯이(5장의 주 47), 분명하게 구분해서 확실하게 기억해야 할 두 가지 개념 쌍이 있다. 도구적 가치와 내재적 가치, 주관적 가치와 객관적 가치가 그것이다. 도구적 가치란 어떤 것이 인간에게 쓸모가 있기 때문에 소유하는 가치를 말한다. 내재적 가치란 어떤 것이 인간의 목적에 유용한지와 상관없이 지니는 가치를 말한다. 예를 들어, 단풍나무가 일정 양의 목재라든지 나무 위의 집 지을 자리를 제공해 주기 때문에 지니는 값어치는 도구적인 가치에 해당하며, 홍관조의 서식지나 하나님을 찬양하는 피조물로서 지니는 값어치는 내재적 가치에 해당한다. 주관적인 가치란 어떤 사람이 그것을 가치 있게 여기는 한에서만 가치를 지니게 된다는 것을 뜻하며, 반면에 객관적인 가치는 사람이 그것을 가치 있게 여기든 여기지 않든 상관없이 지니는 가치를 말한다. 달리 말해, 주관적 가치를 믿는 사람들에 의하면 단풍나무는 사람들이 그것을 귀한 것으로 인정하기 때문에만 가치가 있다. 그리고 객관적 가치를 주장하는 사람들에게 단풍나무는 누군가가 그 가치를 인정해 주느냐와 상관없이 가치가 있다. 우리가 나무에 내리는 가치 평가가 그것을 가치 있게 만드는 것이 아니다. 우리의 가치 평가는 이미 그곳에 있는 가치를 인식하는 것이다.

용어들을 이렇게 이해하고 볼 때, 기독교인들은 위에서 제시한 논증의 첫 번째 전제, 자연 세계에는 내재적 가치가 객관적으로 존재한다는 전제를 받아들이기에 딱 맞는 토양을 가지고 있다. 예를 들어, 시편 104편은 비인간 피조물들이 우리 인간에게 어떤 가치가 있는지와 상관없이 가치가 있다고 주장한다. 산은 산양에게 가치가 있고, 백향목은 황새에게 가치가 있으며, 바다는 리워야단에게 가치가 있다. 또 시편 96편과 148편이 주장하듯이, 모든 피조물은 하나님을 찬양하도록 지음받았다. 그것들은 장엄한 창조의 교향곡을 이루는 구성 요소가 되며, 누군가가 그것들의 가치를 인정해 주느냐와 상관없이 찬미의 가치를 지닌다고 말할 수 있다. 만일 이것이 사실이라면, 또 가치와 의무의 관계에 관한 전제가 참이라고 본다면, 인간은 비인간 피조물에게 의무를 진다는 결론이 나온다. 우리에게는 바위와 나무와 강이 하나님을 찬양할 수 있다는 사실을 존중해 줄 의무가 있다. 나무를 많은 양의 목재로만 보고 강을 쓰레기를 배출하는 장소로만 여기는 것은 모든 가치를 인간의 테두리 안에 우겨 넣는 근시안적인 인간중심주의(그리고 실용주의)다. 제아무리 현명한 이용을 주장한다 해도, 인간의 이용에만 초점을 맞추는 것은 우리가 만들지 않은 세상 속에 현존하는 가치를 인정하지 않는 편협한 사고일 뿐이다.

그러나 사람들 가운데는 이 논증이 비인간 피조물에 대한 의무와 인간에 대한 의무를 동등한 것으로 만든다고 반박하는 이들이 있다. 다시 말해 이 논증은 인간과 비인간 사이에 분명한 가치의 차이가 있음을 인정하지 않는다는 것이다. 그들은 계속해서, 이러한 견해는 지구의 다양한 피조물들 사이에 존재하는 가치의 중요한 차이점들을 부정하는 생명중심주의에 이를 수밖에 없다고 공격한다. 그렇게 되면 우리는 사촌인 메리와 마크에게 지는 의무와 동일한 의무를 마멋에게도 지게 된다. 그러나 이 내재적 가치 논증으로부터 우리가 다른 인간에게 지는 의무와 동등한 의무를 개나 세쿼이아, 열대우림에게도 져야 한다는 결론이 필연적으로 나오는 것은 아니다. 기껏해야 우리가 더 넓은 범위의 피조물들에게 도덕적 책임이 있다는 결론이 도출될 뿐이다. 상충하는 여러 의무들을 상대적인 비중에 따라 분류하는 복잡한 과업이 이 견해가 안고 있는 골치 아픈 문제 가운데 하나다.[33] 그러나 골치 아픈 문제들이 있다고 해서 이 논증의 타당성을 부정해서는 안된다. 왜 그런가 하면, 우리가 다른 사람들에게 지는 의무들이 서로 충돌할 경우, 그것이 골치 아픈 문제라고 해서 그 문제를 다루는 논증 자체가 타당하지 않다고 주장하지 않는 것과 마찬가지이기 때문이다.

또 다른 비판자들은, 인간 이외의 피조물들은 가치를 소유하지 못한다는 주장을 내세워 반론을 제기한다. 가치를 매기는 일은 인간 고유의 일이 아닌가? 만일 그렇다면 어떻게 자연 세계 속에 가치가 객관적으로 존재한다고 주장할 수 있는가? 하지만 이 비판은 가치와 가치 판단을 혼동하는 데서 기인한다. 비록 가치 판단이 인간 고유의 활동, 곧 우리 인간만이 할 수 있는 일이라고 가정한다 해도, 어째서 거기서 인간 이외의 세계에는 아무런 가치도 존재하지 않는다는 결론이 나와야 하는가? 롤스턴이 도덕주관주의를 비판하면서 멋지게 말했듯이, "우리 인간은 자연 세계 속의 어떤 것에 관해 느끼지 않고서는 그것의 가치를 알 수가 없다. 하지만, 그렇다고 해서 가치란 우리가 그것에 관해 어떻게 느끼느냐에 불과하다는 결론이 나오는 것은 아니다. 가치는 우리의 경험에 의해 매개되고 알려지는 것이지만, 그렇다고 해서 가치는 경험일 뿐이라는 결론이 나오는 것이 아니다."[34] 그런데 알고 보면 가치 판단은 인간만이 하는 일이 아니다. 하나님께서 피조물의 가치를 판단하시기 때문이다. 창세기 1:31에서 말하듯이, 하나님이 보시기에 창조 세계는 매우 좋다. 요약하면, "가치가 의무를 낳는다" 논증은 중요하다. 우리가 비인간 피조물을 돌볼 의무를 지는 것은, 우리가 그것들에게서 얻는 재화 때문만이 아니라 그들 자체의 유익을 지켜 주어야 하기 때문이라는 사실을 이 논증은 깨우쳐 준다.

이 지구 안에서 우리는 모두 하나다

우주 저 멀리서 지구를 찍은 사진을 누구나 한 번쯤 봤을 것이다. 솔기 없이 하나로 연결되고 정치적인 경계선 따위도 없는 행성의 모습은 인간의 유한성과 연계성과 연약함을 극적으로 떠올리게 한다. 그러한 사진과 느낌들을 통해 내가 그리는 것이 "이 지구 안에서 우리는 모두 하나다" 논증이다. 이 논증은 흔히 지구 공동체 논증이라고도 불린다. 이 논증이 주장하는 핵심은, 지구 위에 사는 우리 모두는 서로 의지함으로써만 번성할 수 있을 정도로 하나로 묶여 있다는 것이다. 이러한 견해를 대표하는 가장 영향력 있는 주장 가운데 하나가 알도 레오폴드의 대지의 윤리다. 5장에서 대략적으로 살펴보았듯이, 레오폴드에게 있어 "모든 윤리는 단일 전제, 곧 개체는 서로 의존하는 여러 부분들로 이루어진 공동체의 구성원이라는 전제에 근거한다."[35] 레오폴드는 이 전제를 기초로 삼아 다음과 같은 유명한 윤리적 공리를 세운다. "어떤 것이 생명 공동체의 온전함과 안정과 아름다움을 보전하는 데 이바지한다면, 그것은 옳다. 만일 그렇지 않다면 그르다."[36] 존 뮤어도 레오폴드보다 80년 앞서 비슷한 논증을 펼치면서 "우리가 어떤 것 하나만 끌어내리고 할 때, 우주 안에 있는 나머지 모든 것들이 그것에 얽혀 나오는 것을 보게 된다"고 말했다.[37] 전체가 서로 연결되어 있는 공동체인 지구는 인간 활동의 적절한 배경이 되며, 또한 우리가 정책을 결정할 때 무시해서는 안 될 지침이 된다.

이 논증은 겉으로는 자기 이익 논증과 비슷하지만, 개인적인 자기 이익에 호소하는 대신 공익을 인정하는 데서 출발한다는 점에서 사실상 전혀 다르다. 달리 말해, 여기서는 복잡하게 얽힌 생명의 관계망을 인정하고, 또 유기체들이 그 공동체 안에서 다양한 방식으로 가치를 인정받는다는 사실을 긍정한다. 예를 들어, 나무의 보전이 중요한 까닭은 나무가 인간에게 필요하기 때문만이 아니라 나무 자체가—그리고 그 안에 사는 다람쥐와 새, 매미, 기타 수많은 피조물들이—그 보전 활동을 통해 좋은 상태에 이르게 되기 때문이다. 나무를 심고 보전하는 일은 전체 공동체의 건강에 좋다. 요약하면, 우리가 지구를 돌봐야 하는 이유는, 그러한 돌봄이 생명 공동체 전체의 최고 이해관심에 속하는 것이기 때문이다.

특히 이 논증이 기독교적인 형태로 나타난 것을 볼 수 있다. 예를 들어, 뮤어와 매우 비슷한, 선구적인 생태신학자 요셉 지틀러는 다음과 같이 말한다. "자연은 잘 짜인 천과 같다. 당신이 이쪽에서 실마리 하나를 끌어당기면 천 전체가 그 때문에 요동치게 된다."[38] 이번 장의 제사에서도 언급했듯이, 지틀러는 "나는 줄다람쥐와 다람쥐, 하마, 은하수, 광년이라는 사실과 아무런 관련도 없는 신 관념을 결코 용인할 수 없었다"고 결론짓는다.[39] 지틀러에 동조하는 현대 루터교 신학자인 래리 라스무쎈은 이렇게 말한다. "위에서 말한 간단한 문장, 곧 존재하는 모든 것은 공존한다는 것이 미래의 조망과 행위를 위한 기본 전제다. 만물의 중심에 공동체가 자리한다."[40] 우리가 지구를 돌봐야 하는 까닭은, 모든 피조물이 하나님의 영광을 드러내는 공동체 속에 창조되었기 때문이다.

이 논증은 장점이 많다. 이 논증에서는 생태학에서 당연하게 여기는 사실, 곧 모든 것은 그 외의 모든 것들과 연계되어 있다는 사실을 인정할 뿐만 아니라, 기독교 쪽에서 나타난 이 논증은 빈번하게 무시되어 왔던 성경의 특정 측면들을 진지하게 받아들인다. 예를 들어, 앞에서 살펴보았듯이 창세기 6-9장에서 언급된 언약은 사람들이 흔히 생각하는 대로 인간과 맺은 것에서 끝나는 것이 아니라 지구와 그 모든 피조물과도 맺은 것이다. 역시 앞에서 증명해 보였듯이, 시편 104편과 148편은 생명 공동체에 속한 비인간 구성원들의 가치를 긍정하며 그들이 하나 되어 부르는 찬양을 다룬다. 우리 모두—남자와 여자, 백인과 유색인, 부자와 가난한 사람, 남과 북, 동과 서, 인간과 비인간—가 이 지구 안에서 하나라는 주장은 엄연한 사실이다. 우리가 그 사실을 깨닫는 것이 안타까울 정도로 더딜 뿐이다.

이에 더해 이 논증은 내재적 가치 논증과 마찬가지로, 우리 시대의 인간중심주의에 대해 단호하게 문제를 제기한다. 우리는 만물을 평가하는 사람이기는 하나 만물의 척도는 아니다.[41] 우리 인간이 만물의 척도라는 생각은 계몽주의의 독단이었으며, 오늘 우리 시대의 교만이다. 이렇게 과도하게 자율성을 주장하는 태도는 지구를 파괴하고, 인류 공동체를 향한 우리의 노력, 우리 자신의 정체성, 그리고 하나님과 우리의 관계를 파괴하는 결과를 낳는다. 지구 공동체 논증은 우리를 우주의 중심에서 몰아낸다. 이 논증은 하나님께서 우주의 중심이며 우리의 과제와 특권은 다른 모든 피조물들과 함께 한목소리로 하늘과 땅의 창조주를 경배하는 것이라는 사실을 분명하게 알려준다. 이미 여러 가지 모양으로 논했듯이, 인간중심주의나 생명중심주의가 아니라 신중심주의가 기독교인들이 취하기에 더 합당한 태도다.

이 논증에 제기되는 비판 가운데 하나가, 단지 중요한 공익을 인정하는 것만으로는 실제로 정책을 결정하는 데 특별한 도움이 되지 않는다는 주장이다. 이러한 반론이 사실일 수도 있겠지만, 그렇게 중요한 공익을 인정하는 것은 결코 하찮은 성과가 아니며 또 무시되어서도 안될 일이다. 예를 들어, 대지의 윤리가 사실상 모든 정책 결정에 개입해서 의제를 원활하게 풀어 가도록 해줄 수 없는 것이 사실이지만(어떤 윤리가 그럴 수 있겠는가?), 그러한 정책 결정이 좀 더 생태학적인 면을 고려해서 이루어질 수 있게 하는 감수성을 제공해 줄 수는 있다. 대지의 윤리는 우리의 도덕적 상상력을 키워 주며 또 세상이 어떻게 움직이는지에 관해 열린 눈을 제공한다. 우리 기독교인에게 지구 지킴이로 맡겨진 책임을 반성하는 일은, 지틀러가 말한 줄다람쥐와 다람쥐, 하마, 은하수, 광년을 염두에 두고 이루어질 때에야 생태학적이고 신학적인 면에서 훨씬 더 체계화될 수 있다. 그럴 때에야 비로소 지구 지킴이라는 관념이, 성경에서 말하는 돌봄과는 동떨어진 관리자라는 의미의 청지기 개념으로 전락하지 않을 수 있게 된다.

5장에서도 언급했듯이, 어떤 비판자들은 이와 같은 공익 논증들은 너무나도 쉽게 불의를 정당화하게 된다고 주장한다. 특정한 기본 권리들을 보호하는 규칙이나 원리들이 없다면, 눈앞에 있는 목적(공익)을 이룬다는 명분에 의해 그러한 권리들이 쉽게 침해되기도 한다. 예를 들어, 어떤 사람들은 위험에 처한 종 및 서식지 문제로 자신들의 재산 이용에 제한이 가해짐으로써 자신들이 불의한 일을 당했다고—자신들의 재산권이 침해당했다고—주장한다. 분명 좋은 목적이 불의한 수단을 정당화할 위험성은 있다. 그러나 지구 공동체 논증은 이러한 가능성을 배제하고 그러한 비판에 대응할 수 있는 쪽으로 수정이 가능하다. 앞에서 든 사례의 경우, 현재 미국 멸종위기생물보호법(Endangered Species Act)은 재산 소유자의 이해관계를 신중하게 고려하는 조항들을 포함하고 있다. 임시 수렵 허가와 서식지 보존 계획이 그 예다. 그러므로 이러한 몇 가지 비판에도 불구하고 "이 지구 안에서 우리는 모두 하나다" 논증은 지구 돌봄을 위한 누적 사례에 중요한 요소로 더해질 수 있다.

하나님께서 그렇게 말씀하신다

여덟 번째는 가장 간결한 논증으로, "하나님께서 그렇게 말씀하신다" 논증이다. 하나님의 명령 논증으로도 알려진 이 견해는 여러 가지 형태로 나타나지만 기본적인 구조는 다음과 같이 간단하다. 하나님은 우리에게 지구를 돌보라고 명령하시며, 하나님께 순종하는 것이 참된 신앙이다. 그러므로 우리는 지구를 돌봐야 한다. 예를 들어, 사람들이 흔히 무시하는 창세기 2:15에서는 하나님께서 인간을 창조한 목적이 지구를 돌보고 지키게 하기 위해서라고 말한다. 우리는 지구 지킴이가 되라고 하나님께 부름받았다. 그러므로 민수기 6장에 나오는 아론의 축복 선언에서 하나님이 우리를 지키기로 약속하신 것처럼 우리도 지구를 지키려고 노력해야 한다. 게다가 레위기 25장을 보면, 우리가 땅에 안식을 주어야 한다는 명령이 나온다. 이 규정이 고대 이스라엘에서 제대로 지켜졌는지와는 상관없이, 하나님의 명령은 분명하다. 우리는 땅과 그곳에 얽혀 있는 동물과 일꾼들을 정기적으로 쉬게 해주어야 한다. 과도한 착취를 자제하여 땅의 생육을 보전해야 한다. 하나님의 명령에 순종하며, 또 그 명령 가운데 하나가 지구와 그 안에 있는 피조물을 돌보는 일임을 인정하는 것이 기독교인의 참된 제자도. 우리가 지구를 돌봐야 하는 이유는 하나님께서 그렇게 말씀하시기 때문이다.

이 논증에서는 결점을 찾아내기가 어렵다. 우리의 고향별을 돌보라는 하나님의 명령은 분명하며, 또 하나님께 순종하는 것은 기독교인의 삶에서 가장 중요하다. 그렇기에 하나님의 명령 논증이 기독교인들 대부분에게 강력한 논증이 되는 것도 놀랄 일이 아니다.[42] 만일 하나님께서 어떤 행동은 지시하시고 다른 행동은 금하신다면, 기꺼이 하나님의 명령을 따르는 신실한 기독교인은 하나님께서 요구하시는 것을 실천하고 금하시는 것은 멀리 할 것이다.

그런데 불쑥 비판자가 끼어들어서는, 왜 지침으로 삼을 구절로 창세기 2:15과 레위기 25장을 선택해야 하느냐고 물을지 모른다. 우리가 어떤 명령이나 본문을 중요한 것으로 선택할 때 무슨 근거에서 그렇게 하는가? 성경에 나오는 많은 명령 가운데서 지금 여기에 있는 우리에게 중요한 것이 어떤 것인지를 밝히는 난해한 과제 앞에서 하나님의 명령 논증은 맥을 못 추는 것 아닌가? 이러한 문제 제기가 당연하기도 한데, 그 까닭은 오늘날 기독교인 가운데 성경에 나오는 명령을 전부 진지하게 지켜야 한다고 믿는 사람은 있더라도 극히 적기 때문이다. 레위기에 나오는 규례 가운데 많은 것들, 예를 들어 머리의 길이라든지 복식에 관한 규례들은 문화적으로 특수한 것이라고 보는 것이 마땅하며 따라서 우리가 따를 필요가 없다. 그러나 성경에 나오는 모든 명령을 다 폐기해서는 안되며 또 폐기할 수도 없다. 십계명(출 20:1-17, 신 5:1-21)은 오랜 세월에 걸쳐서 기독교인들에게 올바른 삶의 길을 충실하게 제공해 왔다. 예수의 여러 명령들, 예를 들어 하나님과 이웃을 사랑하고(마 22:34-40, 막 12:28-34, 눅 10:25-28) 예수가 우리를 사랑하신 것과 같이 우리도 서로 사랑하라(요 13:34-35)는 명령은 당연히 우리 삶의 질서를 잡아 주는 하나님의 명령으로 인정해야 한다. 생태학적인 관심사와 관련해서, 우리는 본문을 하나씩 살피면서 그것을 근거로 문제를 풀어가야 하며, 지금 내가 말할 수 있는 것(여기는 논증할 자리가 아니다)은 위에 인용한 본문들이 여전히 우리에게 구속력 있는 명령들이 된다는 사실뿐이다.

그런데 비판자가 다시 나서서, 비록 우리가 어떤 명령이 구속력을 지닌다는 데에는 의견의 일치를 본다고 해도, 특정한 상황에서 하나님의 뜻이 무엇인지를 어떻게 알 수 있는가 하고 따져 묻는다. 하나님의 명령은 특정한 상황 속에서 어떻게 적용되며, 여러 명령들이 서로 상충할 때는 어떻게 적용해야 하는가? 하나님의 뜻을 아는 것이 추상적으로는 쉬운 일이겠지만 삶의 엄연한 현실 속에서는 어떨 것 같은가? 이러한 문제 제기들은 하나님의 뜻을 분별하는 일이 쉽지 않다는 점에서 보면 당연한 관심사이기도 하다. 우리는 특정 상황의 복잡한 문제들에 부딪혀서 어떻게 해야 할지를 놓고 당황할 때가 많다. 그래서 우리는 하나님께서 인도하시기를 기도한다. 또 최고의 과학지식에 의지해서 세상이 어떻게 돌아가는지를 파악한다. 성경을 읽는다. 믿을 만한 친구들과 이야기를 나눈다. 공공정책의 쟁점들에 관해 연구한다. 아니면 번득이는 통찰력이나 지혜를 찾는다. 그러나 하나님의 뜻에 관해 의문도 많고 특정 상황에서 어쩔 줄 몰라 할 때가 있기도 하지만, 대체로 우리는 하나님의 명령이 무엇인지 잘 안다. 솔직히 말하면, 진짜 문제는 대부분 하나님의 명령을 실천하는 데 있다. 우리가 해야 할 일이 무엇인지 아는 데 문제가 있는 것이 아니라, 우리가 해야 한다고 생각하는 그 일을 기꺼이 하려는 태도에 문제가 있다. 예수의 말씀처럼, 마음은 원하지만 육신이 약하다(마 26:41, 막 14:38). 우리가 지구를 돌봐야 하는 것이 하나님께서 내리신 명령 가운데 하나라는 사실을 성경은 분명하게 보여준다.

하나님의 관심사는 곧 우리의 관심사다

아홉 번째는 "하나님의 관심사는 곧 우리의 관심사다" 논증, 달리 말해 하나님의 형상 논증이다. 이 견해에 의하면, 인간은 하나님 형상의 담지자로 지음받았다. 또한 하나님 형상의 담지자가 된다는 것은 무엇보다도 다른 이들의 필요를 돌본다는 것을 뜻하기 때문에, 인간에게는 하나님께서 베푸신 것과 같은 돌봄을 실천해야 할 책임이 있다. 대표적인 근거가 되는 본문이 창세기 1:26-27이다. 우리는 하나님의 형상대로 지음받았다. 우리는 하나님의 대리자로서, 하나님을 대신해 하나님의 방식대로 다스려야 한다. 그러면 하나님은 어떻게 다스리시는가? 사랑의 언약을 잊지 않으시고 고난과 억압을 당하는 이들의 울부짖음에 귀 기울이면서, 돌봄과 긍휼로 다스리신다. 이것은 구약성경 전체의 결론으로서, 마태복음 5-7장과 요한복음 13장 같은 신약성경 본문에 의해 재차 강화된다. 하나님 형상의 담지자가 된다는 것은, 그리스도, 곧 우리의 고난에 함께하시며 우리의 발을 씻기시고 우리를 위해 기꺼이 십자가에 달리신 그리스도를 본받는다는 것을 의미한다. 하나님께서 모든 피조물에게 관심을 가지신다는 것을 인정한다면, 우리는 인간뿐만 아니라 인간 이외의 피조물에게까지 관심의 영역을 넓혀야 마땅하다. 간단히 말해, 우리는 하나님 형상의 담지자이기 때문에 지구를 돌봐야 하며, 또한 하나님께서 모든 피조물을 돌보시기 때문에 우리도 당연히 그래야 한다.

이 논증 역시 커다란 힘이 있다. 하나님께서는 인간의 테두리를 뛰어넘어 훨씬 더 많은 것들에 관심을 기울이신다는 사실을 인정할 뿐 아니라 우리에게는 하나님을 대리하고 분명하게 드러내 보여야 하는 사명이 있다는 것을 인정한다면, 우리는 우리와 같은 인간이나 우리가 속한 장소를 뛰어넘어 훨씬 더 많은 것들을 돌봐야 한다는 결론에 이르게 된다. 축축한 습지와 건조한 사막, 서부 초원의 아름다운 난초와 그리 예쁘지 않은 휴스턴두꺼비, 힘차게 날아오르는 흰머리독수리와 아메리카송장벌레가 우리가 돌볼 대상에 포함된다. 하나님께서 마멋과 초원과 산을 돌보시니 우리도 그래야 한다. 모든 것을 품으시고 온전히 새롭게 하시는 하나님의 사랑을 증언하는 것이 우리의 의무이기 때문이다.

그런데 우리의 친숙한 비판자가 다시 끼어들어, 하나님의 형상 논증은 사실상 지구를 돌보는 일을 그리 중요하게 여기지 않는 것이 아니냐고 주장한다. 예를 들어, 창세기 1장에서는 인간만이 하나님의 형상(*imago Dei*)대로 지음받았다고 가르치면서, 비인간 피조물들보다 우리가 훨씬 더 큰 가치를 지닌다는 점을 강조한다. 하나님은 도마뱀이나 침엽수보다 사람을 더 가치 있게 여기시기는 것이 확실하며 그렇기 때문에 우리 역시 그렇게 생각해야 한다고 주장한다. 그러나 인간만이 하나님의 형상을 따라 창조되었고 또 이 때문에 우리가 다른 피조물과 비교해서 중요하고 독특한 것은 사실이지만, 이 사실에서 필연적으로 인간의 독특성이 우리에게 맡겨진 지구 지킴이로서의 소명을 약화시킨다는 결론이 나오는 것은 아니다. 우리는 최상의 가치를 지니지만 다른 피조물들도 역시 가치가 있다. 우리의 독특성은 우리에게서 돌봄의 책임을 면제해 주는 것이 아니라, 오히려 우리에게 하나님께서 주신 사명, 곧 지구 동산을 경작하고 지키는 책임을 성실하게 실천하도록 요구한다. 인간의 독특성은 착취의 허가증이 아니라 섬기라는 소명이다. 하나님께서 인간 이외의 피조물을 돌보신다면, 하나님 형상의 담지자인 우리도 역시 그래야 마땅하다.

하지만 이 비판자는 계속해서, 역사라는 넓은 지평에서 보면 하나님은 달팽이시어나 캘리포니아독수리보다는 훨씬 더 중요한 것들에 관심을 가지신다고 주장한다. 우리는 중요한 것들, 영혼을 구원하고 굶주린 사람들을 먹이고 복음을 전하는 일을 먼저 해야 하며, 하나님의 일차적인 관심사를 처리한 후에나 회색늑대와 북방매에 대해 걱정해야 한다는 것이다. 우리는 순전한 복음에 집중할 뿐, 지구를 구하는 일은 세속 환경보호 운동가들에게 맡기자는 주장이다.

이 반론에는 중요한 관심사가 담겨 있다. 지구를 돌보는 일이 어떤 식으로든 사람들과 대립하는 것으로 이해되어서는 안된다는 것이다. 기독교의 지구 지킴이들은 인간을 싫어하는 사람이 되어서는 안된다. 하지만 이 반론은, 그릇되게도 복음이 지구와 상관없는 것이라고 생각하는 쪽으로 기울어서, 마치 성경의 메시지는 육신을 떠나 하늘에 속한 영혼들에게만 관련되었거나, 종말의 때가 되면 창조 세계는 소멸해 버리고 우리의 구속주는 창조주가 아닌 것처럼 생각하게 한다. 앞의 세 장에서 살펴보았듯이, 올바르게 확장된 기독교적 비전에서는 늑대와 휘파람새를 염려하는 일이 복음을 구성하는 핵심 부분이 된다. 복음이란, 하나님의 원대한 구원의 울타리 밖에 존재하는 것은 아무것도 없다고 보는 좋은 소식이다.[43] 그러므로 이 비판은 복음의 앞뒤를 잘라버림으로써 핵심에서 심각하게 벗어나 있다. "하나님의 관심사는 곧 우리의 관심사다" 논증은 하나님 나라의 백성인 우리가 어떤 존재인지 또 무엇을 해야 하는지를 밝혀 줌으로써, 우리에게 맡겨진 지구를 돌보는 소명을 진지하게 받아들이게 해주는 강력한 근거가 된다.

주님 주신 아름다운 세상

마지막으로, 열 번째 논증은 잘 알려진 찬송가의 제목을 본떠 "주님 주신 아름다운 세상" 논증이라고 부른다. 어쩌면 감사하는 마음 논증이라는 이름이 더 잘 어울릴 듯한 이 견해는, 하나님의 풍성한 은혜를 경험한 피조물들이 하나님께 당연히 드릴 감사의 응답이 바로 지구와 그 거주자들을 돌보는 일이라고 주장한다. 이 찬송가의 가사대로, 선물로 받은 땅과 하늘, 언덕과 골짜기, 나무와 꽃, 해와 달과 별빛에 대해 우리는 "만물의 주님, 당신께 우리가 드릴 것, 감사 가득한 찬미의 노래입니다"라고 응답한다. 감사란, 하나님의 피조물을 존중하여 돌보고, 내게 있는 양식에 겸허히 만족할 줄 아는 은혜의 문법이다.[44] 우리가 지구를 돌보는 이유는, 그렇게 하는 것이 우리를 돌보시는 하나님의 은혜에 응답하는 적절하고 온당한 길이기 때문이다.

이 논증은 매우 설득력이 강하다. 나는 이 논증이 기독교적인 관점에서 볼 때 지구 돌봄에 대한 가장 힘 있는 근거가 된다고 생각한다. 사람들 사이의 일이든 아니면 인간과 하나님 사이에서 발견되는 것이든, 은혜와 감사의 현상학이 우리에게 말해 주는 사실은 은혜로운 베풂을 경험한 사람들은 당연히 기꺼워하며 감사와 돌봄으로 응답한다는 것이다. 달리 말해, 특히 귀한 선물이나 꼭 필요한 선물을 받았을 때 그에 적합한 반응은, 선물을 준 이에게 감사하는 것과 그 선물을 돌보는 것이다. 은혜는 감사를 낳으며 감사는 돌봄을 낳는다.

개혁주의 전통에 속한 기독교인들은 감사가 자신들의 전통에서 중요하게 여기는 신학적 주제 가운데 하나임을 알기에 이 논증이 특히 마음에 와 닿는다고 느낄 것이다. 예를 들어, 장 깔뱅은 창조 세계를 가리켜 "가장 아름다운 극장"이라 묘사하고 "무수한 기적들로 가득한, 하늘과 땅으로 이루어진 장엄한 극장"이라고 거듭 말하면서, 그것에 대해 우리는 하나님께 감사와 찬양을 드려야 한다고 주장한다.[45] 깔뱅은 다음과 같이 쓰고 있다. "성경의 증거들은 매우 많고 또 분명한데, 만일 그 증거들이 우리에게 없다고 하더라도 우리에게는 여전히 자연 자체가 하나님께 감사하는 마음을 불러일으킨다. 하나님께서는 우리를 자연의 빛 속에 놓으셨고 자연을 이용하도록 허락하셨으며, 그것을 보전하는 데 필요한 모든 수단을 우리에게 주셨기 때문이다."[46] 깔뱅 연구가인 수잔 슈라이너(Susan Schreiner)의 말대로, "깔뱅은 항구적인 계시의 과정이 되는 우주에 매료되었으며" 따라서 "깔뱅의 저작 속에는 자연을 근거로 삼은 예증과 논증이 가득하다."[47] 깔뱅에게 창조 질서는 하나님의 선물이며 감사는 그에 합당한 응답이다.

이러한 감사의 정신은 네덜란드 개혁교회의 신앙고백서들 가운데서 가장 사랑받는 하이델베르크 교리문답에 깊숙이 스며들어 있다. 헨리 스토브(Henry Stob)는 죄와 은혜와 감사의 세 부분으로 이루어진 교리문답의 구조에 대해 논하면서 이렇게 주장한다. "기독교인들을 사랑과 순종으로 이끄는 힘은 감사다. 이것이 도덕적인 삶에다가 기쁨이라는 특징적인 음조를 부여한다. 하나님의 자비에 감사하고 그분의 형언할 수 없는 은혜에 감사하며, 그 은혜로운 선물로 행복해 하는 기독교인들은 온힘을 다해 (하나님께) 찬양하고 (하나님의) 뜻을 행하려고 노력한다."[48] 예수 그리스도의 인격 속에서 가장 확연하게 나타나지만, 자연 세계를 통해서도 드러나는 하나님의 섭리는 감사의 마음을 일으켜 기쁜 마음으로 돌보는 일도 행하게 한다. 우리는 해야 하기 때문에 행하는 것이 아니라 하고 싶어서 행하며, 그러므로 삶이 행함과 일치를 이룬다. 의무가 아니라 감사가 기독교인의 도덕적 삶을 이끈다.

그러나 이 논증이 설득력을 지니기 위해서는 한 가지 조건이 충족될 필요가 있다. 창조 세계를 하나님의 은혜의 구현으로 인정하는 것, 곧 땅과 하늘, 언덕과 골짜기, 나무와 꽃이 선물이라는 사실을 인정하는 것이다. 그런데 이 사실을 인정하기 위해서는 창조주 하나님에 대한 믿음이 필요하고, 그에 더해 복잡하고 상호 의존적이며 참으로 경이로운 체계로 이루어진 창조 세계를 이해하는 지식이 어느 정도 필요하다. 달리 말해, 창조 세계가 선물이라는 사실을 인정하고 또 하나님을 베푸시는 분으로 인정할 때에야 이 논증은 힘을 발휘한다. 하나님을 믿지만 창조에 관한 구체적인 지식이 별로 없어서 지구를 선물로 인정하지 못하는 사람이나, 생태학에 관해서는 많이 알지만 창조주가 존재한다는 사실은 믿지 않는 사람들에게는 이 논증이 큰 설득력을 발휘하지 못할 것이다. 이러한 한계에도 불구하고, "주님 주신 아름다운 세상" 논증은 여전히 강력한 논증이 된다. 만일 우리를 둘러싼 놀라운 세상 속에서 하나님의 크고 변함없는 사랑을 경험하기만 하면, 우리는 책임감이나 의무감 때문이 아니라 감사와 사랑의 마음으로 은혜 가득한 이 세상을 돌보게 될 것이기 때문이다.

왜 지구를 돌봐야 하는가? 여러 가지 타당한 이유가 있다. 우리 자신의 생존이 위태롭게 되었기 때문이다. 우리 자손에게 지구를 돌려주어야 하기 때문이다. 지구친화적 생활방식이 훨씬 더 기쁨 넘치는 일이기 때문이다. 다양한 형태의 억압들이 서로 연결되어 있기 때문이다. 특정한 피조물들은 돌봄을 받을 자격이 있기 때문이다. 지구는 그 자체로 가치가 있기 때문이다. 지구 돌봄은 지구 공동체 전체의 최고 이해관심이 되기 때문이다. 하나님께서 그렇게 하라고 말씀하셨기 때문이다. 우리는 하나님 형상의 담지자이기 때문이다. 은혜는 감사를 낳으며 감사는 돌봄을 낳기 때문이다. 요약해서 말하면, 지구를 돌보는 일은 기독교인으로 사는 것이 어떤 의미인지를 밝히는 일에서 빠뜨릴 수 없는 요소이기 때문이다. 지구 돌봄은 우리의 신앙과 영성에서 또 우리가 진정한 기독교 공동체를 이루어 가는 일에서 매우 중요한 부분이다. 지구를 돌보는 일은 우리가 사랑하고 섬기는 하나님께 드리는 헌신의 표현이다. 요셉 지틀러는 다시 한 번 이 문제의 신학적인 요점을 다음과 같이 정확하고도 분명하게 집어낸다. "우리는 하나님 교리를 넓혀서, 하나님은 내가 고난에 처할 때 피난처가 되시는 주님이실 뿐만 아니라 하늘과 땅을 지으신 분, 존재하는 모든 것의 하나님이 되신다는 사실을 인정해야 한다. 우리가 '주님이시며, 생명을 주시는 성령을 믿습니다' 라고 말할 때, 그 고백은 단지 종교생활과 헌신하는 삶, 기도서의 삶만을 다루는 것이 아니다. 그것은 삶 전체를 포괄한다."[49] 만일 우리가 이처럼 폭넓은 신학을 받아들인다면, 지구를 훨씬 더 잘 돌볼 수 있을 것이다. 또 그렇게 된다면, 로랙스와 그의 모든 친구들이 다시 돌아오게 될 것이다. 결국 마지막 남은 트루풀라 씨앗은 우리 손 안에 놓여 있다.

8장. 희망은 어디에 있는가

이 땅 위에 희망을 다지는 기독교 신앙

오, 하나님, 우리에게 이 우주를 놀라운 집으로 주심을 감사드립니다. 그 광대함과 풍요로움, 그 위에 넘치는 생명의 풍성함과 우리를 그 일부 되게 하심을 인해 감사드립니다. 궁창을 이루는 하늘과 복된 바람으로, 흘러가는 구름과 높이 솟은 별자리들로 인해 당신을 찬미합니다. 소금기 바다와 흐르는 물, 영구한 구릉, 나무, 그리고 우리 발밑에 펼쳐진 풀로 인해 주님을 찬양합니다. 우리에게 감각을 주셔서 아침의 장엄함을 보게 하시며, 기쁨 가득한 사랑의 노래를 듣게 하시고, 봄날이 숨 쉬는 향기를 맡게 하시니 감사드립니다. 주님께 구합니다. 이 모든 즐거움과 아름다움을 향해 활짝 열린 마음을 우리에게 주시고, 너무 근심에 빠지거나 정욕으로 눈이 멀어 길가의 가시나무가 하나님의 영광으로 타오르는데도 보지 못하고 무심하게 지나치는 일이 없도록 우리의 영혼을 구하소서.

_ 발터 라우센부쉬 Walter Rausehenbusch[1]

이 책과 함께 참으로 먼 길을 달려왔다. 특정 장소를 탐색하고 우리의 고향별에게 배우는 데서부터 자연 세계의 수많은 붕괴현상을 분석하는 일까지, 왜 피조물이 신음하게 되었는지를 해명하는 일에서부터 성경 본문들을 주석하는 데까지, 또 기독교 신학과 윤리학을 살펴보는 일에서부터 덕과 악덕을 논하고 왜 우리가 지구를 돌봐야 하는가에 대한 다양한 논증들을 다루는 일까지 두루 살펴보았다. 이러한 생태학과 신학의 대화를 통해 많은 사실을 알게 되었다. 그런데 마지막으로, 이 모든 사실 앞에서 떠오르는 질문이 있다. 구체적으로 말해, 우리 앞에 놓인 생태계 문제들과 더불어 우리에게 맡겨진 지구를 돌보는 사명을 생각할 때, 다음과 같은 긴급한 질문이 떠오른다. 우리는 무엇에 희망을 두어야 하는가?[2] 냉소와 절망이 늘어 가는 시대에 희망은 어디에 있는가? 상처 입은 세상에서 우리는 어떻게 희망을 찾을 수 있을까? 이러한 물음들만큼 실존적으로 중요한 문제들도 없다.

이 질문들에 대한 답은 꽤 여러 모습으로 나올 수 있을 것이다. 예를 들어, 오늘날 생태계 문제를 다루는 일에서 성공한 사례들을 통해 확신을 얻는 사람들이 있을 것이다. 이를테면 빌 맥키벤은 「희망, 인간과 야생」(*Hope, Human and Wild*)에서, 세상을 뒤덮은 듯한 장애와 문제들에 맞서서 견고하고 현실적인 희망을 열어 보이는 지구상의 세 장소―인도의 케랄라 주, 브라질의 쿠리치바 시, 뉴욕 북부의 애디론댁 산맥―에 대해 언급한다.[3] 문맹과 가난의 문제에 돌파구가 열리고 있다. 오염이 통제되고 있다. 숲들이 다시 복원되고 있다. 이러한 이야기들을 들려주면서, 맥키벤은 꺼져가는 희망의 불꽃을 (문득문득) 다시 피워 올린다.

또 어떤 사람들은 더 나은 지구를 세우는 것을 목표로 활동하는 다양한 사회운동을 들 수 있을 것이다. 폴 호켄은 「축복받은 불안」(*Blessed Unrest*)에서, 이 세상을 좀 더 나은 곳으로 바꾸기 위해 전 세계에서 활동하는, 말 그대로 수천 개에 이르는 단체들에 대해 쓰고 있다. 그는 이 책의 부제에서 "역사상 가장 거대한 사회운동이 어떻게 지구에 은혜와 정의와 아름다움을 되돌려주고 있는가"라고 말한다.[4] 이 책은 부록―이 운동의 다양한 면면들을 설명하는 용어와 범주들(그리고 이 범주들에 딱 맞는 기관들)을 싣고 있다—만으로도 백 페이지가 넘는데, 호켄은 이것이 사회와 환경 차원에서 이루어진 진보를 보여주는 충분한 증거이며, 따라서 희망의 견고한 근거가 된다고 주장한다.

또 다른 사람들은 근래에 기술 분야에서 이루어진 비약적인 발전을 거론하면서, 그것이 소비와 오염이라는 두 마리의 용을 길들일 수 있다고 주장할지 모른다. 그렇게 이루어진 발전은 참으로 많고 여전히 계속 늘고 있다. 연료 효율을 네 배로 키운 자동차용 연료전지 엔진, 효율적이고 저렴한 광발전 기술, 지금까지는 사용하지 못했던 물질의 재사용, 대규모의 퇴비 제조 기술 등.[5] 특히 오늘날처럼 과학기술에 빠져 버린 시대에 기술적인 솜씨를 신뢰하는 데는 언제나 위험이 따르는 것이 사실이지만,[6] 그렇다고 해서 그러한 기술상의 혁신들을 무시해서는 안된다. 기술의 성과들은, 오늘날의 생태학적 문제들 가운데 적어도 몇 가지는 우리가 제대로 다룰 수 있다는 희망을 불어넣어 주기 때문이다.

또 어떤 사람들은, 특히 "석유의 종말"[7]이라는 현실에 맞서 지구의 건강에 도움이 되는 방향으로 우리의 경제를 재고하는, 정교하고 체계적인 사업 계획들을 예로 들 수도 있을 것이다. 예를 들어, 제임스 스페스는 「미래를 위한 경제학」(*The Bridge at the Edge of the World*)에서, 자연 세계에 대해 무지한 자본주의에서 생태계의 지속가능성을 당연한 것으로 여기는 자본주의로 이행하는 광범위한 변화에 발을 내딛을 때 우리에게 열리는 "새 의식"과 "새 정책"의 가능성들을 매우 상세하게 기술하고 있다.[8] 또 빌 맥키벤은 「심층경제학」(*Deep Economy*)에서, 성장을 최고의 이상으로 여기는 경제에서 벗어나 진정한 부와 또 그 책의 부제로 언급한 튼튼한 미

래를 중요하게 여기는 경제로 이행하는 탁월한 사례를 제시한다.[9]

혹은 대중의 의식 속에서 생태계 문제들에 대한 인식이 늘어 가는 것을 지적하는 사람들도 있을 것이다. 오늘날 우리가 직면한 커다란 도전 가운데 하나로 환경 문제를 꼽는 사람들이 늘어 간다는 여론조사 결과를 들 수도 있을 것이다. 환경 관련법을 제정하는 일에 지지가 끊이지 않는 것을 들 수도 있다. 학교에서 생태학적으로 다듬어진 과학 과목을 가르치는 일을 들 수도 있다. 시 차원에서 실시하는 재활용 프로그램을 들 수도 있다. 또는 습지가 복원되고 있는 사실을 들 수 있다. 위에서 언급한 모든 것들이 희망이 있음을 보여주는 표지다.[10] 모든 것이 중요하다. 어느 것 하나라도 간과하거나 무시해서는 안된다.

그렇다면, 이처럼 인간이 키워 낸 희망의 씨앗들만으로 충분할까? 이것들이 진정한 희망을 여는 충분한 기초가 되어 줄까? 이 질문에 답을 찾을 때 기독교인들은, 그중에서도 특히 복음주의 기독교인들은 본능적으로 성경에서 지혜를 구한다. 오랜 크리스마스 캐럴이 노래하듯 "긴 세월 이어져 온 희망과 두려움이 오늘밤 당신 안에서 마주친다"면, 지구 거주자인 우리가 필요로 하고 간절하게 찾고 있는 그 희망을 제공해 주는 것은 우리 가운데 거하시는 하나님에 대해 증언하는 성경이기 때문이다. 많은 성경 본문들이 희망의 문제를 다루기는 하지만, 내가 보기에 우리의 열렬한 물음과 갈급한 필요에 적합한 희망의 비전, 그리고 희망의 하나님에 대한 비전을 열어 주는 것은 비교적 덜 알려진 구약성경 본문이다.

이사야 54장에서 배우기

그 여자는 길게 늘어선 사람들 뒤에 자리를 잡았다. 그날 밤 노숙자 쉼터를 찾은 사람들 가운데서 그 여자를 눈여겨보게 된 것은 희끗해져 가는 머리에 사물을 꿰뚫어 보는 듯 빛나는 눈매, 짙은 색 피부를 지닌 모습 때문이었다. 그날 저녁 식사시간에 그 여자는 삼십 대 후반쯤 되는 아들을 데리고 배식대로 다가왔다. 그날 밤 우리는 감자와 쌀밥에다 후식으로 카우스 크림처럼 걸쭉한 우유를 보탠, 보잘것없는 식사를 제공했다. 그 음식이 그들에게는 성찬이었다. 그 사람들은 누군가에게는 "거리의 사람들"이며, 많은 사람들에게는 "노숙자"이며, 쉼터에서 일하는 우리에게는 "손님"이었다. 식사가 끝난 후, 등판이나 침낭을 집으로 삼은 사람들—이사도라와 그녀의 아들, 그 외에 열여덟 사람—은 쌕쌕거리는 숨소리와 코고는 소리가 어울려 내는 리듬을 타고 잠이 들었다.

집 없음. 희망 없음. 포로된 삶. 이것은 여러 모습으로 나타난다.[11] 어떤 철학자는 오늘날의 삶을 가리켜 "끊임없이 변화하는 것에 대응하기", 형이상학의 지침이나 견고한 사고 체계도 없이 삶의 복잡한 현실 속에서 살아가는 법을 배우는 것이라고 정의한다.[12] 우리의 시간은 갈수록 빨라지는 변화와 동작과 운동으로 채워진다. 더 빠른 컴퓨터, 더 작은 휴대전화, 컴퓨터로 변한 휴대전화, 당일 배송, 인스턴트 쌀밥 등. 자기 나름의 길을 찾는 일은 많은 사람들에게 혼란스럽고 골치 아픈 고생일 뿐이다. 소용돌이 가운데 사는 삶은 방향감각을 잃어버렸다. 친숙한 이정표들은 모두 사라져 버린 듯하며, 기껏해야 흐릿하게 눈에 잡힐 뿐이다.

끊임없이 변화하는 것에 대응하기라는 이 의식은 널리 퍼진 뿌리 없음(rootlessness)이라는 의식과 관계가 있다. 많은 사람들이 자신을 집 없는 여행자라고 생각한다. 프랜시스 피츠제럴드(Frances FitzGerald)가 자유침례교회, 플로리다에 있는 선 시티 은퇴자 마을, 오레곤에 있는 라즈니쉬푸럼 공동체와 같은 전혀 다른 공동체들에 관해 평하면서 말한 바와 같이, "뿌리 없음과 자아 확인의 욕구"가 "미국인의 삶을 보여주는 두드러진 특징"이다.¹³ 또 심리학자 폴 워치텔의 말처럼, "우리는 쉼 없이 움직일 뿐만 아니라 뿌리도 없다. 더 나은 것을 추구하고 더 나은 자신을 이루기 위해 노력하면서 우리는 앞서 성취한 것을 내버려 두고 떠나야 한다."¹⁴ 아니면 한 이십 대 방랑자의 신랄한 말처럼, "내게 신념 따위는 없다. 어떤 공동체나 전통이나 그 비슷한 것에도 속하지 않는다. 한없이 광대한 이 세상 속에서 나는 길을 잃었다. 나는 그 어디에도 속하지 않는다. 나는 정체성 같은 것은 아예 모른다."¹⁵ 사람들은 집이 없다고 느낀다.

위와 같은 상황이 이사야 54장의 배경을 이룬다. 이스라엘 백성은 포로 상태에 있으면서, 집도 없고 희망도 없다. 모든 것이 끊임없이 변화한다. 그들의 정체성은 위기에 처했다. 정말이지 그들의 신학이 위기에 놓였다. 바빌론의 신들이 승리한 것일까? 우리는 낯선 땅에서 어떻게 주님의 노래를 불러야 하는가? 포로생활, 그 고난 한가운데서 하나님은 어디에 계신가? 성전에서 멀리 떨어진 이방의 땅, 하나님께 버림받고 잊혀졌다고 느끼는 그곳에서, 그들의 희망은 햇볕에 마른 잡초 위로 떨어진 한 방울의 물만큼이나 빠르게 사라져 버렸다. 여러분은 다음에 인용한 말씀을 읽으면서, 집의 안전과 평온함을 애타게 찾는 목마름을 느낄 수 있는가? 소속하고 싶은 열망은? 집의 친밀함을 보고 냄새 맡고 맛보고 싶은 욕구는? 여러분은 하나님께 버림받은 포로생활을 이해할 수 있는가? 성전이 파괴된 일은? 하나님을 향한 내 믿음의 그릇이 깨어져 버린 일은?

> 임신하지 못하고 아기를 낳지 못한 너는 노래하여라.
> 해산의 고통을 겪어 본 적이 없는 너는
> 환성을 올리며 소리를 높여라.
> 아이를 못 낳아 버림받은 여인이
> 남편과 함께 사는 여인보다 더 많은 자녀를 볼 것이다.
> 주님께서 하신 말씀이다.
> 너의 장막 터를 넓혀라.
> 장막의 휘장을 아끼지 말고 펴라.
> 너의 장막 줄을 길게 늘이고 말뚝을 단단히 박아라.
> 네가 좌우로 퍼져 나가고, 너의 자손이 이방 나라들을 차지할 것이며,
> 황폐한 성읍들마다 주민들이 가득할 것이다.
> 두려워하지 말아라! 네가 이제는 수치를 당하지 않을 것이다.
> 당황하지 말아라! 네가 부끄러움을 당하는 일이 없을 것이다.
> 젊은 시절의 수치를 잊으며,
> 과부 시절의 치욕을 네가 다시는 기억하지 않을 것이다.
> 너를 지으신 분께서 너의 남편이 되실 것이다.
> 그분의 이름은 만군의 주님이시다.
> 너를 구속하신 분은 이스라엘의 거룩하신 하나님이시다.
> 그분은 온 세상의 하나님으로 불릴 것이다.
> 버림을 받아서 마음이 아픈 너를, 주님께서 부르신다.
> 젊은 나이에 아내가 되었다가 버림받은 너를, 주님께서 부르신다.

너의 하나님께서 말씀하신다.

"내가 잠시 너를 버렸으나, 큰 긍휼로 너를 다시 불러들이겠다.

분노가 북받쳐서 나의 얼굴을 너에게서 잠시 가렸으나

나의 영원한 사랑으로 너에게 긍휼을 베풀겠다.

너의 속량자인 나 주의 말이다.

노아 때에, 다시는 땅을 홍수로 멸망시키지 않겠다고 내가 약속하였다.

이제, 나는 너에게 노하지 않겠다고 약속한다.

너를 꾸짖거나 벌하지 않겠다.

비록 산들이 옮겨지고 언덕이 흔들린다 하여도,

나의 은총이 너에게서 떠나지 않으며, 평화의 언약을 파기하지 않겠다."

너를 가엾게 여기는 주님께서 하시는 말씀이다(사 54:1-10).

집 없고 희망도 사라진 처지에서 살아가는 그들에게 예언자의 목소리가 들려온다. "노래하여라.…… 환성을 올리며 소리를 높여라.…… 너의 장막 터를 넓혀라.…… 말뚝을 단단히 박아라"(1-2절). 계속 이어진다. "두려워하지 말아라.…… 당황하지 말아라.…… 젊은 시절의 수치를 잊으라"(4절). 죽은 남편 때문에 눈물 흘리는 과부의 아픔과도 같은 포로생활의 극심한 고통은 이제 사라져 버렸다. 그처럼 황당한 희망을 붙잡도록 힘을 불어넣어 주는 것은 무엇일까? 그처럼 불가능한 행동에 뛰어들도록 용기를 주는 것은 무엇일까? 그처럼 위험한 약속들을 믿을 수 있게 해주는 것은 무엇일까?

본문은, 오직 하나뿐이라고 말한다. 오직 하나, 우리의 구속자는 창조주이시며, 그 하나님은 변함없는 사랑의 하나님이시라는 기억이 바로 그

것이다. 그에 더해 평화와 긍휼이 베풀어진다. 이 시는 숨김이 없다. 시는 솔직하게 희망 없음과 버림받음과 절망을 긍정하고, 나아가 하나님께서 "잠시" 이스라엘을 버렸다는 사실을 인정한다(7절). 또한 이 시는 포로생활의 가혹한 현실 앞에서 오래 참으시는 하나님의 신실하심과 크신 긍휼을 외친다. 10절에서는 "비록 산들이 옮겨지고 언덕이 흔들린다 하여도, 나의 은총이 너에게서 떠나지 않으며"라고 노래한다. 다시 말해, 하나님의 샬롬의 언약은 파기되지 않는다.

이사야 49:14-16에서 예언자가 이미 말한 것처럼, 하나님은 제 태에서 낳은 아들을 긍휼히 여기고 보살피는 어머니와 같다. 또 이사야 52:7에서 분명하게 밝히듯이, 소식을 전하는 이는 사람들이 예상했던 것과는 정반대로, 하나님께서 혼돈을 빚어내는 바빌론의 권력자들을 누르고 승리하셨다는 기쁜 소식, 곧 복음을 전한다. 왕이 정의와 의로움으로 다스리고 궁핍한 자와 가난한 자와 억압당하는 자들에게 구원을 베풀어, 모든 피조물이 번성하여 하나님께 찬양을 돌리고, 하나님의 영광이 온 땅에 가득하게 된다(시 72편). 이제 하나님의 평화가 이사야를 통해 폭력과 억압과 포로생활의 한가운데서 선포된다. 집 없는 자들에게는 집으로 돌아가는 벅찬 약속이 주어진다. 희망 없는 사람들에게는 밝게 빛나는 샛별처럼 희망이 돋는다. 하나님은 바로 그런 분이시기 때문이다. 우리의 구속자는 창조주이시며 가없는 사랑의 하나님이시다.

우리 가운데는, 말 그대로 집이 없거나 이사도라처럼 추위를 피하기 위해 쉼터를 전전하는 곤경에 처한 사람은 없을 것이다. 그러나 우리도 신앙을 잃어버리고, 희망이 없으며, 사랑 없는 곳에서 안식을 찾는다는 점에서 모두 포로생활의 처지에 있다(또는 오랫동안 그렇게 살아왔다). 어떤 사람에게 포로생활이란, 낯선 곳에서 낯선 사람들(그리고 낯선 언어)을 만나면서 이곳이 하나님께서 내가 있기를 원하시는 장소인지 묻게 되는 상황을 뜻할 수도 있다. 또 다른 이에게 집 없음이란 배우자, 자녀, 부모처럼 사랑하는 사람의 죽음, 상실과 긴 고독, 끝이 없어 보이는 슬픔으로 가득한 포로생활을 뜻할 수도 있다. 오늘날 세상에는 큰 구멍이 뚫렸다. 이 세상은 더 이상 집처럼 느껴지지 않는다. 또 어떤 이들은 꿈과 소중한 관계와 멋진 미래에 대한 비전이 사라지거나, 직장을 잃어버리고 우정이 깨어지고, 오랫동안 간직해 온 희망이 무너져 내리는 일에서 포로생활을 경험하기도 한다.

이에 더해, 우리는 갈수록 지구 위에서 포로된 신세—생태학적 포로처지—가 되어 간다고 느낀다. 생태학적으로 모든 일이 뒤틀려 있다는 사실을 알아 가면서, 우리의 고향별 위에서 집을 잃어버렸다고 느낀다. 예를 들어, 오스트레일리아 사람들은 지구온난화로 인해 국토의 풍경이 놀랍게 변하는 현실 앞에서 향수병에 시달린다. 클리브 톰슨(Clive Thompson)은 이를 두고서 "이제 그들은 수십 년 동안 자신들이 살아온 장소를 낯선 곳처럼 느낀다"고 말했다. 톰슨에 의하면, 오스트레일리아의 철학자 글렌 알브레히트(Glenn Albrecht)는 이러한 "잃어버린 환경에 대한 그리움"을 표현하기 위해 솔래스탤지어(solastalgia)*라는 새 용어를 만들어 냈다.[16] 한때 우리에게 있었던 것이 사라지는 것을 지켜보며 슬퍼하는 것이다. 앞으로 어떤 일이 있게 될지를 염려하는 것이다. 하나님의 샬롬으로 충만한

---

* 솔래스탤지어(solastalgia): solace, desolation, nostalgia의 세 단어를 조합한 표현으로, 자기 고향에 살고 있으면서도 급격한 환경 파괴와 변화로 인해 위안과 평안을 느끼지 못하고 심리적으로 고통당하는 상태를 가리킨다—옮긴이.

지구를 간절히 원하는 것이다. 우리는 누구에게서 희망을 찾으며, 무엇에 대해 희망을 품을 수 있을까?

이사야의 말이 정곡을 찌른다. 어디에 희망이 있는가? 이 본문은 다음과 같은 사실을 분명하게 들려준다. 상처 입은 세상에서 희망은 희망 없음 한가운데 솟아난다. 그것은 창조주이시며 헤아릴 수 없는 긍휼과 가없는 사랑을 지니신 하나님이 우리의 구속자인 까닭이다. 엄청난 사랑으로 우리에게 애정을 표현하시는 그분께서, 태초에 우리와 이 세상을 지으셨고 마지막 때에는 만물을 구속하시고 새롭게 하실 바로 그분이시다.

혼돈한 세상 속에서 철저한 신앙으로 살기

희망이 없는 곳에서 희망을 길어 올리는 성경적 비전을 낙관주의와 혼동해서는 안된다.[17] 체코 공화국이 억압적인 공산주의에서 해방되기 전, 수십 년 이어진 절망적인 시기를 어떻게 견딜 수 있었는지 설명해 달라는 말을 듣고 바츨라프 하벨(Václav Havel)은 이렇게 답했다. "나는 낙관주의자가 아닙니다.…… 희망의 사람이지요. 내가 뭔가를 위해 투쟁하는 일도 내 안에 희망을 품지 않았다면 불가능한 일이었겠지요."[18] 다른 곳에서 하벨은 그 점에 대해 이렇게 말했다. "희망은 예측이 아닙니다. 그것은 정신을 이끄는 힘이요 마음의 안내자입니다. 희망은 즉각적으로 경험되는 세계를 초월하는 것이요, 세상의 지평을 넘어선 어딘가에 닻을 내린 것입니다.…… 희망은 결코 낙관주의와 같은 것일 수 없습니다."[19] 스캇 러셀 샌더스(Scott Russell Sanders)가 정확하게 지적하듯이, "하벨은 자기가 말한 이 말의 뜻이 우리의 희망을 천국이나 미래의 유토피아와 같은 곳에 걸어야 한다는 것이 아니라, 희망은 그 어딘가에서 **와서** 우리로 하여금 이 땅에서 옳은 일을 하도록 용기와 힘을 불어넣어 주는 것이라는 사실을 자신의 행동으로 증명해 보였다."[20] 낙관주의와 마찬가지로, 희망은 이 세상을 위한 것이다. 그런 의미에서 희망은 이 세상과 관련이 있다. 그러나 낙관주의와는 달리, 희망의 근거는 이 세상에 있지 않다. 그 근거는 이 세상 너머에 있다.

좀 더 자세히 말하면, 낙관주의는 대체로 진보에 대한 근대적 믿음에 기초를 두는 데 반해 희망은 하나님에 대한 믿음에 뿌리를 둔다. N. T. 라이트가 주장하듯이, 낙관주의는 "산업 발전"과 "기술 혁신"으로 인해 "세상은 점점 더 좋아지고 있다"고 외치는, 계몽주의에서 시작된 "진보에 대한 믿음"에 뿌리를 둔다. 그러한 진보가 "오랜 악들이 사라져 버린 세상"을 이루어 낼 것이라고 생각해 왔는데, 이에 대해 라이트는 "홀로코스트 생존자와 투치족 난민과 온두라스의 농민들에게 그렇게 말해 보라"고 일침을 가한다. 완벽한 세상을 꿈꾸는 이런 믿음은 역사의 엄연한 사실들 앞에서 무너져 버린다. 낙관주의와 달리 희망은 "계속되는 진보"와 관계가 있는 것이 아니라, "이 세상은 하나님의 것이며 하나님은 세상을 위한 한결같은 계획을 가지고 계시다는 믿음"과 관계가 있다고 라이트는 주장한다.[21]

그러면 우리는 어떻게 그러한 희망 안에서 살 수 있을까? 샌더스가 분명하고도 힘 솟는 답을 준다. 그가 보기에 우리가 희망 안에서 살 수 있는 까닭은, 희망 곧 "기대감을 품고 뛰어오르는 일"이 야성(wildness)과 건강한 몸, 가족, 성실함, 재능, 단순함, 아름다움, 궁극적으로는 하나님까지 많은 것들 위에 기초를 두기 때문이다.[22] 요약하면, 인간의 일반적인 경험 속에는 우리의 희망을 떠받쳐 주는 어떤 특성들이 있다. 창조 질서 속에는 선과 사랑의 하나님의 임재를 나타내는 징표들이 깃들어 있다. 라이트의 주장대로, "생물이 하등형태에서 고등형태로 진화하거나 윤리와 정치가 한 체계에서 다른 체계로 진화하는 것을 보여주는 증거들이 희망의 징표가 되는 것이 아니라, 창조 질서 자체 내에 깃들어 있는 것들, 곧 음악, 아기의 탄생, 봄꽃의 만개, 콘크리트를 뚫고 돋는 풀, 인간의 강인한 사랑 같은 것들이 희망의 징표들이다." 그래서 그는 이렇게 결론을 내린다. "우리 세상에는 분명하게 자기 자신 너머에 있는 것을 가리키면서, '보라! 그래도 희망은 있다'고 외치는 것들이 있다."[23] 이 성례전적 우주가 희망의 한 근거다.

웬델 베리도 자연의 역동성 속에서 여전히 "희망의 진정한 토대들"을 찾아볼 수 있다고 주장함으로써 동일한 논지를 펼친다. 그는 계속해서 "비록 우리가 지구를 심각하게 병들게 했지만, 지구는 아직 건강한 상태에 있다. 우리가 바라보는 지구는 여전히 풍성하고 아름답다"고 말한다. 베리는 다음과 같이 결론을 내린다. "자연의 건강이 희망의 일차적인 근거다. 다만 우리가 자연을 스승으로 받아들이는 겸손과 지혜를 품는 한에서 그렇다."[24]

그런데 이 말이 우리의 상상력을 자극한다. 우리에게 볼 수 있는 눈이 있을 때에야 비로소 자연의 건강을 희망의 근거로 파악할 수 있게 된다. 이 세상을 성례전으로 볼 수 있어야 비로소, 경이로운 일로 가득한 이 세상이 어떻게 우리 자신 너머에 있는 것을 가리키는지 알 수 있다. 우리가 희망 안에서 살 수 있는 것도 그 희망이 우리를 둘러싼 현실의 지평을 넘어선 그 어딘가에 닻을 내릴 때에야 가능하다. 현세대를 넘어 멀리까지 거슬러 올라가는 기억, 세상을 가득 채운 듯한 죽음의 힘을 초월해 볼 수 있는 비전,

그것들에 뿌리를 내린 상상력만이 희망을 지탱해 줄 수 있다.

기독교적 상상력에 뿌리 내린 신앙은 이 혼돈한 세상 속에 담대한 증언으로 등장한다. 이러한 신앙은 우리 시대를 휘어잡은 편만한 두려움과 무관심과 절망과는 강력한 대조를 이룬다. 그런데 이 신앙은 또 웬만한 위험에서 끝날 일이 아니다. 흔히 우리는 의식하지도 못하는 방식으로 하나님을 길들이고 또 하나님(그리고 우리의 신앙)을 안전하고 쉬운 존재로 만들려고 애쓴다. 그런 면에서 애니 딜라드(Annie Dillard)는 우리가 꼭 알아야 할 사실을 깨우친다.

> 대체로 카타콤 밖의 기독교인들은 주위 상황을 제대로 감지하지 못하는 것 같다. 우리가 그렇게 열렬히 의지하는 권세가 어떤 것인지 희미하게나마 아는 사람이 누구인가? 아니면 내 짐작대로, 그것을 조금이라도 믿는 사람이 전혀 없는 것은 아닐까? 교회들은 마룻바닥에서 화학물질을 가지고 놀면서, 주일 아침을 박살낼 티엔티 뭉치를 만들어 내는 아이들과 같다. 숙녀용 밀짚모자나 벨벳 모자를 쓰고 교회에 가는 것은 미친 짓이다. 우리 모두 안전모를 써야 한다. 안내위원들은 구명장비와 비상등을 나눠 주어야 한다. 사람들을 좌석에다 단단히 붙들어 매야 한다. 주무시던 하나님이 깨어나서 화를 낼지도 모르고, 또 깨어난 하나님이 우리를 저 멀리 돌아올 수 없는 곳으로 던져 버릴지도 모르는 까닭이다.[25]

"우리를 저 멀리 돌아올 수 없는 곳으로 던져 버린다." 어쩌면 이것이 우리 모두에게 필요한 것이 아닌지 모르겠다. 길들일 수 없는 하나님, 거칠기 짝이 없는 존재[26]이신 하나님께서 우리를 더 이상 우리의 기술과 지식과 부와 힘과 선행에 의존할 수 없는 곳으로 던져 버리는 것 말이다. 그곳은 위험한 신앙의 영역이며, 우리의 열망은 완전히 깨어지고, 그 결과 믿음만이 가장 현실적인 것으로 드러나는 불안한 나라다.

이처럼 철저한 신앙은 그 구체적인 결과들도 철저한 것으로 낳는다. 예를 들어, 무엇이 "현실적"인가에 관한 논의는 다양한 색조를 띤다. 물론 그 답은 전적으로 진짜 현실적인 것이 무엇인지에 달려 있다. 만일 하나님이 실제로 만물의 중심이시며 또 하나님의 좋은 미래가 가장 확실한 현실이라면, 진정 현실적인 행동은 우리 시대를 지배하는 결과론적 윤리—우리의 행동이 좋은 결과를 낳을 것이 확실시 될 때에만 행동해야 한다고 말하는 윤리—를 뛰어넘는 것이어야 하며, 또 우리는 희망의 덕을 품은 사람이기에 묵묵히 옳은 것을 행해야 한다. 따라서 재활용이 지구 지킴이인 우리의 사명이라고 믿는다면, 재활용이 과연 지구를 변화시킬 수 있겠는가와 상관없이 당연히 재활용을 실천해야 한다. 옳은 것을 행하라. 만일 우리가 차를 덜 몰고 더 많이 걷는 것이 생태계를 위한 중요한 일이라고 생각한다면, 우리는 당연히 그 일을 의무로 감당해야 한다. 옳은 일을 행하라. 만일 우리가 공직에 나서는 것이 우리의 사명이라고 여긴다면, 우리는 마땅히 그렇게 해야 한다. 옳은 것을 행하라. 지구온난화가 사실인지, 또 오존층에 구멍이 뚫리고 비인간 종이 하루에 셋씩 멸종하고 있는 것이 사실인지와는 상관없이, 우리는 지구를 돌보는 이로서 우리가 맡은 사명을 다해야 한다. 우리의 소명은 결과나 지구의 상태에 따라 바뀌는 것이 아니다. 우리의 사명은 전적으로, 하나님의 형상을 지닌 자요 응답할 수 있는 존재라는 우리의 정체성에 의해 결정된다.

만일 우리에게 이러한 믿음(그리고 희망과 사랑)이 있다면, 제라드 홉킨스(Gerard Manley Hopkins)가 다음의 유명한 시에서 노래하는 것은 기독교의 관점에서 가장 완벽하게 현실적인 것이 된다.[27]

세상은 신의 장엄으로 충만하다.
흔들리는 은박지의 반짝임처럼 빛을 발하고,
으깨어져 흐르는 기름처럼 모아져 위대함을 발산한다.
그럼에도 사람들은 왜 그분의 지팡이에 기대지 않는가?
오랜 세월 이어오며 사람들이 짓밟고 또 짓밟아서,
모든 것이 거래로 닳아 버리고 수고로 흐리고 더럽혀졌다.
인간의 때로 얼룩지고 사람 냄새를 풍긴다.
이제 흙은 메말라 버렸으나 신발로 감싼 발은 느끼지 못한다.

이 모든 일에도 자연은 결코 시들어 버리지 않는다.
만물 아래 깊은 곳에는 친밀한 생기가 꿈틀거린다.
마지막 빛이 서쪽 암흑 속으로 사라진다 해도,
오, 동쪽 붉은 색 끝자락에서는 아침이 솟아오른다.
굽은 세상을 덮은 거룩한 영이 따스한 가슴으로,
아, 찬란한 날개로 품어 주기 때문이다.

중세를 살았던 가장 열정적인 복음전도자, 아시시의 성 프란체스코를 기억하는 일이 무엇보다 중요하겠다. 그는 그리스도를 따르는 이들에게 항상 복음을 전하되 필요한 경우에만 말을 사용하라고 훈계했다고 전해진다. 우리 기독교인들은 너무 말이 많고 설교하기는 좋아하지만, 구체적으로 행동하는 데는 모자라는 경향이 있다. 우리는 말은 꼭 필요한 때만 하고 행동으로 설교하는 일에 더 많은 시간을 써야 할 것이다. 요약하면, 이것이 가장 진정한 복음전도다. 세상은 우리를 지켜보고 있으며, 우리가 지구를 위해 하는 것과 하지 못하는 것들이 우리를 대신해서 말을 한다. 이것이 바로 요셉 지틀러가 1973년에 발표한 예언적인 글 '복음전도와 지구 돌봄'(Evangelism and the Care of the Earth)에서 다음과 같은 마지막 글을 썼을 때 마음에 두었던 것이다. "교회가 경건하게 '땅과 그 안에 가득 찬 것이 모두 다 주님의 것'(시 24:1)이라고 말하면서도 실제로 사고와 행동에서는 일반 공동체와 다른 것이 없다면, 과연 누가 교회의 말과 예배를 따르고 교회의 사역과 구원이 어떤 의미가 있는지를 '와서 보려고' 하겠는가?" 말로 하는 증언도 행동으로 하는 증언이 따르지 않으면 조롱거리와 독이 될 뿐이다.[28]

주님 주신 아름다운 세상! 우리 한 사람 한 사람이 복음의 좋은 소식을 증언하기에 충분할 만큼 사랑과 감사로 깊이 감동받았으면 좋겠다. 그럴 때 우리는 우리 안에 있는 희망, 곧 샬롬으로 충만한 하나님의 좋은 미래에 대한 소망을 우리의 삶에 담아 선포할 수 있을 것이다.

주

서론

1. Thomas Aquinas, *Summa contra Gentiles*, II. 3, trans. James F. Anderson(Notre Dame: University of Notre Dame Press, 1992).
2. Wendell Berry, *Sex, Economy, Freedom, and Community*(New York: Pantheon, 1992), 98. (「희망의 뿌리」산해)
3. David Orr, *Ecological Literacy: Education and the Transition to a Postmodern World*(Albany: State University of New York Press, 1992).
4. James Nash, *Loving Nature: Ecological Integrity and Christian Responsibility* (Nashville: Abingdon, 1991), 3장.
5. 이 주제에 대해 좀 더 살펴보려면 다음의 책을 보라. Steven Bouma-Prediger and Brian Walsh, *Beyond Homelessness: Christian Faith in a Culture of Displacement*(Grand Rapids: Eerdmans, 2008).
6. Aldo Leopold, *A Sand County Almanac*(New York: Ballantine, 1970), 197.
7. 예를 들어 다음의 책을 보라. Augustine, *On Christian Doctrine*, trans. D. W. Robertson Jr.(New York: Macmillan, 1958), 27-29장.
8. Joseph Sittler, "Evangelism and the Care of the Earth," in *Evocations of Grace: The Writings of Joseph Sittler on Ecology, Theology, and Ethics*, ed. Steven Bouma-Prediger and Peter Bakken(Grand Rapids: Eerdmans, 2000), 202. 내가 인용한 다른

저자의 글에 성적으로 편향된 표현이 나올 때, 그 원래 표현을 바꾸지 않고(또는 "원문 그대로"라는 표시도 없이) 그대로 표기하였다.

9. Steven Bouma-Prediger, *The Greening of Theology: The Ecological Models of Rosemary Radford Ruether, Joseph Sittler, and Jürgen Moltmann*(Atlanta: Scholars, 1995). 특히 8장을 보라.
10. Christopher Kaiser, "The Integrity of Creation: In Search of a Meaning," *Perspectives* 11(April 1996): 8-11. Michael Welker도 역시 창세기 1-2장에 대한 해석을 기초로 해서 "창조"라는 용어의 추상성을 비판한다. 다음의 책을 보라. *Creation and Reality*(Minneapolis: Fortress, 1999), 1장.
11. Joseph Sittler, *Gravity and Grace*(Minneapolis: Augsburg, 1986), 15.

1장. 우리가 있는 곳은 어디인가

1. Gabriel Marcel. 다음의 책에서 인용하였다. Edward Relph, *Place and Placelessness* (London: Pion, 1976), 43.
2. Jose Ortegay Gasset. 다음의 책에서 인용하였다. Belden C. Lane, *Landscapes of the Sacred: Geography and Narrative in American Spirituality*(New York: Paulist Press, 1988), vii. 환경 인식과 인간의 태도·가치 사이의 관계를 밝힌 자료로는 다음의 책들을 보라. Yi-Fu Tuan, *Topophilia: A Study of Environmental Perception, Attitudes, and Values*(New York: Columbia University Press, 1974). Steven Feld and Keith Basso, eds., *Senses of Place*(Santa Fe, NM: School of American Research Press, 1996). 그리고 Winifred Gallagher, *The Power of Place*(New York: HarperCollins, 1993).
3. Aldo Leopold, *A Sand County Almanac*(New York: Ballantine, 1970), 262.
4. David Orr, *Ecological Literacy: Education and the Transition to a Postmodern World*(Albany: State University of New York Press, 1992), 83. 다음의 책들도 참조하라. David Orr, *Earth in Mind: On Education, Environment, and the Human Prospect*(Washington, DC: Island, 1994). *The Nature of Design: Ecology, Culture, and Human Intention*(New York: Oxford University Press, 2002).
5. Garrett Hardin, *Filters against Folly: How to Survive Despite Economists, Ecologists, and the Merely Eloquent*(New York: Penguin, 1985), 24. 또 7장을 보라.
6. Orr, *Ecological Literacy*, 92.
7. 같은 책, 같은 곳.
8. 같은 책, 같은 곳.
9. 이러한 지식을 제공하는 좋은 책이 많은데, 한 예로 다음의 책을 보라. Ernest Callenbach,

Ecology: A Pocket Guide(Berkeley: University of California Press, 1998). 좀 더 깊게 다룬 책으로 다음의 책을 보라. Frank Golley, A Primer for Environmental Literacy(New Haven: Yale University Press, 1998). 또 환경과 관련한 온갖 종류의 정보를 뛰어나게 다룬 책으로는 다음의 책을 보라. Henry Art, ed., The Dictionary of Ecology and Environmental Science(New York: Henry Holt, 1993).
10. Orr, Ecological Literacy, 93.
11. 2장에서는 이 위기라는 표현을 사용할 수밖에 없는 근거를 상세하게 제시할 것이지만 다음과 같이 최근에 나온 책 제목들을 몇 가지 살펴보아도 이 표현이 과장된 것이 아님을 알 수 있다. James Gustave Speth, The Bridge at the Edge of the World: Capitalism, the Environment, and Crossing from Crisis to Sustainability(New Haven: Yale University Press, 2008). Elizabeth Kolbert, Field Notes from a Catastrophe: Man, Nature, and Climate Change(New York: Bloomsbury, 2006). Peter Annin, The Great Lakes Water Wars(Washington, DC: Island, 2006).
12. 월드워치연구소(Worldwatch Institute)는 「지구환경보고서」(State of the World)라는 유명한 출판물 외에 환경의 동향을 파악하는데 매우 유효한 자료인 「바이탈 사인」(Vital Signs)을 발간한다. 2장의 주에는 지구의 상태를 측정하는 데 도움이 되는 많은 자료 출처를 실어 놓았다.
13. Orr, Ecological Literacy, 93.
14. 환경의 역사를 다룬 중요한 자료로 다음의 책을 보라. Alfred Crosby, The Columbian Exchange: Biological and Cultural Consequences of 1492(Westport, CT: Praeger, 2003). 환경의 관점에서 세계 역사를 개괄한 자료로는 다음의 책을 보라. Clive Ponting, A Green History of the World: The Environment and the Collapse of Great Civilizations(New York: Penguin, 1991).
15. Ted Steinberg의 명쾌한 연구서인 Down to Earth: Nature's Role in American History(New York: Oxford University Press, 2002)를 보라. 또 J. R. McNeill의 Something New under the Sun: An Environmental History of the Twentieth-Century World(New York: Norton, 2000)도 뛰어나다.
16. Jared Diamond의 탁월한 책인 Collapse: How Societies Choose to Fail or Succeed (New York: Viking, 2005)를 보라. 또 그에게 상을 안겨준 Guns, Germs, and Steel: The Fate of Human Societies(New York: Norton, 1999)도 보라.
17. Orr, Ecological Literacy, 94.
18. Leopold, Sand County Almanac, 240.
19. Holmes Rolston III, Environmental Ethics: Duties to and Values in the Natural World(Philadelphia: Temple University Press, 1987, 32-44.
20. Orr, Ecological Literacy, 94.

21. James Speth는 *Bridge at the Edge of the World*, 138-140에서 GDP의 주요한 문제점들을 밝히는데, 그 예로 GDP는 시장 외부에서 발생하는 비용과 이익을 고려하지 않는다는 점을 든다.
22. 지속가능한 경제복지지수(ISEW)는 Herman Daly와 John Cobb이 *For the Common Good: Redirecting the Economy toward Community, the Environment, and a Sustainable Future*(Boston: Beacon, 1989), 401-455에서 제시하였다. 진정한 진보지표(GPI)는 Jason Venetoulis와 Cliff Cobb의 저술과 Redefining Progress Sustainability Indicators Program(www.rprogress.org)에서 나왔다. Richard Estes가 개발한, 강화된 사회진보지수(WISP)에 대해 더 알아보기 위해서는 www.sp2.upenn.edu/~restes/world.html를 보라. 대안적인 복지 측정지표의 사례들을 더 보기 위해서는 Speth의 책, *Bridge at the Edge of the World*, 138-144를 보라.
23. E. F. Schumacher, *Small Is Beautiful*(New York: Harper and Row, 1973).
24. 다음의 자료는 그 사례들 가운데 일부일 뿐이다. Sim Van Der Ryn and Stuart Cowan, *Ecological Design*(Washington, DC: Island, 1996). Nancy Jack Todd and John Todd, *From Eco-Cities to Living Machines: Principles of Ecological Design*(Berkeley: North Atlantic Books, 1993). William McDonough and Michael Braungart, *Cradle to Cradle: Remaking the Way We Make Things*(New York: North Point, 2002).
25. Orr, *Ecological Literacy*, 95.
26. 생태학적 교양을 "늘리는 법"에 대해 더 알기 원하면 앞에서 언급한 책들 외에 다음과 같은, 오래됐지만 좋은 책들을 보라. Michael Schut, ed., *Simpler Living, Compassionate Life*(Denver: Morehouse, 1999). Art Meyer and Jocele Meyer, *Earthkeepers*(Scottdale, PA: Herald, 1991). Loren Wilkinson and Mary Ruth Wilkinson, *Caring for Creation in Your Own Backyard*(Vancouver: Regent, 1992). 또 지역 자연 센터와 박물관, 군립공원 시설과 거기서 실시하는 프로그램, 학교 활동과 가족 휴가도 모두 세상이 어떻게 움직이는가에 대한 지식을 늘리는 방법이 될 수 있다.
27. 꼭 야생의 장소일 필요는 없다. 그러나 자연 세계가 어떻게 움직이는지를 밝히는 것―생태학에서 배우는 것―이 목적이기에 나는 비교적 사람들이 적게 사는 곳, 따라서 자연 세계의 복잡한 작용이 분명하게 드러나는 곳으로 이 세 장소를 선택했다.
28. Yi-Fu Tuan의 *Topophilia*를 보라. 또 다음의 책들을 보라. David Barnhill, ed., *At Home on the Earth: Becoming Native to Our Place*(Berkeley: University of California Press, 1999). Peter Sauer, ed., *Finding Home: Writing on Nature and Culture from Orion Magazine*(Boston: Beacon, 1992).
29. "단위 면적당으로 생산성을 따져 보면 열대우림은 북방침엽수림에 비해 두 배, 온대림에 비해 1.5배 이며, 사바나와 초원에 비해 4-5배에 이른다." (John Kricher, *A Neotropical Companion: An Introduction to the Animals, Plants, and Ecosystems of the New*

World Tropics[Princeton: Princeton University Press, 1989], 66-67). 열대우림은 면적으로는 전 세계 숲의 3분의 1에 불과하지만 지구의 초목 가운데 5분의 4를 품고 있다.
30. John Terborgh, *Diversity and the Tropical Rain Forest*(New York: Scientific American Library, 1992), 32-35.
31. Kricher, *Neotropical Companion*, 90.
32. 같은 책, 44.
33. Billy Goodman, *The Rain Forest*(New York: Tern Enterprise, 1991), 28.
34. Kricher, *Neotropical Companion*, 166-167.
35. "이 공생의 체계는 굉장히 복잡하게 얽혀 있다. 식물과 나무뿌리가 그물처럼 얽혀 있는 그 물망은 잎꾼개미가 만든 미로 사이로 널리 퍼져 있으며, 그 개미들의 방대한 지하거처를 구조적인 면에서 지탱해 준다. 잎꾼개미들이 기르는 균류에 관한 최근 조사에 따르면, 그 균류는 특정한 식물 병원균에 저항하는 생물학적 작용을 함으로써 나무를 보호해 주는 것으로 드러났다." (Arnold Newman, *Tropical Rainforest*[New York: Facts On File Books, 1990], 86).
36. 성충 말파리는 보통 모기의 몸에 알을 낳는다. 모기가 사람을 물 때 말파리 알은 피부로 옮겨 가서 부화하여 속으로 파고든다. 말파리의 애벌레는 숨 쉬는 기관을 위쪽으로 뻗어 필요한 공기를 빨아들이며 점점 더 크게 자란다. 애벌레의 몸에는 낚시 바늘을 축소시킨 것처럼 생긴 검고 작은 돌기들이 덮여 있어서 그것이 움직일 때마다 엄청난 고통을 일으킨다. 제거하는 것이 상책이나 쉽게 없앨 수도 없다.
37. Kricher, *Neotropical Companion*, 2장과 4장.
38. Goodman, *Rain Forest*, 33.
39. Kricher, *Neotropical Companion*, 124.
40. John Muir, *The Mountains of California*(San Francisco: Sierra Club, 1988), 2.
41. Verna Johnston, *The Sierra Nevada*(Boston: Houghton Mifflin, 1970), 172.
42. Charles Little, *The Dying of the Trees: The Pandemic in America's Forests*(New York: Penguin, 1995), 74.
43. Johnston, *Sierra Nevada*, 78.
44. 어떤 죽은 세쿼이아를 베어 나이테를 세어 보니 수령이 3,200년이었다. 이는 다윗이 골리앗을 죽인 사건이 일어났을 때 그 나무가 싹을 틔웠다는 것을 뜻한다.
45. William Tweed, *Sequoia-Kings Canyon*(Las Vegas: KC Publications, 1980), 30.
46. Johnston, *Sierra Nevada*, 81.
47. John Muir, *My First Summer in the Sierra*(San Francisco: Sierra Club, 1988), 109-110. 또 다른 곳에서 뮤어는 이렇게 쓰고 있다. "언제나 자연의 무한한 생산력과 풍요로움을 깨닫게 된다. 엄청나게 버려지는 것 같으면서도 풍요로움은 결코 줄지 않는다. 그러나 우리의 지각이 미치는 범위 내에서 자연의 작용을 헤아려 보면, 자연의 재료 가운데 작은 것 하

나라도 버려지거나 닳아 버리지 않는다는 것을 알 수 있다. 자연은 이용되고 또 이용되면서 영원히 흘러가며, 아름다움에서 더 고상한 아름다움으로 자라 간다."(168)
48. Percy Knauth, *The North Woods*(New York: Time-Life, 1972), 26.
49. 바운더리 워터스(Boundary Waters)에서 활동한 유명한 Sigurd Olson은 길이가 800미터에다, 말이 끄는 마차를 지탱할 만큼 튼튼한 비버 댐을 보았다고 보고하였다.(Knauth, *North Woods*, 86).
50. Glenda Daniel and Jerry Sullivan, *A Sierra Club Naturalist's Guide: The North Woods of Michigan, Wisconsin, and Minnesota*(San Francisco: Sierra Club, 1981), 374.
51. Mark Stensaas, *Canoe Country Wildlife: A Field Guide to the Boundary Waters and Quetico*(Duluth, MN: Pfeifer-Hamilton, 1993), 28.
52. Daniel and Sullivan, *Sierra Club Naturalist's Guide*, 375.
53. Knauth, *North Woods*, 94.
54. 흔히 서식지(habitat)와 혼동되는 "생태적 지위(niche)"는 유기체가 사는 장소를 가리키는 것이 아니라 생태계 내에서 그 유기체가 맡는 기능이나 역할을 가리킨다.
55. Stensaas, *Canoe Country Wildlife*, 187.
56. 'boreal'(북방)이라는 말은 그리스의 북풍의 신인 보레아스(Boreas)에서 왔다.
57. Stensaas, *Canoe Country Wildlife*, 206.
58. Daniel and Sullivan, *Sierra Club Naturalist's Guide*, 243.
59. 같은 책, 130.
60. Stensaas, *Canoe Country Wildlife*, 2.
61. 같은 책, 44.
62. Daniel and Sullivan, *Sierra Club Naturalist's Guide*, 371.
63. Stensaas, *Canoe Country Wildlife*, 45.
64. Sigurd Olson, *Sigurd Olson's Wilderness Days*(New York: Alfred Knopf, 1972), 192.
65. 이것은 밀러가 제시한 "지구를 이해하고 보존하는 원리들" 가운데 하나이다.(G. Tyler Miller Jr., *Living in the Environment*, 7th ed. [Belmont, CA: Wadsworth, 1992], 앞표지의 안쪽 면). 카누 타는 사람들의 황금률을 각색한 이 원리는 다음과 같이 말한다. "물길 앞쪽에 있는 사람이 당신에게 해주기를 바라는 대로 뒤에 따라오는 사람에게 해주어라" 이 책을 쓰는 동안 나는 종종 밀러의 유용한 용어를 빌려다 썼다.
66. Callenbach, *Ecology*, 헌정사에서.
67. Hardin, *Filters against Folly*, 57.
68. 같은 책, 58.
69. Callenbach, *Ecology*, 헌정사에서.

70. 같은 책, 같은 곳.
71. Daniel Botkin, *Discordant Harmonies: A New Ecology for the Twenty-First Century*(New York: Oxford University Press, 1990), 6.
72. E. O. Wilson, *The Diversity of Life*(New York: Norton, 1999), 144. 또 다음의 책을 보라. Yvonne Baskin, *The Work of Nature: How the Diversity of Life Sustains Us* (Washington, DC: Island, 1998).
73. Miller, *Living in the Environment*, 7th ed., 앞표지의 안쪽 면.
74. 예로 다음의 책을 보라. Roger Lewin, *Complexity: Life at the Edge of Chaos*, 2nd ed. (Chicago: University of Chicago Press, 1999).

2장. 세상이 어떻게 잘못되어 있는가

1. Calvin DeWitt, "Biogeographic and Trophic Restructuring of the Biosphere: The State of the Earth under Human Domination," *Christian Scholar's Review* 32 (Summer 2003): 347-348. 다른 곳에서 DeWitt은 "창조 세계의 일곱 가지 쇠퇴 현상"으로 다음의 것들을 말한다. (1) 지구 에너지 교환의 변질, (2) 땅의 황폐화, (3) 삼림 파괴, (4) 종의 멸절, (5) 물 부족, (6) 지구의 독성물질오염, (7) 인간과 문화의 황폐화. 다음의 책을 보라. Calvin DeWitt, *Caring for Creation: Responsible Stewardship of God's Handiwork*(Grand Rapids: Baker, 1998). 1장.
2. Stuart Pimm, *The World according to Pimm: A Scientist Audits the Earth*(New York: McGraw Hill, 2001), 233. 그 외에 뛰어난 과학자들의 연구에 대해서는 E. O. Wilson, Norman Myers, Peter Raven과 같은 사람들을 보라.
3. Aldo Leopold, *A Sand County Almanac*(New York: Ballantine, 1970), 197.
4. Danielle Nierenberg, "Population Rise Slows but Continues," in *Vital Signs 2007-2008*, 51.
5. 미국 통계청(Census Bureau)의 웹사이트에서 여러 가지 인구 피라미드를 볼 수 있다. www.census.gov/ipc/www/idb/worldpopinfo.html.
6. Nierenberg, "Population Rise Slows," 50.
7. Lester Brown, "Challenges of the New Century," in *State of the World 2000*(New York: Norton, 2000), 5.
8. James Gustave Speth, *Red Sky at Morning: America and the Crisis of the Global Environment*(New Haven: Yale University Press, 2004), 120.
9. Christopher Flavin, "The Legacy of Rio," in *State of the World 1997*(New York: Norton, 1997), 7, 16.
10. Lester Brown, Gary Gardner, and Brian Halweil, *Beyond Malthus: Nineteen*

Dimensions of the Population Challenge(New York: Norton, 1999), 19.
11. Flavin, "Legacy of Rio," 18.
12. 같은 책, 18-19.
13. Brown, Gardner, and Halweil, *Beyond Malthus*, 36.
14. Wendell Berry, *Home Economics*(New York: North Point, 1987), 149-150(굵은 글씨는 원문의 강조).
15. 한 사람의 어깨 폭을 60센티미터로 보고 지구둘레를 약 4만 킬로미터로 할 때.
16. *The State of the Food Insecurity in the World 2006*, 국제연합식량농업기구(FAO), 1. 또 다음의 자료를 보라. "The Millennium Development Goals Report 2005"(New York: United Nations, 2005), www.unfpa.org/icpd/docs/mdgrept2005.pdf.
17. 만성적으로 영양부족 상태에 있는 사람들은 굶어 죽게 되는 일은 거의 없지만 하루에 섭취하는 열량이 일일 최소량의 90퍼센트에도 미치지 못하기 때문에 에너지의 부족으로 인해 적극적으로 노동생활을 하지 못한다. 이에 반해 영양실조에 걸린 사람들은 단백질 및 비타민과 미네랄의 심각한 결핍으로 어려움을 당한다.
18. Lester Brown, "Why Ethanol Production Will Drive World Food Prices Even Higher in 2008," Earth Policy Institute, January 24, 2008. http://earthpolicy.org/Updates/2008/Update69.htm. 또 *Vital Signs 2007-2008*, 21을 보라.
19. Gary Gardner, "Grain Area Shrinks Again," in *Vital Signs 2000*, 45.
20. Brown, "Why Ethanol Production." 여러 사람 가운데 특히 Brown이 에탄올을 생산하는 데 사용되는 곡식이 대규모로 증가하는 것에 대해 크게 비난한다. 생물연료가 세계 식량 가격에 미치는 영향으로 세계적으로 굶주리는 사람들의 숫자가 극적으로 증가할 것으로 예측된다. 전 세계에서 굶주리는 사람들이 증가하는 현상은 2008년에 있었던 식량 가격의 급상승으로 인해 슬프게도 이미 현실로 나타나고 있다. 곡식을 굶주리는 사람들에게 공급하는 대신 자동차에 퍼붓는 일을 도덕적으로 어떻게 정당화할 수 있겠는가?
21. John Tuxill, *Losing Strands in the Web of Life: Vertebrate Declines and the Conservation of Biological Diversity*(Washington, DC: Worldwatch Institute, 1998), 9. 또 다음의 책들을 보라. E. O. Wilson, *The Diversity of Life*(New York: Norton, 1999). Norman Myers, *The Sinking Ark*(New York: Pergamon, 1979).
22. *Ecosystems and Human Well-being: Biodiversity Synthesis*, Millennium Ecosystem Assessment (Washington, DC: World Resources Institute, 2005), 3. www.millenniumassessment.org/documents/document.354.aspx.pdf.
23. Norman Myers, "Biotic Holocaust," *National Wildlife Federation*, March/April 1999, 31.
24. Elroy Bos, "Threats to Species Accelerate," in *Vital Signs 2007-2008*, 97. 더 많은(그리고 갱신된) 자료를 보려면 국제자연보호연맹(IUCN)의 멸종위기생물 목록(Red List,

www.iucnredlist.org)을 참조하라. 미국 어류 및 야생생물관리국(Fish and Wildlife Service)이 멸종위기에 있거나 위협당하고 있는 종들을 그린 그림 역시 가슴을 아프게 한다. 멸종위기생물보호법(Endangered Species Act)에 대한 설명과 그 법이 왜 강화되어야 하는가에 대한 논의를 살펴보려면 다음의 책을 보라. Steven Bouma-Prediger and Virginia Vroblesky, *Assessing the Ark: A Christian Perspective on Non-Human Creatures and the Endangered Species Act*(Wynnewood, PA: Crossroad, 1997).

25. Bos, "Threats to Species Accelerate," 96.
26. 다음의 자료를 참조하라. 2007 Red List(www.iucnredlist.org), tables 3a and 3b.
27. Tuxill, *Losing Strands*, 11-12.
28. 다음의 자료를 참조하라. Kevin Eckerle, "Climate Change Affects Terrestrial Biodiversity," in *Vital Signs 2007-2008*, 94-95.
29. 다음의 자료를 참조하라. Gretchen Daily, ed., *Nature's Services: Societal Dependence on Natural Ecosystems*(Washington, DC: Island, 1997). 특히 6장과 14장을 보라.
30. V. Heywood, ed., *Global Biodiversity Assessment*(Cambridge: Cambridge University Press, 1995).
31. Rebecca Lindsey, "Tropical Deforestation," NASA Earth Observatory, March 30, 2007, 16. Lindsey의 주장은 유엔식량농업기구(FAO)가 제공한 2005년 자료에 근거한 것이다. 이 평가 수치는 낮춰 잡은 것이다. Norman Myers는 연간 총량이 15만 제곱킬로미터라고 주장한다.(Daily의 *Nature's Services*, 224를 보라)
32. 서양의 사고에서 나무와 숲이 차지하는 역할을 탁월하게 논한 자료로는 다음의 책을 보라. Robert Pogue Harrison, *Forests: The Shadow of Civilizations*(Chicago: University of Chicago Press, 1992). 나무가 지닌 심리학적이고 신화적인 힘을 다룬 흥미 있는 자료로 다음의 책을 보라. Michael Perlman, *The Power of Trees*(Woodstock, CT: Spring, 1994).
33. Gary Gardner, "Forest Loss Continues," in *Vital Signs 2005*, 92.
34. Lindsey, "Tropical Deforestation," 16. 또 다음의 자료도 참조하라. "Forest Loss Continues," 92.
35. Thomas Rudel et al., "Tropical Deforestation Literature: Geographical and Historical Patterns in the Availability of Information and Analysis of Causes," 유엔식량농업기구(FAO), 삼림부, 8.
36. 컴퓨터 시대에는 종이 사용이 감소할 것이라는 일반적인 생각과는 달리, 실제로는 종이 사용이 증가했다는 내 막연한 조사가 사실임을 최근의 연구 결과들이 확증해 준다. Molly O'Meara는 다음과 같이 발견한 사실들을 요약해 준다. "1988년에서 1998년 사이에 선진 산업국들에서 인쇄와 필기용 종이의 일인당 평균 소비량이 24퍼센트 증가하였다. 종이를 필요로 하는 산업 국가들의 욕구를 컴퓨터가 채워 주지 못했다. 컴퓨터는 단지 그 나라들

의 취향에 변화를 주었을 뿐이다." ("Harnessing Information Technologies for the Environment," in *State of the World 2000*, 129).
37. Janet Abramovitz, *Taking a Stand: Cultivating a New Relationship with the World's Forests*(Washington, DC: Worldwatch Institute, 1998), 8.
38. Charles Little, *The Dying of the Trees: The Pandemic in America's Forests*(New York: Penguin, 1995), ix.
39. 같은 책, 188.
40. 다음의 책들을 참조하라. Abramovitz, *Taking a Stand*, 9-16. Daily, *Nature's Services*, 12장.
41. "Coping with Water Scarcity, World Water Day 2007," 유엔 세계보건기구(WHO), 1. www.euro.who.int/watsan/issues/20080818_5.
42. "August 2006 Monthly Update: Water Scarcity," 세계자원연구소(World Resources Institute), 2. http://earthtrends.wri.org/images/sectoral_water_withdrawals.jgp.
43. Janet Abramovitz, *Imperiled Waters, Impoverished Future: The Decline of Freshwater Ecosystems*(Washington, DC: Worldwatch Institute, 1996), 31.
44. Brown, Gardner, and Halweil, *Beyond Malthus*, 37.
45. Sandra Postel, *Dividing the Waters: Food Security, Ecosystem Health, and the New Politics of Scarcity*(Washington, DC: Worldwatch Institute, 1996), 32. 또 다음의 책을 참조하라. Sandra Postel, *Liquid Assets: The Critical Need to Safeguard Freshwater Ecosystems*(Washington, DC: Worldwatch Institute, 2005), 19, 25.
46. *The Water Atlas*(New York: New Press, 2004), 64-65. 다음의 자료들도 참조하라. Lester Brown, "Water Deficits Growing in Many Countries," *Great Lakes Directory*, August 9, 2002, www.greatlakesdirectory.org/zarticles/080902_water_shortages.htm. Postel, *Dividing the Waters*, 20-21.
47. Eleanor Sterling, "Blue Planet Blues: Demand for Freshwater Threatens to Outstrip Supply," *Natural History*, November 2007, 29-31. 이 글은 다음의 책에 포함되어 출판되었다. *Water Supply*, ed. Richard Joseph Stein(New York: H. W. Wilson, 2008), 6.
48. Brown, Gardner, and Halweil, *Beyond Malthus*, 39.
49. Postel, "Redesigning Irrigated Agriculture," in *State of the World 2000*(New York: Norton, 2000), 43-44.
50. Abramovitz, *Imperiled Waters*, 34-35.
51. "Water, Sanitation, and Hygiene Links to Health," 세계보건기구(WHO), November 2004. www.who.int/water_sanitation_health/publications/facts2004/en/print.html.

52. Postel, *Liquid Assets*, 16-17.
53. David Pimentel, "Soil Erosion: A Food and Environmental Threat," *Environment, Development and Sustainability* 8(2006): 123.
54. Pimentel, "Soil Erosion," 124.
55. 같은 책, 같은 곳.
56. Norman Myers, *Gaia: An Atlas of Planet Management*. Pimentel의 글 "Soil Erosion," 123에 인용되었다. Pimentel의 말대로 이 수치는 크게 어림잡은 평가인 것으로 보인다.
57. Pimentel, "Soil Erosion," 123.
58. G. Tyler Miller Jr., *Living in the Environment*, 11th ed.(Pacific Grove, CA: Brooks/Cole, 2000), 356-357.
59. 1999 Sierra Club Sprawl Report, at www.sierraclub.org/sprawl/report99/.
60. "Population Growth and Suburban Sprawl," Sierra Club, 2003. www.sierraclub.org/spawl/sprawlpop_2003.pdf.
61. *The State of the Cities 2000: Megaforces Shaping the Future of the Nation's Cities*, 미국 주택 도시 개발부, 2000. 방만한 도시 확장(sprawl)과 관련해 여러 가지 환경 문제에 더해 심각한 건강 문제들도 많이 발생한다. 다음의 글을 참조하라. Howard Frumpkin, "Urban Sprawl and Public Health," *Public Health Reports* 117(May-June 2002).
62. "Municipal Solid Waste Generation, Recycling, and Disposal in the United States: Facts and Figures for 2006," 미국 환경 보호국(EPA), 2007, www.epa.gov/waste/nonhaz/municipal/pubs/msw06.pdf. 모든 종류의 쓰레기를 분석한 유용한 자료로는 다음의 글을 보라. Kim Martens Evans, *The Environment: A Revolution in Attitudes*(Farmington Hills, MI: Gale, Cengage Learning, 2008).
63. "Municipal Solid Waste Generation," 2.
64. 같은 책, 3-4.
65. Miller, *Living in the Environment*, 11th ed., 580. 1990년대 후반의 자료.
66. G. Tyler Miller Jr., *Living in the Environment*, 15th ed.(Pacific Grove, CA: Brooks/Cole, 2006), 533. 이러한 종류의 쓰레기를 더 구체적으로 다룬 자료로는 다음의 책을 보라. Evans, *Environment*, 89-92.
67. Alan Durning, *How Much Is Enough?*(New York: Norton, 1992), 48. 또 Durning의 최근 책인 *This Place on Earth: Home and the Practice of Permanence*(Seattle: Sasquatch Books, 1996)를 보라. 각 책에서 Durning은 미국과 선진국으로 분류되는 다른 나라들에 사는 사람들의 낭비적인 생활에 대해 날카로운 질문을 던지며, 소비와 순간의 삶에 집착하는 세상 속에서 가정을 이루는 데 도움이 되는 실제적인 충고를 제시한다.
68. David Myers, *The Pursuit of Happiness: Who Is Happy-and Why*(New York:

William Morrow, 1992), 44(굵은 글씨는 원문의 강조). 또 다음의 책을 보라. David Myers, *The American Paradox: Spiritual Hunger in an Age of Plenty*(New Haven: Yale University Press, 2000). 이 책의 부제 속에 책의 주제가 나타나있다.

69. James Gustave Speth, *The Bridge at the Edge of the World: Capitalism, the Environment, and Crossing from Crisis to Sustainability*(New Haven: Yale University Press, 2008), 126.
70. 시애틀의 공립 텔레비전 방송인 KCTV가 제작한 비디오인 "Affluenza"와 "Escape from Affluenza"를 보라. 또 그 후속으로 발간한 다음의 책을 보라. John DeGraaf, David Wann, and Thomas Naylor, *Affluenza: The All-Consuming Epidemic*(San Francisco: Berrett-Koehler, 2001).
71. "GEO-2000, Global Environment Outlook," 유엔환경계획(UNEP), www.unep.org/geo2000/index.htm.
72. Janet Sawin and Ishani Mukherjee, "Fossil Fuel Use Up Again," in *Vital Signs 2007-2008*, 32.
73. Frank van Mierlo가 에너지 소비와 GDP를 비교해 그린 그래프를 보라. 이 그래프는 국제에너지기구(IEA)가 제출한 "2006 Key World Energy Statistics"의 자료를 기초로 작성되었다. http://en.wikipedia.org/wiki/File:World_Energy_consumption.png.
74. Brown, Gardner, and Halweil, *Beyond Malthus*, 46.
75. 피크오일(peak oil)을 다룬 폭넓은 논의에 대해서는 다음의 책을 보라. Richard Heinberg, *The Party's Over: Oil, War and the Fate of Industrial Societies*, rev. ed. (Gabriola Island, BC: New Society, 2005), 3장. 또 다음의 책도 참조하라. Paul Roberts, *The End of Oil: On the Edge of a Perilous New World*(Boston: Houghton Mifflin, 2004).
76. Brown, Gardner, and Halweil, *Beyond Malthus*, 48.
77. Janet Sawin, "Wind Power Still Soaring," in *Vital Signs 2007-2008*, 36-37.
78. Janet Sawin, "Solar Power Shining Bright," in *Vital Signs 2007-2008*, 38-39.
79. Sawin and Mukherjee, "Fossil Fuel Use Up Again," 32.
80. "Acidification," The Swedish NGO Secretariat on Acid Rain, 1. www.atmosphere.mpg.de/enid/3-Acid_Rain/-_Impact_1_zx.html.
81. *Global Ecology Handbook*(Boston: Beacon, 1990), 225. 그리고 다음의 책을 참조하라. Miller, *Living in the Environment*, 11th ed., 480.
82. "Acid Rain: Downpour in Asia?" 세계자원연구소. www.wri.org/publication/content/8434.
83. "Is Rain Getting More or Less Acidic?" 캐나다 환경청(Environment Canada). www.ec.gc.ca/acidrain/acidwater.html.

84. "Some Questions and Answers on Acid Rain," 뉴욕 주, 환경보존부(Department of Environmental Conservation), 1. http://www.dec.ny.gov/chemical/8418.html.
85. Jeff Jones, "Rain Check," *Adirondack Life*, March/April 1997, 51.
86. 아디론댁 지역의 산성비를 과학적으로 다룬 기초 자료로는 다음의 책을 보라. Jerry Jenkins et al., *Acid Rain and the Adirondacks: A Research Summary*(Ray Brook, NY: Adirondack Lakes Survey Corporation, 2005). 또 다음의 책을 참조하라. Jerry Jenkins et al., *Acid Rain in the Adirondacks: An Environmental History*(Ithaca, NY: Cornell University Press, 2008).
87. 산성비가 미치는 영향에 대해 더 알기 위해서는 Evans의 책, *Environment* 5장을 보라.
88. Chris Bright, "Anticipating Environmental 'Surprise,'" in *State of the World 2000*, 34.
89. 2007년에는 단 일곱 개 주(일리노이, 인디애나, 켄터키, 미시간, 오하이오, 펜실베이니아, 웨스트버지니아)가 아황산가스의 21퍼센트와 질소산화물의 36퍼센트를 배출하였다 (EPA 웹사이트가 제시한 자료에 근거한 분석, http://camddataandmaps.epa.gov/gdm/index.cfm?fuseaction=iss.progressresults).
90. E. G. Nisbet, *Leaving Eden: To Protect and Manage the Earth*(Cambridge: Cambridge University Press, 1991), 83-84.
91. EPA가 제시한 가장 최근의 그래프들을 보라("Air Trends," www.epa.gov/air/airtrends/).
92. 가장 더웠던 열네 해를 위에서 아래로 보면 2005년, 1998년과 2007년은 같고, 2002년, 2003년, 2006년, 2004년, 2001년, 1997년, 1995년, 1990년, 1999년, 1991년, 2000년이다(고다드 우주연구소, http://data.giss.nasa.gov/gistemp/에서 볼 수 있다).
93. 최초의 보고서는 1990년에 나왔고, 2차 보고서는 1995년에, 3차 보고서는 2001년에, 4차 보고서는 2007년에 나왔다.
94. "IPCC, 2007: Summary for Policymakers," in *Climate Change 2007: The Physical Science Basis*(워킹 그룹 I[Working Group I]이 기후 변화에 관한 정부간 회의(IPCC)의 네 번째 평가보고서에 기고한 글, Cambridge: Cambridge University Press, 2007), 5. 인터넷으로는 다음에서 볼 수 있다. www.ipcc.ch/pdf/assessment-report/ar4/wg1/ar4-wg1-spm.pdf.
95. 같은 책, 2.
96. Jonathan Amos, "Deep Ice Tells Long Climate Story," *BBC News*, September 4, 2006, http://news.bbc.co.uk/2/hi/science/nature/5314592.stm. 과거 80만 년 동안 자연 상태의 이산화탄소 수준은 180-300 ppm이었다. 영국 남극 자연환경 연구소(BAS)의 Eric Wolff에 의하면 "가장 두려운 것은 요즈음 이산화탄소 농도에서 일어나고 있는 변동의 비율이었다. 빙하 코어(ice core)에서, 가장 빠른 것으로 확인된 증가치는 약 1,000

년 동안에 30 ppmv 정도였다. 가장 최근에 30 ppmv 증가한 것은 단 17년 사이에 일어났다. 우리는 지금 기록상 전례를 찾아볼 수 없는 상황에 처해 있다"(Amos, "Deep Ice").
97. Miller, *Living in the Environment*, 11th ed., 500.
98. "IPCC, 2007," 4.
99. 같은 책, 10. 굵은 글씨는 원문의 강조. 확인된 가능성을 표현하는 여덟 가지 말 가운데 하나인 "거의 확실한(very likely)"이라는 표현은 발생 가능성이 90퍼센트 이상일 때 쓰는 말이다.
100. Bill McKibben, *The End of Nature*(New York: Doubleday, 1989), 45.
101. "IPCC, 2007," 5-8. 그리고 워킹 그룹 II(Working Group II)가 2007년 IPCC의 네 번째 평가보고서에 기고한 글을 보라. 이전의 보고서들보다 훨씬 나은 질의 자료와 결론에 대한 확고한 자신감을 담고 있는 이 보고서는 현재 지구의 기후 변화가 수많은 자연 체계와 인간 사회에 어떤 영향을 미치고 있는지 상세하게 설명한다. 이 문제에 대해 좀 더 자세히 알려면 다음의 글과 책들을 보라. Lisa Mastay, "Global Ice Melting Accelerating," in *Vital Signs 2005*. Mark Lynas, *High Tide: The Truth about Our Climate Crisis*(New York: Picador, 2004). Elizabeth Kolbert, *Field Notes from a Catastrophe: Man, Nature, and Climate Change*(New York: Bloomsbury, 2006).
102. "IPCC, 2007," 15-18.
103. 같은 책, 8-9.
104. Molly Aeck, "Weather-Related Disasters Near a Record," in *Vital Signs 2005*, 50-51.
105. 다른 사례들을 다음의 책에서 볼 수 있다. Bill McKibben, *Hope, Human and Wild: True Stories of Living Lightly on the Earth*(St. Paul: Hungry Mind, 1995).
106. 위에서 살펴본 확고한 증거(그리고 환경 파괴에 대한 직접적인 경험)에도 불구하고 오늘날 어떤 사람들은 우리의 고향별이 환경적인 면에서 매우 잘 돌아가고 있다고 생각한다. 달리 말해, "그렇게 나쁘지는 않다"고 말하는 사람들이 있다. 그 한 사례가 "Cornwall Declaration on Environmental Stewardship"인데, 이 선언은 "인간이 원인이 된 파괴적인 지구온난화, 과도한 인구, 만연하는 생물 종의 소멸에 대한 두려움은 근거 없는 지나친 관심사들에 속한다"고 말하고 있다. 이 문제들은 "억측에 불과한 것들"로 "그 위험도가 매우 낮고 대개 가설일 뿐"이라는 것이다. 이런 주장에 어떻게 대응해야 할까? 생물학적으로 다양한 지구가 제공하는 중요한 재화와 서비스를 생각하고 또 파괴현상의 다양한 증거를 놓고 볼 때, 생물다양성의 상실에 대한 관심을 어떻게 "근거 없는" 것이라고 말할 수 있을까? 지구가 어떻게 작동하는지를 조금이라도 안다면, 어떻게 위험도가 "매우 낮다"고 말할 수 있을까?
107. Nisbet, *Leaving Eden*, 140.
108. 같은 책, 140-142.

3장. 기독교에 책임이 있는가

1. Ludwig Feuerbach, *The Essence of Christianity*(New York: Harper and Row, 1957), 287.
2. *Sierra*, May-June 1993, 112.
3. 이 구절은 James Nash의 책, *Loving Nature: Ecological Integrity and Christian Responsibility*(Nashville: Abingdon, 1991)의 3장 제목이다.
4. 같은 책, 72쪽.
5. 같은 책, 같은 곳(굵은 글씨는 원문의 강조). 또 Paul Santmire의 탁월한 역사 연구서에 부제로 덧붙인 구절이 말하는 대로, 과거에 기독교 신학은 "애매모호한 생태학적 전망"을 제시해 왔다. 다음의 책을 보라. *The Travail of Nature: The Ambiguous Ecological Promise of Christian Theology*(Philadelphia: Fortress, 1985).
6. Nash, *Loving Nature*, 72, 74.
7. Wendell Berry, *Sex, Economy, Freedom, and Community*(New York: Pantheon, 1992), 94.
8. 같은 책, 94-95.
9. Nash, *Loving Nature*, 68. Nash의 책 3장 이외에 Robert Booth Fowler의 *The Greening of Protestant Thought*(Chapel Hill: University of North Carolina Press, 1995) 4장에서도 "기독교를 반박하는 논증"에 관한 자료를 볼 수 있다.
10. Arnold Toynbee, "The Religious Background of the Present Environmental Crisis," in *Ecology and Religion in History*, ed. David Spring and Eileen Spring (New York: Harper and Row, 1974), 146.
11. 같은 책, 147.
12. 같은 책, 148.
13. Roderick Nash, *The Rights of Nature: A History of Environmental Ethics* (Madison: University of Wisconsin Press, 1989), 90.
14. Wallace Stegner, *Marking the Sparrow's Fall: The Making of the American West*(New York: Henry Holt, 1998), 121. 그 외에도 많은 사람들이 이와 동일한 주장을 한다. 그 예로 다음의 글을 보라. Ian McHarg, "The Place of Nature in the City of Man," in *Western Man and Environmental Ethics*, ed. Ian Barbour(Reading, PA: Addison-Wesley, 1973), 174-175.
15. Stegner, *Marking the Sparrow's Fall*, 122.
16. Berry, *Sex, Economy, Freedom, and Community*, 105.
17. John Passmore, *Man's Responsibility for Nature*(New York: Scribner's, 1974), 12-13.
18. Rosemary Radford Ruether, *New Woman/New Earth: Sexist Ideologies and*

Human Liberation(New York: Seabury, 1975), 195.
19. Lynn White Jr., "The Historical Roots of Our Ecologic Crisis," in Barbour, *Western Man and Environmental Ethics*, 25. 이 글은 원래 다음의 잡지에 실렸다. Science 155 (March 10, 1967): 1203-1207.
20. 같은 책, 26.
21. 같은 책, 27.
22. 같은 책, 같은 곳(굵은 글씨는 원문의 강조).
23. Max Oelschlaeger, *Caring for Creation: An Ecumenical Approach to the Environmental Crisis*(New Haven: Yale University Press, 1994), 2.
24. 이 종말론의 옹호자로 이름(악명)을 날리는 또 다른 사람이 레이건 대통령의 초대 내무부 장관이었던 James Watt다. 독실한 기독교인인 Watt는 하원의 한 위원회에서 왜 그의 부서가 정해진 권한에 어긋나는 일을 하느냐의 문제로 토론하던 중에(1981년 2월 5일), 한 질문에 답하면서 이렇게 말했다. "주님께서 다시 오실 때까지 우리가 배려할 미래 세대가 얼마나 될지 나는 모릅니다." 달리 말해, 얼마 안있어 예수가 다시 오시며 또 예수가 돌아오면 모든 것이 파괴될 터인데 무엇 때문에 지구를 돌봐야 하느냐는 말이다. 다음의 글을 보라. Ron Wolf, "God, James Watt, and the Public Lands," Audubon 83, no. 3(May 1981): 58-65. 그러나 다른 사람들은 Watt가 진정으로 저세상적인 묵시종말론을 신봉하는 사람이 아니라 생태계 파괴의 영향을 우습게 여기거나 축소시킨 사람일 뿐이라고 주장한다. 예로 다음의 자료를 보라. David Larson, "God's Gardeners: American Protestant Evangelicals Confront Environmentalism, 1967-2000" (PhD dissertation, University of Chicago Divinity School, 2001).
25. Lindsey의 유명한 책, *The Late Great Planet Earth*(Grand Rapids: Zondervan, 1970)는 굉장한 베스트셀러였다. LaHaye가 공동저자로 참여해 발행하는 가상의 연작물인 Left Behind 시리즈는 수천만 권이 팔렸다.
26. Jerry Jenkins. 다음의 글에서 인용하였다. Lon Carlozo, "Apocalypse soon: For series' authors, the ending justifies their means," *Chicago Tribune*, sec. 5, March 13, 2002.
27. Nash, *Rights of Nature*, 91-92. "마지막 때"를 다룬 문헌과 창조 세계에 대한 태도에 대해 더 알기 위해서는 다음의 책을 보라. Fowler, *Greening of Protestant Thought*, 3장.
28. Bill Moyers, "On Receiving Harvard Medical School's Global Environment CitizenAward" (public address, December 1, 2004, www.commondreams.org/views04/1206-10.htm).
29. 인격(person)이라는 말의 용법에 대해서는 긴 논의가 필요하며 여기서는 지면상의 문제로 다 다룰 수 없다. 그러나 간단히 말해 내가 이 말을 사용할 때 그 의미는 대체로 인간만이 소유한, 책임적인 행동을 가능하게 해주고 따라서 도덕적인 양심을 느끼게 해주는 일

런의 독특한 특성이나 소질들을 뜻한다.
30. 예로 다음의 글을 보라. Joseph Sittler, "Ecological Commitment as Theological Responsibility," *Zygon* 5 (June 1970): 175.
31. Wendell Berry, *What Are People For?* (New York: North Point, 1990), 98.
32. Nash, *Loving Nature*, 74-75.
33. 다음의 책들을 보라. Carolyn Merchant, *The Death of Nature* (San Francisco: Harper and Row, 1980). Clarence Glacken, *Traces on the Rhodian Shore: Nature and Culture in Western Thought from Ancient Times to the End of the Eighteenth Century* (Berkeley: University of California Press, 1967).
34. Nash, *Loving Nature*, 77.
35. 이 주장을 뒷받침하는 자료로는 다음의 책들을 보라. Hans Walter Wolff, *Anthropology of the Old Testament* (Philadelphia: Fortress, 1981). G. E. Ladd, *Theology of the New Testament* (Grand Rapids: Eerdmans, 1974), 29장과 34장. Herman Ridderbos, *Paul: An Outline of His Theology* (Grand Rapids: Eerdmans, 1975), 3장과 6장.
36. 전자에 대해서는 다음의 책을 보라. G. C. Berkouwer, *Man: The Image of God* (Grand Rapids: Eerdmans, 1962), 6장. 후자에 관해서는 다음의 책을 보라. John Cooper, *Body, Soul, and Life Everlasting* (Grand Rapids: Eerdmans, 1989). 비이원론적 기독교 인간론의 한 가지 예를 다음의 책에서 볼 수 있다. Kevin Corcoran, *Rethinking Human Nature: A Christian Materialist Alternative to the Soul* (Grand Rapids: Baker Academic, 2006). 이 광범위한 논의에 대해 좀 더 알기 위해서는 다음의 책들에 실린 글을 보라. Warren Brown, Nancey Murphy, and H. Newton Malony, eds., *Whatever Happened to the Soul? Scientific and Theological Portraits of Human Nature* (Minneapolis: Fortress, 1998). Joel Green, ed., *What about the Soul? Neuroscience and Christian Anthropology* (Nashville: Abingdon, 2004).
37. 예를 들어 Plato의 *Phaedo*와 *Phaedrus*를 보라.
38. Berry, *Sex, Economy, Freedom, and Community*, 106(굵은 글씨는 원문의 강조).
39. Nash, *Loving Nature*, 79.
40. 같은 책, 같은 곳.
41. Santmire, *Travail of Nature*, 2장. 또 다음의 책을 보라. Susan Power Bratton, *Christianity, Wilderness, and Wildlife: The Original Desert Solitaire* (Scranton, PA: University of Scranton Press, 1993).
42. Wesley Granberg-Michaelson, *Ecology and Life: Accepting Our Environmental Responsibility* (Waco: Word, 1988), 33. Lynn White 명제에 대해 비판적인 견해로는 다음의 글들을 보라. Barbour가 편집한 책인 *Western Man and Environmental Ethics*에 실린 Louis Moncrief와 Rene Dubos의 논문들. 그리고 David Spring과 Eileen

Spring이 편집한 책인 *Ecology and Religion in History*에 실린 Rene Dubos의 "Franciscan Conservation versus Benedictine Stewardship". 또 *Journal of Religion* 65, no. 2(April 1985), 155-172에 실린 Jeremy Cohen의 "The Bible, Man, and Nature in the History of Western Thought: A Call for Reassessment."
43. 다음의 책들을 참조하라. Eugene Klaaren, *Religious Origins of Modern Science* (Grand Rapids: Eerdmans, 1977). Roger Hooykaas, *Religion and the Rise of Modern Science*(Edinburgh: Scottish Academic, 1972).
44. 다음의 책을 참조하라. David Lindberg and Ronald Numbers, *God and Nature: Historical Essays on the Encounter between Christianity and Science*(Berkeley: University of California Press, 1986).
45. Nash, *Loving Nature*, 88.
46. 마야 문명에 관해서는 다음의 책을 보라. Clive Ponting, *A Green History of the World: The Environment and the Collapse of Great Civilizations*(New York: Penguin, 1991), 5장. 또 다음의 책을 참조하라. Jared Diamond, *Collapse: How Societies Choose to Fail or Succeed*(New York: Viking, 2005). 아우구스티누스가 탄식하고 있는 내용은 그의 책, *City of God*에서 볼 수 있다. 플라톤이 한 말은 그의 책 *Critias* 3장에 들어 있다.
47. 예를 들어, Bob Goudzwaard는 *Capitalism and Progress: A Diagnosis of Western Society*(Grand Rapids: Eerdmans, 1979)에서, 경제 발전을 절대적으로 신봉하는 근대 자본주의(그리고 사회주의)가 생태계 파괴를 초래한 주요 요인이었다고 주장한다. 또 Brian Walsh와 Richard Middleton도 *The Transforming Vision*(Downers Grove, IL: InterVarsity, 1984)에서, 경제 번영에 대한 그릇된 믿음, 곧 경제지상주의가 생태계 착취를 낳은 주된 요인 중의 하나라고 지적하고 있다. 또 Alan Miller도 *Gaia Connections*(Savage, MD: Rowman and Littlefield, 1991) 5장에서 비슷한 주장을 펴고 있다.
48. White, "Historical Roots," 30.
49. 본문 비평을 논하는 것은 이 책의 한계를 넘어서는 일이다. 가장 오래되고 확실하게 확인된 사본들은 베드로후서 3:10에 *heurethēsetai*라는 표현을 가지고 있으며, 이 사본들은 세계성서공회(United Bible Society)의 신약성경과 네슬레-알란트 그리스어 신약성경(Nestle-Aland Greek New Testament)에 반영되었다는 것을 말하는 것으로 그치겠다. 이 본문에 관한 논의를 살펴보기 위해서는 다음의 책들을 보라. Bruce Metzger, *A Textual Commentary on the Greek New Testament*, 2nd ed.(London: United Bible Society, 1994). Richard Bauckham, *Jude and 2 Peter*, Word Biblical Commentary 50(Waco: Word, 1983), 303-322. 이 주제 전체의 배경을 잘 다룬 자료로는 다음의 글을 보라. Al Wolters, "Worldview and Textual Criticism in 2 Peter 3:10," *Westminster Theological Journal* 49, no. 2(Fall 1987): 405-413.

50. 이러한 해석의 근거는 Bauckham의 책, *Jude and 2 Peter*에서 확인할 수 있다.
51. Susan Schreiner, *The Theatre of His Glory: Nature and the Natural Order in the Thought of John Calvin*(Grand Rapids: Baker, 1991), 99.
52. Thomas Finger, "Evangelicals, Eschatology, and the Environment," Scholars Circle monograph 2(Evangelical Environmental Network, 1998), 5.
53. Cicero, *Letters to Atticus* 8.16.2 and 16.11.6.
54. N. T. Wright, *Surprised By Hope: Rethinking Heaven, the Resurrection, and the Mission of the Church*(New York: HarperCollins, 2008), 133.
55. Barbara Rossing, *The Rapture Exposed: The Message of Hope in the Book of Revelation*(Boulder, CO: Westview, 2004), 2. 이 책은 공중들림과 레프트 비하인드 (Left Behind)식 종말론을 철저하고 신랄하게 비판한다. 또 Craig Hill의 탁월한 책, *In God's Time: The Bible and the Future*(Grand Rapids: Eerdmans, 2002)의 부록인 "Not Left Behind"를 참조하라. 이 부록에서 저자는 레프트 비하인드의 성경 해석을 강하게 비판하면서 "오늘날 미국에서 가장 인기 있는 종말론은 전혀 성경과 관계가 없다"(207) 고 결론짓는다.
56. Finger, "Evangelicals, Eschatology, and the Environment," 27(굵은 글씨는 원문의 강조).
57. 같은 책, 같은 곳.
58. Nash, *Loving Nature*, 74.
59. Donald Worster, *The Wealth of Nature: Environmental History and the Ecological Imagination*(New York: Oxford University Press, 1993), 208-210(굵은 글씨는 원문의 강조).
60. 같은 책, 210.
61. 같은 책, 211.
62. 같은 책, 214.
63. 같은 책, 214-216.
64. 같은 책, 217. Wendell Berry도 같은 주장을 펴서, 우리 인간의 국부적인 경제는 훨씬 더 큰 자연의 경제, 그리고 궁극적으로는 하나님의 경제에 의존하며 거기에서 나온다고 말한다. 그가 쓴 다음의 글을 보라. "Two Economies" in *Home Economics*(New York: North Point, 1987).
65. Worster, *Wealth of Nature*, 217.
66. 같은 책, 218 (굵은 글씨는 원문의 강조). 서구 문화를 날카롭게 관찰해온 많은 학자들이 이와 동일한 주장을 한다. 예를 들어 Paul Wachtel은 *The Poverty of Affluence: A Psychological Portrait of the American Way of Life*(Philadelphia: New Society, 1989)에서 "환경상의 제약 문제와 오염"을 "소비주의 삶이 낳은 부정적인 현실 가운데서

가장 심각한 것"(48)이라고 말한다.
67. Worster, *Wealth of Nature*, 18.
68. Norman Wirzba, *The Paradise of God: Renewing Religion in an Ecological Age* (New York: Oxford University Press, 2003), 61-62(굵은 글씨는 원문의 강조).
69. 같은 책, 62.
70. 같은 책, 65.
71. 같은 책, 67.
72. 같은 책, 68.
73. 같은 책, 69.
74. 같은 책, 69-70.
75. 같은 책, 72.
76. 같은 책, 73.
77. 이 점에 대해 좀 더 알기 위해서는 다음의 책을 보라. Steven Bouma-Prediger and Brian Walsh, *Beyond Homelessness: Christian Faith in a Culture of Displacement*(Grand Rapids: Eerdmans, 2008), 7-8장.
78. Wirzba, *The Paradise of God*, 77.
79. 같은 책, 78.
80. 같은 책, 78-79. 또 다음의 책들을 참조하라. Neil Postman, *Technopoly: The Surrender of Culture to Technology*(New York: Vintage, 1993). Albert Borgmann, *Power Failure: Christianity in the Culture of Technology*(Grand Rapids: Brazos, 2003). Bill McKibben, *Enough: Staying Human in an Engineered Age*(New York: Henry Holt, 2003).
81. Wirzba, *The Paradise of God*, 81.
82. 같은 책, 85.
83. 같은 책, 89.
84. 같은 책, 90.
85. 같은 책, 91.
86. Granberg-Michaelson, *Ecology and Life*, 34.
87. Merchant의 책, *Death of Nature*를 참조하라. 우리가 근대성(modernity)이라고 부르는 것의 형성에 여러 모양으로 기여한 계몽주의 사상가들—베이컨, 데카르트, 홉스, 로크, 뉴턴, 스미스, 칸트—을 보면 이 지성적 운동이 지닌 힘이 어떤지 잘 알 수 있다.
88. 근대성의 출현에 대한 연구 자료들로는 다음의 책들을 보라. Charles Taylor, *Sources of the Self: The Making of the Modern Identity*(Cambridge: Harvard University Press, 1989). Stephen Toulmin, *Cosmopolis: The Hidden Agenda of Modernity*(Chicago: University of Chicago Press, 1990). Alasdair MacIntyre, *After Virtue*, 2nd ed.(Notre

Dame: University of Notre Dame Press, 1984). 교회가 문화의 포로가 된 현상에 대해 서는 다음의 책들을 보라. William Placher, *Unapologetic Theology: A Christian Voice in a Pluralistic Conversation*(Louisville: Westminster/John Knox, 1989). John Milbank, *Theology and Social Theory: Beyond Secular Reason*(Oxford: Blackwell, 1993).

89. Wendell Berry, *Sex, Economy, Freedom, and Community*, 114-115.
90. Granberg-Michaelson, *Ecology and Life*, 35.
91. James Gustafson, *Ethics from a Theocentric Perspective: Theology and Ethics*(Chicago: University of Chicago Press, 1981), 91.
92. Holmes Rolston III, *Environmental Ethics: Duties to and Values in the Natural World*(Philadelphia: Temple University Press, 1988), 32(굵은 글씨는 원문의 강조).
93. 예로 다음의 책들을 보라. Jürgen Moltmann, *God in Creation: A New Theology of Creation and the Spirit of God*(San Francisco: Harper and Row, 1985). Joseph Sittler, *Essays on Nature and Grace*(Philadelphia: Fortress, 1972). Richard Young, *Healing the Earth: A Theocentric Perspective on Environmental Problems and Their Solutions*(Nashville: Broadman and Holman, 1994).
94. Granberg-Michaelson, *Ecology and Life*, 37. Jacques Ellul과 E. F. Schumacher, Neil Postman과 같은 탁월한 문화 감시자들이 이 주장을 강하게 지지한다.
95. Walsh and Middleton, *Transforming Vision*, 135.
96. Postman, *Technopoly*, xii.
97. Langdon Gilkey, *Society and the Sacred*(New York: Crossroad, 1981).
98. Granberg-Michaelson, *Ecology and Life*, 40.
99. 벨기에 신앙고백서(the Belgic Confession) 2항을 참조하라. 여기서는 우리가 어떻게 하나님을 알게 되는가라는 물음에 대해 답하면서 이 두 책(성경과 자연-옮긴이)이 언급된다.
100. Granberg-Michaelson, *Ecology and Life*, 41.
101. Sittler, "Ecological Commitment as Theological Responsibility," 179(굵은 글씨는 원문의 강조). 이러한 창조의 망각(*Schöpfungsvergessenheit*)에 관해 논하는 다른 자료는 다음의 책들에서 볼 수 있다. Per Lonning, *Creation An Ecumenical Challenge?* (Macon, GA: Mercer, 1989), 5. Ian Barbour, *Religion in an Age of Science*(San Francisco: Harper and Row, 1990), 217. Gustav Wingren, "The Doctrine of Creation: Not an Appendix but the First Article," *Word and World* 4(Fall 1984): 353-371.
102. Glacken, *Traces on the Rhodian Shore*, 181.
103. Walsh and Middleton, *Transforming Vision*, 44.
104. Granberg-Michaelson, *Ecology and Life*, 42.

105. 예로 다음의 자료를 참조하라. Gennadios Limouris, ed., *Justice, Peace, and the Integrity of Creation: Insights from Orthodoxy*(Geneva: World Council of Churches, 1990).
106. 다음의 책들을 참조하라. David Hallman, *Ecotheology: Voices from South and North*(Geneva: World Council of Churches, 1994). Leonardo Boff, *Ecology and Liberation: A New Paradigm*(Maryknoll, NY: Orbis, 1995).
107. 하버드 대학교 출판부에서 발간한 the Religions of the World and Ecology 시리즈를 보라. 현재 불교와 기독교, 유교, 유대교, 힌두교, 토착신앙, 이슬람교, 자이나교, (일본의) 신도, 도교를 다룬 10권이 발간되었다.

4장. 성경과 생태학을 잇는 고리는 무엇인가

1. Thomas Berry(1998년 4월, 매사추세츠 주 케임브리지 소재 하버드 신학교에서 열린 기독교와 생태학 컨퍼런스에서 행한 강연)
2. 성경을 이해하는 다양한 방식을 논한 자료로는 다음의 책을 보라. Donald McKim, *What Christians Believe about the Bible*(Nashville: Thomas Nelson, 1985).
3. 해석학에 관한 문헌은 방대하다. 충실한 개론서로서 특별히 성경 해석을 다룬 책으로는 다음의 책을 보라. Donald McKim, *A Guide to Contemporary Hermeneutics: Major Trends in Biblical Interpretation*(Grand Rapids: Eerdmans, 1986). 포괄적이면서 깊이 다룬 책으로는 다음의 책을 보라. Anthony Thiselton, *New Horizons in Hermeneutics*(Grand Rapids: Zondervan, 1992). 성경 해석의 역사를 개괄적으로 잘 다룬 책으로는 다음의 책을 보라. Robert Grant and David Tracy, *A Short History of the Interpretation of the Bible*(Philadelphia: Fortress, 1984). 인식론의 중요한 쟁점들을 탁월하게 다룬 책으로는 다음의 책을 보라. Richard Bernstein, *Beyond Objectivism and Relativism: Science, Hermeneutics, and Praxis*(Philadelphia: University of Pennsylvania Press, 1983).
4. 이 표현은 다음의 책에서 빌려왔다. Thomas Nagel, *The View from Nowhere*(New York: Oxford University Press, 1986). 그러나 고전과 현대를 통틀어, 인간의 이해에 깃든 운명적인 유한성을 다룬 대표적인 책은 여전히 Hans-Georg Gadamer의 *Truth and Method*(New York: Continuum, 1975)다.
5. Richard Rorty, *Philosophy and the Mirror of Nature*(Princeton: Princeton University Press, 1979), 176.
6. Paul Ricoeur, *The Conflict of Interpretations: Essays in Hermeneutics*, ed. Don Ihde (Evanston, IL: Northwestern University Press, 1974), 148. 이 대가들이 이룬 학문을 명확하게 보여주는 자료로는 다음의 책을 보라. Merold Westphal, *Suspicion and Truth:*

The Religious Uses of Modern Atheism(Grand Rapids: Eerdmans, 1993).
7. 이렇게 기독교인들에 의해 창조적으로 수용된 사례에 관해서는 다음의 책들을 보라. Merold Westphal, ed., *Postmodern Philosophy and Christian Thought* (Bloomington: Indiana University Press, 1999). James K. A. Smith, *Who's Afraid of Postmodernism? Taking Derrida, Lyotard, and Foucault to Church*(Grand Rapids: Baker Academic, 2006).
8. Bernstein, *Beyond Objectivism and Relativism*. 특히 4부를 보라.
9. Willard Swartley, *Slavery, Sabbath, War, and Women*(Scottdale, PA: Herald, 1983).
10. Bernhard Anderson, *From Creation to New Creation*(Minneapolis: Augsburg Fortress, 1994), 134.
11. 여기서 내가 언급한 두 견해는 Paul Santmire의 생각과 매우 유사하다. 첫째, Santmire 역시 해석적인 준거틀의 역할을 분명하게 강조한다. 그러한 준거틀은 마치 안경과도 같이 우리가 본문의 세상을 명료하고 확실하게 이해하는 데 꼭 필요한 것이다. 그는 다음과 같이 말한다. "우리가 성경의 증언을 듣기 위해서는, 가장 엄격한 형태의 역사적 연구와 더불어 해석적인 준거틀의 도움이 필요하다." 둘째, Santmire는 특별히 서구의 인간중심주의라는 왜곡된 안경을 벗고서 성경의 이야기를 복원하려고 애쓰는 가운데 자신의 해석적 관점과 전략을 설명한다. Santmire에 의하면, 우리는 성경의 증언을 들을 때 "아우구스티누스가 그 증언을 들었던 식으로", 곧 하나님의 도성을 열어 보이는 우주적 비전에 대한 증거로 들어야 한다. 이렇게 해서 Santmire는 성경을 "'최초의 것들'(protology)에서 '마지막 것들'(eschatology)까지 관통하여 읽어야 한다고 제안한다.(H. Paul Santmire, *Nature Reborn: The Ecological and Cosmic Promise of Christian Theology*[Minneapolis: Augsburg Fortress, 2000], 31).

Santmire는 또 Joseph Sittler의 깊고 힘 있는 글들의 영향을 크게 받았다. Sittler는 성경 속에 다양한 많은 목소리들이 있다는 사실을 알고 또 우리가 성경으로 가져가는 것이 우리가 성경을 읽는 방식에 어떻게 영향을 미치는지를 잘 알았음에도 불구하고 성경, 특히 신약성경 속에는 "우주적 규모의 수사학"(rhetoric of cosmic extension)이 있어서 하나님의 은혜의 우주적 지평을 증언한다고 말한다. 다음의 책을 보라. Joseph Sittler, *Essays on Nature and Grace*(Philadelphia: Fortress, 1972), 36-50.
12. Santmire, *Nature Reborn*, 31.
13. 다음의 책들을 보라. Anderson, *From Creation to New Creation*. 4장과 8장. Walter Brueggemann, Genesis, interpretation(Atlanta: John Knox, 1982), 3-4. Terence Fretheim, "The Book of Genesis," in *The New Intrepreter's Bible*, vol. 1(Nashville: Abingdon, 1994), 322-323. Terence Fretheim, *God and the World in the Old Testament*(Nashville: Abingdon, 2005), 특히 2장을 보라.
14. Fretheim, "Book of Genesis," 321.

15. 여기에 실은 나의 번역은 다음과 같은 많은 책을 참고하였다. Brueggemann, *Genesis*. Fretheim, "Book of Genesis" and *God and the World in the Old Testament*. Gerhard von Rad, *Genesis*, rev. ed., Old Testament Library(Philadelphia: Westminster, 1972). Gordon Wenham, *Genesis 1-15*, Word Biblical Commentary 1 (Waco: Word, 1987). Claus Westermann, *Genesis 1-11*(Minneapolis: Augsburg, 1984). 또 다음의 책에서도 도움을 받았다. Anderson, *From Creation to New Creation*. 특히 J. Richard Middleton의 글은 하나님의 형상으로 지음받았다는 것의 의미를 파악하는 데 도움이 되었다. 다음의 글을 보라. "The Liberating Image? Interpreting the *Imago Dei* in Context," *Christian Scholar's Review* 24, no. 1(September 1994): 8-25. 특히 그가 쓴 다음의 책을 보라. *The Liberating Image: The Imago Dei in Genesis 1*(Grand Rapids: Brazos, 2005). 이 책은 이 주제를 이해하는 데 중요한 책이다.
16. 그 당시의 창조 신화들에 대해, 그리고 창세기 1-11장이 그러한 신화들의 이데올로기에 대한 비판이라는 사실에 대해 좀 더 알기 위해서는 Middleton의 *Liberating Image*, 3-4장을 보라.
17. Fretheim, *God and the World in the Old Testament*, 38. Fretheim은 이렇게 힘이 분배되는 것을 강조하여 다음과 같이 말한다.

    "게다가 특히 중요한 사실은, 하나님의 창조 작업에는 종종 **이미 지음 받은 피조물과 나누는 대화**가 등장한다는 점이다. 땅은 푸른 움을 돋아나게 하여라(let the earth bring forth, 1:11, 24)와 물은 생물을 번성하게 하라(let the waters bring forth, 1:20)가 그 예이다. 창세기 1:12은 특별히 '땅이 내었다'(the earth brought forth)라고 말한다는 점에서 1:20, 24과 다르다. 그렇지만 이러한 진술이 1:20, 24에 나오지 않는다는 사실을 땅과 물이 이러한 창조 행위의 실제적인 참여자가 아니라는 의미로 해석해서는 안된다. 차라리 하나님의 창조적 행위가 이러한 피조물 속에서 그 피조물들을 통해 매개되는 것이며, 또 하나님이 유일하게 주어로 언급되는 것은 1:11-13(여기서는 땅이 유일한 주어로 언급된다)의 변형된 형태로 보아야 한다. 문법적으로 간접 명령법(the jussive)을 나타내는 "-하라"(let)의 사용은 하나님의 말씀이 명령으로 작용하지 않는다는 것을 의미한다. 이 표현은 피조물이 응답할 여지를 남겨놓는다. 이것은 권고법(the cohortative)으로 쓰인 "우리가-하자"(1:26)라는 표현이 협의를 위한 여지를 남기고, '그들에게 다스리게 하셨다'(let them have dominion)(1:28)는 표현이 힘의 분배를 뜻하는 것과 마찬가지다(38, 굵은 글씨는 원문의 강조).
18. 혼돈과 무형의 공허에 대해 논한 자료로는 다음의 책을 보라. Fretheim, *God and the World in the Old Testament*, 43-46.
19. Anderson, *From Creation to New Creation*, 154.
20. 많은 독자들이 생각하는 것과는 달리 "좋다"는 말은 완전을 뜻하지 않는다. 창조 세계는 좋지만 완전하지는 않다. 최소한 완전을 불변하거나 정적인 상태로 보는 플라톤식 사고에

서는 (일반적으로 생각되듯이) 완전하지 않다. 지구는 좋기는 하나 여전히 발전하고 경작되고 돌봄을 받을 필요가 있다. 바로 이 일이 흙의 피조물인 인간에게 맡겨진 책임이며 특권이다.

21. Richard Middleton and Brian Walsh, *Truth Is Stranger Than It Used To Be* (Downers Grove, IL: InterVarsity, 1995), 153. 또 다음의 책을 보라. John Milbank, *Theology and Social Theory: Beyond Secular Reason*(Oxford: Blackwell, 1993), 262.
22. Wendell Berry, *The Gift of Good Land*(San Francisco: North Point, 1981).
23. Anderson, *From Creation to New Creation*, 154.
24. 하나님의 형상(imago Dei)의 의미에 대해서는 다음의 글들을 보라. Brueggemann, *Genesis*, 32. Westermann, *Genesis 1-11*, 143-145. Middleton, "The Liberating Image?"
25. Larry Rasmussen, *Earth Community Earth Ethics*(Maryknoll, NY: Orbis, 1996), 262.
26. Anderson, *From Creation to New Creation*, 139.
27. Jürgen Moltmann, *God in Creation: A New Theology of Creation and the Spirit of God*(San Francisco: Harper and Row, 1985), 277(굵은 글씨는 원문의 강조).
28. Brueggemann, *Genesis*, 35.
29. 집/집 없음/귀향이라는 견지에서 성경을 해석하는 것에 대해 좀 더 알기 위해서는 다음의 책을 보라. Steven Bouma-Prediger and Brian Walsh, *Beyond Homelessness: Christian Faith in a Culture of Displacement*(Grand Rapids: Eerdmans, 2008).
30. 이번에도 나의 번역은 다음과 같은 많은 책과 주석을 참고하였다. Brueggemann, *Genesis*. Fretheim, "Book of Genesis"와 *God and the World in the Old Testament*. von Rad, *Genesis*. Wenham, *Genesis 1-15*. Westermann, *Genesis 1-11*. Anderson, *From Creation to New Creation*. Robert Murray, *The Cosmic Covenant: Biblical Themes of Justice, Peace, and the Integrity of Creation*(London: Sheed and Ward, 1992). Ronald Simkins, *Creator and Creation: Nature in the Worldview of Ancient Israel*(Peabody, MA: Hendrickson, 1994).
31. Anderson, *From Creation to New Creation*, 157.
32. 이러한 식견을 나눠준 호프대학의 동료, Barry Bandstra에게 감사드린다.
33. 정말이지 욥기는 고난에 관한 책이다. 그러나 그 외에도 많은 내용을 담고 있다. 내가 보기에, 이 책을 총괄하는 물음은 1장 9절에 나온다. 이 구절에서 대적하는 자, 사탄은 주님에게 "욥이, 아무것도 바라는 것이 없이 하나님을 경외하겠습니까?"라고 묻는다. 달리 말해, 욥은 단지 물질적, 정신적 복을 받았기 때문에 하나님을 섬기는 사람인가? 아니면 하나님을 섬기는 것이 옳고 합당한 일이기에 어떤 고난이 있어도 하나님을 경외하는 사람인가?

분명 사탄은 욥의 신앙이, Merold Westphal의 신랄한 표현으로 말해 "이익을 구하는 경건"(*God, Guilt, and Death: An Existential Phenomenology of Religion* [Bloomington: Indiana University Press, 1984], 125)의 한 사례일 뿐이라고 생각한다. 하나님은 그렇게 생각하지 않으신다. 하나님은 욥의 신앙이 참된 것이라는 데 내기를 거신다. 이 드라마는 하나님과 사탄 중에 누가 옳은가를 찾아가는 줄거리로 전개된다. 간단히 말해, 고난과 그에 대한 반응이 이 이야기의 중요한 주제이기는 하나 근본적으로 이 책은 기만적인 신앙을 반박하는 논쟁으로 이루어진다. 욥의 이야기는, 자신의 신앙이 참되다고 믿지만 사실은 우상숭배에 빠진 허위의식의 위험성을 우리에게 경고한다.

34. 여기 실은 내 번역은 다음과 같은 책들을 참고하였다. Robert Gordis, *The Book of Job: Commentary, New Translation, and Special Studies*(New York: Jewish Theological Seminary of America, 1978). 같은 저자, *The Book of God and Man: A Study of Job*(Chicago: University of Chicago Press, 1965). Norman Habel, *The Book of Job*(Philadelphia: Westminster, 1985). Marvin Pope, Job, 3rd ed., Anchor Bible 15(New York: Doubleday, 1973). 그리고 특별히 Carol Newsom의 탁월한 주석인 다음 글을 보라. "The Book of Job," in *The New Interpreter's Bible*, vol. 4 (Nashville: Abingdon, 1996).

35. Bill McKibben, *The Comforting Whirlwind: God, Job, and the Scale of Creation*(Grand Rapids: Eerdmans, 1994), 36.

36. 같은 책, 37.

37. Aldo Leopold, *A Sand County Almanac*(New York: Ballantine, 1970), 240.

38. Gordis, *Book of Job*, 467.

39. Newsom, "Book of Job," 625-626.

40. 도덕적 상상력의 역할에 관해 더 살펴보기 위해서는 다음의 책들을 보라. Bruce Birch and Larry Rasmussen, *Bible and Ethics in the Christian Life*, rev. ed.(Minneapolis: Augsburg Fortress, 1989). Samuel Wells, *Improvisation: The Drama of Christian Ethics*(Grand Rapids: Brazos, 2004). David Cunningham, *Christian Ethics: The End of the Law*(New York: Routledge, 2008).

41. Newsom, "Book of Job," 626.

42. 같은 책, 같은 곳.

43. Gordis, *Book of Job*, 435.

44. Erazim Kohák, *The Embers and the Stars: A Philosophical Inquiry into the Moral Sense of Nature*(Chicago: University of Chicago Press, 1984), 45. Kohák은 자연이 베푸는 선물에 관해 깊이 반성하다가 자연 세계가 우리를 중심 밖으로 몰아내는 힘이 있음을 확인한다. "황혼녘, 홀로 있는 거주자에게 다가와 모습을 드러내는 세상은 그가 만든 세상이 아니며 또 그가 의미를 부여해서 의미를 지니게 되는 세상도 아니다. 그는 세상의

중심이 아니라 그 안에 사는 거주자일 뿐이다"(43).
45. Belden C. Lane, *The Solace of Fierce Landscapes: Exploring Desert and Mountain Spirituality*(New York: Oxford University Press, 1998).
46. 골로새서의 저자가 누구냐는 문제는 의견이 상충한다. 많은 주석가들이 바울이 골로새서의 저자가 아니라고 주장하지만 다른 사람들(Ralph Martin과 N. T. Wright 같은 사람들)은 바울이 실제 저자라고 믿는다. 나는 여러 가지 근거에서 뒤쪽 학자들에 찬성하며 따라서 이후 바울을 저자로 말할 것이다.
47. 이 본문에 대한 내 번역은 다음과 같은 책들을 참고하였다. F. F. Bruce, *The Epistles to the Colossians, to Philemon, and to the Ephesians*, New International Commentarty on the New Testament(Grand Rapids: Eerdmans, 1984). James D. G. Dunn, *The Epistles to the Colossians and to Philemon*, New International Greek Testament Commentary(Grand Rapids: Eerdmans, 1996). Andrew Lincoln, "The Letter to the Colossians," in *The New Interpreter's Bible*, vol. 11(Nashville: Abingdon, 2000). Ralph Martin, *Ephesians, Colossians, and Philemon*, Interpretation(Atlanta: John Knox, 1991). Peter O'Brien, *Colossians and Philemon*, Word Biblical Commentary 44(Waco: Word, 1982). 특히 N. T. Wright의 책들을 많이 참고하였다. 다음의 책들을 보라. *The Climax of the Covenant*(Minneapolis: Fortress, 1992). *The Epistles of Paul to the Colossians and to Philemon*, The Tyndale New Testament Commentaries(Grand Rapids: Eerdmans, 1986). *The Resurrection of the Son of God*(Minneapolis: Fortress, 2003). 또 서신들은 그것의 배경이 되는 로마 제국의 상황을 바로 알지 못하면 제대로 이해할 수 없다는 사실을 다음의 책을 통해 확인하였다. Brian Walsh and Sylvia Keesmaat, *Colossians Remixed: Subverting the Empire*(Downers Grove, IL: InterVarsity, 2003). 이러한 쟁점들에 대한 개론서로는 다음의 책을 보라. Richard Horsley, ed., *Paul and Empire: Religion and Power in Roman Imperial Society*(Harrisburg, PA: Trinity Press International, 1997).
48. 성탄절을 맞은 북아메리카에서 명절의 풍경과 소리와 냄새가 거의 모든 곳에서 넘쳐나는 것처럼, 소아시아의 골로새와 다른 도시들에서는 황제 숭배가 "공중의 삶 속에 스며들었으며 공공장소뿐만 아니라 문화 일반에까지 넘쳐났다." 특히 "(로마 제국의) 중심에서 나오고 그 중심을 상징하는 황제의 형상은 그리스 도시들 어디서나 발견되고 광범위하게 숭배되었다.(Horsley, *Paul and Empire*, 21-22).
49. 하나님의 지혜를 하나님의 선하심이라는 이미지로 인격화하여 묘사하는 관념의 배경을 이루는 헬라적 유대교 사고에 대해서는 잠언 8:22과 지혜서 7:25를 보라.
50. 이 제유법(하늘과 땅)과 수미상관(하늘/땅, 보이는 것/보이지 않는 것)이 강조하는 사실은 그 어떤 것도 이 "만물"의 테두리에서 벗어날 수 없다는 점이다.
51. 이 용어들이 헬라적 유대교 문헌들 속에서 사용된 것을 보면 일반적으로 별이나 하늘에 속

한 권세들을 뜻하지만, 황제 숭배의 보편성과 권위를 생각할 때 바울이 로마 황제의 지배를 염두에 두지 않았다고 보기는 어렵다. Neil Elliot이 분명하게 밝히듯이, 바울의 다른 글들 속에서 이 용어들은 역사적인 권력자들을 가리키며 또 바울의 "황제에 반대하는 십자가의 메시지"("The Anti-Imperial Message of the Cross," in Horsley, *Paul and Empire*, 167)를 떠받치는 맥락을 이룬다. 또 다음의 부분을 보라. Horsley, *Paul and Empire*, 172-176과 179-181.

52. 거의 모든 주석가들이 이 용어들은 하늘에 있는 실재들만을 가리킨다고 생각한다. 예를 들어, Dunn은 "그러므로 네 가지 용어는 모두 눈에 보이지 않는 하늘의 영역만을 가리킨다"(*Epistles to the Colossians and to Philemon*, 92)고 주장한다. 이렇게 해서 이 본문은 탈정치화되며, 이 용어 중 하나나 그 이상이 실제로 역사적인 보좌나 통치자, 지배자, 권세를 가리킬 가능성은 제거된다. 달리 말해, 보좌가 카이사르의 보좌를 뜻하거나 통치자가 로마의 통치자를 가리키거나 권세가 로마 제국의 권세일 수도 있다는 사실은 진지하게 고려되지 않는다.

53. 중요한 두 연을 주제에 맞추어 연결하는, 시 가운데 위치한 두 평행구에서 그리스도의 주권이 다시 강조된다. Wright의 통찰력 있는 문헌 분석을 참조하라(*Climax of the Covenant*, 104).

54. Brian Walsh의 말에 따르면, 우주가 존속할 수 있는 것은 그리스도가 "바로 창조 세계의 존재론적인 고정핀"이기 때문이다.("Subversive Poetry and Life in the Empire," *Third Way* 23, no. 3 [April 2000]: 4).

55. *ekklēsia*는 일반적으로 "교회"로 번역되지만, 그 말의 의미는 "모임(assembly)"이며, 정치적인 의미와 종교적인 의미를 모두 지니고 있다. Horsley는 다음과 같이 말한다. "바울은 *ekklēsia*라는 말을, (모든) 이스라엘 사람의 '모임'이라는 의미를 함축하는 것으로, 70인역 성경(Septuagint, 그리스어로 번역된 히브리 성경)에서 받아들였지만, 그리스어를 사용하는 로마제국 동쪽 지역에서 그 말의 뜻은 일차적으로 그리스의 폴리스(*polis*)에서 이루어지는 시민 '모임'이었다. 따라서 *ekklēsia*는 일부 종교적인 색채를 담고 있는 정치적인 용어다"(*Paul and Empire*, 208). 그러므로 바울이 말하는 모임, 곧 교회는 로마 제국의 체제에 대응하는 대안적인 지역 공동체이다.

56. 여기서는 창세기 1:1과 잠언 8:22을 생각나게 하는 말로, 그리스도는 시작이 되신다고 선포한다. "먼저 나신"이라는 말과 마찬가지로 시작이라는 말은, 시간상으로든 최상의 주권에 관해서든, 으뜸의 자리와 관련된다.

57. 이 두 표현은 각각 고린도전서 15:20, 23과 로마서 8:29을 보라.

58. "먼저 나신"과 "시작"이라는 두 말이 모두 새 백성의 창시자를 뜻하는 곳으로는 창세기 49:3을 보라.

59. 겉보기에도 모든 것을 가리키는 "만물"이라는 말과 *prōteuōn*(으뜸)이라는 희귀한 말을 결합해 사용하는 것은 (다시 한 번) 그리스도가 지니는 우월성의 완전한 면모를 강조하는

것이다.
60. James Dunn은 다음과 같이 평한다. "하나님께서 우주와 맺는 상호작용 전체가 그리스도 안에서 요약된다." 이런 식으로 바울의 사상은 "지혜(Wisdom)라든가, 착하고 동정심이 많은 사람 '안에 거하는' 하나님이라는 사고를 뛰어넘어……그리스도 안에 완전하게 거하는 하나님의 내재성이라는 개념을 얻기에 이른다"(*Epistles to the Colossians and to Philemon*, 101).
61. 에베소서 2:16과 골로새서 1:22을 보라.
62. Dunn, *Epistles to the Colossians and to Philemon*, 104.
63. Bruce, *Colossians, Philemon, Ephesians*, 62-63.
64. Wright, *Climax of the Covenant*, 107.
65. Dunn, *Epistles to the Colossians and to Philemon*, 86.
66. 같은 책, 104.
67. Wright, *Climax of the Covenant*, 108.
68. Martin, *Ephesians, Colossians, and Philemon*, 95.
69. Wright, *Climax of the Covenant*, 109.
70. Sittler, "Called to Unity," in *Evocations of Grace: The Writings of Joseph Sittler on Ecology, Theology, and Ethics*, ed. Steven Bouma-Prediger and Peter Bakken (Grand Rapids: Eerdmans, 2000), 39. 20세기에 "우주적 그리스도"를 옹호한 사람들 가운데서 지틀러(Sittler)만큼 훌륭하게 그 일을 해낸 사람도 없다. 1961년, 인도 뉴델리에서 열린 세계교회협의회(WCC)의 총회에서 행한 이 연설은 사실 골로새서 1:15-20을 묵상한 내용을 확대한 것이었다.
71. 사람들이 흔히 생각하는 것과는 달리 이러한 질문들은 공허하거나 사변적이거나 무가치한 것이 아니다. 이 질문들을 망상이라고 몰아붙일 수 없는 까닭은 미래에 관해 우리가 믿는 사실들이 현재 우리가 어떻게 행동할 것이냐에 깊은 영향을 미치기 때문이다. 우리가 지닌 종말론이 우리의 윤리를 형성한다.
72. 내 자신의 해석에 근거한 이 번역문은 다음의 책들을 참고로 하였다. David Aune, *Revelation 17-22*, Word Biblical Commentary 52c(Nashville: Thomas Nelson, 1998). G. K. Beale, *The Book of Revelation*, New International Greek Testament Commentary(Grand Rapids: Eerdmans, 1999). G. R. Beasley-Murray, *The Book of Revelation*, New Cambridge Bible Commentary(Grand Rapids: Eerdmans, 1981). M. Eugene Boring, *Revelation*(Louisville: Westminster/John Knox, 1989). G. B. Caird, *The Revelation of St. John the Divine*(New York: Harper and Row, 1966). Catherine Gunsalus González and Justo L. González, *Revelation*, Westminster bible Companion(Louisville: Westminster/John Knox, 1997). George Eldon Ladd, *A Commentary on the Revelation of John*(Grand Rapids: Eerdmans, 1972). Paul

Minear, *I Saw a New Earth* (Washington, DC: Corpus, 1968). Christopher Rowland, "The Book of Revelation," in *The New Interpreter's Bible*, vol. 12 (Nashville: Abingdon, 1998). 성경이 미래에 관해(그리고 최후의 날을 맞을 교회에 관해) 말하는 내용을 탁월하게 보여주는 자료로는 N. T. Wright의 책, *Surprised by Hope: Rethinking Heaven, the Resurrection, and the Mission of the Church* (New York: HarperCollins, 2008)를 보라. "공중들림의 신학"에 대해 간결하게 반박하는 글로는 Craig Hill의 책, *In God's Time: The Bible and the Future* (Grand Rapids: Eerdmans, 2002)에 실린 부록, "Not Left Behind"를 보라. 훨씬 더 폭넓고 철저하게 비판하는 자료로는 Barbara Rossing의 책, *The Rapture Exposed: The Message of Hope in the Book of Revelation* (Boulder, CO: Westview, 2004)을 보라.

73. 그리스어 *neos*는 시간을 가리키는 용어로, 시간적으로 새것이거나 이전에 존재하지 않았던 것이 갓 나타난 것을 의미한다. *kainos*라는 말은 종말론적인 용어로, 전에는 몰랐거나 경험하지 못한 것, 곧 새로운 특성을 지니는 것을 의미하며, 장차 이루어질 메시아 시대에 대한 약속이나 그 시대의 실현과 연관되어 사용된다. 히브리 예언자들이 사용하는 배경에서 보면 *kainos*는 더 나은 것, 훨씬 더 좋은 본질을 지닌 것을 가리킨다. 다음의 책들을 보라. Colin Brown, ed., *The New International Dictionary of New Testament Theology*, vol. 2 (Grand Rapids: Zondervan, 1976), 669-676. Gerhard Kittel and Gerhard Friedrich, eds., *Theological Dictionary of the New Testament* (Grand Rapids: Eerdmans, 1974), 388-389, 628. 또 이 용어들을 잘 분석한 Paul Minear의 책, *I Saw a New Earth*, 272-273을 보라. Beale은 이 용어에 대해 다음과 같이 설명한다. "앞에서 살펴보았듯이 *kainos*(새)는 이전에 전혀 존재하지 않았던 새것을 가리키기보다는 질이나 본성에서 일어난 변화를 가리킨다" (*Book of Revelation*, 1040).

74. Claus Westermann은 이사야 65장의 요점을 다음과 같이 정리한다. "그와는 달리 '하늘과 땅'이라 불리는 이 세상은 기적처럼 새로워진다." (*Isaiah 40-66* [Philadelphia: Westminster, 1969], 408). 이와 비슷하게 Paul Hanson도 이렇게 말한다. "주의 종(Servant of the Lord)의 열망을 채워줄 수 있는 것은 하나님께서 창조한 세상 전체가 원래 의도된 완전함으로 회복되는 것 외에는 없다" (*Isaiah 40-66*, Old Testament Library [Louisville: John Knox, 1995], 246).

75. Boring의 책, *Revelation*, 220을 보라. 또 다음과 같이 말하는 George Ladd의 글을 참조하라. "성경 전체를 살펴볼 때 하나님의 백성의 궁극적 운명은 이 땅에 속한 것이다. 성경적 사고는 언제나 인간을 이 세상에서 분리된 하늘의 영역이 아니라 구속받은 이 세상 위에 놓는다" (*Revelation*, 275).

76. Caird는 이렇게 말한다. "*skēnē*(거처)라는 말에는 중요하고 오랜 신학적 역사가 있다. 통상적으로 이 말은 70인역 성경(Septuagint)에서, 광야에 있는 이스라엘 백성들 한가운데 하나님께서 언제나 계신다는 뜻을 나타내는 히브리 단어 *mishkan*(장막)에 대응하는 말

로 사용되어 왔다." (*Revelation of St. John the Divine*, 263).
77. Gonzalez and Gonzalez, *Revelation*, 138.
78. Caird는 다음과 같이 평한다. "거룩함의 영역은 크게 확장되어 하나님께 드려질 수 있는 모든 것을 포함하게 된다. 그리고 하나님께 합당하지 않은 모든 것은 영원히 버려진다. 하나님의 임재는 이제 더 이상 성소에만 갇히지 않아, 그 도성의 모든 생명체와 존재를 덮으며, 이렇게 해서 손으로 만든 빛은 더 이상 필요 없게 된다" (*Revelation of St. John the Divine*, 279).
79. 같은 책, 279-280. 이사야 60장을 잘 설명해 주는 주석으로는 Richard Mouw의 책, *When the Kings Come Marching In*(Grand Rapids: Eerdmans, 1983)을 보라.
80. Caird, *Revelation of St. John the Divine*, 265-266.
81. 앞에서 인용한 책들에 덧붙여 다음의 책들을 보라. Theodore Hiebert, *The Yahwist's Landscape: Nature and Religion in Early Israel*(New York: Oxford University Press, 1996). William P. Brown, *The Ethos of the Cosmos: The Genesis of Moral Imagination in the Bible*(Grand Rapids: Eerdmans, 1999). William P. Brown and S. Dean McBride Jr., eds., *God Who Creates: Essays in Honor of W. Sibley Towner*(Grand Rapids: Eerdmans, 2000). 또 Norman Habel이 편집한 the Earth Bible series, 다섯 권(Sheffield: Sheffield Academic, 2000-2002)을 보라. 또 2008년에 하퍼콜린스 출판사가 펴낸 *The Green Bible*을 보라. 이 책은 NRSV 번역본을 사용하고 지구와 지구를 지키는 일과 관련된 모든 구절을 초록색으로 표시해 강조하였다. 또 이 성경에는 해석과 관련된 많은 글, 창조 세계의 돌봄을 주제로 다룬 성경 연구 시리즈, 웹사이트 안내 자료, "녹색" 주제 색인이 포함되어 있다.

5장. 우리는 지구에 대해 어떻게 생각해야 하는가

1. John Calvin, *Institutes of the Christian Religion*, ed. John McNeill(Philadelphia: Westminster, 1960), 1.13.14.
2. 역사학자 Robert Booth Fowler는 현대 개신교를 연구한 탁월한 글에서 다음과 같은 결론을 내린다. "내가 주장하는 것은, 오늘날 기독교인들이 환경 문제와 관련해 행동에 나설 필요가 있다는 데에 개신교 전반에서 커다란 합의가 이루어지고 있다는 것이다" (*The Greening of Protestant Thought*[Chapel Hill: University of North Carolina Press, 1995], 175). 이 연구에서 그는 복음주의자들에 대해 자세히 논하면서, "현재 조직화된 개신교 환경보호운동에서 나타나는 가장 의미 있는 흐름"은 "복음주의자들이 환경운동을 열렬하게 지원하고 있는 일"이라고 평한다(같은 책, 17). 이 현상은 1990년대 초에서 중반까지 나타난 일이었으며 지금은 더 말할 나위가 없어서 21세기 초에 이르러서는 복음주의자들 사이에서 창조 세계를 돌보는 일에 대한 관심을 크게 늘고 있다.

3. 지구 돌봄을 다루는 생태신학의 형태에 대해 철저하고 자세하게 논한 자료로는 다음의 책을 보라. Steven Bouma-Prediger, *The Greening of Theology: The Ecological Models of Rosemary Radford Ruether, Joseph Sittler, and Jürgen Moltmann*(Atlanta: Scholars, 1995). 특히 8장을 보라.
4. 많은 복음주의자들이 지구 돌봄에 관한 책을 저술하였으며, 그 출발점은 적어도 Francis Schaeffer의 *Pollution and the Death of Man: The Christian View of Ecology*(Wheaton, IL: Tyndale, 1970)까지 거슬러 올라갈 수 있다. 최근에 복음주의자들이 쓰거나 편집한 저술로는 다음의 책들을 보라. Loren Wilkinson et al., *Earthkeeping: Christian Stewardship of Natural Resources*(Grand Rapids: Eerdmans, 1980)와 그 뒤에 개정되어 나온 2판인 *Earthkeeping in the '90s: Stewardship of Creation*(Grand Rapids: Eerdmans, 1991). Wesley Granberg-Michaelson, *A Worldly Spirituality: The Call to Take Care of the Earth*(San Francisco: Harper and Row, 1984). Calvin DeWitt, *Earth-Wise: A Biblical Response to Environmental Issues*(Grand Rapids: CRC Publications, 1994). Fred Van Dyke et al., *Redeeming Creation: The Biblical Basis for Environmental Stewardship*(Downers Grove, IL: InterVarsity, 1996). Calvin DeWitt, *Caring for Creation: Responsible Stewardship of God's Handiwork*(Grand Rapids: Baker, 1998). R. J. Berry, ed., *The Care of Creation*(Leicester, UK: Inter-Varsity, 2000). Sarah Tillett, ed., *Caring for Creation: Biblical and Theological Perspectives*(Oxford: A Rocha, 2005). Tri Robinson, *Saving God's Green Earth: Rediscovering the Church's Responsibility to Environmental Stewardship*(Norcross, GA: Ampelon, 2006). Matthew Sleeth, *Serve God, Save the Planet: A Christian Call to Action*(White River Junction, VT: Chelsea Green, 2006). Ed Brown, *Our Father's World: Mobilizing the Church to Care for Creation*(Downers Grove, IL: InterVarsity, 2008). Ben Lowe, *Green Revolution: Coming Together to Care for Creation*(Downers Grove, IL: InterVarsity, 2009).
5. Gene McAfee, "Ecology and Biblical Studies," in *Theology for Earth Community*, ed. Dieter Hessel(Maryknoll, NY: Orbis, 1996), 36.
6. Jürgen Moltmann, *God in Creation: A New Theology of Creation and the Spirit of God*(San Francisco: Harper and Row, 1985), 31.
7. H. Paul Santmire, *Brother Earth*(New York: Thomas Nelson, 1970), 1–2장.
8. Richard Young, *Healing the Earth: A Theocentric Perspective on Environmental Problems and Their Solutions*(Nashville: Broadman and Holman, 1994), 260.
9. 최근에 삼위일체에 관한 책이 많이 출판되고 있는 사실이 그러한 회복이 진행 중이라는 증거가 된다. 그러나 그 책들 가운데 생태학적인 관심사와 연계된 책들은 많지 않다. 예로 다음의 책들을 보라. David Cunningham, *These Three Are One: The Practice of*

Trinitarian Theology(Oxford: Blackwell, 1998). Colin Gunton, *The Promise of Trinitarian Theology*(Edinburgh: T&T Clark, 1991). Catherine Mowry LaCugna, *God for Us: The Trinity and Christian Life*(San Francisco: HarperCollins, 1991). Ted Peters, *God as Trinity: Relationality and Temporality in Divine Life*(Louisville: Westminster/John Knox, 1993). William Placher, *The Triune God: An Essay in Postliberal Theology*(Louisville: Westminster/John Knox, 2007). Miroslav Volf, *After Our Likeness: The Church as the Image of the Trinity*(Grand Rapids: Eerdmans, 1998). John Zizioulas, *Being as Communion: Studies in Personhood and the Church*(Crestwood, NY: St. Vladimir's Seminary Press, 1985). 삼위일체와 생태신학을 다룬 저자로서 주목할 만한 세 사람과 그들의 책은 다음과 같다. Denis Edwards(*Jesus the Wisdom of God: An Ecological Theology*[Maryknoll, NY: Orbis, 1995]와 *Breath of Life: A Theology of the Creator Spirit*[Maryknoll, NY: Orbis, 2004]). Jürgen Moltmann (*The Trinity and the Kingdom*[San Francisco: Harper and Row, 1981]과 *God in Creation: A New Theology of Creation and the Spirit of God*[San Francisco: Harper and Row, 1985]). H. Paul Santmire(*Nature Reborn: The Ecological and Cosmic Promise of Christian Theology*[Minneapolis: Augsburg Fortress, 2000]와 *Ritualizing Nature: Renewing Christian Liturgy in a Time of Crisis*[Minneapolis: Fortress, 2008]).

10. 인격(person, 본문에서는 삼위일체와 관련하여 '위격'으로 옮겼다—옮긴이)은 개인(individual)과 동일한 말이 아니다. 보에티우스(Boethius)에서 지난 몇 세기에 이르기까지 고전적인 기독교 전통에서 이해한 바에 의하면, 인격은 필시 관계를 포함한다. 달리 말해, 인격으로 존재한다는 것은 '관계 내적 존재'(being-in-relationship)를 뜻한다. 따라서 인격에 대한 근대 이전의 관념은 자율적인 개인이나 고립된 자아라는 근대적 개념과는 매우 다르다.
11. Edwards, *Jesus the Wisdom of God*, 92.
12. 다음의 책을 참조하라. Richard of St Victor, *De Trinitate* books I-III. 주석에 관해서는 다음의 책을 보라. Edwards, *Jesus the Wisdom of God*, 93-101.
13. Jürgen Moltmann, *Trinity and the Kingdom*, 19.
14. 초기 기독교 전통에서는 삼위일체의 관계를 *perichorēsis*(그리스어)라는 용어와 *circumincession*(라틴어)이라는 용어로 설명했다. 두 말은 서로 내주함(mutual indwelling)을 뜻한다.
15. 따라서 삼신론(tritheism), 양태론(modalism), 종속설(subordinationism)은 모두 이단적 형태의 신론이다.
16. Moltmann에 의하면, 하나님의 실재를 파악하기 위해서 우리는 "하나님의 사랑 이야기"에 대해 말해야 한다. "하나님의 삶 자체가 사랑을 낳고 그에 응답하는 과정, 그리고 행복

한 사랑으로 충만한 영원한 과정이다"(*Trinity and the Kingdom*, 157).

17. 창조와 언약이라는 주제에 대해 더 알기 위해서는 다음의 글을 보라. Wesley Granberg-Michaelson, "Covenant and Creation," in *Liberating Life: Contemporary Approaches to Ecological Theology*, ed. Charles Birch, William Eakin, and Jay McDaniel(Maryknoll, NY: Orbis, 1990), 27-36.
18. Joseph Sittler, *Gravity and Grace*(Minneapolis: Augsburg, 1986), 22.
19. Scott Hoezee, *Remember Creation: God's World of Wonder and Delight*(Grand Rapids: Eerdmans, 1998), 45.
20. 창조 세계의 응답 능력과 피조물이 특유의 행위를 할 수 있는 가능성에 대해 연구한 자료로는 다음의 글을 보라. Brian Walsh, Marianne Karsh, and Nik Ansell in "Trees, Forestry, and the Responsiveness of Creation," *Cross Currents* 44, no. 2(1994): 149-162. 저자들은, 성경을 신중하게 읽고 피조물의 마음으로 지구에 귀를 기울여 들으면 나무들이 그들 나름의 고유한 응답 능력을 지니고 있다는 결론에 이르게 된다고 주장한다.
21. Joseph Sittler, "Evangelism and the Care of the Earth," in *Evocations of Grace: The Writings of Joseph Sittler on Ecology, Theology, and Ethics*, ed. Steven Bouma-Prediger and Peter Bakken(Grand Rapids: Eerdmans, 2000), 102. 또 다른 곳에서 Sittler는 지구를 가리켜, "자신의 온전함이 더럽혀진 것을 큰소리로 외쳐 고발하면서, 만물을 제자리로 돌려줄 사람을 신음하며 기다리는" 우리의 누이라고 말한다.("A Theology for Earth," in *Evocations of Grace*, 25). Paul Santmire도 똑같이 친족이라는 그림을 사용하여 세상을 "형제 지구"라고 말한다.
22. Calvin, *Institutes*, 1.13.14. 자연 세계에 대한 캘빈의 생각을 탁월하게 해석한 글로는 다음의 책을 보라. Susan Schreiner, *The Theatre of His Glory: Nature and Natural Order in the Thought of John Calvin*(Grand Rapids: Baker, 1991).
23. 이 주제에 관한 Basil의 고전적 저작은 *On the Holy Spirit*이다. Basil의 견해를 선명하게 다룬 자료로는 다음의 책들을 보라. Denis Edwards, *Breath of Life*, 2장. Jaroslav Pelikan, *The Emergence of the Catholic Tradition*, vol. 1 in *The Christian Tradition: A History of the Development of Doctrine*(Chicago: University of Chicago Press, 1971), 211-225.
24. Wesley Granberg-Michaelson, "Renewing the Whole Creation," *Sojourners* (February-March 1990): 13.
25. Sittler, "Evangelism and the Care of the Earth," 204.
26. 인간이 이렇게 다양한 방식으로 세상에 얽혀 있는 사실을 설명해 주는 책이 많지만 특히 잘된 책으로 다음의 두 권을 보라. Anna Peterson, *Being Human: Ethics, Environment, and Our Place in the World*(Berkeley: University of California Press, 2001). Robert Wennberg, *God, Humans, and Animals: An Invitation to*

Enlarge Our Moral Universe(Grand Rapids: Eerdmans, 2003).
27. Tom Regan, "Christianity and Animal Rights," in Birch, Eakin, and McDaniel, *Liberating Life*, 80.
28. 죄와 죄의 다양한 차원들을 탁월하게 논한 자료로는 다음의 책을 보라. Neal Plantinga, *Not the Way It's Supposed To Be: A Breviary of Sin*(Grand Rapids: Eerdmans, 1995).
29. Larry Rasmussen, *Earth Community Earth Ethics*(Maryknoll, NY: Orbis, 1996), 275.
30. 기독교 전통에는 말씀이 왜 육신이 되었는가를 이해하는 두 가지 중요한 방식이 있다. 하나는 죄에도 불구하고 피조물을 완성시키기 위해서이며, 다른 하나는 피조물이 죄인이기 때문에 원래대로 회복하기 위해서이다. 신학자들은 대개 두 견해 중 어느 하나를 강조한다. Paul Santmire는 의식적으로 두 견해 모두를 포괄하며, 이렇게 결론을 내린다. "따라서 말씀의 육화는 우주의 역사 전체를 최종 단계로 이끌어 가려는 하나님의 우주적 개입일 뿐만 아니라, 하나님께 대적하고 또 하나님에게서 소외된 인간의 조건에 대한 응답이다"(*Nature Reborn*, 59). 기독교 전통에 나타난 이 두 흐름을 잘 다룬 자료로는 다음의 책을 보라. Chul Won Suh, *The Creation-Mediatorship of Jesus Christ: A Study in the Relationship between the Incarnation and the Creation*(Amsterdam: Rodopi, 1979).
31. Hoezee, *Remember Creation*, 79.
32. Loren Wilkinson이 주제를 강조한다. 다음의 글을 보라. Loren Wilkinson, "Cosmic Christology and the Christian's Role in Creation," *Christian Scholar's Review* 11, no. 1(1981): 18-40.
33. Loren Wilkinson, "Christ as Creator and Redeemer," in *The Environment and the Christian*, ed. Calvin DeWitt(Grand Rapids: Baker, 1991), 39-40.
34. Ray Van Leeuwen, "Christ's Resurrection and the Creation's Vindication," in DeWitt, *The Environment and the Christian*, 61. Van Leeuwen은 Oliver O'Donovan의 글을 긍정적으로 받아들여 인용하는데, Oliver O'Donovan 역시 그리스도를 새 아담으로 보는 바울의 이미지를 강조한다.(다음의 책을 보라. *Resurrection and Moral Order: An Outline for Evangelical Ethics*[Grand Rapids: Eerdmans, 1986]).
35. 이 용어는 물론 AD 4세기와 5세기에 만들어진 것이다. 그때 이 말은 성육신의 완전한 의미를 담아내는 것으로 사용되지 않았으며, 지금도 마찬가지다. 삼위일체나 악의 기원과 마찬가지로 성육신은 진정한 신비이기 때문이다. 교리의 기능은 적절한 용어를 제공하여 유한하고 죄에 물든 정신이 가능한 한 바른 이해에 도달하도록 돕는 것이다.
36. Joseph Sittler, *Grace Notes and Other Fragments*, ed. Robert Herhold and Linda Marie Delloff(Philadelphia: Fortress, 1981), 119. 다른 상황에서 Sittler는 다음과 같이

말한다. "삼위일체 교리가 생겨난 이유는 다름 아니라 기독교 공동체가 그리스도에 대해 제기한 주장의 중대함 때문이었다. 기독교 공동체는, 만일 예수에게서 하나님을 뺀다면 그때 남는 것은 예수가 아니라는 사실을 알았다"("The Scope of Christological Reflection," *Interpretation* 26 [July 1972]: 331).

37. Sittler, *Grace Notes*, 119. 또 Jürgen Moltmann의 고전적 저작인 *The Crucified God* (New York: Harper and Row, 1974)을 보라.
38. Brian Walsh의 지적대로, 다스린다(창 1:26-28)는 것은 우리 기독교인들이 주님 (*Domine*)이라고 부르는 그 분을 따르는 것이다. 그런데 이것은 "우리가 다스리는 그들을 위해 나의 삶은 낮추는 것을 뜻한다"(*Subversive Christianity: Imaging God in a Dangerous Time*[Bristol: Regius, 1992], 23).
39. James Nash, *Loving Nature: Ecological Integrity and Christian Responsibility* (Nashville: Abingdon, 1991), 124.
40. Timothy Ware, *The Orthodox Church*(London: Penguin, 1991), 239(굵은 글씨는 원문의 강조). 또 정통주의 신학에 대한 훌륭한 개론서인 그의 책, *The Orthodox Way*(Crestwood, NY: St. Vladimir's Seminary Press, 1979)를 보라.
41. Santmire, *Nature Reborn*, 76.
42. 같은 책, 118-119.
43. 같은 책, 120-128.
44. 같은 책, 128.
45. Santmire가 최근에 쓴 책, *Ritualizing Nature: Renewing Christian Liturgy in a Time of Crisis*는 우리 기독교인들이 좀 더 훌륭하게 창조 세계를 돌보는 사람이 되기 위해서 어떻게 우리의 삶을, 특히 우리의 예배하는 삶을 다듬을 수 있는지, 왜 그래야 하는지에 대해 풍부하고도 깊이 있게 논하고 있다.
46. 따라서 도덕적 고려가능성(moral considerability)은 도덕적 행위와 구별되어야 한다. 도덕적 배려를 받는 대상이 된다는 것이 꼭 도덕적 배려를 베풀 수 있어야 한다는 것을 의미하지는 않는다. 도덕적 행위의 수용자(moral patient)가 반드시 도덕적 행위자(moral agent)일 필요는 없다. 예를 들어, 우리 인간이 도덕적 문제를 숙고할 때 스트로부스소나무를 고려한다는 것은 그 나무가 양심을 지닌다든지 도덕적 선택을 할 수 있다든지 도덕적인 의무가 있다는 것을 함축하지 않는다.
47. 윤리학자들은 대체로 도구적 가치(instrumental value, 인간의 목적에 맞는 쓸모가 있기 때문에 지니는 가치)와 내재적 가치(intrinsic value, 인간의 목적에 맞는 쓸모가 있기 때문이 아니라 그 자체로 고유하게 지니는 가치)로 구분한다. 또 다른 중요한 구분으로는 주관적 가치(subjective value, 누군가가 그것을 가치 있다고 인정해 줄 때에야 지니는 가치)와 객관적 가치(objective value, 다른 사람이 그것을 가치 있게 여기든 여기지 않든 지니는 가치)가 있다. 후자는 흔히 고유한 가치(inherent worth, 인간의 가치평가와 독립한

가치)라고 불리기도 한다. 달리 말해, 여기에는 서로 연관되지만 논리상 구분되는 두 개의 질문이 있다. (1)X는 그것이 우리에게 제공하는 효용과는 별개로, 그 자체로 가치가 있는가? 만일 그렇다면 X는 내재적 가치를 지닌다. 만일 아니라면 X는 도구적 가치만 지닌다. (2)우리가 X를 가치 있다고 판단하는 것이 X를 가치 있게 해주는가? 만일 그렇다면 X는 주관적 가치를 지닌다. X가 내재적인 것이든 도구적인 것이든 아니면 둘 다이든 가치를 지니는 것은 오직 누군가가 그것의 가치를 판단하기 때문이다. 가치평가자가 X에게 가치를 부여한다. 만일 아니라면, X는 객관적인 가치를 지닌다. X는 가치평가자가 그것을 가치 있게 여기느냐와 상관없이 가치를 지닌다. 다음의 책을 보라. Louis Pojman, *Global Environmental Ethics*(Mountain View, CA : Mayfield, 2000), 140, 187.

48. 이와 비슷하게 그러나 더 상세하게 윤리적 관점들을 분류하는 방식에 대해서는 다음의 책을 보라. Max Oelschlaeger, *The Idea of Wilderness: From Prehistory to the Age of Ecology*(New Haven : Yale University Press, 1991).

49. Louis Pojman의 지적처럼, "현명한 이용"이라는 용어는 불행하게도 "환경운동의 의제에 맞서 싸우는" 조직화된 기구인 "현명한 이용 운동"(the Wise Use Movement)이 선점해 사용하고 있다(Pojman의 책 *Global Environmental Ethics* 360-361를 보라).

50. 미국의 환경운동 역사를 다룬 표준적인 역사서는 Roderick Nash의 *Wilderness and the American Mind*, rev. ed.(New Haven : Yale University Press, 1973)다. 또 Nash의 최근 저서인 *The Rights of Nature: A History of Environmental Ethics*(Madison : University of Wisconsin Press, 1989)를 보라.

51. 많은 환경윤리 교재들과 상당한 전공 논문들이 이 관점에 대해 이의를 제기한다. 예로 다음의 책들을 보라. Lawrence Johnson, *A Morally Deep World: An Essay on Moral Significance and Environmental Ethics*(Cambridge : Cambridge University Press, 1991). Nash, *Rights of Nature*. Pojman, *Global Environmental Ethics*. Laura Westra, *An Environmental Proposal for Ethics: The Principle of Integrity*(Lanham, MD : Rowman and Littlefield, 1994).

52. 직접적 의무란 어떤 사람이 그 외의 다른 누군가나 대상에게 직접 지는(to) 의무이며, 이에 반해 간접적 의무는 그 외의 다른 누군가나 대상을 고려하는(regarding) 의무다. 그래서 어떤 사람들은, 직접적 의무란 다른 사람에게만 지는 것이기 때문에 인간은 나무들에게 직접적 의무를 지지 않고 나무를 고려하는 간접적 의무를 진다고 주장한다.

53. 미래 세대들이 하나로 연결되어 있음을 주장하고 또 세대 간의 정의를 지지하는 논증에 대해서는 다음의 책들을 보라. Avner de-Shalit, *Why Posterity Matters: Environmental Policies and Future Generations*(London : Routledge, 1995). R. I. Sikora and Brian Barry, eds., *Obligations to Future Generations*(Philadelphia : Temple University Press, 1978).

54. 환경과 개발에 관한 세계위원회(WCED), *Our Common Future*(New York : Oxford

University Press, 1987).
55. Holmes Rolston III의 책, *Conserving Natural Value*(New York: Columbia University Press, 1994)를 보라. 특히 6장을 보라.
56. 미래 세대의 권리에 관한 문제를 심도 있게 논하면서, 그러한 권리에 관해 말하는 것이 합당한지 그리고 아직 존재하지 않는 미래의 사람들이 그런 권리를 지닌다고 믿는 것이 적절한지에 대해 다루고 양쪽 편의 논증을 살피는 자료로는 다음의 책을 보라. Joseph DesJardins, *Environmental Ethics: An Introduction to Environmental Philosophy*, 2nd ed.(Belmont, CA: Wadsworth, 1997), 4장.
57. 예를 들어 다음의 책을 보라. Holmes Rolston III, *Environmental Ethics: Duties to and Values in the Natural World*(Philadelphia: Temple University Press, 1988), 2장.
58. 권리에는 의무가 따르지만 의무가 반드시 권리를 필요로 하지는 않는다. 따라서 당신이 당신의 지갑에 권리가 있다면, 나는 그것에 손대지 말아야할 의무를 진다. 그러나 커틀랜드 솔새들이 아무런 권리가 없다고 해도 나는 그 새들을 보호할 의무를 질 수 있다.
59. 동물의 권리를 옹호하는 대표적인 사람이 톰 리건(Tom Regan)이다. *The Case for Animal Rights*(Berkeley: University of California Press, 1983)를 보라.
60. Rolston, *Environmental Ethics*, 2장. 그 외에 공리주의 논증을 반박하는 주요한 비판들을 들면 다음과 같다. 목적이 언제나 수단을 정당화할 수 있는 것은 아니다. 최대 다수의 최대 행복을 주장하는 것이 특정 권리를 침해하거나 불의한 결과를 낳을 때가 자주 있다. 한 사람의 개인적인 선호를 충족시키는 방식을 따르는 것은 흔히 직관에 위배된다.
61. 다음 장에서 분명히 밝히겠지만 나는 존중(respect)과 경외(reverence)를 분명하게 구분한다. 그러나 생명중심주의의 옹호자들은 보통 이 용어들을 구분 없이 사용한다.
62. Albert Schweitzer의 다음 책들을 보라. *Reverence for Life*, ed. Thomas Kiernan(New York: Philosophical Library, 1965). *Civilization and Ethics*(London: A&C Black, 1946).
63. Paul Taylor, *Respect for Nature: A Theory of Environmental Ethics*(Princeton: Princeton University Press, 1986).
64. Rolston, *Environmental Ethics*, 2장.
65. 야생지(wilderness) 개념의 역사에 대해서는 Oelschlaeger의 책, *Idea of Wilderness*를 보라.
66. 뮤어(Muir)의 글들에 대한 입문서로 가장 좋은 것은 아무래도 그의 책, *My First Summer in the Sierra*(San Francisco: Sierra Club, 1988)일 것이다. 그의 전기 가운데서는 다음의 책들이 가장 낫다. Frederick Turner, *Rediscovering America: John Muir in His Time and Ours*(San Francisco: Sierra Club, 1985). Michael Cohen, *The Pathless Way: John Muir and the American Wilderness*(Madison: University of Wisconsin

Press, 1984).
67. DesJardins, *Environmental Ethics*, 8장.
68. 레오폴드(Leopold)의 전기로서 가장 좋은 것은 Curt Meine가 쓴 *Aldo Leopold: His Life and Work*(Madison: University of Wisconsin Press, 1988)다. 또 Susan Flader가 쓴 *Thinking Like a Mountain: Aldo Leopold and the Evolution of an Ecological Attitude toward Deer, Wolves, and Forests*(Columbia: University of Missouri Press, 1974)도 보라. 레오폴드의 대표작에 대한 표준적인 해설서는 J. Baird Callicott이 편집한 *Companion to "A Sand County Almanac": Interpretive and Critical Essays* (Madison: University of Wisconsin Press, 1987)다.
69. Aldo Leopold, *A Sand County Almanac*(New York: Ballantine, 1970), 262.
70. Rolston, *Environmental Ethics*, 6장. 특히 230-232페이지를 보라.
71. Tom Regan이 제기한 주장은 *The Case for Animal Rights*, 361-362에 들어 있다.
72. 대지의 윤리를 가장 열렬하게 옹호하는 사람 가운데 한 사람이 Baird Callicott이다. 대지의 윤리를 간단하게 다루고 옹호하는 글로는 그가 쓴 다음의 글을 보라. "The Conceptual Foundations of the Land Ethic," in *Companion to "A Sand County Almanac,"* 186-217. 훨씬 더 철저하고 자세하게 논한 글로는 그의 책, *In Defense of the Land Ethic*(Albany: State University of New York, 1989)을 보라. 또 여기에 언급된 주요 비판들을 다루는, 매우 복잡한 도덕적 가치와 의무 이론에 대해서는 Rolston의 책, *Environmental Ethics*를 보라. 이 이론은 레오폴드의 대지의 윤리를 근거로 삼지는 않았지만 거기서 영감을 얻은 것이다.
73. Arne Naess의 다음 글을 보라. "The Shallow and the Deep, Long-Range Ecology Movement," *Inquiry* 16(1973): 95-100.
74. Bill Devall and George Sessions, *Deep Ecology*(Salt Lake City: Peregrine Smith Books, 1985), 5장.
75. 이 비판들을 포함해 여러 가지 비판들이 DesJardins의 책, *Environmental Ethics*, 227-229에 요약되어 있다. 또 비판들과 그에 대해 자세히 논한 다른 자료는 Oelschlaeger의 책, *Idea of Wilderness*, 301-309에서 볼 수 있다.
76. DesJardins, *Environmental Ethics*, 216.
77. Leopold, *Sand County Almanac*, 239.
78. 여기서는 비인간 피조물의 권리에 대해 말하는 것이 적합한가라는 문제는 논하지 않으며 (이 문제는 8장에서 다룬다), 인간의 권리에 대해서만 살펴본다.
79. Callicott, "The Conceptual Foundations of the Land Ethic," 208.
80. 같은 책, 212-214.
81. 이러한 통합적인 이론을 대표하는 예로는 다음의 책을 보라. Lewis Smedes, *Choices: Making Right Decisions in a Complex World*(San Francisco: Harper and Row, 1986).

82. Rolston, *Environmental Ethics*, 73. 그는 또 다른 쪽에서 다음과 같이 말한다. "각각의 자연종(natural kind)이 자기 나름의 장소와 온전함과 나아가 완전성까지도 소유하지만 그것들 가운데 어떤 것도 고귀한 인격의 단계에는 이르지 못한다. 문화를 이룰 수 있는 동물(아인슈타인이 대표)은 그 동물들이 교양이 없다는 이유로 비난하지 않으면서 문화를 이루지 못하는 동물(캥거루쥐)에 비해 자신의 삶 속에서 폭넓은 가치를 구현한다. 경험상으로 보아, 이 사실 때문에 캥거루쥐가 내재적 가치를 지닌다는 것을 부인하거나 인간이 그들에게 의무를 진다는 것을 부정하게 되지는 않는다. 오히려, 이것은 다양한 가치들이 지니는 윤리적으로 타당한 차이점을 구분하는 것이다"(68).
83. 같은 책, 216-229. 예를 들어, 강과 바위와 산은 아메바보다 작은 내재적 가치를 지니며, 또 아메바는 개코원숭이에 비해 내재적 가치가 작고, 다음으로 개코원숭이는 인간보다 작은 내재적 가치를 지닌다. 그러나 도구적 가치는 대체로 내재적 가치에 반비례한다. 즉 강과 풀은 사람이나 다람쥐에 비해 훨씬 더 큰 도구적 가치를 지닌다.
84. 이 구절은 Lionel Basney의 탁월한 책, *An Earth-Careful Way of Life*(Downers Grove, IL: InterVarsity, 1994)에서 인용하였다.
85. William Dyrness, "The Ecology of Hope" 10. (1999년 3월 3일, 오하이오 주, 캔톤시, 멀론대학에서 "Compassion and the Care for Creation"이라는 주제로 열린 미국복음주의협회의 모임에서 강연한 원고)
86. 다음의 주소에서 볼 수 있다. http://www.creationcare.org/resources/declaration.php.
87. DeWitt, *Caring for Creation*, 16.
88. 같은 책, 58.

6장. 우리는 어떤 사람이 되어야 하는가

1. David Orr, *Earth in Mind: On Education, the Environment, and the Human Prospect*(Washington, DC: Island, 1994), 62.
2. 생태학적 덕 이론을 연구한 학자들과 저술은 다음과 같다. Philip Cafaro and Ronald Sandler, eds., *Environmental Virtue Ethics*(Lanham, MD: Rowman and Littlefield, 2005). Geoffrey Frasz, "Environmental Virtue Ethics: A New Direction for Environmental Ethics," *Environmental Ethics* 15(1993): 259-274. Jay McDaniel, *Of God and Pelicans: A Theology of Reverence for Life*(Louisville: Westminster/ John Knox, 1989), 73-74. James Nash, *Loving Nature: Ecological Integrity and Christian Responsibility*(Nashville: Abingdon, 1991), 63-67. 같은 저자, "Toward the Revival and Reform of the Subversive Virtue: Frugality," *The Annual of the Society of Christian Ethics* 15(1995): 137-160. Michael Northcott, *The Environment and Christian Ethics*(Cambridge: Cambridge University Press, 1996). John Patterson,

"Maori Environmental Virtues," *Environmental Ethics* 16(1994): 397-409. Ronald Sandler, *Character and Environment: A Virtue-Oriented Approach to Environmental Ethics*(New York: Columbia University Press, 2007). Paul Taylor, *Respect for Nature: A Theory of Environmental Ethics*(Princeton: Princeton University Press, 1986), 198-218. Louke van Wensveen, "Christian Ecological Virtue Ethics: Transforming a Tradition," in *Christianity and Ecology: Seeking the Well-Being of Earth and Humans*, ed. Dieter Hessel and Rosemary Radford Ruether (Cambridge: Harvard University Press, 2000), 155-171. 같은 저자, *Dirty Virtues: The Emergence of Ecological Virtue Ethics*(Amherst, NY: Humanity Books, 2000). Laura Westra, *An Environmental Proposal for Ethics: The Principle of Integrity*(Lanham, MD: Rowman and Littlefield, 1994). 그리고 내가 이 분야에 기고한 글들로 다음의 것들이 있다. "Creation Care and Character: The Nature and Necessity of the Ecological Virtues," *Perspectives on Science and Christian Faith* 50, no. 1(March 1998): 6-21. "Response to Louke van Wensveen: A Constructive Proposal," in Hessel and Ruether, *Christianity and Ecology*, 173-182.

3. 아리스토텔레스를 규준으로 삼아 이론을 전개하는 데 대해 적어도 두 가지 반론이 제기된다. 첫째, 페미니스트 관점에서 나온 비판은 아리스토텔레스의 덕 이론에 내재하는 개인주의를 문제 삼는다. 그 예로 Nel Noddings의 책, *Caring: A Feminine Approach to Ethics and Moral Education*(Berkeley: University of California Press, 1984)을 보라. 이 비판이 옳기는 하지만, 내가 이해하는 바로는 이 책의 목적을 위해 아리스토텔레스를 이용하는 것과 그 비판은 거리가 있다. 나는 인간 사이의 덕이라는 본질을 긍정적으로 인정하며, 이것을 나의 덕 이해에 통합하려고 한다. 두 번째 반론은 신학적인 것이다. 예를 들어 John Milbank도 고대 윤리학의 개인주의를 지적하고 비판하지만 그에 더해 아리스토텔레스의 윤리학에 대해 한 가지 문제를 더 공격한다. Milbank(그는 아우구스티누스의 노선을 따른다)에 의하면 그리스와 로마 사람들은 "싸워서 물리쳐야 할 것이 있는 곳에만 덕이 있다고 생각한다. 따라서 그때의 사람들에게 덕은 훌륭한 목표 자체를 추구하고 획득하는 일뿐만 아니라 또 별로 바람직하지 않은 힘들을 '정복'하는 것이기도 했다"(*Theology and Social Theory: Beyond Secular Reason*[Oxford: Blackwell, 1993], 390-391). 간단히 말해, 덕은 갈등을 전제로 하고, *aretē*(덕 또는 탁월성)는 *agōn*(경쟁)을 전제로 한다. 이와는 반대로 기독교 이야기는 "평화가 갈등보다 존재론적으로 우월하다"(390)는 점을 높게 여기고 따라서 영웅적인 시각에서 덕을 이해하는 것을 거부한다. 기독교의 눈으로 볼 때, 덕은 갈등을 전제로 한 성취가 아니라 화해와 죄의 용서를 통해 베풀어지는 선물이다.

Milbank의 논점이 정확하지만 그렇다고 해서 기독교에서 아리스토텔레스를 전용하는 것을 반드시 배척해야 하는 것은 아니다. 아퀴나스가 이에 딱 들어맞는 사례다(다음의 책들을 보라. *Summa Theologiae* I-II, questions 49-67, *Treatise on the Virtues*, trans. John A.

Oesterle(Notre Dame: University of Notre Dame Press, 1984). 아퀴나스에게 덕은 "마음의 좋은 특성으로서, 우리가 따라 살아야 하는 것이요, 그 누구도 악용할 수 없는 것이며, 하나님께서 우리의 힘을 빌지 않고 우리 안에다 세우시는 것이다"(question 55, article 4). "하나님께서 우리의 힘을 빌지 않고 우리 안에다 세우시는 것이다"라는 말로 아퀴나스가 주장하는 것은, 우리 안에 이루어진 덕의 작용(efficient cause)은 하나님이시며, 또 갈등이나 정복 같은 것이 꼭 있어야 하는 것은 아니라는 점이다. 간단히 말해, 아퀴나스는 자신의 덕 이해를 전개하는 데 아리스토텔레스에게 많은 것을 의지하긴 하지만 그 맥락을 새롭게 다듬으며 그렇게 해서 아리스토텔레스의 덕 개념을 수정하고 있다.

4. Aristotle, *Nicomachean Ethics*, in *The Basic Works of Aristotle*, ed. Richard McKeon (New York: Random House, 1941), 1106a 4.
5. 같은 책, 1109a 27.
6. 같은 책, 1107a 1.
7. Philippa Foot, *Virtues and Vices and Other Essays in Moral Philosophy*(Berkeley: University of California Press, 1978), 4-5.
8. 같은 책, 5.
9. Robert Roberts, *Spirituality and Human Emotion*(Grand Rapids: Eerdmans, 1982), 12-15.
10. Stanley Hauerwas, *Character and the Christian Life: A Study in Theological Ethics* (San Antonio: Trinity University, 1985), 115-117.
11. 같은 책, 11페이지, 5, 17페이지를 참조하라. 또 다음의 책을 보라. Stanley Hauerwas, *Vision and Virtue: Essays in Christian Ethical Reflection*(Notre Dame: Fides, 1974), 2장.
12. Gilbert Meilaender, "Virtue in Contemporary Religious Thought," in *Virtue Public and Private*, ed. Richard John Neuhaus(Grand Rapids: Eerdmans, 1986), 9.
13. C. S. Lewis, *The Magician's Nephew*(New York: Macmillan, 1978), 125.
14. 이야기(narrative), 특히 성경의 거대담론(metanarrative)이 담당하는 근본적인 역할에 관해서는 다음의 책을 보라. J. Richard Middleton and Brian Walsh, *Truth Is Stranger Than It Used To Be*(Downers Grove, IL: InterVarsity, 1995), 4-5장. 도덕적 비전을 형성하는 데서 공동체가 차지하는 중심적 역할에 관해서는 다음의 책을 보라. Stanley Hauerwas, *A Community of Character: Toward a Constructive Christian Social Ethic*(Notre Dame: University of Notre Dame Press, 1981). 두 가지 모두를 다루는 책으로는 다음을 보라. Steven Bouma-Prediger and Brian Walsh, *Beyond Homelessness: Christian Faith in a Culture of Displacement*(Grand Rapids: Eerdmans, 2008), 208-212.
15. 교리를 이렇게 생각하는 방식은 다음의 책에서 볼 수 있다. N. T. Wright, *The New*

Testament and the People of God(Philadelphia: Fortress, 1992), 5장.

16. Holmes Rolston은 이 의무에 대해 다음과 같이 세부적인 설명을 덧붙인다. 우리에게, 박물관에 보관할 가치가 있거나 자원으로서 가치가 있는 위기에 처한 종을 구하는 것을 제외하고는 "희귀한 종이 자연적인 멸종을 면하도록 보전할 선행(benevolence)의 의무는 없지만", 인위적이거나 "고의적인 멸종을 피해야 하는, 악행금지(nonmaleficence)의 의무"는 있다. 즉 우리는 인간이 원인이 되어 발생하는 종 멸종을 피해야 할 책임이 있으며, 또 어떤 때는 인간 이외의 요인에 의해 멸종되는 종들을 보전해야할 책임을 지기도 한다. 악행금지의 의무는 조건부 의무이며 따라서 어떤 경우에는, 예를 들면 천연두나 말라리아 같은 경우에는 무시될 수도 있다. 그러나 비인간 종에게 위해를 가하지 않아야 하는 의무는 여전히 효력이 있으며, 따라서 입증의 책임(burden of proof)은 언제나 해를 가하려고 하는 쪽에서 져야 한다. 다음의 책을 보라. Holmes Rolston III, *Environmental Ethics: Duties to and Values in the Natural World*(Philadelphia: Temple University Press, 1988), 155.
17. Aldo Leopold, *A Sand County Almanac*(New York: Ballantine, 1970), 190.
18. Susan Power Bratton, *Six Billion and More: Human Population Regulation and Christian Ethics*(Louisville: Westminster/John Knox, 1992), 43. 성경에서 말하는 복이라는 주제에 관해서는 다음의 책을 보라. Claus Westermann, *Blessing in the Bible and the Life of the Church*(Philadelphia: Fortress, 1978).
19. Bill McKibben, *The Comforting Whirlwind: God, Job, and the Scale of Creation* (Grand Rapids: Eerdmans, 1994), 10.
20. Aristotle, *Nicomachean Ethics*, 1118b 19.
21. 죽음의 운명을 부정하고 그러는 가운데 죄를 짓고 영속화시키는 인간의 성향을 통찰력 있고 강력하게 분석한 글로는 다음의 책을 보라. Ernest Becker, *Denial of Death*(New York: Macmillan, 1973) and *Escape from Evil*(New York: Macmillan, 1975).
22. 이러한 물음의 예를 보여주는 고전적인 자료가 레오 톨스토이(Leo Tolstoy)의 단편 소설, "이반 일리치의 죽음"(The Death of Ivan Ilych)일 것이다.
23. 죄의 현상을 매우 분명하게 밝혀 주는 책은 다음의 두 권이다. Ted Peters, *Sin: Radical Evil in Soul and Society*(Grand Rapids: Eerdmans, 1995). Neal Plantinga, *Not the Way It's Supposed To Be: A Breviary of Sin*(Grand Rapids: Eerdmans, 1995).
24. Aristotle, *Nicomachean Ethics*, 1127a 22.
25. Dietrich Bonhoeffer, *Ethics*(New York: Macmillan, 1955), 363-372.
26. Calvin DeWitt, "Take Good Care: It's God's Earth," *Prism* 1(December 1993-January 1994): 10(굵은 글씨는 원문의 강조).
27. 욥기 28:28, 시편 111:10, 잠언 1:7을 보라. 생태학적 지혜에 대해 좀 더 알기 위해서는 다음의 책을 보라. Bouma-Prediger and Walsh, *Beyond Homelessness*, 221-224.

28. 희망에 대해 명쾌하고 깊이 설명하는 책으로는 다음을 보라. Lewis Smedes, *Standing on the Promises: Keeping Hope Alive for a Tomorrow We Cannot Control* (Nashville: Thomas Nelson, 1998).
29. 인간다운 삶을 사는 데 희망이 필수적인 요소가 된다는 점에 대해서는 다음의 책들을 보라. Victor Frankl, *Man's Search for Meaning*(New York: Simon and Schuster, 1963). Elie Wiesel이 쓴 *Night*(New York: Bantam, 1958)와 그 외의 글들. 기독교 신학에서 희망이 중심이 된다는 사실은 위르겐 몰트만(Jürgen Moltmann)의 많은 저작에서 분명하게 밝히고 있다. 예로 다음의 책을 보라. *Theology of Hope: On the Ground and the Implications of a Christian Eschatology*(New York: Harper and Row, 1967).
30. Søren Kierkegaard, *The Sickness Unto Death*(Princeton: Princeton University Press, 1980).
31. 예로 다음의 책을 보라. Thomas Aquinas, *Summa Theologiae* I-II.64.4.
32. J. Christiaan Beker, *Suffering and Hope: The Biblical Vision and the Human Predicament*(Grand Rapids: Eerdmans, 1994), 89.
33. 예로 다음의 책을 보라. Lee Hardy, *The Fabric of This World: Inquiries into Calling, Career Choice, and the Design of Human Work*(Grand Rapids: Eerdmans, 1990).
34. DeWitt, "Take Good Care," 10.
35. 자선(beneficence)과 선행(benevolence)의 차이점을 설명한 자료는 다음의 책을 보라. William Frankena, *Ethics*(Englewood Cliffs, NJ: Prentice-Hall, 1973), 45.
36. 다음의 책들을 보라. William Vitek and Wes Jackson, eds., *Rooted in the Land: Essays on Community and Place*(New Haven: Yale University Press, 1996). Terry Tempest Williams, *Refuge: An Unnatural History of Family and Place*(New York: Vintage, 1992).
37. Leopold, *Sand County Almanac*, 197.
38. 예를 들어, 일반적인 자료로는 루터교 전통을, 구체적으로는 근래의 신약성경 학자들 가운데서 특히 에른스트 케제만(Ernst Kasemann)을 참조하라.
39. James Dunn and Alan Suggate, *The Justice of God*(Grand Rapids: Eerdmans, 1993), 25. 또 다음의 책을 보라. N. T. Wright, *Surprised by Hope: Rethinking Heaven, the Resurrection, and the Mission of the Church*(New York: HarperCollins, 2008), 213-222.
40. 같은 책, 28.
41. 정의와 공평에 관해서 좀 더 알기 위해서는 다음의 책을 보라. Bouma-Prediger and Walsh, *Beyond Homelessness*, 214-217.
42. Lewis Smedes, *Mere Morality: What God Expects from Ordinary People*(Grand Rapids: Eerdmans, 1983), 2장.

43. Aristotle, *Nicomachean Ethics*, 1179a 35-1179b 4.
44. Wendell Berry, *Sabbaths*(San Francisco: North Point, 1987), 19.

7장. 왜 갈라파고스펭귄과 뱅크스소나무를 걱정해야 하는가

1. Joseph Sittler, "Ecological Commitment as Theological Responsibility," *Zygon* 5 (June 1970): 173.
2. Dr. Seuss, *The Lorax in Six by Seuss*(New York: Random House, 1991), 342.
3. 같은 책, 345.
4. 여기서 내가 사용한 "이해관계(prudence)"라는 말의 의미는 오늘날 대부분의 사람들이 그 말을 이해하는 것과 같다. 즉 자기의 일을 처리하고 이익을 취하는데 약삭빠른 태도이다. 나는 이 말을 아리스토텔레스가 *phronēsis*라는 말로 표현한 것, 곧 선한 삶을 사는 데 필요한 중용을 세우는 건전한 판단이라는 의미로 쓰지 않는다. 또 "신앙"이라는 말은 종교적 삶의 방식에 대한 진지한 헌신, 자기의 종교 전통에 대한 충성을 의미한다. 특히 여기서는 기독교 영성으로 알려진 종교적 헌신을 뜻하는 말로 쓴다.
5. 어떤 사람들은 지구를 돌보는 일이 중요하다는 것을 깨닫는 데 단 하나의 논증, 예를 들어 자기 이익 논증 같은 것 하나만 있으면 된다. 많은 기독교인들은 하나님께서 지으신 피조물이나 우리가 살고 있는 지구에 대한 관심을 높이기 위해 하나님의 명령 논증만으로도 충분하다고 생각한다. 또 특별하게 몇 가지 논증을 하나로 결합해서 제시할 때 생태계에 대한 책임을 진지하게 받아들이는 사람들도 있다. 이런 현상은 놀라울 것이 없는데, 그 이유는 각 논증들이 지닌 힘이 사람에 따라 상대적이기 때문이다. 다시 말해 논증들이 어떤 타당성이나 설득력을 지니느냐는 개인의 신념, 성향, 욕구, 덕 등에 따라 다르게 나타나기 때문이다.
6. 물론 이 논증들 각각에 대해 좀 더 자세히 살펴볼 필요가 있으며, 또 이 논증들이 특정 공공 정책에 대해 어떤 의미를 함축하는지에 대해서도 더 관심을 기울일 필요가 있다. 그러나 여기서 나는 아주 간략하게, "왜 지구를 돌봐야 하는가?"라는 질문에 각각의 논증이 제시하는 답을 살펴보고 논하는 것에 한정해서 쓰려고 한다. 기독교 윤리의 준거틀을 특정한 공공 정책의 쟁점에 적용한 사례에 관해서는 다음의 책들을 보라. Steven Bouma-Prediger and Virginia Vroblesky, *Assessing the Ark: A Christian Perspective on Non-Human Creatures and the Endangered Species Act*(Wynnewood, PA: Crossroad, 1997). Robert Grant, *A Case Study in Thomistic Enviromental Ethics: The Ecological Crisis in the Loess Hills of Iowa*(Lewiston: Edwin Mellon, 2007).
7. 이 관점이 권리 언어를 사용하여 논의를 전개하는 것이 과연 적절한가에 대해 의문을 제기하는 사람들이 있다. 이 맥락에서 권리와 의무의 언어를 사용하는 것이 적합한 것인가? 예를 들어, 사람들이 자기 자녀에게 느끼는 "의무"가 과연 진정한 의무라고 할 수 있을까? 그러나 배낭 여행자들의 예가 보여주듯이, 가족 간의 애정이 존재하지 않는 경우에는 의무에

대해 말하는 것은 온당한 일이다. 때때로 우리는 우리가 알 필요가 없는 미래 세대와도, 의무감으로 인해 하나로 연결된다고 느낄 때가 있다.
8. 규칙과 의무의 등급 분류에 관해서는 다음의 책을 보라. Lewis Smedes, *Choices: Making Right Decisions in a Complex World*(San Francisco: Harper and Row, 1986), 3-4장.
9. 생존권(sustenance rights)에 관해서는 다음의 책을 보라. Nicholas Wolterstorff, *Until Justice and Peace Embrace*(Grand Rapids: Eerdmans, 1983). 거의 대부분의 견해가 이 권리를 현재 존재하는 사람들만 소유하는 것으로 여긴다. 이 책에서 나는, 아직 존재하지 않는 사람들의 권리를 논하는 것이 과연 사리에 맞는지를 따지는 이 논쟁적이고 중요한 문제까지는 다루지 않는다. 우리 후손에게서 빌려 온 자산 논증은 그 목적에서 볼 때 현재 존재하는 사람들을 넘어서까지 적용되는 것이 마땅하며, 따라서 아직 태어나지 않은 사람들의 권리에 대해 말하는 것이 논리상 당연하다. 미래의 인간 세대의 권리를 옹호하는 글로는 다음의 책을 보라. Avner de-Shalit, *Why Posterity Matters: Environmental Policies and Future Generations*(London: Routledge, 1995). 또 다음의 책을 보라. R. I. Sikora and Brian Barry, eds., *Obligations to Future Generations*(Philadelphia: Temple University Press, 1978).
10. 예로 Bob Goudzwaard의 다음 책들을 보라. *Aid for the Overdeveloped West* (Toronto: Wedge, 1975). *Capitalism and Progress: A Diagnosis of Western Society*(Grand Rapids: Eerdmans, 1979). 또 그와 Harry de Lange가 함께 쓴 책, *Beyond Wealth and Poverty*(Grand Rapids: Eerdmans, 1995)를 보라.
11. Bill McKibben, *The Comforting Whirlwind: God, Job, and the Scale of Creation*(Grand Rapids: Eerdmans, 1994), 89.
12. David Myers, *The Pursuit of Happiness: Who Is Happy-and Why*(New York: William Morrow 1992), 2장. 그리고 이러한 주장을 더 견고하게 다룬 글로 그의 책, *The American Paradox: Spiritual Hunger in an Age of Plenty*(New Haven: Yale University Press, 2000)를 보라.
13. Myers, *Pursuit of Happiness*, 46.
14. Henry David Thoreau, *Walden and Other Writings*, ed. Joseph Wood Krutch (New York: Bantam, 1981), 115.
15. Paul Wachtel, *The Poverty of Affluence: A Psychological Portrait of the American Way of Life*(Philadelphia: New Society, 1989), 1-2.
16. James Nash, *Loving Nature: Ecological Integrity and Christian Responsibility* (Nashville: Abingdon, 1991), 63-67.
17. 예로 다음의 책들을 보라. Herman Daly and John Cobb, *For the Common Good: Redirecting the Economy toward Community, the Environment, and a Sustainable Future*(Boston: Beacon, 1989). Robert Gottfried, *Economics, Ecology,*

and the Roots of Western Faith(Lanham, MD: Rowman and Littlefield, 1995). Goudzwaard and de Lange, *Beyond Wealth and Poverty*. Bill McKibben, *The End of Nature*(New York: Doubleday, 1989).
18. 2008-2009년에 세계 경제 체제가 급격하고 극적으로 붕괴한 일은 세계를 휘감고 있는 문제들을 보여주는 한 가지 주요한 사례일 뿐이다. 이러한 문제를 보여주는 또 하나의 중요한 지표가 2장에서 다룬, 다양한 형태로 파괴되고 있는 생태계 현실이다. 사회 붕괴를 일으키는 핵심 요소들을 세밀하게 분석한 자료로는 다음의 책을 보라. Jared Diamond, *Collapse: How Societies Choose to Fail or Succeed*(New York: Viking, 2005).
19. Rosemary Radford Ruether, *Sexism and God-Talk: Toward a Feminist Theology* (Boston: Beacon, 1983), 73.
20. 이러한 주장들의 근거에 대해서는 다음의 책을 보라. Steven Bouma-Prediger, *The Greening of Theology: The Ecological Models of Rosemary Radford Ruether, Joseph Sittler, and Jürgen Moltmann*(Atlanta: Scholars, 1995), 2장과 5장.
21. osemary Radford Ruether, *New Woman/New Earth: Sexist Ideologies and Human Liberation*(New York: Seabury, 1975), 204.
22. Charles Lee, "Evidence of Environmental Racism," *Sojourners*(February-March 1990), 25.
23. 환경적 인종차별주의에 대해 좀 더 깊이 알기 위해서는 다음의 글을 보라. Steven Bouma-Prediger, "Environmental Racism," in *Handbook of U.S. Theologies of Liberation*, ed. Miguel de la Torre(St. Louis: Chalice, 2004).
24. 갈수록 많은 경제 단체와 비영리 단체, 정부기관들이 "세 겹으로 된 최저선"(bottom line)-사회정의, 환경적 지속가능성, 경제 번영-이라는 용어를 채택하고 있다.
25. 예로 다음의 책들을 참조하라. Bunyon Bryant and Paul Mohai, *Environmental Racism: Issues and Dilemmas*(Ann Arbor: University of Michigan Office of Minority Affairs, 1991). Robert Bullard, *Dumping in Dixie: Race, Class, and Environmental Quality*(Boulder, CO: Westview, 1990). Richard Hofrichter, ed., *Toxic Struggles: The Theory and Practice of Environmental Justice*(Philadelphia: New Society, 1993).
26. 예를 들어, 최근 몇 년 사이에 시에라 클럽 같은 환경단체들은 자신들이 내세운 환경운동의 목표를 이루기 위해서는 환경 정의를 목표로 채택하고 더 정의롭고 공평한 인간사회를 위해 일해야 한다고 인정하고 있다.
27. Paul Hawken, *Blessed Unrest: How the Largest Social Movement in History Is Restoring Grace, Justice, and Beauty to the World*(New York: Penguin, 2007), 2, 13.
28. 이런 주장을 내세우는 예로는 다음의 책을 보라. Rosemary Radford Ruether, *To Change the World: Christology and Cultural Criticism*(New York: Crossroad,

1981), 67. 비판적인 견해로는 다음의 책을 보라. Richard Mouw, *The God Who Commands: A Study in Divine Command Ethics*(Notre Dame: University of Notre Dame Press, 1991), 161-163.
29. 예로 다음의 책을 참조하라. Tom Regan, *The Case for Animal Rights*(Berkeley: University of California Press, 1983). 이 일반적인 견해를 대변하는 영향력 있는 또 다른 사람은 피터 싱어(Peter Singer)다. 하지만 그는 공리주의 관점에 서 있다. 싱어의 논증은 다음과 같이 이루어진다. 어떤 동물들은 고통을 느낄 수 있는 능력이 있다. 다시 말해 감성이 있는 유기체(sentient organism)이다. 감성이 있는 유기체들은 고통당하지 않을 이해관심(interest)을 갖는다. 만일 어떤 유기체가 이해관심을 갖는다면, 그것은 도덕적 지위(moral standing)를 차지한다. 그러므로 어떤 동물들은 도덕적 지위가 있다. 예로 다음의 책을 보라. Peter Singer, *Animal Liberation: A New Ethic for Our Treatment of Animals*(New York: Avon Books, 1975).
30. Holmes Rolston III, *Environmental Ethics: Duties to and Values in the Natural World*(Philadelphia: Temple University Press, 1985), 2장.
31. 같은 책, 41.
32. 예로 다음의 책을 참조하라. Joseph DesJardins, *Environmental Ethics: An Introduction to Environmental Philosophy*, 2nd ed.(Belmont, CA: Wadsworth, 1997), 144-145.
33. 상대적인 가치를 분류하는 복잡한 방법에 관해서는 Rolston의 책, *Environmental Ethics*, 6장을 보라.
34. 같은 책, 28.
35. Aldo Leopold, *A Sand County Almanac*(New York: Ballantine, 1970), 239.
36. 같은 책, 262.
37. John Muir, *My First Summer in the Sierra*(San Francisco: Sierra Club, 1988), 10.
38. Joseph Sittler, *Gravity and Grace*(Minneapolis: Augsburg, 1986), 22.
39. Sittler, "Ecological Commitment as Theological Responsibility," 173.
40. Larry Rasmussen, *Earth Community Earth Ethics*(Maryknoll, NY: Orbis, 1996), 324. Jürgen Moltmann, *God in Creation: A New Theology of Creation and the Spirit of God*(San Francisco: Harper and Row, 1985), 139.
41. 이 주장을 설득력 있게 펼쳐서 옹호하는 글로는 다음의 책들을 보라. Norman Wirzba, *The Paradise of God: Renewing Religion in an Ecological Age*(New York: Oxford University Press, 2003), 4장. James Gustafson, *A Sense of the Divine: The Natural Environment from a Theocentric Perspective*(Cleveland: Pilgrim, 1994).
42. 오늘날 하나님 명령의 윤리를 주장하는 책으로는 Richard Mouw의 *God Who Commands*를 보라.

43. 하나님 나라를 만물을 포괄하는 것으로 이해하는 이러한 성경적 견해는 다음의 책에 잘 정리되어 있다. N. T. Wright, *Surprised by Hope: Rethinking Heaven, the Resurrection, and the Mission of the Church*(New York: HarperCollins, 2008).
44. Calvin DeWitt은 감사와 만족의 관계를 다음과 같이 말한다. "모든 피조물이 하나님께서 넘치도록 부어 주신 복을 끊임없이 찬양하듯이 우리도 역시 그래야 한다. 우리는 하나님께서 베푸신 것을 족하게 여겨, 만족이 우리에게 가장 큰 유익이 된다는 것을 알아야 한다" (*The Environment and the Christian*[Grand Rapids: Baker, 1991], 108).
45. John Calvin, *Institutes of the Christian Religion*, ed. John McNeill(Philadelphia: Westminster, 1960), 1.14.20, 2.6.1. 또 1.6.2와 3.10.2도 참조하라.
46. 같은 책, 3.9.3. 또 1.14.22도 보라. 여기서 깔뱅은 피조물의 선함에 관해 언급하면서 이렇게 말한다. "따라서 우리는 우리가 바라는 모든 것을 (하나님께) 청해야 한다. 또 우리 손에 허락된 모든 이득을 (하나님께서 주신) 복으로 인정하고 감사함으로 받아야 한다."
47. Susan Schreiner, *The Theatre of His Glory: Nature and Natural Order in the Thought of John Calvin*(Grand Rapids: Baker, 1991), 106. 또 Schreiner는 아주 명료하게 다음과 같이 말한다. "하나님은 처음 창조 때에 정하신 목적에 충실하신 분이라는 것이 깔뱅의 믿음이었으며, 이 믿음이 구속에서 창조가 어떤 역할을 하는지에 대한 그의 사고를 결정지었다. 깔뱅의 신학에서, 하나님은 당신이 창조하신 모든 것, 곧 우주와 인간의 본성과 사회를 새롭게 하신다"(111).
48. Henry Stob, *Ethical Reflections: Essays on Moral Themes*(Grand Rapids: Eerdmans, 1978), 78. 또 다음의 책을 보라. Allen Verhey, *Living the Heidelberg: The Heidelberg Catechism and the Moral Life*(Grand Rapids: Christian Reformed Church, 1986), 8-9장.
49. Sittler, *Gravity and Grace*, 35.

8장. 희망은 어디에 있는가

1. Walter Rauschenbusch, *Prayers of the Social Awakening*(Boston: Pilgrim, 1910), 47.
2. 이 질문은 Immanuel Kant의 세 가지 근본적인 물음 중 마지막 것이다. 앞의 두 질문은 우리가 무엇을 알 수 있는지와 우리가 무엇을 해야 하는지이다. 다음의 책을 보라. Immanuel Kant, *Critique of Pure Reason*, trans. Norman Kemp Smith(New York: St. Martin's Press, 1965), 635. 또 다른 판본들에서 다음 부분을 참고하라. the canon of pure reason, section 2(A805/B833).
3. Bill McKibben, *Hope, Human and Wild: True Stories of Living Lightly on the Earth*(St. Paul: Hungry Mind, 1995), 2-4장.
4. Paul Hawken, *Blessed Unrest: How the Largest Social Movement in History Is*

Restoring Grace, Justice, and Beauty to the World(New York: Penguin, 2007).
5. 이에 관한 책과 논문들은 일일이 언급할 수 없을 정도로 많다. 그러나 가장 먼저 참고하기에 알맞은 곳은 Worldwatch Institute의 웹사이트인 www.worldwatch.org다.
6. 참고로 다음의 책들을 보라. Bill McKibben, *Enough: Staying Human in an Engineered Age*(New York: Henry Holt, 2004). Albert Borgmann, *Power Shift: Christianity in the Culture of Technology*(Grand Rapids: Brazos, 2003).
7. 석유 소비에 관해서는 다음의 책들을 보라. Paul Roberts, *The End of Oil: On the Edge of a Perilous New World*(New York: Houghton Mifflin, 2004). Richard Heinberg, *The Party's Over: Oil, War and the Fate of Industrial Societies*, rev. ed.(Gabriola Island, BC: New Society, 2005).
8. James Gustave Speth, *The Bridge at the Edge of the World: Capitalism, the Environment, and Crossing from Crisis to Sustainability*(New Haven: Yale University Press, 2008). 또 다음의 책을 참조하라. James Gustave Speth, *Red Sky at Morning: America and the Crisis of the Global Environment*(New Haven: Yale University Press, 2004).
9. Bill McKibben, *Deep Economy: The Wealth of Communities and the Durable Future* (New York: Holt, 2007).
10. 대중의 의식 속에 이러한 인식이 늘어 간다는 증거는 지방 신문들의 헤드라인에서부터 정부나 국제적인 저널이나 잡지의 주요 기사에 이르기까지 거의 모든 곳에서 확인된다. 공적 여론 조사에 관해 좀 더 알기 위해서는 Pew Research Center의 웹사이트, www.pewresearch.org/pubs/를 보라. 내가 이 책을 쓰고 있는 사이에 지구온난화에 관한 주요 법안이 상원에 제출되었으며, 추가로 다른 쟁점들에 관한 법안이 제출될 준비가 이루어지고 있었다. 전 세계에서 생태학적으로 다듬어진 과학 교육과정이 개발되거나 실시되고 있다. 미시간 주 남서부에 있는 Outdoor Discovery Center는, 유치원에서 고등학교까지 학생들에게 세상이 생태학적인 면에서 어떻게 움직이는지를 가르치는 데 도움을 주는 수많은 기관 가운데 하나다. 마지막으로 미국 전역에서 재활용 프로그램이 확산되고 있으며 습지 복원 사업이 시작되고 있다.
11. Steven Bouma-Prediger and Brian Walsh, *Beyond Homelessness: Christian Faith in a Culture of Displacement*(Grand Rapids: Eerdmans, 2008), 1-2장.
12. John Caputo, *Radical Hermeneutics: Repetition, Deconstruction, and the Hermeneutic Project*(Bloomington: Indiana University Press, 1987), 239.
13. Frances FitzGerald, *Cities on a Hill: A Journey through Contemporary American Cultures*(New York: Simon and Schuster, 1986), 390.
14. Paul Wachtel, *The Poverty of Affluence: A Psychological Portrait of the American Way of Life*(Philadelphia: New Society, 1989), 95.

15. Walter Truett Anderson, *Reality Isn't What It Used to Be*(San Francisco: HarperCollins, 1990), 51.
16. Clive Thompson, "Global Mourning" *Wired*(January 2008): 70. 또 다음의 책을 보라. Bouma-Prediger and Walsh, *Beyond Homelessness*, 5-6장.
17. 이후의 단락들 가운데 상당 부분을 다음의 책에서 가져왔다. Bouma-Prediger and Walsh, *Beyond Homelessness*, 9장.
18. Václav Havel. 다음의 책에서 인용하였다. Lewis Smedes, *Standing on the Promises: Keeping Hope Alive for a Tomorrow We Cannot Control*(Nashville: Abingdon, 1998), 30.
19. Václav Havel, *Disturbing the Peace*(New York: Alfred Knopf, 1990), 181.
20. Scott Russell Sanders, *Hunting for Hope*(Boston: Beacon, 1998), 27(굵은 글씨는 원문의 강조).
21. N. T. Wright, *The Millennium Myth*(Louisville: Westminster/John Knox, 1999), 39.
22. Sanders, *Hunting for Hope*, 20. 또 4, 5, 7, 8, 9, 11, 12, 13장을 보라.
23. Wright, *Millennium Myth*, 39-40.
24. Wendell Berry, *Sex, Economy, Freedom, and Community*(New York: Pantheon, 1992), 11.
25. Annie Dillard, *Teaching a Stone to Talk*(New York: Harper and Row, 1982), 58-59.
26. 하나님은 "거칠기 짝이 없는 존재"이며 "가축처럼 가두거나 인간이 마음대로 할 수 있는 존재가 아니다"(Berry, *Sex, Economy, Freedom, and Community*, 101).
27. Gerard Manley Hopkins, "God's Grandeur," in *Poems and Prose*(London: Penguin, 1985), 27.
28. Joseph Sittler, "Evangelism and Care of the Earth," in *Preaching and the Witnessing Community*, ed. Herman Stuempfle(Philadelphia: Fortress, 1973), 104.

참고문헌

Abramovitz, Janet. *Imperiled Waters, Impoverished Future: The Decline of FreshwaterEcosystems*. Washington, DC: Worldwatch Institute, 1996.

_____. *Taking a Stand: Cultivating a New Relationship with the World's Forests*. Washington, DC: Worldwatch Institute, 1998.

Aeck, Molly. "Weather-Related Disasters Near a Record." In *Vital Signs 2005*, 50-51.

Amos, Jonathan. "Deep Ice Tells Long Climate Story." BBC *News*, September 4, 2006. http://news.bbc.co.uk/2/hi/science/nature/5314592.stm.

Anderson, Bernhard, ed. *Creation in the Old Testament*. Philadelphia: Fortress, 1984.

_____. *Creation versus Chaos*. Philadelphia: Fortress, 1987.

_____. *From Creation to New Creation*. Minneapolis: Augsburg Fortress, 1994.

Anderson, Walter Truett. *Reality Isn't What It Used to Be*. San Francisco: HarperCollins, 1990.

Annin, Peter. *The Great Lakes Water Wars*. Washington, DC: Island, 2006.

Aristotle. *Nicomachean Ethics. In The Basic Works of Aristotle*, edited by Richard McKeon, 927-1112. New York: Random House, 1941. (「니코마코스 윤리학」 이제 이북스)

Art, Henry, ed. *The Dictionary of Ecology and Environmental Science*. New York: Henry Holt, 1993.

Augustine. *On Christian Doctrine*. Translated by D. W. Robertson Jr. New York: Macmillan, 1958.

Aune, David. *Revelation 17-22*. Word Biblical Commentary 52c. Nashville: Thomas Nelson, 1998. (「요한계시록」 솔로몬)

Barbour, Ian. *Religion in an Age of Science*. San Francisco: Harper and Row, 1990.

_____. ed. *Western Man and Environmental Ethics*. Reading, PA: Addison-Wesley, 1973.

Barnhill, David, ed. *At Home on the Earth: Becoming Native to Our Place*. Berkeley: University of California Press, 1999.

Baskin, Yvonne. *The Work of Nature: How the Diversity of Life Sustains Us*.Washington, DC: Island, 1998. (「아름다운 생명의 그물」 돌베개.)

Basney, Lionel. *An Earth-Careful Way of Life*. Downers Grove, IL: InterVarsity, 1994.

Bauckham, Richard. *Jude and 2 Peter*. Word Biblical Commentary 50. Waco: Word, 1983. (「유다서 베드로후서」 솔로몬)

Beale, G. K. *The Book of Revelation*. New International Greek Testament Commentary. Grand Rapids: Eerdmans, 1999.

Beasley-Murray, G. R. *The Book of Revelation*. New Cambridge Bible Commentary. Grand Rapids: Eerdmans, 1981.

Becker, Ernest. *Denial of Death*. New York: Macmillan, 1973. (「죽음의 부정」 인간사랑)

_____. *Escape from Evil*. New York: Macmillan, 1975.

Beker, J. Christiaan. *Suffering and Hope: The Biblical Vision and the Human Predicament*. Grand Rapids: Eerdmans, 1994.

Berkouwer, G. C. *Man: The Image of God*. Grand Rapids: Eerdmans, 1962.

Bernstein, Richard. *Beyond Objectivism and Relativism: Science, Hermeneutics, and Praxis*. Philadelphia: University of Pennsylvania Press, 1983.

Berry, R. J., ed. *The Care of Creation*. Leicester, UK: Inter-Varsity, 2000.

Berry, Wendell. *The Gift of Good Land*. San Francisco: North Point, 1981.

_____. *Home Economics*. New York: North Point, 1987. (「생활의 조건」 산해.)

_____. *Sabbaths*. San Francisco: North Point, 1987.

_____. *Sex, Economy, Freedom, and Community*. New York: Pantheon, 1992. (『희망의 뿌리』 산해)

_____. *What Are People For?* New York: North Point, 1990. (『나에게 컴퓨터는 필요없다』 양문출판사)

Birch, Bruce, and Larry Rasmussen. *Bible and Ethics in the Christian Life*. Rev. ed. Minneapolis: Augsburg Fortress, 1989.

Birch, Charles, William Eakin, and Jay McDaniel, eds. *Liberating Life: Contemporary Approaches to Ecological Theology*. Maryknoll, NY: Orbis, 1990.

Boff, Leonardo. *Ecology and Liberation: A New Paradigm*. Maryknoll, NY: Orbis, 1995. (『생태신학』 가톨릭출판사)

_____. *Trinity and Society*. Maryknoll, NY: Orbis, 1988.

Bonhoeffer, Dietrich. *Ethics*. New York: Macmillan, 1955. (『윤리학』 대한기독교서회)

Borgmann, Albert. *Power Failure: Christianity in the Culture of Technology*. Grand Rapids: Brazos, 2003.

Boring, M. Eugene. *Revelation*. Interpretation. Louisville: Westminster/John Knox, 1989.

Bos, Elroy. "Threats to Species Accelerate." In *Vital Signs 2007-2008*, 96-97.

Botkin, Daniel. *Discordant Harmonies: A New Ecology for the Twenty-First Century*. New York: Oxford University Press, 1990.

Bouma-Prediger, Steven. "Creation Care and Character: The Nature and Necessity of the Ecological Virtues." *Perspectives on Science and Christian Faith* 50, no. 1 (March 1998): 6-21.

_____. "Environmental Racism." In *Handbook of U.S. Theologies of Liberation*, edited by Miguel de la Torre, 281-287. St. Louis: Chalice, 2004.

_____. *The Greening of Theology: The Ecological Models of Rosemary Radford Ruether, Joseph Sittler, and Jürgen Moltmann*. Atlanta: Scholars, 1995.

_____. "Response to Louke van Wensween: A Constructive Proposal." In Hessel and Ruether, *Christianity and Ecology*, 173-182.

Bouma-Prediger, Steven, and Peter Bakken, eds. *Evocations of Grace: The Writings of Joseph Sittler on Ecology, Theology, and Ethics*. Grand Rapids: Eerdmans, 2000.

Bouma-Prediger, Steven, and Virginia Vroblesky. Assessing *the Ark: A Christian*

Perspective on Non-Human Creatures and the Endangered Species Act. Wynnewood, PA: Crossroad, 1997.

Bouma-Prediger, Steven, and Brian Walsh. *Beyond Homelessness: Christian Faith in a Culture of Displacement.* Grand Rapids: Eerdmans, 2008.

Bratton, Susan Power. *Christianity, Wilderness, and Wildlife: The Original Desert Solitaire.* Scranton, PA: University of Scranton Press, 1993.

_____. *Six Billion and More: Human Population Regulation and Christian Ethics.* Louisville: Westminster/John Knox, 1992.

Bright, Chris. "Anticipating Environmental 'Surprise.'" In *State of the World 2000*, 22-38. New York: Norton, 2000.

Brown, Colin, ed. *The New International Dictionary of New Testament Theology*, vol. 2. Grand Rapids: Zondervan, 1976.

Brown, Ed. *Our Father's World: Mobilizing the Church to Care for Creation.* Downers Grove, IL: InterVarsity, 2008.

Brown, Lester. "Challenges of the New Century." In *State of the World 2000*, 3-21. New York: Norton, 2000.

_____. "Why Ethanol Production Will Drive World Food Prices Even Higher in 2008." Earth Policy Institute. January 24, 2008. http://earthpolicy.org/Updates/2008/Update69.htm.

Brown, Lester, Gary Gardner, and Brian Halweil. *Beyond Malthus: Nineteen Dimensions of the Population Challenge.* New York: Norton, 1999. (「맬서스를 넘어서」 따님)

Brown, Warren, Nancey Murphy, and H. Newton Malony, eds. *Whatever Happened to the Soul? Scientific and Theological Portraits of Human Nature.* Minneapolis:Fortress, 1998.

Brown, William. *The Ethos of the Cosmos: The Genesis of Moral Imagination.* Grand Rapids: Eerdmans, 1999.

Brown, William P., and S. Dean McBride Jr., eds. *God Who Creates: Essays in Honor of W. Sibley Towner.* Grand Rapids: Eerdmans, 2000.

Bruce, F. F. *The Epistles to the Colossians, to Philemon, and to the Ephesians.* New International Commentary on the New Testament. Grand Rapids: Eerdmans, 1984.

Brueggemann, Walter. *Genesis*. Interpretation. Atlanta: John Knox, 1982. (「창세기」 한국장로교출판사)

_____. *The Land*. Philadelphia: Fortress, 1977. (「성경이 말하는 땅」 기독교문서선교회)

_____. *Theology of the Old Testament*. Minneapolis: Augsburg Fortress, 1997. (「구약신학」 기독교문서선교회)

Bryant, Bunyon, and Paul Mohai. *Environmental Racism: Issues and Dilemmas*. Ann Arbor: University of Michigan Office of Minority Affairs, 1991.

Bullard, Robert. *Dumping in Dixie: Race, Class, and Environmental Quality*. Boulder, CO: Westview, 1990.

Cafaro, Philip, and Ronald Sandler, eds. *Environmental Virtue Ethics*. Lanham, MD: Rowman and Littlefield, 2005.

Caird, G. B. *The Revelation of St. John the Divine*. New York: Harper and Row, 1966.

Callenbach, Ernest. *Ecology: A Pocket Guide*. Berkeley: University of California Press, 1998. (「생태학 개념어 사전」 에코리브르)

Callicott, J. Baird, ed. *Companion to "A Sand County Almanac": Interpretive and Critical Essays*. Madison: University of Wisconsin Press, 1987.

_____. *In Defense of the Land Ethic*. Albany: State University of New York Press, 1989.

Calvin, John. *Institutes of the Christian Religion*. Edited by John McNeill. Philadelphia: Westminster, 1960. (「기독교 강요」 생명의말씀사)

Caputo, John. *Radical Hermeneutics: Repetition, Deconstruction, and the Hermeneutic Project*. Bloomington: Indiana University Press, 1987.

Cohen, Jeremy. "The Bible, Man, and Nature in the History of Western Thought: A Callfor Reassessment." *Journal of Religion* 65, no. 2 (April 1985): 155-172.

Cohen, Michael. *The Pathless Way: John Muir and the American Wilderness*. Madison: University of Wisconsin Press, 1984.

Cooper, John. *Body, Soul, and Life Everlasting*. Grand Rapids: Eerdmans, 1989. "Coping with Water Scarcity, World Water Day 2007." UN World Health Organization. www.euro.who.int/watsan/issues/20080818_5.

Corcoran, Kevin. *Rethinking Human Nature: A Christian Materialist Alternative to the Soul*. Grand Rapids: Baker Academic, 2006.

Crosby, Alfred. *The Columbian Exchange: Biological and Cultural Consequences of 1492*. Westport, CT: Praeger, 2003. (「콜럼버스가 바꾼 세계」 지식의 숲)

Cunningham, David. *Christian Ethics: The End of the Law*. New York: Routledge, 2008.

_____. *These Three Are One: The Practice of Trinitarian Theology*. Oxford: Blackwell, 1998.

Daily, Gretchen, ed. *Nature's Services: Societal Dependence on Natural Ecosystems*. Washington, DC: Island, 1997.

Daly, Herman, and John Cobb. *For the Common Good: Redirecting the Economy toward Community, the Environment, and a Sustainable Future*. Boston: Beacon, 1989.

Daniel, Glenda, and Jerry Sullivan. *A Sierra Club Naturalist's Guide: The North Woods of Michigan, Wisconsin, and Minnesota*. San Francisco: Sierra Club, 1981.

DeGraaf, John, David Wann, and Thomas Naylor. *Affluenza: The All-Consuming Epidemic*. San Francisco: Berrett-Koehler, 2001. (「어플루엔자」 한숲출판사)

De-Shalit, Avner. *Why Posterity Matters: Environmental Policies and Future Generations*. London: Routledge, 1995.

DesJardins, Joseph. *Environmental Ethics: An Introduction to Environmental Philosophy*. 2nd ed. Belmont, CA: Wadsworth, 1997. (「환경윤리」 자작나무)

Devall, Bill, and George Sessions. *Deep Ecology*. Salt Lake City: Peregrine Smith, 1985.

DeWitt, Calvin. "Biogeographic and Trophic Restructuring of the Biosphere: The State of the Earth under Human Domination." *Christian Scholar's Review* 32 (Summer 2003): 347-364.

_____. *Caring for Creation: Responsible Stewardship of God's Handiwork*. GrandRapids: Baker, 1998.

_____. *Earth-Wise: A Biblical Response to Environmental Issues*. Grand Rapids: CRC Publications, 1994.

_____. ed. *The Environment and the Christian: What Does the New Testament Say about the Environment?* Grand Rapids: Baker, 1991.

_____. "Take Good Care: It's God's Earth." *Prism* 1 (December 1993-January 1994): 8-11.

Diamond, Jared. *Collapse: How Societies Choose to Fail or Succeed*. New York: Viking,

2005. (「문명의 붕괴」 김영사)

_____. *Guns, Germs, and Steel: The Fate of Human Societies*. New York: Norton, 1999. (「총, 균, 쇠」 문학사상사)

Dillard, Annie. *Teaching a Stone to Talk*. New York: Harper and Row, 1982. (「돌에게 말하는 법 가르치기」 민음사)

Dunn, James D. G. *The Epistles to the Colossians and to Philemon*. New International Greek Testament Commentary. Grand Rapids: Eerdmans, 1996.

Dunn, James D. G., and Alan Suggate. *The Justice of God*. Grand Rapids: Eerdmans, 1993.

Durning, Alan. *How Much Is Enough?* New York: Norton, 1992. (「소비사회의 극복」 따님)

_____. *This Place on Earth: Home and the Practice of Permanence*. Seattle: Sasquatch Books, 1996.

Dyrness, William. "The Ecology of Hope." Paper delivered at the National Association of Evangelicals conference, "Compassion and the Care for Creation," Malone College, Canton, OH, March 3, 1999.

Eckerle, Kevin. "Climate Change Affects Terrestrial Biodiversity." In *Vital Signs 2007-2008*, 94-95.

Ecosystems and Human Well-being: Biodiversity Synthesis. Millennium Ecosystem Assessment. Washington, DC: World Resources Institute, 2005. www.millenniumassessment.org/documents/document.354.aspx.pdf.

Edwards, Denis. *Breath of Life: A Theology of the Creator Spirit*. Maryknoll, NY: Orbis, 2004.

_____. *Jesus the Wisdom of God: An Ecological Theology*. Maryknoll, NY: Orbis, 1995.

Evans, Kim Martens. *The Environment: A Revolution in Attitudes*. Farmington Hills, MI: Gale, Cengage Learning, 2008.

Farley, Benjamin. *In Praise of Virtue: An Exploration of the Biblical Virtues in a Christian Context*. Grand Rapids: Eerdmans, 1995.

Feld, Steven, and Keith Basso, eds. *Senses of Place*. Santa Fe, NM: School of American Research, 1996.

Feuerbach, Ludwig. *The Essence of Christianity*. New York: Harper and Row, 1957.

(『기독교의 본질』한길사)

Finger, Thomas. "Evangelicals, Eschatology, and the Environment." Scholars Circle monograph 2. Evangelical Environmental Network, 1998.

──────. *Self, Earth, and Society: Alienation and Trinitarian Transformation*. Downers Grove, IL: InterVarsity, 1997.

FitzGerald, Frances. *Cities on a Hill: A Journey through Contemporary American Cultures*. New York: Simon and Schuster, 1986.

Flader, Susan. *Thinking Like a Mountain: Aldo Leopold and the Evolution of an Ecological Attitude toward Deer, Wolves, and Forests*. Columbia: University of Missouri Press, 1974.

Flavin, Christopher. "The Legacy of Rio." In *State of the World 1997*, 3-22. New York: Norton, 1997. (『지구환경보고서 1997』따님)

Foot, Philippa. *Virtues and Vices and Other Essays in Moral Philosophy*. Berkeley: University of California Press, 1978.

Fowler, Robert Booth. *The Greening of Protestant Thought*. Chapel Hill: University of North Carolina Press, 1995.

Frankena, William. *Ethics*. Englewood Cliffs, NJ: Prentice-Hall, 1973. (『윤리학』철학과 현실사)

Frankl, Victor. *Man's Search for Meaning*. New York: Simon and Schuster, 1963. (『죽음의 수용소에서』청아출판사)

Frasz, Geoffrey. "Environmental Virtue Ethics: A New Direction for Environmental Ethics." *Environmental Ethics* 15 (1993): 259-274.

Fretheim, Terence. "The Book of Genesis." In *The New Interpreter's Bible*, vol. 1. Nashville: Abingdon, 1994.

──────. *God and the World in the Old Testament*. Nashville: Abingdon, 2005.

Frumpkin, Howard. "Urban Sprawl and Public Health." *Public Health Reports* 117 (May-June 2002): 201-217.

Gadamer, Hans-Georg. *Truth and Method*. New York: Continuum, 1975. (『진리와 방법 1』문학동네)

Gallagher, Winifred. *The Power of Place*. New York: HarperCollins, 1993.

Gardner, Gary. "Forest Loss Continues." In *Vital Signs 2005*, 92-93.

_____. "Grain Area Shrinks Again." In *Vital Signs 2000*, 44-45. (「생명신호 2000」도 요새)

"GEO-2000: Global Environment Outlook." United Nations Environment Programme. www.unep.org/geo2000/index.htm.

Gilkey, Langdon. *Society and the Sacred*. New York: Crossroad, 1981.

Glacken, Clarence. *Traces on the Rhodian Shore: Nature and Culture in WesternThought from Ancient Times to the End of the Eighteenth Century*. Berkeley: University of California Press, 1967.

Global Ecology Handbook. Boston: Beacon, 1990.

Golley, Frank. *A Primer for Environmental Literacy*. New Haven: Yale University Press, 1998.

Gonzalez, Catherine Gunsalus, and Justo L. Gonzalez. *Revelation*. Westminster Bible Companion. Louisville: Westminster/John Knox, 1997.

Goodman, Billy. *The Rain Forest*. New York: Tern Enterprise, 1991.

Gordis, Robert. *The Book of God and Man: A Study of Job*. Chicago: University of Chicago Press, 1965.

_____. *The Book of Job: Commentary, New Translation, and Special Studies*. New York: Jewish Theological Seminary of America, 1978.

Gottfried, Robert. *Economics, Ecology, and the Roots of Western Faith*. Lanham, MD: Rowman and Littlefield, 1995.

Goudzwaard, Bob. *Aid for the Overdeveloped West*. Toronto: Wedge, 1975.

_____. *Capitalism and Progress: A Diagnosis of Western Society*. Grand Rapids: Eerdmans, 1979. (「자본주의와 진보사상」 IVP)

Goudzwaard, Bob, and Harry de Lange. *Beyond Wealth and Poverty*. Grand Rapids: Eerdmans, 1995.

Granberg-Michaelson, Wesley. "Covenant and Creation." In Birch, Eakin, and McDaniel, *Liberating Life*, 27-36.

_____. *Ecology and Life: Accepting Our Environmental Responsibility*. Waco: Word, 1988.

_____. "Renewing the Whole Creation." *Sojourners* (February-March 1990): 10-14.

_____, ed. *Tending the Garden: Essays on the Gospel and the Earth*. Grand Rapids:

Eerdmans, 1987.

_____. *A Worldly Spirituality: The Call to Take Care of the Earth*. San Francisco: Harper and Row, 1984.

Grant, Robert. *A Case Study in Thomistic Environmental Ethics: The Ecological Crisis in the Loess Hills of Iowa*. Lewiston: Edwin Mellon, 2007.

Grant, Robert, and David Tracy. *A Short History of the Interpretation of the Bible*. Philadelphia: Fortress, 1984. (「성서해석의 역사」 대한기독교서회)

Green, Joel, ed. *What about the Soul? Neuroscience and Christian Anthropology*. Nashville: Abingdon, 2004.

Gunton, Colin. *Christ and Creation*. Grand Rapids: Eerdmans, 1992.

_____. *The One, the Three, and the Many: God, Creation, and the Culture of Modernity*. Cambridge: Cambridge University Press, 1993.

_____. *The Promise of Trinitarian Theology*. Edinburgh: T&T Clark, 1991.

Gustafson, James. *Ethics from a Theocentric Perspective: Theology and Ethics*. Chicago: University of Chicago Press, 1981.

_____. *A Sense of the Divine: The Natural Environment from a Theocentric Perspective*. Cleveland: Pilgrim, 1994.

Habel, Norman. *The Book of Job*. Philadelphia: Westminster, 1985.

_____. ed. *Earth Bible*. 5 vols. Sheffield: Sheffield Academic, 2000-2002.

Hallman, David, ed. *Ecotheology: Voices from South and North*. Geneva: World Council of Churches, 1994.

Hanson, Paul. *Isaiah 40-66*. Louisville: John Knox, 1995.

Hardin, Garrett. *Filters against Folly: How to Survive Despite Economists, Ecologists, and the Merely Eloquent*. New York: Penguin, 1985.

Hardy, Lee. *The Fabric of This World: Inquiries into Calling, Career Choice, and the Design of Human Work*. Grand Rapids: Eerdmans, 1990.

Harrison, Robert Pogue. *Forests: The Shadow of Civilization*. Chicago: University of Chicago Press, 1992.

Hauerwas, Stanley. *Character and the Christian Life: A Study in Theological Ethics*. San Antonio: Trinity University, 1985.

_____. *A Community of Character: Toward a Constructive Christian Social Ethic*.

Notre Dame: University of Notre Dame Press, 1981.

_____. *Vision and Virtue: Essays in Christian Ethical Reflection*. Notre Dame: Fides, 1974.

Havel, Václav. *Disturbing the Peace*. New York: Alfred Knopf, 1990.

Hawken, Paul. *Blessed Unrest: How the Largest Social Movement in History Is Restoring Grace, Justice, and Beauty to the World*. New York: Penguin, 2007. (「축복받은 불안」 에이지21)

Heinberg, Richard. *The Party's Over: Oil, War and the Fate of Industrial Societies*. Rev. ed. Gabriola Island, BC: New Society, 2005. (「파티는 끝났다」 시공사)

Hendry, George. *Theology of Nature*. Philadelphia: Westminster, 1980. (「자연신학」 대한기독교서회)

Hessel, Dieter, ed. *Theology for Earth Community*. Maryknoll, NY: Orbis, 1996.

Hessel, Dieter, and Rosemary Radford Ruether, eds. *Christianity and Ecology: Seeking the Well-Being of Earth and Humans*. Cambridge: Harvard University Press, 2000.

Heywood, V., ed. *Global Biodiversity Assessment*. Cambridge: Cambridge University Press, 1995.

Hiebert, Theodore. *The Yahwist's Landscape: Nature and Religion in Early Israel*. New York: Oxford University Press, 1996.

Hill, Craig. *In God's Time: The Bible and the Future*. Grand Rapids: Eerdmans, 2002. (「하나님의 시간과 종말론」 프리칭아카데미)

Hoezee, Scott. *Remember Creation: God's World of Wonder and Delight*. Grand Rapids: Eerdmans, 1998.

Hofrichter, Richard, ed. *Toxic Struggles: The Theory and Practice of Environmental Justice*. Philadelphia: New Society, 1993.

Hooykaas, Roger. *Religion and the Rise of Modern Science*. Edinburgh: Scottish Academic, 1972. (「근대과학의 출현과 종교」 정음사)

Hopkins, Gerard Manley. *Poems and Prose*. London: Penguin, 1985.

Horsley, Richard, ed. *Paul and Empire: Religion and Power in Roman Imperial Society*. Harrisburg, PA: Trinity Press International, 1997. (「바울과 로마제국」 기독교문서선교회)

"IPCC, 2007: Summary for Policymakers." In *Climate Change 2007: The Physical Science Basis*, 1-18. Contribution of Working Group I to the Fourth Assessment Report of the Intergovernmental Panel on Climate Change. Cambridge: Cambridge University Press, 2007. Also available online at www.ipcc.ch/pdf/assessment-report/ar4/wg1/ar4-wg1-spm.pdf. (「기후 변화 2007: 과학적 근거」 기상청)

Jenkins, Jerry, Karen Roy, Charles Driscoll, and Christopher Buerkett. *Acid Rain and the Adirondacks: A Research Summary*. Ray Brook, NY: Adirondack Lakes Survey Corporation, 2005.

_____. *Acid Rain in the Adirondacks: An Environmental History*. Ithaca, NY: Cornell University Press, 2008.

Johnson, Lawrence. *A Morally Deep World: An Essay on Moral Significance and Environmental Ethics*. Cambridge: Cambridge University Press, 1991.

Johnston, Verna. *The Sierra Nevada*. Boston: Houghton Mifflin, 1970.

Jones, Jeff. "Rain Check." *Adirondack Life*, March/April 1997, 48-68.

Kaiser, Christopher. "The Integrity of Creation: In Search of a Meaning." *Perspectives* 11 (April 1996): 8-11.

Kant, Immanuel. *Critique of Pure Reason*. Translated by Norman Kemp Smith. New York: St. Martin's Press, 1965. (「순수이성비판」 아카넷)

Kierkegaard, Søren. *The Sickness Unto Death*. Princeton: Princeton University Press, 1980. (「죽음에 이르는 병」 한길사)

Kittel, Gerhard, and Gerhard Friedrich, eds. *Theological Dictionary of the New Testament*. Grand Rapids: Eerdmans, 1974. (「신약성경 신학사전」 요단출판사)

Klaaren, Eugene. *Religious Origins of Modern Science*. Grand Rapids: Eerdmans, 1977.

Knauth, Percy. *The North Woods*. New York: Time-Life, 1972.

Kohák, Erazim. *The Embers and the Stars: A Philosophical Inquiry into the Moral Sense of Nature*. Chicago: University of Chicago Press, 1984.

Kolbert, Elizabeth. *Field Notes from a Catastrophe: Man, Nature, and Climate Change*. New York: Bloomsbury, 2006. (「지구 재앙보고서」 여름언덕)

Kricher, John. *A Neotropical Companion: An Introduction to the Animals, Plants, and Ecosystems of the New World Tropics*. Princeton: Princeton University Press, 1989.

LaCugna, Catherine Mowry. *God for Us: The Trinity and Christian Life*. San Francisco: HarperCollins, 1991. (『우리를 위한 하나님』 대한기독교서회)

Ladd, George Eldon. *A Commentary on the Revelation of John*. Grand Rapids: Eerdmans, 1972.

_____. *Theology of the New Testament*. Grand Rapids: Eerdmans, 1974. (『신약신학』 대한기독교서회)

Lane, Belden C. *Landscapes of the Sacred: Geography and Narrative in American Spirituality*. New York: Paulist Press, 1988.

_____. *The Solace of Fierce Landscapes: Exploring Desert and Mountain Spirituality*. New York: Oxford University Press, 1998.

Larson, David. "God's Gardeners: American Protestant Evangelicals Confront Environmentalism, 1967-2000." Ph.D dissertation, University of Chicago Divinity School, 2001.

Lee, Charles. "Evidence of Environmental Racism." *Sojourners*(February-March 1990): 21-25.

Leopold, Aldo. *A Sand County Almanac*. New York: Ballantine, 1970. (『모래 군의 열두 달』 따님)

Lewin, Roger. *Complexity: Life at the Edge of Chaos*. 2nd ed. Chicago: University of Chicago Press, 1999. (『컴플렉시티』 세종서적)

Lewis, C. S. *The Magician's Nephew*. New York: Macmillan, 1978. (『마법사의 조카』 시공주니어)

Limouris, Gennadios, ed. *Justice, Peace, and the Integrity of Creation: Insights from Orthodoxy*. Geneva: World Council of Churches, 1990.

Lincoln, Andrew. "The Letter to the Colossians." In *The New Interpreter's Bible*, vol. 11. Nashville: Abingdon, 2000.

Lindberg, David, and Ronald Numbers, eds. *God and Nature: Historical Essays on the Encounter between Christianity and Science*. Berkeley: University of California Press, 1986. (『신과 자연』 이화여자대학교출판부)

Lindsey, Hal. *The Late Great Planet Earth*. Grand Rapids: Zondervan, 1970.

Lindsey, Rebecca. "Tropical Deforestation." NASA Earth Observatory. March 30, 2007. http://earthobservatory.nasa.gov/Features/Deforestation/.

Little, Charles. *The Dying of the Trees: The Pandemic in America's Forests*. New York: Penguin, 1995.

Lonning, Per. *Creation-An Ecumenical Challenge?* Macon, GA: Mercer, 1989.

Lovins, Amory. *The Negawatt Revolution*. Snowmass, CO: Rocky Mountain Institute, 1990.

Lowe, Ben. *Green Revolution: Coming Together to Care for Creation*. Downers Grove, IL: InterVarsity, 2009.

Lynas, Mark. *High Tide: The Truth about Our Climate Crisis*. New York: Picador, 2004. (「지구의 미래로 떠난 여행」 돌베개)

MacIntyre, Alasdair. *After Virtue*. 2nd ed. Notre Dame: University of Notre Dame Press, 1984. (「덕의 상실」 문예출판사)

Martin, Ralph. *Ephesians, Colossians, and Philemon*. Interpretation. Atlanta: John Knox, 1991. (「에베소서, 골로새서, 빌레몬서」 한국장로교출판사)

McAfee, Gene. "Ecology and Biblical Studies." In Hessel, *Theology for Earth Community*, 31-44.

McDaniel, Jay. *Of God and Pelicans: A Theology of Reverence for Life*. Louisville: Westminster/John Knox, 1989.

McDonough, William, and Michael Braungart. *Cradle to Cradle: Remaking the Way We Make Things*. New York: North Point, 2002. (「요람에서 요람으로」 에코리브르)

McHarg, Ian. "The Place of Nature in the City of Man." In Barbour, *Western Man and Environmental Ethics*, 171-186.

McKibben, Bill. *The Comforting Whirlwind: God, Job, and the Scale of Creation*. Grand Rapids: Eerdmans, 1994.

_____. *Deep Economy: The Wealth of Communities and the Durable Future*. NewYork: Holt, 2007.

_____. *The End of Nature*. New York: Doubleday, 1989. (「자연의 종말」 양문)

_____. *Enough: Staying Human in an Engineered Age*. New York: Henry Holt, 2003.

_____. *Hope, Human and Wild: True Stories of Living Lightly on the Earth*. St. Paul: Hungry Mind, 1995.

McKim, Donald. *A Guide to Contemporary Hermeneutics: Major Trends in Biblical*

Interpretation. Grand Rapids: Eerdmans, 1986.

_____. *What Christians Believe about the Bible*. Nashville: Thomas Nelson, 1985.

McNeill, J. R. *Something New under the Sun: An Environmental History of the Twentieth-Century World*. New York: Norton, 2000. (「20세기 환경의 역사」 에코리브르, 2008.)

Meilaender, Gilbert. *The Theory and Practice of Virtue*. Notre Dame: University of Notre Dame Press, 1984.

_____. "Virtue in Contemporary Religious Thought." In *Virtue-Public and Private*, edited by Richard John Neuhaus, 7-29. Grand Rapids: Eerdmans, 1986.

Meine, Curt. *Aldo Leopold: His Life and Work*. Madison: University of Wisconsin Press, 1988.

Merchant, Carolyn. *The Death of Nature*. San Francisco: Harper and Row, 1980. (「자연의 죽음」 미토)

Metzger, Bruce. *A Textual Commentary on the Greek New Testament*. 2nd ed. London: United Bible Society, 1994. (「신약 그리스어 본문 주석」 대한성서공회)

Meyer, Art, and Jocele Meyer. *Earth keepers*. Scottdale, PA: Herald, 1991.

Middleton, J. Richard. "The Liberating Image? Interpreting the *Imago Dei* in Context." *Christian Scholar's Review* 24, no. 1 (September 1994): 8-25.

_____. *The Liberating Image: The Imago Dei in Genesis 1*. Grand Rapids:Brazos, 2005. (「해방의 형상」 SFC출판부)

Middleton, J. Richard, and Brian Walsh. *Truth Is Stranger Than It Used To Be*. Downers Grove, IL: InterVarsity, 1995. (「포스트모던 시대의 기독교 세계관」 살림)

Milbank, John. *Theology and Social Theory: Beyond Secular Reason*. Oxford: Blackwell, 1993.

"Millennium Development Goals Report 2005." New York: United Nations, 2005.www.unfpa.org/icpd/docs/mdgrept2005.pdf.

Miller, Alan. *Gaia Connections*. Savage, MD: Rowman and Littlefield, 1991.

Miller, G. Tyler, Jr. *Living in the Environment*. 7th ed. Belmont, CA: Wadsworth, 1992.

_____. *Living in the Environment*. 11th ed. Pacific Grove, CA: Brooks/Cole, 2000.

_____. *Living in the Environment*. 15th ed. Pacific Grove, CA: Brooks/Cole, 2006.

Minear, Paul. *Christians and the New Creation: Genesis Motifs in the New Testament*.

Louisville: Westminster/John Knox, 1994.

_____. *I Saw a New Earth*. Washington, DC: Corpus, 1968.

Moltmann, Jürgen. *The Coming of God: Christian Eschatology*. Minneapolis: Fortress, 1996. (「오시는 하나님」 대한기독교서회)

_____. *The Crucified God*. New York: Harper and Row, 1974. (「십자가에 달리신 하나님」 한국신학연구소)

_____. *God in Creation: A New Theology of Creation and the Spirit of God*. SanFrancisco: Harper and Row, 1985. (「창조 안에 계신 하느님」 한국신학연구소)

_____. *The Spirit of Life: A Universal Affirmation*. Minneapolis: Fortress, 1992. (「생명의 영」 대한기독교서회)

_____. *Theology of Hope: On the Ground and the Implications of a Christian Eschatology*. New York: Harper and Row, 1967. (「희망의 신학」 대한기독교서회)

_____. *The Trinity and the Kingdom*. San Francisco: Harper and Row, 1981. (「삼위일체와 하나님의 나라」 대한기독교서회)

Mouw, Richard. *The God Who Commands: A Study in Divine Command Ethics*. Notre Dame: University of Notre Dame Press, 1991.

_____. *When the Kings Come Marching In*. Grand Rapids: Eerdmans, 1983.

Muir, John. *The Mountains of California*. San Francisco: Sierra Club, 1988.

_____. *My First Summer in the Sierra*. San Francisco: Sierra Club, 1988. (「나의 첫 여름」 사이언스북스)

"Municipal Solid Waste Generation, Recycling, and Disposal in the United States: Factsand Figures for 2006." United States Environmental Protection Agency, 2007. www.epa.gov/waste/nonhaz/municipal/pubs/msw06.pdf.

Murray, Robert. *The Cosmic Covenant: Biblical Themes of Justice, Peace, and the Integrity of Creation*. London: Sheed and Ward, 1992.

Myers, David. *The American Paradox: Spiritual Hunger in an Age of Plenty*. New Haven: Yale University Press, 2000.

_____. *The Pursuit of Happiness: Who Is Happy-and Why*. New York: William Morrow, 1992. (「마이어스의 주머니 속의 행복」 시그마북스)

Myers, Norman. "Biotic Holocaust." *National Wildlife Federation*, March/April 1999, 31-39.

_____. *The Sinking Ark*. New York: Pergamon, 1979.

Naess, Arne. "The Shallow and the Deep, Long-Range Ecology Movement." *Inquiry*

16(1973): 95-100.

Nagel, Thomas. *The View from Nowhere*. New York: Oxford University Press, 1986.

Nash, James. *Loving Nature: Ecological Integrity and Christian Responsibility*. Nashville: Abingdon, 1991. (『기독교생태윤리』 한국장로교출판사)

_____. "Toward the Revival and Reform of the Subversive Virtue: Frugality." *The Annual of the Society of Christian Ethics* 15 (1995): 137-160.

Nash, Roderick. *The Rights of Nature: A History of Environmental Ethics*. Madison: University of Wisconsin Press, 1989.

_____. *Wilderness and the American Mind*. Rev. ed. New Haven: Yale University Press, 1973.

Newman, Arnold. *Tropical Rain forest*. New York: Facts On File Books, 1990.

Newsom, Carol. "The Book of Job." In *The New Interpreter's Bible*, vol. 4. Nashville: Abingdon, 1996.

Nierenberg, Danielle. "Population Rise Slows but Continues." In *Vital Signs 2007-2008*, 50-51.

Nisbet, E. G. *Leaving Eden: To Protect and Manage the Earth*. Cambridge: Cambridge University Press, 1991.

Noddings, Nel. *Caring: A Feminine Approach to Ethics and Moral Education*. Berkeley: University of California Press, 1984. (『배려: 윤리와 도덕교육에 대한 여성적 접근법』 천지)

Northcott, Michael. *The Environment and Christian Ethics*. Cambridge: Cambridge University Press, 1996.

O'Brien, Peter. *Colossians and Philemon*. Word Biblical Commentary 44. Waco: Word, 1982. (『골로새서 빌레몬서』 솔로몬)

O'Donovan, Oliver. *Resurrection and Moral Order: An Outline for Evangelical Ethics*. Grand Rapids: Eerdmans, 1986.

Oelschlaeger, Max. *Caring for Creation: An Ecumenical Approach to the Environmental Crisis*. New Haven: Yale University Press, 1994.

_____. *The Idea of Wilderness: From Prehistory to the Age of Ecology*. New Haven: Yale University Press, 1991.

Olson, Sigurd. *Sigurd Olson's Wilderness Days*. New York: Alfred Knopf, 1972.

O'Meara, Molly. "Harnessing Information Technologies for the Environment." In *State of the World 2000*. Washington, DC: worldwatch Institute, 2005.

Orr, David. *Earth in Mind: On Education, Environment, and the Human Prospect*. Washington, DC: Island, 1994. (「학교를 잃은 사회 사회를 잊은 교육」 현실문화)

_____. *Ecological Literacy: Education and the Transition to a Post modern World*. Albany: State University of New York Press, 1992.

_____. *The Nature of Design: Ecology, Culture, and Human Intention*. New York: Oxford University Press, 2002.

Passmore, John. *Man's Responsibility for Nature*. New York: Scribner's, 1974.

Patterson, John. "Maori Environmental Virtues." *Environmental Ethics* 16(1994):397-409.

Pelikan, Jaroslav. *The Emergence of the Catholic Tradition*. Vol. 1 of *The Christian Tradition: A History of the Development of Doctrine*. Chicago: University of Chicago Press, 1971. (「고대교회 교리사」 크리스챤다이제스트)

Perlman, Michael. *The Power of Trees*. Woodstock, CT: Spring, 1994.

Peters, Ted. *God as Trinity: Relationality and Temporality in Divine Life*. Louisville: Westminster/John Knox, 1993. (「삼위일체 하나님」 컨콜디아사)

_____. *Sin: Radical Evil in Soul and Society*. Grand Rapids: Eerdmans, 1995.

Peterson, Anna. *Being Human: Ethics, Environment, and Our Place in the World*. Berkeley: University of California Press, 2001.

Pimentel, David. "Soil Erosion: A Food and Environmental Threat." *Environment, Development, and Sustainability* 8(2006): 119-137.

Pimm, Stuart. *The World according to Pimm: A Scientist Audits the Earth*. New York: McGraw Hill, 2001.

Placher, William. *The Triune God: An Essay in Postliberal Theology*. Louisville: Westminster/John Knox, 2007.

_____. *Unapologetic Theology: A Christian Voice in a Pluralistic Conversation*. Louisville: Westminster/John Knox, 1989. (「비변증론적 신학」 은성)

Plantinga, Neal. *Not the Way It's Supposed To Be: A Breviary of Sin*. Grand Rapids: Eerdmans, 1995.

Pojman, Louis. *Global Environmental Ethics*. Mountain View, CA: Mayfield, 2000.

Ponting, Clive. *A Green History of the World: The Environment and the Collapse of Great Civilizations*. New York: Penguin, 1991. (「녹색세계사」 그물코)

Pope, Marvin. *Job*. 3rd ed. Anchor Bible 15. New York: Double day, 1973.

"Population Growth and Suburban Sprawl." Sierra Club, 2003. www.sierraclub.org/sprawl/sprawlpop_2003.pdf.

Postel, Sandra. *Dividing the Waters: Food Security, Ecosystem Health, and the New Politics of Scarcity*. Washington, DC: worldwatch Institute, 1996.

_____. *Liquid Assets: The Critical Need to Safeguard Freshwater Ecosystems*. Washington, DC: worldwatch Institute, 2005.

_____. "Redesigning Irrigated Agriculture." In *State of the World 2000*, 39-58. Washington, DC: worldwatch Institute, 2000.

Postman, Neil. *Technopoly: The Surrender of Culture to Technology*. New York: Vintage, 1993. (「테크노폴리」 궁리)

Rasmussen, Larry. *Earth Community Earth Ethics*. Maryknoll, NY: Orbis, 1996.

Rauschenbusch, Walter. *Prayers of the Social Awakening*. Boston: Pilgrim, 1910.

Regan, Tom. *The Case for Animal Rights*. Berkeley: University of California Press, 1983.

_____. "Christianity and Animal Rights." In Birch, Eakin, and McDaniel, *Liberating Life*, 73-87.

Relph, Edward. *Place and Placelessness*. London: Pion, 1976. (「장소와 장소상실」 논형)

Ricoeur, Paul. *The Conflict of Interpretations: Essays in Hermeneutics*. Edited by Don Ihde. Evanston, IL: Northwestern University Press, 1974. (「해석의 갈등」 아카넷)

Ridderbos, Herman. *Paul: An Outline of His Theology*. Grand Rapids: Eerdmans, 1975.

Roberts, Paul. *The End of Oil: On the Edge of a Perilous New World*. New York: Houghton Mifflin, 2004. (「석유의 종말」 서해문집)

Roberts, Robert. *Spirituality and Human Emotion*. Grand Rapids: Eerdmans, 1982.

Robinson, Tri. *Saving God's Green Earth: Rediscovering the Church's Responsibility to Environmental Stewardship*. Norcross, GA: Ampelon, 2006.

Rolston, Holmes, III. *Conserving Natural Value*. New York: Columbia University Press, 1994.

_____. *Environmental Ethics: Duties to and Values in the Natural World*. Philadelphia: Temple University Press, 1988.

Rorty, Richard. *Philosophy and the Mirror of Nature*. Princeton: Princeton University Press, 1979. (「철학 그리고 자연의 거울」 까치)

Rossing, Barbara. *The Rapture Exposed: The Message of Hope in the Book of Revelation*. Boulder, CO: Westview, 2004. (「미국의 중동정책과 묵시 종말론」 경성대학교출판부)

Rowland, Christopher. "The Book of Revelation." In *The New Interpreter's Bible*, vol. 12. Nashville: Abingdon, 1998.

Rudel, Thomas, Kevin Flesher, Diane Bates, Sandra Baptista, and Peter Holmgren. "Tropical Deforestation Literature: Geographical and Historical Patterns in the Availability of Information and Analysis of Causes." Forest Resources Assessment Programme Working Paper No 27. Forestry Department, Food and Agriculture Organization of the United Nations, 2007.

Ruether, Rosemary Radford. *New Woman/New Earth: Sexist Ideologies and Human Liberation*. New York: Seabury, 1975. (「새 여성 새 세계」 현대사상사)

_____. *Sexism and God-Talk: Toward a Feminist Theology*. Boston: Beacon, 1983. (「성차별과 신학」 대한기독교서회)

_____. *To Change the World: Christology and Cultural Criticism*. New York: Crossroad, 1981. (「세계를 변화시키기 위하여」 대한기독교서회)

Sanders, Scott Russell. *Hunting for Hope*. Boston: Beacon, 1998. (「희망」 프리미엄북스)

Sandler, Ronald. *Character and Environment: A Virtue-Oriented Approach to Environmental Ethics*. New York: Columbia University Press, 2007.

Santmire, H. Paul. *Brother Earth*. New York: Thomas Nelson, 1970.

_____. "I-Thou, I-It, and I-Ens." *Journal of Religion* 48 (July 1968): 260-273.

_____. *Nature Reborn: The Ecological and Cosmic Promise of Christian Theology*. Minneapolis: Augsburg Fortress, 2000.

_____. *Ritualizing Nature: Renewing Christian Liturgy in a Time of Crisis*. Minneapolis: Fortress, 2008.

_____. *The Travail of Nature: The Ambiguous Ecological Promise of Christian Theology*. Philadelphia: Fortress, 1985.

Sauer, Peter, ed. *Finding Home: Writing on Nature and Culture from Orion*

Magazine. Boston: Beacon, 1992.

Sawin, Janet, and Ishani Mukherjee. "Fossil Fuel Use Up Again." In *Vital Signs 2007-2008*, 32-33.

Schaeffer, Francis. *Pollution and the Death of Man: The Christian View of Ecology*. Wheaton, IL: Tyndale, 1970. (「환경오염과 인간의 죽음」 생명의말씀사)

Schreiner, Susan. *The Theatre of His Glory: Nature and Natural Order in the Thought of John Calvin*. Grand Rapids: Baker, 1991.

Schumacher, E. F. *Small Is Beautiful*. New York: Harper and Row, 1973. (「작은 것이 아름답다」 문예출판사)

Schut, Michael, ed. *Simpler Living, Compassionate Life*. Denver: Morehouse, 1999.

Schweitzer, Albert. *Civilization and Ethics*. London: A&C Black, 1946.

_____. *Reverence for Life*. Edited by Thomas Kiernan. New York: Philosophical Library, 1965. (「생명의 경외」 종로서적)

Schweizer, Eduard. *The Letter to the Colossians*. Minneapolis: Augsburg, 1982. (「골로새서」 한국신학연구소)

Sikora, R. I., and Brian Barry, eds. *Obligations to Future Generations*. Philadelphia: Temple University Press, 1978.

Simkins, Ronald. *Creator and Creation: Nature in the Worldview of Ancient Israel*. Peabody MA: Hendrickson, 1994.

Singer, Peter. *Animal Liberation: A New Ethic for Our Treatment of Animals*. New York: Avon Books, 1975. (「동물 해방」 인간사랑)

Sittler, Joseph. "Ecological Commitment as Theological Responsibility." *Zygon* 5 (June1970): 172-181.

_____. *Essays on Nature and Grace*. Philadelphia: Fortress, 1972.

_____. "Evangelism and the Care of the Earth." In *Preaching and the Witnessing Community*, edited by Herman Stuempfle, 100-104. Philadelphia: Fortress, 1973.

_____. *Grace Notes and Other Fragments*. Edited by Robert Herhold and Linda Marie Delloff. Philadelphia: Fortress, 1981.

_____. *Gravity and Grace*. Minneapolis: Augsburg, 1986.

_____. "The Scope of Christological Reflection." *Interpretation* 26(July 1972): 328-337.

Sleeth, Matthew. *Serve God, Save the Planet: A Christian Call to Action*. White River Junction, VT: Chelsea Green, 2006.

Smedes, Lewis. *Choices: Making Right Decisions in a Complex World*. San Francisco: Harper and Row, 1986.

_____. *Mere Morality: What God Expects from Ordinary People*. Grand Rapids: Eerdmans, 1983.

_____. *Standing on the Promises: Keeping Hope Alive for a Tomorrow We Cannot Control*. Nashville: Thomas Nelson, 1998.

Smith, James K. A. *Who's Afraid of Postmodernism? Taking Derrida, Lyotard, and Foucault to Church*. Grand Rapids: Baker Academic, 2006. (「누가 포스트모더니즘을 두려워하는가」 살림)

"Some Questions and Answers on Acid Rain." New York State Department ofEnvironmental Conservation. http://www.dec.ny.gov/chemical/8418.html.

Speth, James Gustave. *The Bridge at the Edge of the World: Capitalism, the Environment, and Crossing from Crisis to Sustainability*. New Haven: Yale University Press, 2008. (「미래를 위한 경제학」 모티브북)

_____. *Red Sky at Morning: America and the Crisis of the Global Environment*. New Haven: Yale University Press, 2004. (「아침의 붉은 하늘」 에코라브리)

Spring, David, and Eileen Spring, eds. *Ecology and Religion in History*. New York: Harper and Row, 1974.

The State of Food Insecurity in the World 2006. Food and Agriculture Organization of the United Nations, 2006. http://www.fao.org/docrep/009/a0750e/a0750e00.htm.

The State of the Cities 2000: Megaforces Shaping the Future of the Nation's Cities. U.S. Department of Housing and Urban Development, 2000.

Stegner, Wallace. *Marking the Sparrow's Fall: The Making of the American West*. New York: Henry Holt, 1998.

Steinberg, Ted. *Down to Earth: Nature's Role in American History*. New York: Oxford University Press, 2002.

Stensaas, Mark. *Canoe Country Wildlife: A Field Guide to the Boundary Waters and Quetico*. Duluth, MN: Pfeifer-Hamilton, 1993.

Sterling, Eleanor. "Blue Planet Blues: Demand for Freshwater Threatens to Outstrip

Supply." *Natural History*, November 2007, 29-31. Reprinted in *Water Supply*, edited by Richard Joseph Stein, 5-9. New York: H. W. Wilson, 2008.

Stob, Henry. *Ethical Reflections: Essays on Moral Themes*. Grand Rapids: Eerdmans, 1978.

Stone, Christopher. *Earth and Other Ethics: The Case for Moral Pluralism*. New York: Harper and Row, 1987.

Suh, Chul Won. *The Creation-Mediatorship of Jesus Christ: A Study in the Relationship between the Incarnation and the Creation*. Amsterdam: Rodopi, 1979.

Swartley, Willard. *Slavery, Sabbath, War, and Women*. Scottdale, PA: Herald, 1983.

Taylor, Charles. *Sources of the Self: The Making of the Modern Identity*. Cambridge: Harvard University Press, 1989.

Taylor, Paul. *Respect for Nature: A Theory of Environmental Ethics*. Princeton: Princeton University Press, 1986.

Terborgh, John. Diversity and the Tropical Rain Forest. New York: Scientific American Library, 1992.

Thiselton, Anthony. *New Horizons in Hermeneutics*. Grand Rapids: Zondervan, 1992.

Thomas Aquinas. *Summa contra Gentiles*. Translated by James F. Anderson. Notre Dame: University of Notre Dame Press, 1992.

_____. *Treatise on the Virtues*. Translated by John Oesterle. Notre Dame: University of Notre Dame Press, 1984.

Thompson, Clive. "Global Mourning." *Wired* (January 2008): 70.

Thoreau, Henry David. *Walden and Other Writings*. Edited by Joseph Wood Krutch. New York: Bantam, 1981. (「월든」 이레)

Tillett, Sarah, ed. *Caring for Creation: Biblical and Theological Perspectives*. Oxford: A Rocha, 2005.

Todd, Nancy Jack, and John Todd. *From Eco-Cities to Living Machines: Principles of Ecological Design*. Berkeley: North Atlantic Books, 1993.

Toulmin, Stephen. Cosmopolis: *The Hidden Agenda of Modernity*. Chicago: University of Chicago Press, 1992. (「코스모폴리스」 경남대학교출판부)

Toynbee, Arnold. "The Religious Background of the Present Environmental Crisis." In

Spring and Spring, *Ecology and Religion in History*, 137-149.

Tuan, Yi-Fú. *Topophilia: A Study of Environmental Perception, Attitudes, and Values*. New York: Columbia University Press, 1990.

Tucker, Mary Evelyn, and John Grim, eds. *Worldviews and Ecology*. Maryknoll, NY:Orbis, 1994. (「세계관과 생태학」 민들레책방)

Turner, Frederick. *Rediscovering America: John Muir in His Time and Ours*. San Francisco: Sierra Club, 1985.

Tuxill, John. *Losing Strands in the Web of Life: Vertebrate Declines and the Conservation of Biological Diversity*. Washington, DC: Worldwatch Institute, 1998.

Tweed, William. *Sequoia-Kings Canyon*. Las Vegas: KC Publications, 1980.

Van Der Ryn, Sim, and Stuart Cowan. *Ecological Design*. Washington, DC: Island, 1996. (「생태설계」 보문당)

Van Dyke, Fred, David Mahan, Joseph Sheldon, and Raymond Brand. *Redeeming Creation: The Biblical Basis for Environmental Stewardship*. Downers Grove, IL: InterVarsity, 1996. (「환경 문제와 성경적 원리」 IVP)

Van Leeuwen, Ray. "Christ's Resurrection and the Creation's Vindication." In DeWitt, *The Environment and the Christian*, 57-71.

Van Wensveen, Louke. "Christian Ecological Virtue Ethics: Transforming a Tradition." In Hessel and Ruether, *Christianity and Ecology*, 155-171.

_____. *Dirty Virtues: The Emergence of Ecological Virtue Ethics*. Amherst, NY: Humanity Books, 2000.

Verhey, Allen. *Living the Heidelberg: The Heidelberg Catechism and the Moral Life*. Grand Rapids: Christian Reformed Church, 1986.

Vital Signs 2000. Washington, DC: Worldwatch Institute, 2000. (「생명신호 2000」 도요새)

Vital Signs 2005. Washington, DC: Worldwatch Institute, 2005.

Vital Signs 2007-2008. Washington, DC: Worldwatch Institute, 2008.

Vitek, William, and Wes Jackson, eds. *Rooted in the Land: Essays on Community and Place*. New Haven: Yale University Press, 1996.

Volf, Miroslav. *After Our Likeness: The Church as the Image of the Trinity.* Grand Rapids: Eerdmans, 1998.

Von Rad, Gerhard. *Genesis.* Rev. ed. Old Testament Library. Philadelphia: Westminster, 1972. (「창세기」 한국신학연구소)

Wachtel, Paul. *The Poverty of Affluence: A Psychological Portrait of the American Way of Life.* Philadelphia: New Society, 1989.

Walsh, Brian. *Subversive Christianity: Imaging God in a Dangerous Time.* Bristol: Regius, 1992. (「세상을 뒤집는 기독교」 새물결플러스)

_____. "Subversive Poetry and Life in the Empire." *Third Way* 23, no. 3 (April 2000): 4.

Walsh, Brian, Marianne Karsh, and Nik Ansell. "Trees, Forestry, and the Responsiveness of Creation." *Cross Currents* 44, no. 2 (1994): 149-162.

Walsh, Brian, and Sylvia Keesmaat. *Colossians Remixed: Subverting the Empire.* Downers Grove, IL: InterVarsity, 2003.

Walsh, Brian, and J. Richard Middleton. *The Transforming Vision.* Downers Grove, IL: InterVarsity, 1984. (「그리스도인의 비전」 IVP)

Ware, Timothy. *The Orthodox Church.* London: Penguin, 1991. (「동방정교회의 역사와 신학」 한국장로교출판사)

_____. *The Orthodox Way.* Crestwood, NY: St. Vladimir's Seminary Press, 1979.

The Water Atlas. New York: New Press, 2004.

Wells, Samuel. *Improvisation: The Drama of Christian Ethics.* Grand Rapids: Brazos, 2004.

Welker, Michael. *Creation and Reality.* Minneapolis: Fortress, 1999.

Wenham, Gordon. *Genesis 1-15.* Word Biblical Commentary 1. Waco: Word, 1987. (「창세기」 임마누엘)

Wennberg, Robert. *God, Humans, and Animals: An Invitation to Enlarge Our Moral Universe.* Grand Rapids: Eerdmans, 2003.

Westermann, Claus. *Blessing in the Bible and the Life of the Church.* Philadelphia: Fortress, 1978. (「축복」 소망사)

_____. *Genesis 1-11.* Minneapolis: Augsburg, 1984.

_____. *Isaiah 40-66.* Old Testament Library. Philadelphia: Westminster, 1969.

Westphal, Merold. *God, Guilt, and Death: An Existential Phenomenology of Religion.*

Bloomington: Indiana University Press, 1984.

_____, ed. *Postmodern Philosophy and Christian Thought*. Bloomington: Indiana University Press, 1999.

_____. *Suspicion and Truth: The Religious Uses of Modern Atheism*. Grand Rapids: Eerdmans, 1993.

Westra, Laura. *An Environmental Proposal for Ethics: The Principle of Integrity*. Lanham, MD: Rowman and Littlefield, 1994.

White, Lynn, Jr. "The Historical Roots of Our Ecologic Crisis." Science 155 (March 10, 1967): 1203-1207. Reprinted in Barbour, *Western Man and Environmental Ethics*, 18-30.

Wiesel, Elie. *Night*. New York: Bantam, 1958. (「나이트」예담)

Wilkinson, Loren. "Christ as Creator and Redeemer." In DeWitt, *The Environment and the Christian*, 25-44.

_____. "Cosmic Christology and the Christian's Role in Creation." *Christian Scholar's Review* 11, no. 1 (1981): 18-40.

Wilkinson, Loren, and Mary Ruth Wilkinson. *Caring for Creation in Your Own Backyard*. Vancouver: Regent, 1992.

Wilkinson, Loren, Peter De Vos, Calvin DeWitt, Eugene Dykema, Vernon Ehlers. *Earthkeeping in the '90s: Stewardship of Creation*. 2nd ed. Grand Rapids: Eerdmans, 1991. Originally published as *Earthkeeping: Christian Stewardship of Natural Resources*. Grand Rapids: Eerdmans, 1980.

Williams, Terry Tempest. *Refuge: An Unnatural History of Family and Place*. New York: Norton, 1999.

Wilson, E. O. *The Creation: An Appeal to Save Life on Earth*. New York: Norton, 2006.

_____. *The Diversity of Life*. Cambridge: Harvard University Press, 1992. (「생명의 다양성」까치)

Wingren, Gustav. "The Doctrine of Creation: Not an Appendix but the First Article." *Word and World* 4 (Fall 1984): 353-371.

Wirzba, Norman. *The Paradise of God: Renewing Religion in an Ecological Age*. New York: Oxford University Press, 2003.

Wolf, Ron. "God, James Watt, and the Public Lands." *Audubon* 83, no. 3 (May 1981): 58-65.

Wolff, Hans Walter. *Anthropology of the Old Testament*. Philadelphia: Fortress, 1981. (『구약성경의 인간학』 분도출판사)

Wolters, Al. "Worldview and Textual Criticism in 2 Peter 3:10." *Westminster Theological Journal* 49, no. 2 (Fall 1987): 405-413.

Wolterstorff, Nicholas. *Until Justice and Peace Embrace*. Grand Rapids: Eerdmans, 1983. (『정의와 평화가 입 맞출 때까지』 IVP)

World Commission on Environment and Development. *Our Common Future*. New York: Oxford University Press, 1987. (『우리 공동의 미래』 새물결)

Worster, Donald. *The Wealth of Nature: Environmental History and the Ecological Imagination*. New York: Oxford University Press, 1993.

Wright, N. T. *The Climax of the Covenant*. Minneapolis: Fortress, 1992.

_____. *The Epistles of Paul to the Colossians and to Philemon*. The Tyndale New Testament Commentaries. Grand Rapids: Eerdmans, 1986.

_____. *The Millennium Myth*. Louisville: Westminster/John Knox, 1999.

_____. *The New Testament and the People of God*. Philadelphia: Fortress, 1992. (『신약성서와 하나님의 백성』 크리스챤다이제스트)

_____. *The Resurrection of the Son of God*. Minneapolis: Fortress, 2003. (『하나님의 아들의 부활』 크리스챤다이제스트)

_____. *Surprised by Hope: Rethinking Heaven, the Resurrection, and the Mission of the Church*. New York: HarperCollins, 2008. (『마침내 드러난 하나님 나라』 IVP)

Young, Richard. *Healing the Earth: A Theocentric Perspective on Environmental Problems and Their Solutions*. Nashville: Broadman and Holman, 1994.

Zizioulas, John. *Being as Communion: Studies in Personhood and the Church*. Crestwood, NY: St. Vladimir's Seminary Press, 1985.

찾아보기

ㄱ

가난(poor) 332-336
가렛 하딘(Garrett Hardin) 31, 61
가브리엘 마르셀(Gabriel Marcel) 25, 36
가이사랴의 바실(Basil of Caesarea) 238, 408 주23
가치(value) 256, 260, 351
가치가 의무를 낳는다(values generates duty) 339-343
가치 평가(valuing) 340
갈릴레오(Galileo) 158
감사(gratitude) 353-356, 423 주44
강화된 사회진보 지수(Weighted Index of Social Progress, WISP) 34
개발도상국의 인구 증가(population growth of developing world) 74
개신교(Protestantism) 405 주2
개인의 권리(individual rights) 259, 262-263
개인주의(individualism) 330, 415 주3
객관적 가치(objective value) 340, 410 주47
객관주의(objectivism) 176
거짓 희망(false hope) 296
검약(frugality) 285, 313, 315, 330
게리 스나이더(Gary Snyder) 68
겸손(humility) 172, 178, 289, 314, 315, 330
경제 체계들(economic systems) 33
경제적 물질주의(economic materalism) 154-157
경제지상주의(economism) 392 주47
계급(hierarchy) 260, 332-335
계몽주의(Enlightenment) 178, 345, 368, 394 주87
고난(suffering) 196, 204, 206
　고통을 느끼는 동물 253, 422 주29
곡물 생산량(grain production) 79-80, 382 주20

공동체(community) 275, 332, 343-347
  여러 세대를 포괄하는 공동체 251
공생(symbiosis) 40-42
공익(common good) 344-346
공정한 분배(distributive justice) 310
공중들림(rapture) 146-151, 393 주55,
  403 주72
공평(equity) 310
과학(science) 133-134, 144-145, 158
과학기술(technology) 34, 134, 141, 160,
  167-168, 300
과학기술적인 재앙들(technological disasters)
  167
과학만능주의(scientism) 172
과학적 물질주의(scientific materialism)
  154-157
관계 내적 존재(being-in-relation) 236,
  407 주10
교외(suburbs) 164
교회(church)
  교회와 생태계 위기 165-172
  신앙공동체인 교회 246-248, 402 주55
교회의 소명(ecclesial callings) 247
구속(redemption) 169, 214, 242, 245
구원론(soteriology) 214, 240-242
국내총생산(Gross Domestic Product, GDP)
  34, 378 주21
국제에너지기구(International Energy
  Agency, IEA) 108
국제자연보호연맹(International Union for
  the Conservation of Nature, IUCN) 82
굶주림(hunger) 79-81
권력(power) 206-216
권리(rights) 325, 327, 419 주7
  미래 세대의 권리 412 주56

의무를 수반하는 권리 412 주58
권리 주장(entitlements) 327
그릇된 일관성의 오류(fallacy of erroneous
  consistency) 335
그리스도론(Christology) 243
그리스도를 본받음(imitation of Christ) 350
극기(temperance) 284
극단(extreme) 272, 276
극심한 기상 이변들(extreme weather
  events) 120-122
근대 정신(modernity) 166, 368
금욕(austerity) 285
기독교에 대한 생태학적 고발(ecological
  complaint against Christianity)
  125-153, 321
기만(deception) 291
기생생물(parasites) 42
기술 혁신(technological innovation)
  359, 368
기술지상주의(technicism) 172
기포드 핀쇼(Gifford Pinchot) 249
기후 변화(climate change) 85, 112-118
기후 변화에 관한 정부간 회의(Intergovern
  mental Panel on Climate Change, IPCC)
  113, 116
길버트 메일랜더(Gilbert Meilaender) 274
끊임없이 변화하는 것에 대응하기(flux, cop-
  ing with) 361-362

ㄴ

낙관주의(optimism) 367-368
"낭만적인 야생지 신화"("romantic wilder-
  ness myth") 257

내재적 가치(intrinsic value) 279, 339-342, 345, 410 주47, 414 주83
노동은 좋은 것이다(work as good) 297
노만 워쯔바(Norman Wirzba) 158-164, 172
노먼 마이어스(Norman Myers) 82
노아(Noah) 190-196, 293
「녹색성경」(Green Bible) 405 주81
농경 생활(agrarianism) 161
닐 엘리엇(Neil Elliot) 401 주51
닐 포스트먼(Neil Postman) 161, 168

ㄷ

다스림(dominion) 130, 138-141, 144, 302, 410 주38
다양성(diversity) 64
단순성(simplicity) 328-332
단테(Dante) 233, 236
대기오염(air pollution) 108-111
대니얼 보트킨(Daniel Botkin) 63
대리자(vice-regents) 240, 350
대지의 윤리(land ethic) 257-259, 261-265, 343
덕(virtue) 269, 271-276, 315, 324, 330
데니스 에드워즈(Denis Edwards) 234
데이비드 마이어스(David Myers) 102, 329
데이비드 오어(David Orr) 17, 30-35, 269, 270
데이비드 킬링(David Keeling) 114
데이비드 피멘틀(David Pimentel) 95
도구적 가치(instrumental value) 340, 410 주47, 414 주83
도널드 워스터(Donald Worster) 154-158, 172

도덕적 고려가능성(moral considerability) 251, 254, 337, 410 주46
도덕적 상상력(moral imagination) 346, 400 주40
도덕적 의무(moral obligations) 341
도덕적 질서(moral order) 203-206
도시 고형 쓰레기(municipal solid waste, MSW) 99-103
도시화(urbanization) 81, 160
독단(conceit) 280
돌봄의 윤리(ethic of care) 231-232, 248-265
동물 복지(animal welfare) 252-254, 261
동물의 권리(animal rights) 322, 336-338, 424 주29
동방정교회 전통(Eastern Orthodox tradition) 171, 244
등급(hierarchy) 263
디트리히 본회퍼(Dietrich Bonhoeffer) 291
땅의 황폐화(land degradation) 95-99, 122

ㄹ

랄프 마틴(Ralph Martin) 215
래리 라스무센(Larry Rasmussen) 188, 241, 344
랭던 길키(Langdon Gilkey) 164
레스터 브라운(Lester Brown) 75-76, 382 주20
레이 반 뤼엔(Ray Van Leeuwen) 242, 409 주34
레이첼 카슨(Rachel Carson) 270
레프트 비하인드 시리즈(Left Behind series) 135, 390 주25, 393 주55
로드릭 내쉬(Roderick Nash) 130, 135

「로랙스」(Lorax) 319-321, 356
로렌 윌킨슨(Loren Wilkinson) 242
로버트 고디스(Robert Gordis) 204
로버트 로버츠(Robert Roberts) 273
로버트 부스 파울러(Robert Booth Fowler) 405 주2
로즈메리 래드포드 류터(Rosemary Radford Ruether) 332, 132
루드비히 포이에르바하(Ludwig Feuerbach) 125
루이스 스미즈(Lewis Smedes) 311
루이스 포즈만(Louis Pojman) 411 주49
르네 데카르트(Rene Descartes) 155, 395 주87
리워야단(Leviathan) 200
리처드 로티(Richard Rorty) 175
리처드 미들턴(Richard Middleton) 187, 394 주47
리처드 번스타인(Richard Bernstein) 176
리처드 영(Richard Young) 234
리처드 호슬리(Richard Horsley) 403 주55
린 화이트(Lynn White) 133-134, 141, 144-146, 154

400 주33
메탄(methane) 115, 116, 117
멸종위기생물보호법(Endangered Species Act) 347, 382 주24
모세의 언약(Mosaic covenant) 196
목적과 수단(ends, and means) 346, 412 주60
몬트리올 의정서(Montreal Protocol) 112
몰리 오메라(Molly O'Meara) 383 주36
무관심(apathy) 306, 312
무모함(rashness) 312
무절제한 솔직함(uncontrolled candor) 291
무지개(rainbow) 194-195, 293, 295
무천년설(amillennialism) 151
물의 공급(water supply) 91-94, 323
물질(matter) 143
물질보존(matter conservation) 62
물질주의(materialism) 154-157, 172
미덕(aretology) 271
미셀 푸코(Michel Foucault) 176
미적(aesthetics) 257
미하일 벨커(Michael Welker) 377 주10
밀레니엄 생태계 평가(Millennium Ecosystem Assessment) 82

ㅁ

마르크스주의(Marxism) 178
마카타와 강(Macatawa River) 67-68
마틴 루터(Martin Luther) 175, 217, 245
만족(sufficiency, contentment) 283-284, 423 주44
망상(presumptuousness) 296-297
맥스 올슈라거(Max Oelschlaeger) 134
메롤드 웨스트팔(merold Westphal)

ㅂ

바바라 로싱(Barbara Rossing) 151
바울(Paul)
 공중들림에 관한 바울의 이해 149-151
 바울의 권력 이해 206-216
 바울의 정의 이해 309-310
바츨라프 하벨(Václav Havel) 367
발터 라우센부쉬(Walter Rauschenbusch) 357

밥 하웃즈바르트(Bob Goudzwaard) 392 주47
방만한 도시 확장(sprawl) 98
방탕(profligacy) 284
버나드 앤더슨(Bernhard Anderson) 177, 187
번식(reproductivity) 292-294
범신론(pantheism) 1230
법 제정(legislation) 360
베어드 캘리콧(Baird Callicott) 262, 413 주72
베헤못(Behemoth) 199
벨기에 신앙고백서(Belgic Confession) 395 주99
벨덴 레인(Belden Lane) 206
변화(change) 361
병원균(pathogens) 42
보에티우스(Boethius) 407 주10
보전(preservation) 256
보팔(Bhopal) 167
복음전도(evangelism) 372
복음주의(evangelicals) 405 주2
  복음주의와 성경의 중심성 174
  복음주의와 지구 돌봄 233-248
복잡성(complexity) 66
복합적 효과(multiple effects) 62
본문 비평(textual criticism) 392 주49
부(wealth) 156, 329
분열상(brokenness) 288
불의(injustice) 311, 346
브라이언 월시(Brian Walsh) 187, 392 주47, 410 주38
비겁(cowardice) 301, 312
비전(vision) 274-275
빌 드볼(Bill Devall) 259
빌 맥키벤(Bill McKibben) 201, 283, 328, 332, 358
빌 모이어스(Bill Moyers) 136
뿌리 없음(rootlessness) 362

ㅅ

사도신경(Apostle's Creed) 169
사랑(love) 234-236, 305-306, 315, 349
사막화(desertification) 97-100, 145
사슴 사냥(deer hunting) 338
사회운동(social movements) 358
사회적인 삼위일체 교리(social doctrine of the Trinity) 235
사회정의(social justice) 308, 333-334
사회주의(socialism) 392 주47
산(mountains) 44-52
산성비(acid rain) 108-111, 122, 387 주86
산업주의(industrialism) 157, 368
살충제(pesticides) 79
삼림 파괴(deforestation) 86-91, 117, 122, 145
삼신론(tritheism) 409 주15
삼위일체(Trinity) 234-236, 406 주9, 409 주35
상대주의(relativism) 175, 178
상리 공생(mutualism) 38, 42
상상력(imagination) 369
  또한 '도덕적 상상력'을 보라
상호 내주(circumincession, perichor, mutual indwelling) 407 주14
상호의존(interdependence) 44, 163, 280
새 시대(new age) 215, 217, 309, 404 주73
새 예루살렘(new Jerusalem) 228
새 의식(new consciousness) 360

새 정책(new politics) 360
새 하늘과 새 땅(new heaven and new earth) 223-224
샌드라 포스텔(Sandra Postel) 93
생명 존중(respect for life) 254-255, 261
생명 체계적(bio-systemic) 263
생명윤리(bioethics) 167
생명의 강임함(tenacity of life) 49
생명중심주의(biocentrism) 233, 255, 260, 263, 341, 345
생물다양성(biodiversity) 64, 72, 81-86, 122, 277
생물학적 홀로코스트(biotic holocaust) 82, 85
생육(fruitfulness) 292-294, 314
생존권(sustenance rights) 327, 420 주9
생태계 붕괴(ecological degradation) 72, 141, 144, 259, 392 주 47
생태계(ecosystems) 63-64, 253
생태문제를 성공적으로 풀어가는 사례들 (ecological success stories) 358-360
생태소양(ecolacy) 31
생태신학(ecological theology) 13-18, 232-248, 265
생태윤리(ecological ethics) 248-265, 270
생태적 지위(niche) 55, 63, 257, 380 주54
생태정의(ecojustice) 332-336, 421 주26
생태중심적(ecocentrism) 233, 256, 258
생태학의 원리들(ecology, principles of) 61-66
생태학적 교양(ecological literacy) 17, 31-36
생태학적 덕(ecological virtues) 19, 270, 276, 330, 414 주2
샬롬(shalom) 172, 229, 241, 247, 295, 296, 305, 365, 373
서구 제국주의(Western imperialism) 260
서식지(habitats) 72
석유 소비(oil consumption) 104-107
선교사(missionaries) 171
선이해(preunderstandings) 176
선택(choice) 272
선행(benevolence) 305-307, 315
섬김(service) 139, 240, 244, 352
성 빅토르의 리카르도(Richard of St. Victor) 235
성경(Bible)
  성경 해석 174-179
  성경의 생태학적 비전 18, 173, 179-180, 228-229
성급함(impetuousness) 300
성령(Holy Spirit)
  생명의 숨인 성령 236-238
성례전(sacraments) 247
성육신(incarnation) 409 주30, 주35
성차별주의(sexism) 332
성품(character) 271-275, 315
세계보존연맹(World Conservation Union) 82
세계화(globalization) 334
세대 간의 정의(intergenerational justice) 411 주53
세대주의(dispensationalism) 135
세상의 상호연관성(interrelatedness of world) 51, 61
세속주의(secularism) 154
소명(vocation) 371
소비(consumption) 102-104, 328-332, 359
소심함(timidity) 300
솔래스탤지어(solastalgia) 366

송영(Doxology) 244
쇠얀 키르케고르(Søren Kierkegaard) 296
수동성(passivity) 302
수용성(receptivity) 280, 315
수잔 브래튼(Susan Bratton) 282
수잔 슈라이너(Susan Schreiner) 148, 354, 423 주47
숭상(reverence) 280, 412 주61
숲(forest) 37-44, 86-91
쉼(rest) 297-299, 302, 314
스캇 러셀 샌더스(Scott Russell Sanders) 367-368
스캇 호우지(Scott Hoezze) 236, 241
스튜어트 핌(Stuart Pimm) 72
습관(habits) 272, 275
습지 복원(wetlands restoration) 360
시거드 올슨(Sigurd Olson) 60, 380 주49
시에라 클럽(Sierra Club) 126, 256, 421 주26
시장(marketplace) 157
식민주의(colonialism) 171
신앙(faith, piety) 309, 321, 356, 367-371, 419 주4
신앙칭의(justification by faith) 309
신중(caution) 289
신중심주의(theocentrism) 202, 233-234, 264, 345
실용주의(utilitarianism) 341, 412 주60
실천(practices) 275
심층생태론(deep ecology) 259-260
십계명(Ten Commandments) 297, 307, 348
쓰레기(waste) 99-104, 122, 163
C. S. 루이스(C. S. Lewis) 274

ㅇ

아놀드 토인비(Arnold Toynbee) 130, 139-140, 144
아느 네스(Arne Naess) 259
아론의 축복(Aaronic blessing) 347
아리스토텔레스(Aristotle) 271-273, 315, 415 주3, 416 주11
아산화질소(nitrous oxide) 115, 116, 118
아시시의 프란체스코(Francis of Assisi) 146, 372
아우구스티누스(Augustine) 19, 145, 241, 245, 301, 397 주11
아이작 뉴턴(Isaac Newton) 394 주87
안식일(sabbath) 189, 297-302, 316, 347
알도 레오폴드(Aldo Leopold) 19, 30, 72, 201, 257-259, 261-265, 270, 279, 307, 343, 413 주68
앙심(malice) 305
애니 딜라드(Annie Dillard) 370
애덤 스미스(Adam Smith) 155, 394 주87
앨런 더닝(Alan Durning) 102, 385 주67
앨런 밀러(Alan Miller) 392 주47
앨버트 보그만(Albert Borgmann) 161
앨버트 슈바이처(Albert Schweitzer) 254
야생지(wilderness) 300
야생지 보전(wilderness preservation) 256-257, 261
야생지 협회(Wilderness Society) 256
양태론(modalism) 407 주15
어니스트 칼렌바크(Ernest Callenbach) 61
어리석음(foolishness) 295, 297
억압(oppression) 332-336
언약(covenant)
    모든 피조물과 맺은 언약 194-196, 228,

293, 345
에너지 보존(energy conservation) 62
에너지 소비(energy consumption) 104-107, 122
에드먼드 버크(Edmund Burke) 335
에라짐 코악(Erazim kohák) 205, 400 주44
에른스트 케제만(Ernst Kasemann) 420 주38
에릭 울프(Eric Wolff) 387 주96
에탄올(ethanol) 382 주20
엑손 발데즈(Valdez Exxon) 167
엔트로피(entropy) 62
엘로이 보스(Elroy Bos) 84
여성운동(women's movement) 333
역동적 체계(dynamic systems) 64
역사적 전천년설(historic premillennialism) 151
열대우림(rain forest) 37-44, 88
열역학 제2법칙(second law of thermodynamics) 36, 62
염화불화탄소류(chlorofluorocarbons) 115
영혼과 육체의 이원론(soul-body dualism) 131-132
예수 그리스도(Jesus Christ)
　새 아담인 예수 그리스도 242
　예수 그리스도의 가르침 309
　예수 그리스도의 주권 215, 243, 266
　예수 그리스도의 죽음과 부활 213, 243-244
예언자들(prophets) 307
오만(hubris) 171, 290
오염(pollution) 359
오존(ozone) 111
온실가스들(greenhouse gases) 115-118
올리버 오도노반(Oliver O'Donovan)

409 주34
요셉 지틀러(Joseph Sittler) 22, 138, 170, 216, 236, 239, 243, 344, 346, 373, 397 주11, 403 주70, 408 주21, 409 주36
용기(courage) 178, 301, 311-313, 315
용서(forgiveness) 415 주3
우주(cosmos) 187
우주적 그리스도(cosmic Christ) 403 주70
우주중심론(cosmocentrism) 234
월드워치연구소(Worldwatch Institute) 377 주12
윌리스 스테그너(Wallace Stegner) 131
월터 브루그만(Walter Brueggemann) 189
웨슬리 그랜버그-마이클슨(Wesley Granberg-Michaelson) 66, 165-172, 238
웬델 베리(Wendell Berry) 13, 77, 128, 132, 140, 142, 166, 188, 316, 369, 393 주64
　이원론에 대한 웬델 베리의 견해 132, 142-143
위르겐 몰트만(Jürgen Moltmann) 189, 233, 235, 407 주16
윌러드 스와틀리(Willard Swartley) 177
윌리엄 더니스(William Dyrness) 265
유독물 쓰레기장(toxic waste site) 334
유동성(mobility) 161
유아 사망률(infant mortality) 94
유일신교(monotheism) 130
유전자 다양성(genetic diversity) 64
유진 보링(Eugene Boring) 223
윤리학(ethics) 18
은혜와 감사(grace and gratitude) 353-356
의로움(righteousness) 307-313
의무(obligations) 419 주7

다른 종들에 대한 의무 279
의무와 권리 412 주58
자손들에 대한 의무 251-252, 261, 325-328, 411 주53
직접적 의무와 간접적 의무 411 주52
생태계를 위한 의무 371
이레네우스(Irenaeus) 245
이름 짓기(naming) 137
이산화탄소(carbon dioxide) 114-117, 387 주96
이신론(deism) 158, 165
이야기(narrative) 275-276
이웃(neighbor) 239-240
이원론(dualism) 131-132, 142-144
이-푸 투안(Yi-Fu Tuan) 37
이해관계(prudence) 323-324, 419 주4
인간(humanity)
　인간과 거주지 30-36
　인간의 독특성 351-352
　인간의 유한성 241, 286-291
　피조물에 속한 인간 137-138, 408 주26
인간중심주의(anthropocentrism) 132, 167, 201, 234, 250, 252, 259, 263, 332, 341, 345
인격(person) 407 주10
인구 증가(population growth) 73-79, 122, 388 주106
인내(patience) 300, 315
인색함(stinginess) 286
인종차별주의(racism) 333
일회용 사회(throwaway society) 101
임마누엘 레비나스(Emmanuel Levinas) 176
임마누엘 칸트(Immanuel Kant) 394 주87, 423 주2

E. F. 슈마허(E. F. Schumacher) 35
E. G. 니스벳(E G. Nisbet) 111, 123
E. O. 윌슨(E. O. Wilson) 43
F. F. 브루스(F. F Bruce) 213
H. 폴 샌트마이어(H. Paul Santmire) 143, 179, 246, 397 주11, 409 주30, 410 주45
N. T. 라이트(N. T. Wright) 151, 214, 215, 368

ㅈ

자기 이익(self-interest) 155, 323, 419 주4
자기비하(self-deprecation) 290
자본주의(capitalism) 177, 377, 392 주47
자선(beneficence) 304
자손들에 대한 의무(duties toward posterity) 251-252, 261, 324-327, 411 주53
자연 재해(natural disasters) 57
자연(nature) 20, 33-34, 239
　애덤 스미스의 자연관 155
　인간의 욕망을 펼치는 장소인 자연 158
　자동적으로 움직이는 기계인 자연 166
　자연과 희망 369
　자연의 통제와 지배 162
자연주의 오류(naturalistic fallacy) 258
자유(freedom) 155-156
자율(autonomy) 239, 277, 281
자존심(pride) 206
자크 데리다(Jacques Derrida) 176
장 깔뱅(John Calvin) 148, 217, 231, 237, 245, 354, 408 주22, 423 주46
장소(place) 28-30, 36, 66-68, 187, 204
재충전(rejuvenation) 299
재활용(recycling) 360, 371

저주(curse) 223
적응(adaptation) 44, 48, 64
적합성(fittingness) 63
절망(despair) 295
절제(moderation) 272, 284
절제(self-restraint) 284, 315, 330
점박이올빼미(spotted owl) 336
정의(justice) 351, 307-311, 315, 332-334
정점에 위치한 인간(anthropo-apical) 263
정직(honesty) 290, 314, 315
정치 체제들(political systems) 33
정통 신앙(orthodoxy) 229
제라드 맨리 홉킨스(Gerard Manley Hopkins) 372
제러미 벤담(Jeremy Bentham) 253
제리 젠킨스(Jerry Jenkins) 135, 152
제이슨 베네토리스(Jason Venetoulis) 378 주22
제임스 거스타프슨(James Gustafson) 167
제임스 내쉬(James Nash) 17, 127-128, 141, 143, 144, 152, 165, 244
제임스 던(James Dunn) 213, 214, 309, 402 주52, 403 주60
제임스 스페스(James Speth) 75, 102, 359, 378 주21
제임스 와트(James Watt) 390 주24
제임스 핸슨(James Hansen) 113
제자도(discipleship) 246, 265, 348
조셉 데자르뎅(Joseph DesJardins) 260
조지 래드(George Ladd) 404 주75
조지 세션즈(George Sessions) 259
조지 케어드(George Caird) 227, 404 주76
존 로크(John Locke) 155, 394 주87
존 뮤어(John Muir) 45, 51, 256, 270, 343, 379 주47, 412 주66

존 밀뱅크(John Milbank) 415 주3
존 스튜어트 밀(Mill John Stuart) 253
존 콥(John Cobb) 378 주22
존 턱실(John Tuxill) 82, 85
존 패스모어(John Passmore) 132
존중(respect) 280, 315, 330, 412 주61
종말론(eschatology) 134-136, 143, 146-152, 244-245, 352, 390 주24, 393 주55, 403 주71
종속설(subordinationism) 407 주15
종의 멸종(species extinction) 81-85, 388 주106
종이 사용(paper usage) 383 주36
죄와 구원(sin and salvation) 240-242
주관적 가치(subjective value) 340, 410 주47
주의 기도(Lord's Prayer) 244, 283
죽음(death) 226
죽음의 운명(mortality) 417 주21
지구(earth) 21-22
 우리의 누이인 지구 408 주21
 인간이 활동하는 무대인 지구 167
 지구의 갱신과 회복 244
지구 공동체(earth community) 343-347
지구 긍정(earth-affirming spirituality) 146
지구 지킴(earthkeeping) 15, 303-307, 315
지구온난화(global warming) 116-118, 388 주106, 424 주10
지구의 에너지 교환(planetary energy exchange) 72
지그문트 프로이트(Sigmund Freud) 175-176
지배(domination) 132, 136-140, 144, 244, 302
지속가능성(sustainability) 30, 75, 251, 293, 359
지속가능한 경제복지지수(Index of

Sustainable Economic Welfare, ISEW) 34, 378 주22
지식(knowledge) 232
지혜(wisdom) 232, 294-297, 315
지혜 문학(Wisdom literature) 308
진 맥아피(Gene McAfee) 233
진리(truth) 175-177
진보(progress) 155, 368, 392 주47
진정한 진보지표(Genuine Progress Indicator, GPI) 34, 378 주22
진화적 적응(evolutionary adaptation) 48
질산(nitric acid) 110
집 없음(homelessness) 361-366, 399 주29
집착(addiction) 281
G. K. 빌(G. K. Beale) 404 주73
G. 타일러 밀러(G. Tyler Miller) 61, 65
J. 크리스티안 베커(J. Christiaan Beker) 296

ㅊ

착취(exploitation) 126, 130-135, 137-140, 250, 352 또한 '지배'를 보라
찬양(praise) 236, 355
찰스 리(Charles Lee) 333
찰스 리틀(Charles Little) 90
창조 명령(creation mandate) 282
창조(creation) 21, 180-190
　창조의 부정 158-165, 169-171
창조 세계(creation) 34, 129
　극장인 창조 세계 354
　신음하는 창조 세계 17, 71, 123, 316
　창조 세계의 다양성 277
　하나님의 은혜가 구현된 창조 세계 353-356

창조 세계의 온전함(creational intergity) 277-280
"창조 세계 돌봄에 관한 복음주의 선언" ("Evangelical Declaration on the Care of Creation") 265
창조의 질서(order of creation) 187
책임(responsibility) 204
청정대기법(Clean Air Act) 111
청지기직(stewardship) 15, 32, 152
체르노빌(Chernobyl) 167
초월성(transcendence) 159-160
초조함(restlessness) 301
추상적 문화(abstract culture) 164

ㅋ

카누 타는 사람들의 황금률(Paddler's Golden Rule) 380 주65
카디널 뉴먼(Cardinal Newman) 300
칼 마르크스(Karl Marx) 156, 175
캐럴 뉴좀(Carol Newsom) 202-203
캐롤린 머천트(Carolyn Merchant) 141
캘빈 드윗(Calvin Dewitt) 72, 266, 292, 303, 381 주1, 423 주44
컴퓨터(computers) 383 주36
퀘티코-슈피리어 야생지대(Quetico-Superior wilderness) 52-63
크리스 브라이트(Chris Bright) 110
크리스토퍼 카이저(Christopher Kaiser) 21
크리스토퍼 플래빈(Christopher Flavin) 75
클라우스 베스터만(Claus Westermann) 404 주74
클러렌스 글랙컨(Clarence Glacken) 141, 170

클리브 톰슨(Clive Thompson) 366
키케로(Cicero) 150

ㅌ

탈근대 철학자들(postmodern philosophers) 176
탈세상성(otherworldliness) 135
탐욕(greed) 285
테렌스 프레타임(Terence Fretheim) 180, 398 주17
토마스 아퀴나스(Thomas Aquinas) 13, 16, 415 주3
토머스 나겔(Thomas Nagel) 396 주4
토머스 베리(Thomas Berry) 173
토머스 핑거(Thomas Finger) 149, 151
토머스 홉스(Thomas Hobbes) 394 주87
토포필리아(topophilia) 37
톰 리건(Tom Regan) 239, 336
티모시 웨어(Timothy Ware) 244
팀 라헤이에(Tim LaHaye) 135, 152, 390 주25

ㅍ

편리공생(commensalism) 40, 42
평등주의(egalitarianism) 335
평정(serenity) 301, 315, 330
평화(peace) 187
포로된 삶(exile) 361-366
포식자(predation) 54
포용(hospitality) 204, 280

폴 리쾨르(Paul Ricoeur) 175
폴 워치텔(Paul Wachtel) 329, 362, 393 주66
폴 테일러(Paul Taylor) 255
폴 핸슨(Paul Hanson) 404 주74
폴 호켄(Paul Hawken) 334, 358
표층토의 유실(topsoil erosion) 95-99
풍요(affluence) 102, 328
프랜시스 베이컨(Francis Bacon) 155, 158, 162, 394 주87
프랜시스 피츠제럴드(Frances FitzGerald) 362
프리드리히 니체(Friedrich Nietzsche) 175-176
플라톤(Plato) 142, 145
플라톤주의(Platonism) 400 주20
피조물(creation)
  교향곡을 이루는 피조물 341
  우주로 지어진 피조물 187
  피조물에게 힘을 양도 186
  피조물은 좋다 187-188, 277, 398 주20, 423 주46
  피조물의 구속 149, 214-216, 242, 242
  피조물의 목적 278
  피조물의 상호연관성 51, 61, 188
  피조물의 응답 능력 236, 408 주20
  피조물의 유한성 283-286
피터 싱어(Peter Singer) 422 주29
필리파 푸트(Philippa Foot) 273

ㅎ

하나님(God)
  길들일 수 없는 하나님 370

창조주 하나님 132, 164, 185, 355
피조물을 돌보고 지키시는 하나님 277
하나님의 변함없는 사랑 355, 364
하나님의 쉬심 187, 297
하나님의 신실하심 195
하나님 나라(kingdom of God) 169, 299
하나님의 뜻(will of God) 349
하나님의 명령(divine command) 347-350, 419 주5
하나님의 무관성(irrelevance of God) 164, 166
하나님의 좋은 미래(God's good future) 223-228, 244-245
하나님의 형상(image of God) 137, 188, 238-240, 350-352, 371
하늘(heaven) 223-227
하늘과 땅(heaven and earth) 185, 401 주50
하이델베르크 교리문답(Hidelberg Catechism) 354
한계(limits) 65
한스 게오르크 가다머(Hans-Georg Gadamer) 178, 396 주4
항상성(homeostasis) 63
해석적인 준거틀(interpretive frameworks) 399 주11
해석학(hermeneutics) 175-179, 396 주3
핼 린지(Hal Lindsey) 135, 390 주25
행동으로 하는 설교(preaching with actions) 372
허먼 댈리(Herman Daly) 378 주22
헨리 데이비드 소로(Henry David Thoreau) 256, 329
헨리 스토브(Henry Stob) 354
현명한 이용 운동(wise use movement) 249-250, 261, 411 주49

호세 오르테가 이 가세트(Jose Ortega y Gasset) 27
호수(lakes) 52-60
홈스 롤스턴(Holmes Rolston) 34, 167, 258, 263, 264, 338, 339, 342, 414 주82, 417 주16
홍수(flood) 190-196
화석연료(fossil fuels) 105-108, 117
화학비료(fertilizers) 80
화해(reconciliation) 415 주3
환경(environment) 20, 34
환경 보존론(conservationism) 249
환경 영향(environmental impact) 77
환경적 인종차별주의(environmental racism) 333
환경 책임에 관한 콘월 선언(Cornwall Declaration on Environment Stewardship) 388 주106
환경 파시즘(environmental fascism) 259
활(bow) 195
황산(sulfuric acid) 111
황제 숭배(emperor cult) 401 주48, 주51
회심(conversion) 169
후천년설(postmillennialism) 151
희년(year of jubilee) 298-299
희망 없음(hopelessness) 296, 361-367
희망(hope) 295-297, 314, 315, 357-373, 418 주29

옮긴이의 글

게으르고 굳은 신앙으로 살아가던 사람에게 모처럼 허락된 귀하고 좋은 선물, 바로 스티븐 보우머 프레디거의 「주님 주신 아름다운 세상」입니다.

그런데 이 책은 낯섭니다. 책에서 다루는 주제가 생태학과 신학 사이의 대화요, 그를 통해 기독교의 생태윤리를 바로 세우는 비교적 생소한 일이기 때문만은 아닙니다. 이 책의 번역 원고를 지인에게 보여주었습니다. 1장을 읽고 나서 그가 한 말은, "이런 내용이 도대체 우리와 무슨 상관이 있겠느냐"는 것이었습니다. 저자는 자신이 살고 있는 지역을 중심으로 몇몇 장소의 자연환경에 대한 서술로 1장을 가득 채웁니다. 우리에게는 낯선 지역들, 평생을 살아도 발 디뎌 볼 수 없을 자연환경들, 우리가 숨 쉬고 생계를 이어 가는 일과 무관한 생태계들, 생김새는커녕 그 이름조차 생소한 동식물들에 대한 묘사로 가득합니다. 그러면서 저자는 우리가 속한 자리를 이해하고 사랑하라고 말합니다.

역자인 저로서도 처음에는 그 점이 조금 마음에 걸렸습니다. 그러나 책을 다 읽고 나자 그러한 염려가 시원스럽게 풀렸습니다. 저자는 1장의 마지막 부분에서 '상호연관성의 원리'라는 것을 말합니다. 그것은 자연에서 배울 수 있는 열 가지 지혜 가운데 첫 번째 것으로, "모든 것은 다른 모든 것과 연결되어 있다"는 원리입니다. "가까이 있든 멀리 있든 창조 세계는 아주 멀리서 보면 서로 연결되어 있다"고 말하는 이 지혜는 이 책 전체를 꿰뚫고 흐르는 기본적 틀이 됩니다. 이 원리를 바탕으로 저자는 알도 레오폴드(Aldo Leopold)의 '대지의 윤리'를 긍정적으로 수용하며, 그 위에 자신의 생태신학을 세웁니다.

그런 마음으로 보면, 멀리 지구 반대편에 있는 나무와 짐승과 새들이 전혀 낯설지 않습니다. 그들이야말로 여기에 사는 나를 멀리서 떠받쳐 주고 내 삶의 한 부분이 되어 주는 한 식구라고 깨닫게 됩니다. 저자는 이 첫 장을 우리를 시험하는 장치로 앞세운 듯 싶습니다. 낯선 장소와 이방의 존재들에 관심을 기울이고 마음을 열지 않겠다면 이 책을 읽을 생각은 말라고 말하는 것 같습니다.

또 한 가지 우리에게 낯선 것이 있습니다. 3장에서는 '기독교에 대한 생태학적 고발'이라는 문제를 다룹니다. 오늘날 인류가 경험하고 있는 환경 파괴와 생태계 위기의 주된 원인이 기독교에 있다는 비판입니다. 이 비판에 대해 저자는 조목조목 반박하며, 대안적인 해명을 제시합니다. 서구에서는 이런 식의 논의가 일반적인 현상인 듯합니다. 하지만 기독교의 역사가 상대적으로 짧고 또 종교적으로 다원적 특성을 지닌 우리 사회에서는 그리 친숙한 주제가 아닙니다. 그래서 멀게만 느껴집니다.

그런데 간혹 우리 주위에서도 기독교에 대해 이렇게 생태학적인 면에서 비판하는 소리를 듣게 됩니다. 흔히 기독교에 대해 비판적인 사람들이 그런 주장을 합니다. 가만히 헤아려 보면 딱히 생태학적 문제 제기라기보다는 한국 사회에서 기독교의 타당성과 가치 자체에 문제를 제기하는 것임을 알 수 있습니다. 사실 '기독교에 대한 생태학적 고발'은 우리에게 익숙한 '기독교에 대한 사회학적 비판'과 그 뿌리가 같습니다. 그런 의미에서 이 '생태학적 고발'은 우리의 문제입니다. 우리가 씨름해야 할 문제이며, 저자의 논의와 반론을 따라 우리의 신앙을 바르고 건강하게 회복하는 귀한 도구가 되는 문제입니다.

한편, 이 책은 방대합니다. 마치 백과사전을 풀어놓은 듯합니다. 지리와 자연, 동식물에 대한 긴 서술, 환경과 생태계 문제 진단, 생태학 지식, 성경 해석과 신학 논의, 환경 철학과 윤리학 등 방대한 지식을 동원하여 글을 풀어 갑니다. 그 어느 것 하나 만만한 것이 없습니다. 어느 한 분야만 해도 제대로 이해하기 위해서는 많은 공부가 필요한 전문적인 지식들입니다.

저자는 그 어려운 지식들을 당연하다는 듯이 차곡차곡 쌓아 갑니다. 결코 자신의 풍부한 지식을 자랑하는 것이 아닙니다. 그 정도는 알아야, 생태신학을 공부할 수 있다고 말하는 것 같습니다. 7장에서 저자는 '전도법 논증'이라는 것을 사용합니다. 기존의 다양한 환경윤리들을 하나씩 살피면서 유익한 지혜들을 뽑아내 쌓아 놓습니다. 그렇게 '누적된 사례들'을 바탕으로 저자 자신의 '지구 돌봄의 윤리'를 논증하기 위해서입니다. 그런데 흥미롭게도 저자는 이 책의 구조 자체를 바로 그런 누적 방식으로 전개합니다. 첫 장부터 마지막 장까지, 위에서 언급한 것과 같은 온갖 지식과 이론들을 차근차근 살피면서, 꿋꿋하고 단호하게 한 가지 목표를 향해 나아갑니다. 그렇게 튼튼히 다져진 기반 위에서 '지구 돌봄의 신학'을 주장합니다. 그래서 설득력이 있습니다. 기초가 튼튼하면 힘이 있습니다. 신앙의 삶을 풍성하게 해주고 세상과도 당당하게 대화할 수가 있게 됩니다.

읽기를 다 마친 후, 책을 덮고 생각해 보았습니다. 귀하고 좋은 선물을 받은 아이처럼 마음이 뿌듯해집니다. 참 멋진 선물입니다. 독자에 따라 그 내용이 다르겠지요. 제가 받은 선물 보따리를 열어 봅니다. 저는 '의미 지평'이 확장되는 은혜를 받았습니다. 이 표현은 4장에서 빌려 온 말입니다. 저자는 4장에서 성경에 대한 올바른 이해를 제안합니다. 욥기를 보면, 고난당하는 욥이 하나님과의 대화를 통해, 편협하고 파벌적인 의미 지평을 깨뜨리고 확대된 의미 지평으로 나아갑니다. 인간중심주의를 넘어 신중심주의로 바꾸어, 인간이 하나님의 피조물 가운데 하나일 뿐임을 깨닫고, 하나님이 지으신 모든 피조물을 품어 한 가족임을 긍정하는 사고로 이행합니다. 사실 이것이 저자가 이 책에서 말하고자 하는 알맹이입니다. 마음을 넓히고, 믿음의 폭을 확장하고, 의미 지평을 넓히는 데서 지구를 돌보는 청지기의 삶이 시작된다고 그는 말합니다.

신앙인들에게 가장 소중한 말씀 가운데 하나가 사도행전 1:8의 "땅 끝까지 이르러 내 증인이 되리라"는 구절입니다. 땅 끝! 믿음의 삶을 신나게 만들고 우리의 삶을 폭넓게 열어 주며, 기쁘게 희생하고 헌신하게 하는 믿음의 지향점입니다. 어떤 이들은 이 목표를 향해 선교를 떠나며, 혹은 나가지는 못해도 그 땅 끝을 지향하여 여기서 신앙의 삶을 살아가려고 애씁니다. 그런데 예수님께서는 "너희는 무엇을 보러 광야에 나갔더냐?"고 물으신 적이 있습니다. 그 물음을 다음과 같이 바꾸어 봅니다. "너희는 땅 끝에서 무엇을 보느냐?" 이 물음 앞에서 우리가 땅 끝을 얼마나 좁게 생각해 왔는지가 여실히 드러납니다. 솔직히 말해 우리는 땅 끝에 나가서도 우리의 필요만을 보았고 우리의 욕심을 채우는 데만 급급했던 것이 사실입니다.

    이 책은 그 땅 끝에서 신음하는 피조물과 위기에 처한 지구 공동체의 식구들을 봐야 한다고 말합니다. 땅 끝에서 "가난한 자와 포로된 자, 눈먼 자와 억눌린 자"조차 제대로 보지 못하는 우리에게 개구리와 제비꽃과 강과 산을 보고 만나는 데까지 의미의 지평을 넓히라고 재촉합니다. 그들을 이해하고 사랑하며 함께 살라고 말합니다. 그리고 그들을 하나님 지으신 집에서 우리와 함께 사는 식구로 인정하라고 말합니다.

"주님 주신 아름다운 세상"은 우리 모두의 멋진 집입니다. 모든 생물 종이 어울려 사이좋게 사는 고향입니다. 함께 아름다운 교향곡을 이루어 하나님을 찬양하는 극장입니다. 이렇게 하나님을 찬양하는 노래는 힘이 있습니다. 병든 지구를 치유하고 세상에 희망을 열어 가는 강력한 무기입니다. 우리 모두 그런 찬미의 노래를 부를 수 있으면 좋겠습니다.

2011년 9월
김기철